J. BOULANGER

ANTOINE GROS

LES NOUVELLES FORMULES DU MATÉRIALISME

PARIS
GEORGES CARRÉ ET C. NAUD, ÉDITEURS
3, RUE RACINE, 3

1897

LES NOUVELLES FORMULES

DU

MATÉRIALISME

DU MEME AUTEUR

Les Fonctions supérieures du Système nerveux. Recherche des conditions organiques et dynamiques de la pensée. J.-B. Baillière, Paris 1874.

Le Problème, Nouvelles hypothèses sur la destinée des êtres. Georges Carré et C. Naud, Paris 1890.

L'Idéalisme transcendantal et les quatre antinomies de la Raison pure, de Kant. Georges Carré et C. Naud, Paris 1896.

ANTOINE CROS

LES
NOUVELLES FORMULES
DU
MATÉRIALISME

PARIS
GEORGES CARRÉ ET C. NAUD, ÉDITEURS
3, RUE RACINE, 3

1897

PROLÉGOMÈNES

I

En présentant au lecteur cette œuvre de doctrine autant que de critique, touchant aux questions les plus importantes des sciences et de la philosophie, il me semble nécessaire de lui faire connaître exactement en quelles tendances et dispositions d'esprit je l'ai écrite.

En combattant le matérialisme, et par occasion et du même coup son frère cadet qui souvent le remplace dans le discours courant, le « positivisme » ou « agnosticisme » je n'ai cherché que le vrai pour lui-même, et je ne me suis nullement inquiété de défendre des idées reçues parmi tel ou tel groupe humain ou social, de favoriser telle ou telle conception philosophique ou religieuse plus ou moins ancienne et respectée, de forger des armes pour telle ou telle politique.

Ma pensée a été aussi libre, aussi indépendante que possible ; et je l'ai donnée tout entière, sans timidité, ni réticence d'aucune sorte. A peine, en un court passage, mon impression, en présence d'un fait grave du moment, s'est-elle presque tracée toute seule ; j'ai partout évité les vieux arguments d'ordre sentimental, opposés trop souvent, et sans grand succès, à des idées prétendues fondées sur les données de la science, notamment de ce qu'on appelle encore les sciences exactes et les sciences expérimentales.

Si je m'étais borné à faire simplement la critique scientifique du matérialisme, j'aurais pu me promettre une flatteuse approbation de tous les ennemis — et ils sont encore nombreux — de cette doctrine. J'ai plutôt craint que désiré cette approbation : aussi n'ai-je pas hésité à présenter parallèlement mes conceptions métaphysiques et ontologiques, au très grand risque, semble-t-il, de ne plaire véritablement à personne.

J'espère cependant, par certaines démonstrations, modifier en leurs opinions quelques bons esprits scientifiques, non butés à des formules de parti-pris, et même des philosophes, de ceux qui n'ont pas laissé se cristalliser leur entendement en quelque dogme invétéré où s'emprisonne toute disponibilité intellectuelle.

Et puis, que savons-nous du sort de nos livres ? Nous les écrivons avant tout pour y regarder notre propre pensée plus travaillée, mieux arrêtée en ses lignes, mieux formée dans sa plus grande perfection relative, comme dans un miroir plus poli et plus pur. Qu'avons-nous à nous inquiéter du reste !

Comme les doctrines ne se séparent pas aisément des hommes qui les professent, je dirai aussi tout ce que je pense des matérialistes et des agnosticistes en général.

Je ne parlerai point, sinon pour mémoire, de ceux qui ont reçu ces croyances (plutôt négatives) par simple contact, ou par ouï-dire, ou de seconde main ; séparés trop vite des étroites disciplines religieuses, ils deviennent fréquemment détestables même pour leurs congénères ; car lorsque l'*esprit* se trace des limites trop étroites, le *cœur*, à son tour — ne craignons pas d'employer ce vieux trope — ne tarde guère à se rétrécir (1). Je veux parler surtout des autres, des « intellectuels », comme on dit aujourd'hui, de ceux qui pensent quelquefois par eux-mêmes, et se montrent passionnés de science, ou de doctrine, ou simplement d'opinion. Ces gens méritent quelque estime.

Bien que selon moi dans l'erreur, ils ont l'aversion vi-

---

(1) Je ne leur opposerai pas les théologiens, car un certain entêtement théologique produit souvent un état d'âme qui n'est en rien préférable à celui que je reproche ici à divers groupes de matérialistes.

goureuse, et en quelque sorte dévote, du faux, du non-démontré, du fictif, du despotique imaginaire. Quelques-uns déploient devant les hommes et devant l'Inconnu une certaine élégante bravoure. Ce sont là des vertus dont il faut leur savoir quelque gré. Elles les ont poussés quelquefois à des réactions vives, parfois même sans mesure, contre beaucoup d'illusions, contre certaines faiblesses communes, contre plusieurs graves mensonges. De cela, je ne puis que les louer.

Les doctrines à prédominance destructive ou négative, athéisme, matérialisme, agnosticisme ou positivisme, représentent ou du moins ont représenté une fonction dans la marche de l'esprit humain qu'il ne faut pas méconnaître. Lorsque les recherches constructives et affirmatives, élaborées suivant certaines habitudes de penser nommées assez confusément les méthodes, ne fournissent plus rien de nouveau, et que les données qu'elles ont fournies ne résistent plus, pour la plupart, à la critique ou, pour mieux dire, tombent, en présence de faits expérimentaux imprévus et de lois nouvellement découvertes, ou de rapports généraux mieux dégagés et mieux possédés, ces doctrines de révolution viennent hâter la désagrégation de ce qui, depuis longtemps, était comme vermoulu et déjà détruit en-dedans. Elles apparaissent alors comme de recul plus que de progrès. Elles sont réellement l'expression d'un recul, et font inévitablement horreur, par leur néant même, aux esprits expansifs et callistiques, mais elles préparent, pour l'avenir, des évolutions nouvelles pouvant mener plus loin et plus haut que n'étaient arrivées les disciplines anciennes dont l'effondrement nécessaire est produit ou hâté par elles. Ainsi marchent les affaires humaines, mais non toujours sans complications douloureuses ou sanglantes.

Négateurs et contempteurs trop souvent « par tempérament » plus que par raison, les représentants de ces réactions ont dépassé la bonne mesure pour les autres et aussi pour eux-mêmes. Ils n'ont pas compris qu'en matière de science, il faut prouver les négations comme les affirmations, que, tout au moins, en présence des questions difficiles, et elles le sont toutes, une certaine prudence scientifique est nécessaire, et que, faute de démonstration, il serait honnête de s'abstenir, ou de dire *peut-être*. Ils ne savent bien dire que « *non !* » Ils se trompent avec violence. Ceux qui se marquent de ce caractère valent mieux sans doute que les êtres faibles, accessibles à toutes les influences, passibles de tous les jougs. Mais leur défaut le plus fâcheux (dans tous les temps et dans tous les pays), est, en se donnant pour fanatiques de science, de négliger trop souvent de développer en eux-mêmes, l'esprit, le sens géométrique et scientifique.

En leurs façons d'écrire, même si leur talent littéraire se montre de haute qualité, ils ne se préoccupent nullement de mettre en parfaite harmonie des suites de phrases avec des suites d'idées, et leurs suites d'idées avec des suites de faits et de théories bien construites. Ils se donnent une frivole apparence de clarté en empruntant, non pas à la plèbe, mais au *vulgaire*, certaines manières banales, imparfaites et vagues de parler et de penser.

En cela, ils s'exposent au dédain et presque au mépris des savants dont les intelligences ne se confinent pas dans quelque spécialité de recherches, et des écrivains artistes que l'amour et le sentiment du beau défend plus qu'on ne le croit des illusions dangereuses.

Je dirai mon sentiment aussi sur l'effet de ces doctrines — matérialisme ou agnosticisme — sur les âmes humaines. Cet effet m'apparaît, pour un grand nombre d'individus, comme parfaitement dispersif, dépressif, désastreux.

Ce n'est pas sans inconvénients de toutes sortes que les adolescents écoutent et suivent des hommes à l'air sérieux qu'ils prennent pour des savants, pour des sages, et qui leur disent : le champ de l'investigation humaine est étroitement borné ! n'essayez pas d'aller trop loin à l'aventure, ni à droite ni à gauche, soyons positifs !... et *moyens*, suivons les règles d'une bonne hygiène et d'une morale qui ne nous occasionne pas trop de désagréments ; — et qu'est-ce donc que la morale ! — si nous faisons de la science, prenons exactement des mesures, sans nous lasser, pesons et comptons, gardons-nous par dessus tout de rien exagérer ; c'est

assez pour aller loin. L'Idéal ? chimère ! L'Au-delà ? folie !
Gardons-nous de toutes les exaltations, de tous les cultes,
même de celui de ces hommes qu'en un langage trop élo-
gieux, on proclame des héros et des génies. Une seule chose
importe : réussir ! Donc il faut être habile. S'il nous faut de
hautes distractions — car le plaisir dans la vie n'est pas un
terme négligeable — assez d'écrivains, de peintres, de statuaires, d'architectes, de musiciens et de poètes se chargeront de
nous les procurer. On les paiera s'ils travaillent bien !

Erreur ! En courbant ainsi l'homme vers la terre, en lui
soufflant vos idées basses, vous n'aurez point de vrais artistes ni de vrais poètes, et si votre influence pernicieuse du-
rait un peu, vous n'auriez même bientôt plus d'hommes
réellement instruits, mais uniquement des hommes d'affaires.

Nous sommes en un temps où de tels matérialistes, de tels
« positivistes » sont moins rares que jamais. Il est impossible
à ceux qui ne leur ressemblent pas de ne point les rencontrer
sur les routes de la vie, et de ne pas souffrir de la noire oppres-
sion qu'ils exercent sur tout ce qui est grand et beau. J'ai au
cœur, contre ces malfaiteurs publics, une haine profonde, que
je tâche de tourner — pour en moins subir l'angoisse —
contre les erreurs de pensée et de sentiments qui, plus encore
que leur primitive nature, les ont faits ce que nous les voyons.
Ils provoquent, chez beaucoup, la nostalgie des croyances
abolies ou défaillantes, et presque le regret des dominations
religieuses, qui furent pourtant si nuisibles aux choses de
l'esprit, et si brutales parfois pour les plus nobles spontanéités humaines.

Il est temps, je crois, de chercher à détruire le mal dans
ses racines, et ses racines sont de notables aberrations scientifiques proférées avec assurance par des gens ayant réussi à
se faire passer pour des « savants », souvent, aux yeux même
de leurs naïfs adversaires.

Il se trouve aussi de vrais savants à qui des philosophes
sectaires ont persuadé qu'ils devaient être, qu'ils étaient ma-

térialistes, ou, tout au moins, positivistes. Autour de ces savants se forme une sorte de parti qui les adule et les soutient. Ils n'ont guère de loisir à méditer les questions de métaphysique. Ces questions leur paraissant sans rapport avec les objets immédiats de leurs études, les intéressent d'ailleurs assez peu. Leurs erreurs philosophiques ne les empêchent point de faire parfois de belles découvertes. Ils ne se doutent jamais du mal qui résulte de leur acquiescement à des opinions irréfléchies et ainsi adoptées par une paresseuse complaisance. Que faire à ce malheur? Rien, ou peu de chose. L'un des droits les plus sacrés de l'homme est celui de se tromper! Mais tâchons de ne pas l'exercer trop souvent *par indifférence* et faute de quelques efforts!

A ces propos, j'essaierai de définir la philosophie et la métaphysique ; et pour faire une réponse à une question sans cesse posée, je tâcherai de déterminer — d'une manière générale, cela va sans dire — ce que nous savons, ce que nous pouvons savoir. Cette question ou ces deux questions en embrassent beaucoup d'autres, auxquelles je toucherai plus ou moins, mais que je ne puis songer, en ces prolégomènes, ni même dans le corps de ce livre, à traiter même sommairement. Je ne ferai pas non plus une classification plus ou moins bien coordonnée des sciences métaphysiques, philosophiques ou autres ; et pour être bref, je me bornerai à exprimer mes idées sur quelques-unes de ces choses en des formules aphoristiques.

I

La métaphysique est la science des corrélations les plus générales (idées ou rapports, ou ensemble d'idées et de rapports). Elle est donc la couronne et le lien commun des autres sciences philosophiques et de toutes les sciences particulières ou spéciales.

II

Les sciences appelées philosophiques, toutes de corrélations générales, sont constituées par des groupes de ces corrélations plus ou moins bien formés et délimités. Elles se rattachent *par en haut* aux sciences métaphysiques, et, *par en bas*, aux sciences d'expérimentation directe et pratique, et, surtout par la logique toujours indispensable (bien qu'elle ne soit point la source principale de notre savoir) aux sciences mathématiques.

III

La philosophie ne peut donc être séparée d'aucune science ni étudiée à part ; elle doit chercher et trouver dans toutes, les éléments essentiels dont elle doit découvrir les corrélations importantes, pour résoudre les questions générales qu'elle peut ainsi se poser.

IV

Toute prétendue philosophie se désintéressant de l'observation et de l'expérience, croyant pouvoir se spécialiser, et déduire *logiquement* ou dialectiquement des « vérités » des révélations de la raison pure, ou même d'un certain nombre d'aphorismes ou d'axiomes de la plus parfaite évidence, est condamnée à n'aboutir qu'à des expressions différentes des idées posées au début, ou à des non-sens, ou à des absurdités plus ou moins voilées.

Tout philosophe engagé dans une telle voie s'apercevra bientôt de son erreur, s'il possède un talent de critique suffisant, et s'il sait user convenablement de la seule vraie *logique*, réduite si magistralement par Pascal à celle des « géomètres. »

Ce qui peut illusionner, quant à certains de ces philosophes, c'est l'obscurité parfois *voulue* de leur langage et une déplorable ingéniosité littéraire travaillant sur des arrangements de mots, où les idées et leurs corrélations ne sont jamais bien déterminées.

Pour en avoir raison, ou pour apercevoir le néant ou l'absurdité de leurs formules, il suffit généralement d'appliquer à ces formules, les règles algébriques de la réduction d'un groupe de termes donnés à sa plus simple expression.

V

La philosophie commence donc aux notions communes que nous apprend la vie, mais elle ne peut se développer et nous conduire à des résultats généraux précieux et à ces formules vérifiées très puissantes et très précises (comparables et souvent comparées à des clés) que si nous prenons ce que je viens d'appeler *la vie*, dans ses extensions naturelles, c'est-à-dire dans toutes les sciences et dans tous les arts.

Il y faut aussi l'attention continue, la vive et ardente curiosité, l'amour, donc le *sentiment* du beau, la réflexion, le talent d'observer et d'expérimenter, d'induire, de généraliser, de choisir les rapports essentiels, l'esprit d'exactitude aussi dans le raisonnement, la grammaire rigoureuse, l'intuition qui est le don d'imaginer les mécanismes possibles dans l'invisible, et qui, lorsqu'elle se vérifie, donne l'illusion de la divination, la faculté d'invention, autre forme de l'intuition, par laquelle nous pouvons construire des théories, car une science ne mérite ce nom de science que par les ensembles théoriques reliant entre eux les faits, les rapports des choses, et dont la concordance parfaite en un moment donné constitue ce qu'on peut appeler *vérité* dans le langage des hommes.

Tout cela est la grande part de l'Art, sans quoi nous ne pouvons rien édifier.

VI

Nous ne connaissons *le tout* de rien, dit-on souvent, et il semble que si nous connaissions le tout de quelque chose nous connaîtrions du même coup le tout de toutes choses.

Nos connaissances ne sont que relatives, répètent beaucoup de philosophes.

Dans cet énoncé, la pensée est demeurée assez obscure, grâce au sens mal déterminé de certains mots.

En présence des milieux extérieurs, représentés en nous, et de nous-mêmes (dont évidemment nous ne saurions sortir !) que percevons-nous, que concevons-nous immédiatement et directement ?

Des sensations, et au moyen de ces sensations des *rapports*. Ces rapports sont fixes ou mobiles.

A ce mot de rapport (ou rapport de rapports, ou corrélation), on peut avec avantage substituer celui de *fonction*.

Nous ne percevons, nous ne concevons directement que des fonctions. Mais ces fonctions, lorsque nous les avons dégagées, et lorsque nous les avons fixées dans notre esprit par des mots ou par des formules qui les représentent bien, nous les connaissons *absolument*.

Dans l'immortel chef-d'œuvre de Molière, *Don Juan*, lorsque Sganarelle dit à son maître : Mais enfin, Monsieur, à quoi croyez-vous ? Je crois, répond le héros, que deux et deux *sont* quatre, et quatre et quatre sont huit.

Au lieu de dire « je crois » il devait dire *je sais*.

Et cela est immense !

Tels sont les absolus de l'esprit. Telles sont les certitudes mathématiques, au moyen desquelles nous concevons les *possibles*, les *lois*.

Ces lois ne peuvent pas s'appliquer exactement et sans corrections à la matière structurée, par exemple, parce que nous ne savons pas *le tout* de sa structure. En sont-elles moins en elles-mêmes des certitudes, c'est-à-dire des corrélations *entièrement* possédées, derrière lesquelles aucun mystère ne saurait être soupçonné !

Le temps et l'espace nous sont ainsi totalement connus, *en ce que nous en connaissons*. Il en est de même, dans l'abstrait pur, du *nombre*, quant aux propriétés et aux lois que nous en avons découvertes.

Il ne faut donc pas prétendre qu'il n'y a rien d'absolu dans l'intelligence humaine. Tous les philosophes qui n'ont pas aperçu dans sa clarté cette condition de notre esprit, en rapport avec l'ensemble des choses, n'ont jamais fait que s'égarer en des suites de confusions inextricables. Et si nul absolu de ce genre ne pouvait être conquis et possédé par l'esprit humain les pyrrhoniens seuls auraient raison.

VII

D'où viennent donc nos erreurs ? D'où viennent surtout nos erreurs *obstinées* ? Il serait trop commode — peut-être — de dire qu'elles viennent des défauts, des infirmités et des vices de notre esprit, de ces misères de l'humanité si fréquemment déplorées par les philosophes. Nos erreurs scientifiques et philosophiques viennent le plus souvent de ce que, dans nos paroles et dans nos écritures, nous ne savons pas mettre entre des termes exactement définis les rapports mêmes que nous avons conçus. C'est ainsi que nous prenons le plus souvent pour résultat de notre travail intellectuel, une idée préconçue adoptée trop vite, parfois même non possédée en tant qu'*idée*, car nous n'avons pas même essayé, en ce cas, d'en concevoir les corrélations constitutives.

Refuser de tout contrôler de nos idées abstraites même les mieux possédées, par l'observation et par l'expérience, en nous aidant de la logique algébrique, c'est-à-dire de tout ramener à la conception des corrélations immédiates, c'est commettre la plus grave des fautes contre la raison et se fermer follement toutes les routes du savoir.

VIII

Vous ne pouvez nier, disent les agnosticistes, que beaucoup de questions sont insolubles. Sans nul doute ! mais cette proposition cache dans leur pensée un dessous qu'il faut dégager. Ils nous offrent là tout simplement — en ayant l'air de rappeler une indéniable vérité, — un tronçon de l'antique pyrrhonisme, lequel déclare insolubles toutes les questions, au moins toutes les questions générales.

S'il y a un départ à faire, que ne l'ont-ils fait, au lieu de déclarer en bloc et arbitrairement inabordables les difficultés philosophiques et hautement scientifiques agitées à toutes les époques intellectuelles, sous prétexte que « c'est de la *métaphysique* » comme si l'homme (*homo sapiens*) l'homme qui parle, pouvait s'empêcher d'être *métaphysicien* plus que d'être *vertébré*.

Les *incrédules* de parti-pris (en toutes choses) ressemblent beaucoup aux *crédules*. Les matérialistes et les agnosticistes qu'ils se nomment positivistes « naturalistes » ou « monistes » sont des superstitieux d'une certaine espèce. Lorsqu'ils consentiront à examiner *scientifiquement* et bien à fond leurs doctrines, ils y renonceront.

IX

Ecartons tout d'abord l'immense série des questions de fait qui se résolvent plus ou moins bien en mode critique par *probable* ou *improbable*, dont le fait historique est le type, et où l'absolu, malgré les apparences, n'est ni espéré ni recherché, et où même, le vraisemblable est trop souvent pris pour le vrai.

Beaucoup de questions se posent dans les sciences, insolubles aujourd'hui, qu'on résoudra demain. La plupart sont mal posées et plusieurs d'entre elles auraient pu trouver depuis longtemps leurs solutions au moyen des corrélations déjà bien acquises, si on avait pu ou su mettre en de plus concevables accords les termes et les énoncés des théorèmes ou des problèmes.

Beaucoup de questions très clairement formulées ou formulables sont insolubles, parce que les moyens, — très concevables, et conformes à la nature des choses connues — de les résoudre ne sont pas à notre portée. Beaucoup d'autres se présentent comme des séries indéfinies — celle, par exemple, de la distribution des astres dans l'espace, ou celle de la structure intime des corps — et dès lors il est certain que même par la théorie on ne parviendra jamais au bout (1).

(1) Cette question de la constitution physique de la matière, on a cru la supprimer par l'invention d'atomes durs, inélastiques et rigoureusement impénétrables, mais cette *conjecture*, inutile d'ailleurs, n'a *aucun caractère scientifique*, et ne présente aucune analogie avec ce que nous connaissons de la matière et des corps. Si l'on suppose au contraire, par exclusion d'autres conjectures aussi peu justiciables, que l'élément le plus petit constituant notre univers est lui-même une masse éthérée d'une

Les questions absolument, essentiellement insolubles soit par l'expérience, soit par la théorie, sont celles où l'indétermination se constate dans tous les sens, de façon qu'il soit impossible d'établir pour les résoudre même des *conjectures*. J'entends des conjectures *scientifiques*, mécaniquement intelligibles. Dans ces questions, on aperçoit bien des rapports *constatés*, mais non des rapports *conçus* ou *possédés*, en d'autres termes la conception de ces rapports comme simplement *possibles* est de toutes parts inabordable (2). C'est la page à jamais illisible du livre de la Nature, c'est l'*inconnaissable* déterminé comme tel.

Je ne puis développer, en ces prolégomènes, les quelques idées générales que j'y ai présentées. Elles reviendront nécessairement et plusieurs fois dans le cours des études et des discussions suivantes ; elles y seront, sous leurs divers aspects, examinées, complétées, démontrées, opposées à des conceptions différentes, à d'anciennes ou récentes opinions. Pour faciliter la prompte intelligence de ces études, j'ai dû mettre tout d'abord ces énoncés sous les yeux du lecteur.

---

subtilité *particulière*, indestructible à cause simplement de son ordre de grandeur, et douée d'élasticité comme les autres corps analogues plus ou moins connus, nous nous trouvons en présence de possibilités de structures variées et même indéfinies, nullement gênantes pour les théories somatiques, mais que la théorie ou l'hypothèse ne saurait poursuivre indéfiniment.

Quant à la question des architectures moléculaires, sa solution définitive peut être difficile à obtenir, mais dès maintenant les travaux des physiciens et des chimistes sont en si bonne voie, qu'on peut considérer cette solution comme prochaine, au moins en ce qui regarde beaucoup de corps, et en certaines limites. La mise en rapport des réalités observées, immédiatement expérimentales, et des possibles mathématiques, devront donner, dans ce sens, des résultats que les expériences ultérieures, prévues par la théorie ainsi construite, pourront confirmer à leur tour. Dans les cas scientifiques de ce genre la *conviction* obtenue nous semble se rapprocher tellement de la *certitude*, que l'erreur possible peut être provisoirement négligée.

(2) Ces questions, en somme, sont peu nombreuses. Je ne veux parler, bien entendu, que de celles qui se peuvent nettement poser et réduites à leurs termes essentiels. L'énumération en sera faite au chapitre IX de ce livre.

II

Je me proposais de présenter ici, en quelques pages, comme une revue des philosophes matérialistes les plus célèbres des temps passés, où je me serais efforcé de mettre en lumière les caractères communs et différenciels de ces figures de l'histoire, avant d'aborder la critique de ceux, nos contemporains, dont j'ai pu lire les livres ou rencontrer les personnes. L'un de ceux-ci, M. Jules Soury, m'a évité cette peine, ayant écrit avec beaucoup d'élégance un ouvrage où ceux de mes lecteurs qui en auront le temps, n'ayant pas celui de se faire sur la question une érudition de première main, pourront se renseigner d'une façon très suffisante et mieux peut-être que dans les meilleurs dictionnaires. Cet ouvrage, une sorte de manuel, dans la pensée de l'auteur, se nomme le *Bréviaire de l'Histoire du Matérialisme* (1).

Je placerai donc ici, au lieu d'une étude qui eût été nécessairement très incomplète, quelques réflexions suggérées par la lecture de ce bréviaire.

Il eut été bien plus court, si l'auteur avait voulu ne parler que de matérialistes avérés, comme il se vante par moments de l'être ; mais je ne veux à ce propos lui adresser aucun reproche. La lecture de ce livre est agréable et facile. je dirais presque trop facile ; car, nulle part, rien n'y est sérieusement discuté. La doctrine y est partout donnée comme l'évidence même ; et on n'y trouve en définitive qu'une admiration passionnée pour les « sages » qui l'ont proposée, professée, armée, soutenue, défendue, et pour ceux dont certaines idées

---

(1) Un volume de sept cents pages, Paris, 1881, G. Charpentier éd.

ont tendu à conduire, vers cette soi-disant doctrine de lumière, l'esprit humain en proie à la tyrannie des *ténébreuses et multiformes croyances.*

De ces derniers, on pourrait compter un assez grand nombre ; mais des autres, on n'en trouve que très peu dans le livre de M. Soury. En fut-il un seul de nettement et parfaitement matérialiste ? Cela peut paraître contestable.

En effet, essayons de bien déterminer ce qu'il y a, et tout ce qu'il y a dans l'idée, la doctrine, la foi, le penchant ou le parti-pris matérialiste.

On y trouve d'abord et avant tout cette conviction acquise par contagion ou par méditation personnelle et devenue presque indéracinable chez quelques-uns, par habitude invétérée de penser, que la mort est pour chacun de nous la fin de toutes choses.

La Mettrie s'étonne qu'un *petit morceau de boue organisée* ose se croire immortel.

Morceau de boue ! Le littérateur philosophe ne s'aperçoit pas qu'il parle comme l'immense école de ces théologiens qui vont nous répétant depuis tant de siècles, sans doute afin de réprimer en nous le pernicieux orgueil, que « nous ne sommes que cendre et pourriture ».

Les morceaux de boue ou les agrégats de pourriture qui se sont appelés Hélène, Aspasie, Cléopâtre, Jeanne d'Arc... — mais où sont les neiges d'antan ! — Pythagore, Alexandre, Platon, Archimède... ces morceaux de boue *organisée* — mais ce mot placé là comme sans importance par La Mettrie ne l'avertit pas de la singulière étourderie de sa phrase — ne sont pas précisément à dédaigner.

Il ne faudrait même pas trop mépriser cette boue organisée que fut La Mettrie, tout en professant pour sa « philosophie » une considération médiocre.

Nous connaissons aujourd'hui la boue réelle et la pourriture proprement dite, de mieux en mieux ; et nous y rencontrons aussi des choses très intéressantes, des êtres *vivants* plus importants aux yeux exercés de la science comme faits complexes et mystérieux de la nature, que les volcans et les cyclones et mieux sigillés, même que la formation première des planètes et des soleils.

*
* *

Cette croyance à la mort éternelle caractérise au premier chef le matérialisme ; elle ne suffit pas à le dessiner totalement. Elle est partagée par un bon nombre d'idéalistes. Pour ceux-ci, les êtres étant de simples modalités — de la Substance, de Dieu, ou de rien du tout — sont nécessairement transitoires, et — simples phénomènes, — se dissipent comme fait l'arc-en-ciel, dès que le soleil se voile, ou que la pluie cesse de tomber vers le point opposé de l'horizon.

Il faut le remarquer cependant ; avec la doctrine idéaliste ou immatérialiste, la persistance après la mort, et même l'immortalité, des synthèses phénoménales que nous appelons *les êtres*, est encore possible, et toutes les imaginations poétiques ainsi que les hypothèses religieuses peuvent s'accorder passablement avec elle.

Dans l'hypothèse matérialiste, la mort définitive est absolument fatale, puisque la conscience et la volonté ne sont que des *épiphénomènes* résultant des arrangements *nécessaires* des molécules et des atomes. Elle comporte la prétention d'expliquer tout l'univers, y compris l'organisation, la vie, la pensée et la beauté, par les transactions mécaniques de ces corpuscules élémentaires en mouvement, cette explication étant donnée comme possible, ou mieux encore comme déjà exposée.

Il est clair, dès lors, que nulle perennité de l'être individuel ne saurait être admise, l'agrégat vivant une fois désagrégé.

Pour constituer un matérialiste parfait il faut donc l'alliance de ces deux conceptions dans un même esprit : mort *définitive* et explication de l'univers et des êtres par les transactions atomiques *fatales* ou *nécessaires*.

La seconde sans la première serait encore insuffisante.

Pourrait-on appeler matérialiste un bon catholique entièrement soumis à l'autorité de son église romaine, se figurant naïvement (à la façon de Tertullien et de la plupart des premières associations chrétiennes) un Dieu, et des anges, et toute la cour céleste corporels « *comme nous* » et croyant que l'âme est une forme fluidique, impalpable, aérienne, quelque chose comme une flamme, ou un gaz, ou plutôt une fumée extrêmement subtile et légère ?

Le matérialisme des premièrs âges de la pensée humaine, si commun encore de nos jours en dépit du catéchisme usuel, n'est point le matérialisme véritable. En ces temps reculés, en ces âmes peu cultivées, le mot *matière* ne présente aucune idée précise, la matière ne se distingue pas de ce qui serait *autre chose* qu'elle. L'esprit ne sait pas encore s'objectiver et dire *moi* ET *mon corps*. Le degré supérieur de conscience représenté par le mot AME n'est pas encore atteint. — Et de ce mot qu'ils réprouvent les matérialistes eux-mêmes ne peuvent se passer !

La pensée primordiale d'une mer boueuse ou d'un Chaos d'où tout serait venu, terre et ciel, astres, planètes, animaux, hommes et dieux, est basée sur un fait d'observation, mais d'observation superficielle et grossière, car il faut beaucoup de savoir et beaucoup de finesse pour observer passablement. On constatait, en des mares fétides, l'existence de nombreuses et diverses bêtes, sans parler des végétaux ; on les croyait nées là spontanément, et non venues de germes antérieurs.

Par suite de cette remarque ainsi interprétée, on s'imagina facilement que, non seulement *tout ce qui respire*, mais encore tout ce que nous voyons s'était formé de la même manière, y compris les êtres de mystère, dieux et déesses ou *esprits* de toute sorte.

Quoiqu'en dise M. Jules Soury, qui semble tenir beaucoup à donner à sa croyance des titres se perdant dans la nuit des temps, elle ne remonte pas si haut. Il fallait pour qu'elle apparût telle que, pour l'essentiel, elle a toujours été depuis sa naissance, que des soupçons *d'autre chose* se fussent manifestés déjà vivaces en beaucoup d'esprits, lesquels purent dès lors, sous le nom de Matière, distinguer, assez confusément il est vrai, ce que nous désignons aujourd'hui par la même expression verbale.

En ce sens, il n'y a pas de matérialistes antérieurs aux temps de Leucippe, de Démocrite et d'Epicure, et à ce compte les tablettes d'argile de la « bibliothèque palatine d'Asourbanibal » qui racontent de telles « cosmogonies » revendiquées par M. Soury, ne sont guère pour son matérialisme des « titres » incontestables de noblesse ou d'ancienneté. Il expose, à cet égard, des choses curieuses, je regrette de ne pouvoir toutes les citer :

« Ainsi, non seulement nous aurions tort, dit-il, de dédaigner l'héritage scientifique de nos plus lointains ancêtres, car nous ne sommes guère, et vraisemblablement nous ne serons jamais beaucoup plus avancés qu'eux sur beaucoup de points ; mais, que nous le voulions ou non, la forme de notre esprit n'est, comme celle de notre corps, qu'un legs de ces vieux pères des races humaines actuelles, et le réveil des théories évolutionnistes en ce siècle pourrait bien n'être qu'un curieux cas d'atavisme. »

Suivant de telles idées, M. Jules Soury ne peut s'étonner beaucoup de me voir considérer l'âme comme une chose, — très inconnue sans doute — mais distincte, et non seulement immortelle, mais *éternelle*, et prendre pour extrêmement probable la pluralité successive de nos existences, puisque ce fut la croyance des Gaulois nos ancêtres les plus directs et les plus certains. Mais laissons là ce vaste sujet qu'il ne s'agit pas de traiter ici, et reproduisons la citation que fait notre matérialiste atavique, de Bérose, qui écrivait vers le IIIe siècle avant notre ère :

« Il y eut un temps où tout était ténèbres et eau, et dans ce milieu s'engendrèrent spontanément des animaux monstrueux et des figures les plus particulières : des hommes à deux ailes et quelques-uns avec quatre, à deux faces, à deux têtes, l'une d'homme et l'autre de femme... » Ne dirait-on pas qu'il les a vus !

« ... deux têtes sur un seul corps et avec les deux sexes en même temps ; des hommes avec des jambes et des cornes de chèvres ou des pieds de cheval ; d'autres avec les membres postérieurs d'un cheval et ceux de devant d'un homme, semblables aux hippocentaures. Il y avait aussi des taureaux à tête humaine, des chiens à quatre corps et à queue de poisson, des chevaux à tête de chien, des hommes également à tête de chien, des animaux à tête et à corps de cheval et à queue de poisson, d'autres quadrupèdes où toutes les formes animales étaient confondues, des poissons, des reptiles, des serpents et toutes sortes de monstres merveilleux présentant la plus grande variété dans leurs formes, dont on voit les images dans les peintures du temple de Bel à Babylone. »

« Une femme nommée Omoroca présidait à toutes ces choses ; ... »

Etait-ce la Matière ou la Nature ?

« Elle porte dans la langue des Chaldéens le nom de Thavath qui signifie en grec *la mer* ; on l'identifiait avec la lune. Les choses étant en cet état, Bel survint et coupa la femme en deux ; de la moitié inférieure de son corps il fit la terre, et de la moitié supérieure le ciel, et tous les êtres qui étaient en elle disparurent. »

« Ceci est une manière figurée d'exprimer la production de l'univers et des êtres animés, de la Matière humide..., C'est ainsi que Bel, que les Grecs expliquent par Zeus, ayant divisé les ténèbres, sépara le ciel et la terre et ordonna le monde ; et tous les êtres animés qui ne pouvaient pas supporter l'action de la lumière périrent. Bel... façonna les hommes ainsi que les animaux qui peuvent vivre au contact de l'air. Ensuite Bel forma aussi les étoiles, le soleil, la lune et les cinq planètes (1). »

Si M. Jules Soury se réjouit de découvrir en cette mythologie et en les quelques autres qu'il déroule, non sans complaisance, et où l'on peut voir tant d'autres choses, l'origine de son matérialisme, je ne crois pas nécessaire ni généreux d'essayer de lui ôter cette joie. Remarquons seulement que l'antiquité d'une doctrine aux yeux d'aucun savant ne tend à en établir la valeur. Autant serait demander aux petits enfants la raison suprême des choses. Cette raison suprême, les premiers hommes qui ont un peu commencé à

---

(1) Fragm. 1 ap. Syncell., p. 29, et Euseb., Armen Chron. p. 10, cité dans *Le Bréviaire*, p. 15.

penser ont cru la dévoiler dans les formes très diverses des multiples mythologies. Nous sommes en mesure de faire mieux, sinon plus, étant donnés le progrès déjà réalisé de nos sciences, autrement dit, le nombre de nos acquisitions de faits bien observés et de théories mécaniquement concevables.

J'ajouterai que les vrais matérialistes, en dehors des êtres organisés, agrégats matériels *fortuits* ou *nécessaires*, n'admettent aucune puissance ou cause personnelle, créatrice, ordonnatrice ou directrice dans la nature.

Démocrite, Epicure et leurs successeurs ne représentent donc pas en leur totale doctrine le parfait matérialisme, puisque presque tous ils admettent ou tolèrent des dieux.

Quelques-uns même en déclarent l'univers tout rempli. La plupart de ces philosophes distinguaient parfaitement l'âme du corps, tout en faisant l'âme elle-même corporelle et composée d'atomes arrondis et les plus petits de tous, nous dirions dans cet esprit, et suivant nos doctrines physiques d'à présent, une telle âme composée d'un fluide extrêmement subtil ou plus précisément de quelque *éther*.

Cette âme atomique ou éthérée — suivant Démocrite, Epicure lui-même et d'autres — pourrait bien, sans doute, n'être pas immortelle, et se dissiper dans l'espace, même, à l'heure de la mort ; mais sa permanence après la dissolution de l'organisme proprement dit ne serait ni impossible à concevoir, ni très difficile à admettre.

C'est un point par lequel la métaphysique atomique des anciens se différencie très nettement du matérialisme moderne.

Parmi les défenseurs de cette métaphysique, les seuls vrais matérialistes sont ceux qui ont dit comme ceux d'aujourd'hui et sans plus ni moins de raisons scientifiques :

Il n'y a que des atomes se mouvant dans le vide, l'être vivant disparaît pour jamais dans le néant de la mort, il n'y a dans la nature aucune puissance au-dessus de l'homme (pas plus les *idées* de Platon que les *dieux* de toutes hiérarchies, que les *éons* des Alexandrins) *les harmonies, les eumorphies, les eurythmies de la nature viennent uniquement soit du hasard* — admis consciemment ou non par quelques-uns comme premier principe, — *soit de l'immanente, perpétuelle et inviolable nécessité*.

Dans ce sens précis, il est bien difficile de ranger Aristote parmi les matérialistes, comme tend à le faire M. Soury, même en ne tenant compte que de ceux de ses livres dont l'authenticité n'a jamais été contestée.

De même, si l'on examine les œuvres des disciples du grand stagyrite, dont plusieurs furent des savants profonds et même souvent exacts, on aperçoit bien la tendance matérialiste se manifestant chez quelques-uns, Théophraste, Aristoxène, Dicéarque, Straton de Lampsaque et d'autres encore (1) ; mais chez eux, comme d'ailleurs chez tous les anciens, on ne constate guère qu'une *tendance* plus ou moins marquée, un état d'âme pessimiste, un penchant des esprits les plus impatients à vouloir s'expliquer la nature essentielle des choses, et croyant se l'expliquer par des formules simples qui non seulement n'expliquent rien, mais empêchent de bien distinguer les unes des autres les choses les plus caractéristiques soit de la nature extérieure soit de l'intimité consciente de notre être.

Tels ne furent point les Stoïciens. Ils construisirent, grâce aux travaux de Socrate, de Platon et d'Aristote la plus haute métaphysique qu'on pût édifier de leur temps, étant données les connaissances expérimentales constituant alors la philosophie physique ou naturelle. Cette métaphysique les conduisit à une morale très pure et très belle, non si différente

(1) Encore y aurait-il beaucoup à dire sur ces philosophes. Tantôt les propositions matérialistes sont par eux corrigées ou contredites par d'autres, tantôt ils les présentent comme questions à discuter, opinions à examiner. Tous étaient plutôt des savants que des philosophes au sens moderne des mots, et plusieurs des savants de haute valeur, puisqu'ils commençaient presque l'instauration des sciences dont ils s'occupaient. Il ne faut pas prendre pour un pur matérialiste Straton, psychologiste déjà remarquable parce que, l'un des premiers, il a bien compris l'importance physiologique du cerveau. Dire : *la Nature produit tout ce qui existe*, ce n'est pas être matérialiste ; car il s'agit de ce qu'on entend par ce mot *nature*. Est-ce uniquement *l'atome et le vide*, est-ce une *puissance* que nous pouvons non pas concevoir, mais, simplement admettre comme *cause générale* ? Une telle nature ne diffère du Dieu d'autres écoles que par le sexe ou la symbolique maternité qu'on lui attribue, c'est le *mens* de Virgile, principe ordonnateur et source de toute harmonie dans les choses, par conséquent, de toute organisation et de toute beauté.

qu'il a semblé à quelques-uns de celle d'Epicure, dont toute la partie originale, discutable sans doute, n'est certainement pas à rejeter. C'est là ce qui fit leur grand et beau renom dans le monde. Ce point est ou devrait être de peu d'importance pour M. Jules Soury, qui, à toute occasion, ne manque pas d'exprimer son dédain pour toute morale. Cela est sans danger pour lui je l'espère, je le crois ; mais gare aux disciples ! (1).

Si les disciples matérialistes du sage, du savant, de Stagyre, — ceux qui n'ont pas tout compris dans le maître — le furent par réaction contre lui et contre Platon ou Socrate, on ne peut dire ces derniers des réacteurs contre le prétendu matérialisme antique. Leur réaction sans grande violence et partiellement juste, porta sur la physique un peu trop spéculative de leurs contemporains et de leurs prédécesseurs.

En réalité leurs aperceptions scientifiques furent plus larges et plus élevées que celles de Thalès, de Démocrite et de quelques autres. Ils fondèrent véritablement la philosophie, telle que nous la comprenons aujourd'hui, séparant déjà trop, peut-être, la « métaphysique » des « sciences ».

Leur influence ne fut nullement inhibitrice du développement scientifique, et bien au contraire. Si ce développement s'arrêtait quelques siècles plus tard, les causes en sont tout autres ; et l'histoire nous le montre dans le jeu des nécessités ou des fatalités humaines, de celles qui échappent souvent à la faible clairvoyance des philosophes et où l'action des plus habiles et des plus dévoués ne saurait, aux moments critiques, utilement intervenir (2).

---

(1) Ne dit-il pas lui-même, p. 274 du *Bréviaire* : « On oublie trop en France que, au témoignage même du livre de d'Holbach, le matérialisme et l'athéisme « ne sont point faits pour le vulgaire » !

(2) En parlant des savants Alexandrins, créateurs de la science expérimentale et exacte M. Soury dit expressément et avec une louable sincérité (p. 284 du *Bréviaire*) : « si l'on excepte Démocrite, c'est à peine si un seul de ces grands inventeurs appartient à l'école matérialiste. On rencontre au contraire, parmi les noms les plus considérables de la science grecque, toute une lignée d'idéalistes et même d'enthousiastes. Platon est bien le père de ces puissants génies... »

« Aristarque de Samos, le précurseur de Copernic, se rattachait aux

※
※※

Compterons-nous plus de matérialistes depuis la Renaissance ? Gassendi fût-il matérialiste, comme ses adversaires, ne le comprenant pas bien (Descartes à leur tête) le lui reprochaient quelquefois ? Rien n'est moins certain ; ou plutôt c'est le contraire qui n'est pas douteux. Il admettait dans la nature des *puissances* spéciales, très distinctes de l'atome en mouvement des anciens, aussi distinctes de la force, dans le sens donné à ce mot par Galilée et de ce qu'on nomme aujourd'hui l'Energie en physique et en mécanique. Cette idée est des plus opposées à l'opinion matérialiste et n'y peut conduire par aucun artifice de logique.

Je n'abuserai pas, pour corroborer mon sentiment sur ce point, de ce fait non dissimulé par M. J. Soury que ce grand philosophe fut aussi ou se montra un croyant très pieux, qu'il vécut et mourut en bon catholique (1). On pourrait m'opposer les cruelles nécessités de son temps, les dangers qu'il aurait courus à dire toute sa pensée, lui supposer même un scrupule en faveur de la religion nécessaire à l'humanité encore pour plusieurs siècles ; que sais-je !

M. Jules Soury admire beaucoup et avec raison Gassendi dans sa vie privée et dans ses conceptions philosophiques ; d'abondance, il le loue de sa piété, mais, suivant la tradition, il le veut absolument et nettement matérialiste. Il a besoin de ce grand saint dans son église. Je le revendique très hautement pour mon panthéon, ne lui déplaise. Gassendi a très heureusement attaqué l'argumentation où Descartes essaie de prouver — par de purs sophismes — l'incompatibilité fonc-

vieilles traditions pythagoriciennes. Le grand Hipparque croyait à l'origine divine de l'âme humaine ; Eratosthène s'en tint à la moyenne Académie, Pline, Ptolémée, Galien, sans avoir de système proprement dit, étaient attachés aux principes panthéistes. »

(1) A ce point que, très malade, presque *à l'article de la mort*, et contrairement aux prescriptions et aux instantes prières de son médecin et ami Guy Patin, il voulut *faire* dans toute sa rigueur *son carême* de 1655. Cette dévote imprudence avança certainement l'heure dernière du philosophe qui eut lieu en octobre de la même année.

tionnelle de la pensée et de l'étendue. Or, il est démontrable que pour la production de la moindre *pensée*, l'étendue est absolument nécessaire aussi bien que la durée.

De là et de quelques autres points que je ne puis discuter ici, on a voulu induire le matérialisme de Gassendi. M. Soury ne pouvait éviter cette erreur étant donnée la façon dont il prétend s'expliquer — tout en avouant çà et là qu'il ne se les explique nullement — l'univers, la vie et la pensée.

Gassendi admettait dans l'homme une âme qu'on pourrait dire d'ordre matériel, et en termes plus précis *fluidique* ou *éthérée*. Cette âme pouvait, suivant lui, être dissoute comme le corps et au même moment. Il prenait là le mot âme dans le sens latin et primitif *anima*, — le soufle et la vie, — et selon la définition des théologiens, notamment de saint Thomas d'Aquin, *ce qui anime le corps* (1). Mais avec cette âme et au-dessus d'elle il reconnaissait un principe immatériel et impérissable qu'il nommait l'*esprit*.

Cette correction formelle à l'ontologie d'Epicure ne suffit-elle pas à le placer en dehors de tout matérialisme !

Appliquerons-nous le qualificatif de matérialistes aux philosophes britanniques des deux derniers siècles, presque tous sensualistes, il est vrai, c'est-à-dire faisant dériver la pensée de la sensation ?

La plupart sont de bons chrétiens, spiritualistes à l'excès et glissant naturellement vers cet idéalisme ou immatérialisme (négation de la réalité du monde extérieur) dont Berkeley fut la plus illustre et surtout la plus formelle expression.

Ces honnêtes chercheurs se préoccupaient, depuis Bacon, des bonnes méthodes. Ils invoquaient l'observation et l'expérience plus encore qu'ils n'essayaient de les pratiquer. Ils voulaient de claires démonstrations de toutes choses, ce dont on les doit louer, mais pour leur propre compte ils n'en trouvèrent pas beaucoup. Leurs découvertes en général sont assez peu nombreuses et d'assez mince importance. La plu-

---

(1) L'âme, le principe intellectuel, conscient volontaire, créateur de rythmes et de formes, le *mens*, le νοῦς ou le *moi*, n'est pas *ce qui anime le corps*. La question sera traitée notamment aux viiie et ixe chapitres de ce livre.

part de leurs doctrines datent de deux mille ans. Ont-ils imprimé aux recherches des physiologistes une activité nouvelle ? Cette influence, si elle est réelle, ne s'est fait sentir que bien tard ! Ils sont disciples de Descartes plus que de Bacon, plus que de Gassendi. En Descartes en effet, — à un point de vue historique dont l'importance est peut-être médiocre — se trouvent les racines et du matérialisme et de l'immatérialisme ou idéalisme de notre xixe siècle et du siècle précédent — dont les formes extérieures ont seules varié, — en Angleterre, en France et en Allemagne.

Hobbes est un sensualiste spiritualiste. Il a vécu, il est mort en bon chrétien protestant, ses *tendances* matérialistes indéniables n'aboutissant à aucune formule très affirmative.

David Hume est idéaliste à peu près comme Berkeley, et théiste avec quelque tendance peut-être vers le panthéisme de Spinoza. Excellent homme, penseur ingénieux et profond.

Il y en a quand même beaucoup de tels parmi les chercheurs qui, dans la suite des temps, se sont mêlés de philosophie, sans parler même de ceux qui ont montré de l'esprit, du talent, du génie en des fonctions les plus diverses de l'intelligence. A ce point de vue, leurs erreurs — souvent inévitables — ne sont même pas à compter (1).

Hartley, Priestley, Maupertuis, Diderot, sont des matérialistes bien indécis, ondoyants et divers, ou intermittents.

Maupertuis considère l'étendue et la durée comme de simples sensations analogues à « une odeur, une saveur, un son » ! c'est là tout l'idéalisme de Berkeley et celui de David Hume, qui fut plus tard à très peu de chose près celui de Kant (bien que celui-ci s'en défende) et des successeurs du philosophe Kœnigsbergeois. Cet idéalisme devient, en prenant un nom

---

(1) Sur « L'accord qui règne entre le cours de la nature et la succession de nos idées »... (J. Soury) voici ce que dit David Hume :

« Quoique les puissances et les forces qui varient la scène du monde nous soient totalement inconnues, nous trouvons pourtant que nos pensées et nos conceptions leur ont tenu jusqu'ici fidèle compagnie ».

Combien cette conception serait lumineuse et précieuse si le philosophe avait pu donner aux mots *puissances* et *forces* le sens précis et différentiel que les sciences permettent aujourd'hui de leur attribuer !

plus conforme à sa vraie nature, l'hylozoïsme, lequel ne diffère en rien du monisme d'aujourd'hui. Ce monisme lui-même diffère-t-il beaucoup du vrai *matérialisme* ? Et cependant Maupertuis admet un Dieu communiquant à la matière, la faculté de sentir et de penser, et il rejette l'atomisme des anciens.

Donc les tendances matérialistes sont fréquentes chez les philosophes des deux derniers siècles, bien que les purs matérialistes y soient extrêmement rares. Pour en trouver un enfin, il faut arriver à l'auteur du *système de la Nature*, au baron d'Holbach, au fameux d'Holbach (1).

Celui-ci est bien matérialiste dans tous les sens acceptés de ce mot, ou du moins le veut être. Les meilleures pages de son livre furent écrites, dit-on, par Naigeon, par Lagrange, traducteur de Sénèque et de Lucrèce, et par Diderot, lesquels ne se souciaient point d'apparaître en nom dans cette affaire (2). Ces *penseurs* n'étaient pas dépourvus plus que d'Holbach de notions scientifiques, mais on ne peut les dire des savants. Ils firent une longue étude assez pareille dans son ensemble à celle de Jean-Baptiste Robinet dont M. J. Soury donne aussi un ample et intéressant résumé.

Ces tentatives ne sauraient présenter pour nous un grand intérêt, insuffisantes qu'elles sont même au point de vue des connaissances scientifiques bien acquises à cette époque. Bien autres, à ce point de vue, sont les travaux et les idées de Descartes, de Mallebranche, de Pascal : Ces prétendus *sys-*

---

(1) Voici comment s'exprime le *Bréviaire* au chapitre X de la IIIe partie :
« Dans ce grand XVIIIe siècle qui, à en croire la renommée, aurait été en France le siècle du matérialisme, on ne trouve guère qu'un athée déclaré, le baron d'Holbach, et un franc matérialiste, La Mettrie ».
Encore La Mettrie se dit-il *sceptique* et par moment semble-t-il ne pas rejeter absolument ni directement Dieu et l'immortalité de ce qui pourrait être l'âme.

(2) Diderot n'était matérialiste et athée qu'à ses heures, ses variations même sont la marque propre de sa puissante originalité et donnent un vif intérêt à ses écrits ; mais par ses qualités comme par ses défauts, il est, parmi ceux qu'on nomme philosophes, peut-être le moins apte de tous à concevoir et à développer une philosophie. Il est flottant entre des conceptions contraires comme un peu plus tard, sous les mêmes influences, le fut l'esprit de la Révolution oscillant entre le théisme sentimental de Robespierre et le matérialisme de Babeuf.

tèmes de la Nature ne sont que de terribles machines de guerre très bien construites quant à leur but immédiat.

Relire de tels livres est une lourde tâche, où les mêmes idées se répètent à chaque page, où le pur sophisme apparaît partout, et dont la forme pompeuse ornée çà et là d'hypocrisies humanitaires aggrave encore l'obscurité profonde sous l'apparente clarté, et où rien véritablement ne rachète la pauvreté lamentable du fond. Les analyser ne serait nullement utile en ce lieu, puisque nous retrouverons les quelques idées essentielles de la doctrine, abrégées du moins, sinon plus lumineuses, dans ceux des matérialistes contemporains que nous discuterons. J'ajouterai que la science actuelle nous offre des armes autrement trempées pour les combattre que celles de la plupart des hommes de bonne volonté qui, à divers points de vue, les ont déjà réfutées.

Ce que je viens de dire du baron d'Holbach — ce beau cadeau que la blonde Germanie fit à notre France du dernier siècle, — est exactement applicable à l'homme de chez nous qui devient si aisément l'ami intime du roi de Prusse, du médecin sans génie, La Mettrie, que recueillit et pensionna si généreusement le grand Frédéric. Ce naturaliste (?) précéda de plusieurs années d'Holbach, et lui fournit toutes ses idées, ayant pris les siennes soit à Robinet, soit aux quasi-matérialistes d'Angleterre, soit dans mille autres écrits oubliés aujourd'hui. Ces livres ou libelles, nuls curieux ne s'appliquent à les rechercher dans les rayons des grandes bibliothèques ; on en trouve quelquefois en province, legs poudreux du passé, au fond de quelque vieille armoire chez des personnes dévotes.

Toute cette littérature philosophique malsaine chantant la Nature à tous propos et sur le même ton emphatique et raisonnable, contemptrice de toute grandeur, de toute beauté, de toute noblesse d'esprit et de cœur et qui n'a d'autre ressort que la bassesse d'âme et de cerveau de ces hommes « *sensibles* » qui l'ont perpétrée, se trouve réfutée presque dès sa naissance, non tant par les travaux et discussions qu'on lui opposa, mais — inconsciemment sans doute, — par un livre d'une infâme célébrité, ce livre d'ailleurs horriblement ennuyeux d'un marquis dont je n'ai pas à écrire le nom, et dont l'épigraphe (en deux Alexandrins d'une platitude extraordinaire) ne laisse pas que d'être profondément significative :

« On n'est pas criminel pour faire la peinture
Des bizarres penchants qu'inspire la Nature. »

De tels arguments je ne puis me servir. Je ne conseillerai pas à ceux de mes lecteurs qui ne les trouveraient pas d'occasion en leur souvenir, de s'en enquérir davantage. D'autant que je ne me propose pas précisément d'étudier l'influence morale de la doctrine matérialiste — une telle étude ayant été bien faite un assez grand nombre de fois. Je me propose à peu près uniquement de faire la critique scientifique des quelques assertions extrêmement simples — comme énoncé — constituant cette doctrine, lui opposant d'autres inductions différencielles que la science peut aujourd'hui nous suggérer, si elle ne les démontre pas rigoureusement toutes.

J'ai bien fait voir, je crois, combien il a peu existé jusqu'à notre temps de matérialistes dans le sens précis du mot, puisque pour en trouver deux à fleur de coin — et encore M. Jules Soury, qui doit s'y connaître, fait-il encore, à leur propos, des réserves — il faut arriver au xviiie siècle. Cependant, comme on l'a vu dans les rapides pages précédentes, nombreux ont été les *quasi-matérialistes,* aux temps antiques et en ces deux ou trois siècles derniers. Tout aussi nombreux furent et sont encore ceux dont les idées même les plus anti-matérialistes d'apparence, par une certaine pente fatale ou en vertu de certaines illusions de logique, mènent au matérialisme pratique une foule d'esprits vulgaires ou imparfaitement cultivés. Ces doctrines diverses comprenant presque toutes les philosophies ayant paru dans le monde, car toutes, à quelques égards, sont passibles de ce reproche, je ne puis toutes les analyser et les discuter dans le présent ouvrage. Pour les théories dites idéalistes, intellectualistes ou spiritualistes absolues, etc., je l'ai fait en quelques écrits déjà publiés et en d'autres prêts à paraître, je continuerai — dans la mesure de mes forces — ce grand travail, le croyant d'une extrême utilité à notre époque si douloureusement troublée.

Ne l'ai-je pas déjà dit, aux pages précédentes? je ne veux pas ici parler des multitudes où se sont trouvés en assez grand nombre presque dans tous les temps des gens à caractère ou à tendances dites naturalistes, matérialistes, agnosticistes, etc. N'est-ce pas assez de m'occuper des philosophes, ou des écrivains dogmatisants ayant fait une exposition formelle et franche de leur doctrine? Encore assez clairsemés, ils n'en représentent pas moins de nos jours des mouvements politiques et sociaux considérables.

Auguste Comte était-il matérialiste? Certainement. Son doute sur l'immortalité, au moins possible, des êtres, allait jusqu'à la négation intime sinon nettement exprimée. Il fut ce qu'on pourrait appeler — quant à la question toute métaphysique du matérialisme — une sorte de rejeton dégénéré de l'école, un matérialiste déguisé ou muet, et cela, non par manque de sincérité ni de courage, mais par conviction réfléchie, délibérée, raisonnée et méditée. Aussi M. Jules Soury, parmi ses philosophes matérialistes de propos ou de tendance, ne le mentionne-t-il même pas. L'originalité de ses dogmes pontificalement annoncés n'est point tant dans la qualité ni la nouveauté des idées que dans un certain art de les imprimer à certains genres de cerveaux antérieurement prédisposés au matérialisme, mais dépourvus de cette hardiesse violente propre à quelques-uns des avocats ou des tribuns de cette métaphysique.

Actuellement il y a bien une espèce d'école matérialiste, il y a surtout des milieux matérialistes. On y affirme les points principaux de la doctrine comme de saintes vérités devant sauver le genre humain, la liberté, la civilisation, comme le dernier mot de la science. On accompagne le tout d'un sentimentalisme pleureur, doucereux, héroïque et même parfois solennel. Rappellerai-je la quasi-poésie en prose du *père* Enfantin, en un volume où il chante d'une voix attendrie le bonheur que nous devons éprouver en pensant que nos molécules serviront, après notre dissolution dernière, à former des fleurs que les printemps prochains feront éclore !... Autant vaudrait discuter et glorifier, comme philosophe du « bon sens » M. Homais, pharmacien fictif, il est vrai, mais dont les modèles ne manquent pas autour de nous. Quelques-uns de ses traits apparaissent même en des types humains beaucoup plus élevés que le personnage — créé ? non ! — mis en scène, par le grand romancier, le très noble écrivain Gustave Flaubert.

Peu importent les confusions d'idées et de sentiments tourbillonnant dans ces encéphales ; tous se ressemblent en ceci qu'ils considèrent — selon la formule exprimant les idées de M. Jules Soury — l'univers « comme un nuage de matière cosmique passant par différents états de condensation, et produisant tout ce qui existe, sans but ni dessein » (*Bréviaire* ; Ch. VIII de la IIIe partie).

Plusieurs de ces matérialistes accidentels, à tendances plus ou moins obscures et diffuses, meurent dans la peau d'un spiritualiste comme Cabanis, d'un catholique comme Littré, d'un chrétien protestant comme Taine, et les trois noms justement illustres que je viens — à dessein — d'écrire doivent nous porter à la plus cordiale indulgence soit pour les erreurs manifestes, soit pour l'inconstance doctrinale de ceux que leurs talents n'élèvent pas beaucoup au-dessus du niveau moyen des esprits. D'ailleurs, le droit pour tous les hommes de changer d'avis n'est-il pas l'un des plus sacrés à maintenir ou à revendiquer ?

Autre question : est-il légitime d'appeler matérialiste tel philosophe à forme critique ou dogmatique qui se ménage une porte ouverte — ou une fenêtre — du côté de l'Inconnaissable », celui qui glisse à chaque instant dans un néo-idéalisme pareil à celui de Berkeley et des philosophes de la soi-disant grande école allemande issue du même idéalisme ? Pour couper court à ces questions difficiles, et comme la nécessité de limiter le champ de mes recherches, s'impose, j'appellerai philosophe matérialiste celui qui argumente en faveur de l'*une* des deux ou trois thèses essentielles de la doctrine, et qui ne repousse formellement aucune des autres. Je me propose dans le présent livre, de démontrer que ces deux ou trois thèses bien définies, bien séparées de diverses autres questions de science ou de critique où on les mêle trop souvent, ne sont scientifiquement ni logiquement soutenables à aucun point de vue.

III

Pour bien poser les questions et, en même temps déblayer un peu le terrain, il sera bon d'examiner les plus anciens essais de théories se rapportant à ces questions. L'excellent *Bréviaire* de M. Jules Soury nous en fournira l'occasion. Il ne s'agit pas ici de métaphysique pure, mais bien plutôt de physique générale, dont la métaphysique, telle qu'elle doit être, ne saurait se désintéresser.

On lit dans la préface du *Bréviaire* : «... Ces dernières particules de Démocrite (ses atomes) sont de petites masses tout à fait homogènes qui ne se distinguent les unes des autres que par le volume et la forme... (1) »

« Puisque la substance de l'atome est partout et toujours identique, dit M. Soury, aucune des qualités, au moins des qualités dites secondaires que nous découvrons dans la matière — la chaleur et le froid, le goût, les couleurs, etc. — ne saurait y exister réellement. Seules la forme géométrique, l'étendue et la solidité ont paru à quelques-uns des propriétés objectives des éléments... »

Fort bien (2) ! Nous voulons nous expliquer la formation de

---

(1) *Histoire critique des principes généraux de la mécanique de Duering* (Leipzig, 1878) citée par M. Jules Soury.

(2) Notre philosophe matérialiste reprend un peu plus loin les argu-

l'Univers ou des univers. Nous nous donnons avec Démocrite des atomes solides et faits d'une substance *homogène*, c'est-à-dire sans parties distinctes et séparables, de formes et de grandeurs variées, et *se mouvant dans l'espace vide*.

Il nous est loisible de faire cette conjecture. Toute la question est de savoir si elle nous amènera — notre connaissance de certains possibles géométriques et mécaniques aidant — à construire quelque hypothèse scientifique et raisonnable, à imaginer plus tard quelque théorie pouvant nous faire comprendre d'une certaine façon les faits, les événements — physiques (d'abord) de notre monde, — que l'expérience de tous les instants met sous nos yeux. A rien de tout cela ; et je le ferai voir. L'arbre se juge aux fruits. L'ombre même de celui-ci est funeste. Je laisserai cette ombre souvent décrite pour ne m'occuper que de l'arbre. Cependant ces physiciens de l'antiquité grecque, Leucippe, puis Démocrite, puis Épicure, formèrent en leur esprit une induction que rien n'a pu détruire, jusqu'à présent, que tous les faits tendent à confirmer, et qui même sert de base à nos théories les plus utiles et les plus récentes, notamment en chimie. Ils conçurent comme clairement nécessaire *la discontinuité* réelle *de la matière* opposée à sa continuité apparente (1). Ils pensèrent que cette discontinuité pourrait ne pas être indéfinie, et s'arrêter à un genre de corps très petits, éléments derniers de tous les autres corps et qui furent appelés les atomes, si bien définis dans le précis langage de la science moderne par M. Duering cité plus haut. Pour quelques théoriciens, dont plusieurs sont illustres, et depuis le Père Boscovich, on peut considérer les atomes comme des centres de *forces* convergentes, toute idée de *masse* étant écartée, ou la masse pouvant, selon ces savants, s'expliquer par la *force* seule, par ce qu'on nomme

ments de Berkeley, pour prouver que nous ne connaissons ni la matière, ni l'âme, ni rien. Alors pourquoi cette foi passionnée pour un matérialisme quelconque ? Pourquoi vouloir tirer, de ce néant, telles prétendues conséquences, sans rapport ou en contradiction avec ce qui est réellement *connu* ?

(1) Notre siècle y a très heureusement ajouté la continuité parfaite du mouvement dans l'univers, ou la permanence de la *force* (ou énergie) aussi bien prouvée que celle de la *masse*, au moins pour une étendue donnée d'espace cosmique.

plus précisément l'énergie. D'autres ont essayé de concevoir une matière continue, forcés dès lors de lui accorder des propriétés toutes nouvelles et tout à fait incompréhensibles. Je n'ai pas à discuter ici cette question, ni à combattre ces opinions, repoussées par le plus grand nombre des savants de notre époque.

Les atomes à masse constante et (au moins physiquement) indivisibles, toute réserve étant faite sur les formes possibles et la vraie constitution de ces atomes, voilà tout ce qui reste de l'essai théorique des anciens. Si l'on considère le parti que la science de notre siècle en a tiré, c'est assez pour consacrer à jamais la gloire de Leucippe (1). Mais cette induction (*différencielle*) de Leucippe, telle qu'il pouvait la formuler en son esprit, pouvait-elle le mener bien loin? Pouvait-elle mener loin dans la voie des véritables découvertes ses disciples et leurs successeurs? On ne saurait le dire. Ils pensèrent trouver en elle du premier coup l'explication de la plus insoluble de toutes les énigmes, l'origine et la génération du monde, et de l'homme, et des dieux, enfin de toutes choses? Il serait puéril d'en sourire, mais pouvons-nous ne point trouver naturel qu'ils y aient échoué!

Discuterai-je la chute de ces atomes et leur déclinaison? Il le faut bien en quelque façon, puisque M. Soury semble presque reprendre pour son compte (2) la très antique « théorie », tout au moins en la traduisant ainsi :

(1) Cette première conception des atomes par Leucippe, cette base théorique non encore ébranlée des sciences d'observation, doit apparaître comme d'autant plus remarquable, et même admirable, qu'on trouve en elle une des premières tentatives de s'expliquer les choses visibles par ce que nous pouvons imaginer de concevable dans l'invisible, de *ce qui se passe* dans l'ordre des grandeurs qui nous est accessible et familier, par *ce qui pourrait se passer* dans un ordre de grandeurs soit infinitésimal, soit très éloigné de celui où nos sens peuvent directement apercevoir quelque chose.

(2) *On sait*, dit-il, que toute la doctrine du philosophe d'Abdère se résume, *comme aujourd'hui encore* toute science de la nature, en ces deux mots : « Il n'y a que les atomes et le vide. »

« Une force unique, la pesanteur, dit-il, explique la rencontre des atomes, *partant* la genèse des mondes, leur évolution et leur distribution. » Il faut en convenir, c'est aller vite en besogne.

Cette pesanteur, c'est la gravitation universelle, dont la théorie n'est peut-être pas impossible à faire ; et la gravitation n'est pas *une seule force* mais une *forme* sphérique et concentrique de l'énergie universelle ou de l'unique Force.

En combinant l'atomisme — encore très vague pour ce qui regarde l'élément atomique lui-même — avec cette gravitation universelle, on peut essayer de construire une cosmogonie à la manière de Kant et de Laplace et des autres savants qui ont osé cette tentative. Et encore les données premières — hypothétiques ou expérimentales — sur lesquelles on est contraint de s'appuyer sont beaucoup plus complexes qu'il ne paraît d'abord. Avec la *gravitation*, il faut considérer l'autre forme générale ou universelle de l'énergie, savoir la *radiation*. Cette radiation — c'est du moins depuis longtemps ma conviction — est précisément l'une des conditions essentielles de la gravitation. Ces points sont encore très obscurs dans l'esprit des savants contemporains. De plus, on ne saurait partir de l'idée seule de l'atome pour constituer une cosmogonie. On part de la matière chimiquement et eumorphiquement structurée, telle que nous en avons la notion; ou autant que la théorie expérimentale peut nous la faire connaître. Or, d'où vient la structure régulière sinon toujours symétrique des molécules composant les corps étudiés par les moyens directs ou indirectes mis en œuvre par les physiciens et les chimistes?

C'est ce que n'expliquent nullement les idées que nous avons pu nous faire, même par simple conjecture, des atomes, soit que nous choisissions l'atome irrégulier de Démocrite, soit l'atome sphérique ou sphéroïdal et dur de Newton, soit l'atome sans masse du P. Boscovich et de ses successeurs — tous notoirement outrepassants pour qui veut aller au fond des choses, j'entends, telles qu'elles se présentent aux pouvoirs intérieurs de notre esprit — soit le bizarre atome en tore fait de particules d'éther de Lord Kelvin, soit tout autre atome imaginable.

De plus, l'énergie radiaire nous apparaît comme incontestablement rythmée. Ses rythmes divers se nomment actinisme, chaleur et lumière, à quoi il faut ajouter les radiations de Rœntgen.

D'où viennent ces états rythmiques divers, où la même énergie est en cause, avec un éther que la science croit encore unique ?

De vives clartés nous manquent à l'heure actuelle sur ces questions. Nulle masse — nous le savons par mille expériences ou observations — ne peut d'elle-même se donner une structure, ni changer celle qu'elle a. Nulle force n'engendre elle-même le rythme suivant lequel elle se manifeste. D'autre part, — j'oserai dire à ce propos : Toute matière est *structurée*, toute force (ou manifestation de l'énergie constante) est *rythmée*.

Cette induction différentielle très générale ne peut être niée actuellement, ni contestée par aucun savant, bien qu'on la puisse dire non encore rigoureusement démontrée.

Il y a donc, dans la nature, des eurythmies et des eumorphies primordiales.

D'où viennent-elles ? Ou, en d'autres termes, comment l'atome se mouvant dans le vide peut-il réaliser la plus simple des eurythmies ? Les matérialistes ne peuvent répondre à cette question nettement posée ; et dès lors leur doctrine est en pleine déroute.

J'ai dû tracer ici les grandes lignes de cette discussion que pour le moment il n'est pas nécessaire de pousser plus avant comme je l'ai déjà fait, comme je le ferai encore en lieu convenable.

J'en ai dit assez pour démontrer combien est futile et vaine la prétention de créer l'univers — par l'esprit — uniquement avec l'atome et le vide, y ajoutant le mouvement et même la « pesanteur ».

*
**

Le hasard n'a aucune place dans la conception de Démocrite suivant M. Jules Soury. Son erreur à forme élogieuse sur les idées de l'Abdéritain me semble flagrante. Il me semble aussi qu'il méconnaît cette grande face des choses observables que j'ai si souvent essayé de bien mettre en lumière, *le fait incoordonné*, aperçu en son incoordination, — fait de hasard proprement dit — et que j'oppose au *fait* non moins général *de création* — constitution eurythmique et eumorphique de toutes choses — et au *fait de nécessité* ou de fatalité, résultant et dérivé d'un *ordre* primitif, où nous découvrons, à l'exclusion des deux autres groupes, ce que les savants, sans une précision suffisante, ont nommé les *lois*.

Le hasard apparaît dans le « système » ou les systèmes de Démocrite et d'Epicure dans l'idée même primordiale de l'atome. Selon ces philosophes, l'atome primitif n'a aucune forme symétrique, ni régulière, ni voulue en aucune sorte, c'est comme les parcelles de plomb fondu que nos pères s'amusaient à verser dans l'eau à Noël, y cherchant ensuite des *formes*, c'est-à-dire une excitation à leur imagination et à leur mémoire pour créer, en croyant les reconnaître, ces prétendues formes (1). Et c'est là un cas particulier bien net de ce que je nomme le hasard.

Ces atomes sans formes, ou difformes, sont en mouvement dans l'espace vide. Ils *tombent* en ligne droite ou bien décrivent un cercle ou des cercles, ou d'autres courbes si l'on veut. Ils subissent à un moment donné une déviation de ce mouvement régulier ou quasi régulier primitif. Si cela est fatal ou *nécessaire* d'après les termes de la question posée, il faudrait le démontrer : mais il n'en est rien ; car la gravitation n'est point donnée ; et même, dans le cas de la gravitation, ajoutée généreusement au système, il faut que cette déclinaison vienne d'une cause, — d'une force si l'on veut — extérieure à tel nombre d'atomes déjà en mouvement. Si cette action n'est voulue par aucune puissance personnelle, comme on ne la peut faire dériver de rien, elle est *fortuite*. Ecartons sur ce point tout malentendu ! Deux groupes — immenses, si l'on veut — d'atomes en mouvement peuvent se rencontrer dans

---

(1) Je dis prétendues « *formes* » pour eumorphies. Il faut bien distinguer celles-ci des configurations fortuites et quelconques, appelées aussi des formes dans notre langue.

l'espace. Dans chacun de ces groupes, l'immanente nécessité règnera comme elle règne partout, sans que nulle puissance soit jamais en mesure d'y rien changer, toute action, quelle qu'on la suppose, ne pouvant s'exercer qu'en parfaite conformité des lois du nombre, de l'espace, du temps, de la masse et de la force. Étant donnée l'existence antérieure des deux groupes d'atomes — il faut ici compliquer un peu leurs mouvements d'ensemble — et s'ils se rencontrent, et si cette rencontre n'est voulue, n'est causée par aucune puissance spéciale consciente, volontaire, créatrice, — je dis créatrice à la façon de l'âme humaine — elle constitue, parmi les faits de nécessité ou de fatalité, un cas très net et même typique de fait de hasard.

La rencontre des atomes de Démocrite, les faisant s'accrocher les uns les autres, et formant des *agrégats* — le mot est ici d'une justesse irréprochable — de plus ou moins grand volume, constitue donc bien un fait de pur hasard. Et que résultera-t-il de telles rencontres ? Non pas des molécules eumorphiques telles que les conçoit notre moderne chimie, mais des masses variables dont le mouvement se composera suivant le parallélipipède des vitesses et des directions des atomes primitifs, et ces masses iront où les pousseront les concours de nécessités mécaniques en cause dans chacun des faits particuliers ; et cela pourra continuer ainsi, éternellement, sans que l'eumorphie et l'eurythmie puissent jamais naître de l'informe et de la pure action inconsciente de l'énergie universelle. Ou bien il faut accorder aux atomes une conscience, une volonté raisonnée, un savoir, une prévoyance, en faire de véritables dieux. Et encore resterait à expliquer comment ils se peuvent concerter pour réaliser une œuvre commune.

Un mot, en finissant ces prolégomènes, de la génération spontanée si longtemps admise par les savants et les philosophes trop pressés de conclure, ruinée aujourd'hui par la science expérimentale.

Il serait temps pour le matérialisme ou pour d'autres métaphysiques, d'espèces analogues, je veux dire pareillement déterministes ou fatalistes, de ne plus chercher un point d'appui en cette science expérimentale. D'autant plus que lors même que l'éminent naturaliste Pouchet ne se fut pas trompé, aucune preuve de ces doctrines ne pourrait être tirée de la thèse par lui soutenue. En effet la question — nullement métaphysique — peut se réduire à ceci : Les êtres vivants sortent-ils, viennent-ils, de germes déjà organisés, visibles et tangibles, ou de germes plus subtils répandus dans l'espace, échappant à nos moyens directs d'observation? La science expérimentale a victorieusement établi que la première hypothèse est seule exacte. Il n'a jamais pu être sérieusement question, parmi les savants proprement dits, d'êtres se formant dans un milieu convenable par les seules transactions fatales ou fortuites des masses moléculaires et de ce qu'on appelait encore, au temps de la mémorable discussion de Pouchet et de Pasteur, les forces physiques.

Un mot encore sur la prétendue « théorie » des évolutionnistes : Lors même que toutes leurs inductions différentielles seraient exactes — ce qu'ils sont loin jusqu'à présent d'avoir démontré — la croyance matérialiste n'aurait rien à y gagner, et les questions d'origine et de mode pour les créations naturelles demeureraient entières et non résolues.

Une confusion regrettable s'est faite sur ces problèmes. Elle vient en grande partie de certains esprits soi-disant épris d'ordre et d'idéal, mais extrêmement craintifs pour leurs croyances mal assises, et ayant assez peu de confiance en ce qu'ils nous donnent pour des convictions. Ces gens timorés ont une peur horrible de la science, la croyant favorable au matérialisme ; c'est dire qu'au fond de l'âme, ils sont très près d'adopter cette métaphysique dont ils sont épouvantés, et ne s'en peuvent sauver qu'en entretenant volontairement dans leur cœur des rêveries — douces pour eux peut-être, mais qu'ils sentent mensongères. Cette façon d'agir ne me semble ni belle, ni utile surtout en matière de savoir et de vérité. Il y faut, comme je l'ai presque dit au commencement de ce discours, non seulement penser tout ce qu'on dit, mais dire tout ce qu'on pense.

Il est bon aussi de nous rappeler quelquefois nos opinions anciennes, les répudiant si elles nous semblent fausses, sans rougir devant ceux qui se vantent de n'avoir jamais changé.

Or, je veux écrire toujours suivant de telles règles, y mettant à la fois — je l'affirme — et mon honneur et mon plaisir (1).

(1) Dans le présent livre, je me suis placé en face de représentants vivants du matérialisme, de ceux — rares — que j'ai pu trouver présentant en quelque œuvre suffisante un corps de doctrine complet.

Quand le présent ouvrage paraîtra, au moins l'un de ceux que les hasards de la vie et de mes lectures m'a fait rencontrer, sera vivant encore et bien portant, je l'espère ; il pourra donc me répondre s'il n'est pas content de la façon dont j'aurai analysé, apprécié, discuté, combattu ses écrits et ceux de ses émules ou maîtres, décédés ou prudemment muets ; et, dès aujourd'hui, je lui promets ma réplique. Elle pourra être jointe aux pièces du procès et je me ferai un devoir de mettre le tout au point dans une édition nouvelle. J'ai trouvé plusieurs avantages à cette manière de mener la discussion. A ces avantages, correspondent naturellement des inconvénients ; le plus grand est le manque d'ordre méthodique apparent et ensuite la nécessité de revenir plusieurs fois sur les mêmes questions. Ce dernier n'est peut-être pas aussi fâcheux qu'on le pourrait craindre. Ces questions étant toutes difficiles, il n'aura pas été sans utilité de les présenter à diverses reprises et en présence de formes notablement variées d'argumentation et de faits scientifiques présentés en des modes tout aussi variés.

Je commence par M. Herbert Spencer, l'un des plus anciens parmi nos contemporains et, de tous, peut-être, le plus explicite, le plus complet dans son genre, et qui a le plus abondamment évoqué les faits scientifiques depuis l'Astronomie et la Physique générale jusqu'aux sciences sociales ou ce que, de nos jours, on nomme ainsi. Les *premiers principes*, 7e édition, traduction de M. E. CAZELLES, Paris, 1894.

LES NOUVELLES FORMULES
DU MATÉRIALISME

CHAPITRE PREMIER

L'Inconnaissable et l'homogène. — La Force ne tend qu'à produire incessamment le mouvement de masses à structures plus ou moins complexes, et n'a pas d'autres tendances. — L'hétérogène, en devenant plus hétérogène encore, ne manifeste rien qu'on puisse appeler *le progrès*. — L'homogénéité absolue de la matière ne s'observe nulle part, et, de plus, elle est rigoureusement inconcevable, et ne peut, dès lors, entrer légitimement en aucune hypothèse. — Constater et concevoir. — Nous constatons souvent des corrélations non directement saisissables par notre esprit, dans ce cas nous les admettons *par démonstration*, et nous pouvons travailler sur les signes, expressions ou formules de ces corrélations, ce qui nous permet d'en découvrir de nouvelles indéfiniment. — Que faut-il entendre par le mot création et ses congénères ou dérivés. — Les deux entités universelles *Force* et *Masse*. — L'éther et la théorie moléculaire. — Quelques données de Physique générale, expérimentales ou théoriques nécessaires pour la compréhension rapide des discussions qui vont suivre. — La masse et la force nous apparaissent comme éternelles, mais non pas les eumorphies ni les eurythmies. — Les absolus de l'esprit. Tout ce qu'on nomme des fonctions ou des rapports dans un ordre déterminé de faits ou d'événements, nous est ou peut nous être *complètement* connu.

M. Herbert Spencer, comme tous les matérialistes, et bien qu'il se défende un peu de l'être, veut que tout vienne de l'homogène, une sorte de rien ou, dans l'espèce, équivalent à rien. Ces philosophes ne s'aperçoivent pas que leur doctrine se rapproche singulièrement de celle des théologiens enseignant que Dieu a fait d'un pareil rien tout ce qui actuellement existe.

« Vienne maintenant, dit-il, (Progress, its law and cause), vienne la confirmation de l'hypothèse des nébuleuses, et il sera démontré que l'univers a débuté *comme un organisme* par un état homogène... »

Une hypothèse concernant ce qui est invisible, inaccessible ou passé, ne sera jamais rigoureusement confirmée, mais refaite ou perfectionnée de façon à acquérir le plus haut degré de probabilité possible, comme celle qu'on nomme le *vrai* système du monde. Si les auteurs des cosmogonies considérées aujourd'hui comme les plus probables, avaient positivement admis l'homogénéité absolue du chaos éthéré théoriquement primitif, ils les auraient marquées, dès le début, du sceau de la plus évidente absurdité. Et puis, où le philosophe anglais a-t-il vu commencer un organisme par un état homogène ? Il y a dans la cellule ovarienne d'une part, et dans le spermatozoaire, d'autre part, un nombre relativement immense de corpuscules différenciés, organisés, vivants et visibles au microscope. Cela n'a rien de commun avec ce qu'on pourrait appeler de l'homogénéité, si ce n'est par très superficielle apparence.

C'est ainsi, qu'au lieu de faire de la bonne induction *modo baconico*, ce qui aurait quelque valeur, ou d'essayer de se rendre compte des conditions géométriques, numériques et mécaniques des évènements, ce qui serait faire de la science, on nous pose des « principes » *scolastico more* et on nous en déduit des conséquences à perte de vue, en les illustrant de faits scientifiques explicatifs ou démonstratifs à volonté.

« Il sera démontré, continue M. Spencer, que cet univers dans sa totalité et dans chacune de ses parties... »

Qu'est-ce que la *totalité* de l'univers *infini ?* Mais passons ! *Tout le monde* s'exprime ainsi (1).

« ...et dans chacune de ses parties a marché et marche encore vers un état de plus en plus hétérogène. »

Et cela, selon vous, se fait *uniquement* en vertu des nécessités éternelles ! Il le fallait *démontrer*, ce que vous ne faites nulle part. Simple conjecture injustifiable ; car même le fait étant supposé vrai, la possibilité n'en serait concevable par aucun moyen ; et aucun raisonnement ne peut y conduire, car les éléments du problème ne sont, en aucune façon, posés.

« On s'assurera, continue le philosophe, que depuis le commencement jusqu'à notre temps, une force qui se dépense en se décomposant en plusieurs forces, a toujours produit un degré supérieur de complication. »

Voilà une phrase qui, passant sous les yeux d'un très grand nombre de lecteurs du temps où nous vivons, leur paraîtra

---

(1) En d'autres passages, M. H. Spencer reconnaît (et il y insiste même) que l'*infini n'est pas un tout*.

claire et substantielle, et les laissera satisfaits. Ils penseront y trouver une expression assez heureuse d'une idée déjà conçue ou entrevue depuis longtemps.

Pour ma part, il n'en saurait être ainsi, par suite de mes recherches et de mes antérieures méditations sur des questions très souvent rappelées à mon esprit par le mot force, j'y cherche en vain un sens précis et scientifiquement acceptable.

Ce mot de *force*, ni dans la contexture de la phrase ni dans la pensée de l'auteur, ne saurait être entendu à la manière des géomètres mécaniciens, ni des physiciens, ni des chimistes. Soit ce qu'on nomme *une force* dans ces sciences, soit ce qu'on nomme *une quantité d'énergie*, en se *dispersant* — ce qu'elle ne fait jamais d'elle-même — ne fait naître un degré quelconque de complication ou de complexité. Il faut donc l'entendre au sens métaphysique de toutes les espèces d'activités observables dans la nature. Or, si on l'applique à des causes ou puissances individuelles, la pensée de l'auteur échappe encore mieux, car ces puissances appelées aussi les *êtres* (considérés comme *principes actifs*) qui n'ont rien de commun essentiellement avec la force, ni avec les forces, ne se dispersent pas en composantes ni en dérivées, et ne donnent point lieu à des choses, (événements, faits ou phénomènes) qu'on puisse dire plus compliquées que ces puissances mêmes, car de leur degré de complication intime, nous ne savons rien et ne pouvons rien savoir.

Donc, en relisant la formule que je viens de citer, je n'y trouve plus qu'une tentative d'induction, où les faits sont embrassés en masse, sans avoir été mis en leurs vrais rapports, et, dans tous les cas, cette formule inductive se trouve impossible à vérifier, pour bien des raisons, dont la première et suffisante est son indétermination même.

Je sais bien que la politique, et ce qu'on nomme un peu trop tôt les sciences sociales, ne vivent que de pareilles formules qui semblent tant contenir, et regarder les choses humaines ou naturelles de si haut ; mais, en philosophie, une certaine précision du langage serait nécessaire, qui n'a été guère réalisée jusqu'ici que dans les sciences mathématiques.

Poursuivons :

« L'hétérogénéité qui en est résultée s'accroît et s'accroîtra encore. » « *Le progrès n'est pas un accident, il n'est pas soumis à la volonté de l'homme: le progrès est une nécessité bienfaisante.* »

Je ne demande pas mieux que de le croire, mais il serait à désirer que quelque savant ou quelque philosophe vint projeter sur cette question, encore très obscure, un peu de vraie clarté.

L'idée la plus facile à dégager de telles propositions ambitieuses serait que le progrès se fait *de lui-même* et en vertu d'une loi. Cela n'est pas démontré du tout, et ne le sera jamais, car dans le sens rigoureux d'une telle formule, c'est parfaitement et très évidemment faux et sera démontré tel par la suite de la discussion. Mon induction sur les faits considérés par M. H. Spencer, est toute différente de la sienne. Toute la loi du progrès consiste, pour moi en ceci : l'œuvre d'une âme élevée, résultat et trace de son développement, ne se perd pas toujours. Elle agit sur un certain nombre d'autres âmes et celles-ci sur d'autres encore. Cela constitue un trésor pouvant être gardé, et capable de s'enrichir avec le temps par l'apport successif du travail de nouvelles âmes ; et tout cela ne se fait pas sans mille conditions sur lesquelles je ne puis insister ici, et rien de tout cela ne se comporte à la manière des forces proprement dites. Rien de tout cela ne se peut représenter par des *nombres*, ni par aucun des signes généraux de *quantités*.

Tout élément de progrès, lorsqu'il peut se réaliser, est toujours réalisé par *quelqu'un*.

Pour appuyer sa proposition, et pour la rattacher à un principe antérieur et plus général, M. Herbert Spencer déclare que *l'état d'homogénéité est une condition d'équilibre instable*. Cet énoncé et les raisons qui l'accompagnent méritent d'être soigneusement examinés.

Et d'abord de quelle homogénéité s'agit-il ? On ne peut penser qu'à une homogénéité très relative, car l'absolue serait l'invariabilité, la stabilité éternelle (1).

Nous examinerons à son tour ce prétendu axiome ou *principe*.

Considérons sous d'autres faces la doctrine :

« L'insuffisance de la théorie théiste de la création, dit M. Herbert Spencer (2), devient encore plus manifeste quand on passe des objets matériels à ce qui les contient, quand, au lieu de la ma-

---

(1) Il aurait donc fallu poser au commencement : 1° la force, 2° l'homogène relatif, c'est-à-dire un certain état hétérogénique mais régulier de la matière pure ou masse. C'est ainsi que M. Herbert Spencer entend la question, mais il ne le dit pas clairement dès le début.

(2) *Les premiers principes.* Ed. 1894. — *L'Inconnaissable*, *chap. II, Idées dernières de la religion.*

tière, on examine l'espace. N'existât-il rien qu'un vide incommensurable, il faudrait encore l'expliquer. »

Le philosophe n'a pas de peine à prouver qu'une telle recherche est impossible et même absurde, la notion de l'espace (comme celle du temps) ne pouvant pas un seul moment être écartée de notre conscience par le signe de la négation. Il insiste de même sur l'impossibilité parallèle de concevoir l'existence ou la création *par soi* de l'univers, et sa création *de rien* par une Cause extérieure.

Il n'est pas cependant impossible d'arrêter notre pensée sur ce sujet non pas à des *conceptions* claires, mais à d'évidentes constatations, de conduire notre esprit à la compréhension intellectuelle de certaines possibilités et d'aussi certaines impossibilités.

Nous avons beau nous en défendre, cette pensée, cette intuition si l'on veut, ne pourra jamais être chassée de notre esprit, qu'*Il faut absolument que quelque chose existe par soi de toute éternité* (1). L'expérience de la vie et de la science nous permet de concevoir un *quelque chose* subissant des modifications indéfinies. Des modalités de rien, ou des modalités d'autres modalités sont tout à fait insaisissables et inconcevables. Les possibles du nombre, de l'espace et du temps, constituant les nécessités éternelles, n'ont pu être déterminés, combinés, faits, décidés ou créés par *personne*. Expliquer une chose c'est la ramener à des conditions de ces possibles antérieurement découverts et possédés, constituant la part absolue de notre savoir. Donc, chercher l'*origine* de ces possibles, essayer d'en expliquer les conditions corrélatives par quelque chose qui leur soit extérieur, supérieur ou étranger, serait une véritable aberration, comme de se demander qui a fait le temps et l'espace (2).

Mais des questions nouvelles apparaissent dès qu'il s'agit de la Matière.

La matière est-elle éternelle, ou a-t-elle pu être créée ?

---

(1) M. H. Spencer, en vue de ses conclusions, essaie de démontrer que nous ne pouvons concevoir « *l'univers* » existant par soi. Mais ce n'est pas précisément la question. Il s'agit de savoir si nous pouvons concevoir l'univers sans qu'il existe *quelque chose* par soi, de toute éternité.

(2) Il y aurait pareille aberration à se demander dans ce sens *pourquoi* 4 est multiple de 12, pourquoi une droite ne peut couper une circonférence en plus de deux points, etc.

Il faut ici définir les mots *créer, création*.

Ce mot ne devrait jamais être employé dans le sens théologique, — éduction du néant — car ce sens à moins d'une explication logique qu'on ne nous donne pas, est un véritable nonsens.

Si on veut lui donner un sens concevable et scientifique, il faut lui faire signifier *coordination*, production de formes nouvelles ou de rythmes nouveaux, ou de mouvements coordonnés, qui sont à la fois formes et rythmes (1). C'est dans ce sens qu'on l'emploie lorsqu'on l'applique aux œuvres de l'esprit humain ; et alors *on sait* parfaitement *ce qu'on dit*. Les poètes ou les cosmologues anciens supposant un dieu ou Dieu, mettant de l'ordre dans le chaos, savent aussi très bien ce qu'ils veulent dire.

A cette question : la matière est-elle éternelle, ou a-t-elle été formée d'autre chose ? les anciens ne pouvaient rien répondre, si ce n'est par des fables, dont le fond était suivant l'expression de M. Herbert Spencer *incogitable*.

Sommes-nous plus avancés ? Peut-être, à quelques égards. Dans ce qui était appelé confusément autrefois la matière, même dans la matière la plus « brute », la science de notre siècle permet de distinguer deux entités, et je me suis appliqué plusieurs fois dans mes travaux à préciser cette distinction, deux entités parfaitement *inconnaissables* en elles-mêmes, mais DISTINCTES bien que non-absolument séparables l'une de l'autre (si ce n'est par abstraction verbale) c'est la Masse et la Force.

On s'apercevra bientôt, je l'espère, que c'est là un très grand progrès en métaphysique. Peu importe que ce mot de métaphysique désignant assez bien son objet ait été compromis par de très imparfaits métaphysiciens, qui n'étaient ni assez physiciens, ni assez biologistes. Et M. H. Spencer fait-il autre chose que de la métaphysique, notamment dans le livre dont je viens de citer des passages, de la métaphysique à la manière d'Aristote, je veux dire sur des questions qu'Aristote a traitées et bien d'autres philosophes avant lui, sans se servir de ce mot qui, ramené à son véritable sens, n'est certes ! pas plus mauvais qu'un autre ?

Nous voilà donc en possession de deux entités.

Je sais bien, et les scolastiques, dont quelques-uns, par moments, n'ont pas trop mal pensé, nous ont averti qu'il ne faut pas multiplier les entités sans nécessité. « Non sunt entia mul-

---

(1) *Formes* : déterminations, rapports ou fonctions d'étendue ; *rythmes* : déterminations, rapports ou fonctions de durée.

tiplicanda præter necessitate » (Occam). Mais ici n'y a-t-il pas nécessité formelle ?

Ce n'est pas tout. Nous avons acquis, depuis environ deux siècles, quelques notions sur un fluide remplissant l'espace bien au-delà des étoiles les plus lointaines que nous puissions voir, c'est l'éther, dont l'existence me paraît à peu près aussi bien établie, par ses fonctions déjà étudiées, que celle de notre air atmosphérique ; et les restrictions de quelques physiciens à cet égard sont d'une prudence quelque peu exagérée.

De plus, la chimie moderne reprenant, surtout depuis Newton, l'idée géniale de Leucippe sur la discontinuité de la matière, a pu édifier la très belle et très féconde théorie atomique, ou des constructions moléculaires subordonnées.

Avant de commencer la moindre hypothèse cosmogonique, nous nous trouvons en présence d'un fait général de la plus haute importance. Ce fait, apparaît aux matérialistes et aux positivistes à chaque instant, comme à tous les savants et à tous les philosophes. Ils ne le méconnaissent pas, mais ils n'y prêtent qu'une attention distraite. C'est la structure géométriquement *régulière* de la matière pondérable.

D'un autre côté, si nous considérons la matière impondérable, (l'éther) nous reconnaîtrons, d'une façon moins banale, qu'elle doit être, qu'elle est également, et très spécifiquement *structurée*.

Ici, pour expliquer toute ma pensée, je suis obligé de présenter des inductions et des vues différentielles qui ne se trouvent pas toutes dans les écrits des savants, sur des questions de physique générale. On pourra trouver simplement conjecturales certaines de ces vues et de ces inductions et, à ce titre, les récuser jusqu'à plus ample informé. Cela n'importe guère quant aux conclusions, qui s'appuieront uniquement sur les données scientifiques *actuelles* les plus incontestables.

L'énoncé en ce lieu de ces données, soit inductives, soit hypothétiques, se justifie par la construction du livre *Les premiers principes*, dont la charpente, si l'on peut ainsi dire, est constituée par la cosmogonie de Kant ou celle de Laplace paraphrasée et reportée métaphoriquement sur tous les ordres de faits dont s'occupent les sciences.

I

L'éther est un corps fluidique ayant une masse comme les autres corps mieux connus. Son élasticité est extrême sans que rien nous autorise à la croire *infinie* ou absolue. Cette matière fluide est impondérable, et cela peut d'autant mieux se concevoir qu'en elle se trouvent probablement — *nécessairement* peut-être — les conditions générales de la gravitation. L'éther ne pèse pas, comme la flamme n'est pas combustible, comme l'eau (à l'état liquide) n'est pas liquéfiable, etc. On conçoit très bien ce corps comme *faisant* la gravitation et ne la subissant pas.

II

Si nous considérons l'ensemble des faits connus de la matière pondérable, relativement au rythme, nous trouvons qu'on ne peut lui attribuer avec certitude qu'une seule espèce de vibrations dont les variétés innombrables sont déterminées par les structures et les formes d'ensemble des corps vibrants. Très bien étudiées en acoustique, ces vibrations, dans la mesure où notre sens auditif peut en être affecté, sont dites *sonores*. En dehors de ces limites, nous pouvons, dans certains cas, les rendre constatables par la vue, et en beaucoup d'autres, les sentir au moyen du tact de notre derme et de notre sens musculaire.

La matière impondérable vibre en modes variés. L'actinisme, la lumière, la chaleur, l'action gravitaire constituent quatre des rythmes qui lui sont propres. Il est d'usage, en ce moment, parmi les physiciens, d'appeler cela les *formes* diverses et corrélatives de l'énergie. Cela veut dire que dans tous les phénomènes, ou événements de la nature, une seule force ou énergie est en cause, et qu'on en peut déterminer les proportions en des cas donnés, ramenant ces proportions à de l'énergie mécanique, d'où l'on abstrait mentalement toute vibration, et mesurable au kilogrammètre.

Les vraies *formes* universelles de l'énergie, pour correctement parler, j'entends formes qui ne soient pas celles des ondes rythmiques, sont au nombre de deux : la *radiante* et la *gravitante*.

III

Dans l'interprétation qui n'est pas toujours facile — qui n'est jamais facile ni absolument certaine, — des faits, on a pu croire que les corps pondérables en ignition, par exemple, peuvent en tant que tels (pondérables, en vertu de leur structure primitive) vibrer eux-mêmes en mode calorique, en mode lumineux, etc., mais cette hypothèse ne trouve dans les faits aucune confirmation sérieuse. De plus, elle n'est en rien nécessaire pour s'expliquer aucun détail de ces faits. L'éther y est toujours présent et suivant certains indices, en état de concentration particulière très variable, suivant la substance en cause et suivant bien d'autres conditions physiques (1). Il devient de plus en plus probable que c'est cet éther, cet éther *seul* qui vibre suivant les circonstances dynamiques déterminées, et manifeste ainsi un ou plusieurs des rythmes qui lui sont propres.

Je ne parle pas de « l'électricité » que plusieurs physiciens de la plus haute valeur considèrent déjà comme de l'éther en diverses transactions de quantités, de tensions, de répartitions, de mouvements. L'électricité manifeste, en effet, tous les rythmes connus de l'éther y compris toutes les conditions possibles ou observables des milieux gravitaires.

IV

Bien qu'on l'ait quelquefois supposé, en vue d'essais théoriques dont les résultats ont été à peu près nuls, on ne peut considérer l'éther comme un fluide homogène (dans le sens absolu de ce mot). Un corps homogène qui serait compressible, dilatable, élastique, en un mot, siège de divers mouvements intérieurs très variés et très complexes est absolument impossible à se représenter. Cette pure conjecture doit être rejetée, ou bien il faudrait rejeter tout ce que nous savons des propriétés générales des corps, les essais d'explication fondés sur cette conjecture d'un éther homogène n'ont jamais réussi — même au point de vue très large de la *théorie* abstraite.

L'éther est donc un corps structuré comme les autres, composé comme les autres de corpuscules discontinus ; et cette conception a pour elle de s'accommoder parfaitement à ce que la physique expérimentale nous en a appris.

---

(1) Sur certaines données hypothétiques plus ou moins bien accordées avec les faits connus, des calculateurs ingénieux et habiles sont arrivés à conclure que l'éther est peu ou n'est point compressible ; mais sans une compressibilité suffisante, comment concevoir son élasticité, prouvée par ses vibrations ?

D'autres conçoivent l'éther comme solide et d'une densité dépassant de beaucoup celle des plus denses des corps pondérables, etc. Je ne discuterai pas ici ces opinions, ni d'autres, dont l'origine n'est pas exempte de tout reproche, et que le défaut d'analogie avec d'autres faits de la nature plus à la portée de nos sens et de notre entendement, tend à nous présenter comme très improbables.

Je ne rapporte pas ici les faits déjà nombreux prouvant l'existence réelle de l'éther, on les trouvera dans les ouvrages spéciaux (1).

V

Considérant que l'éther nous présente des modes vibratoires très différents les uns des autres, en un mot des rythmes de genres différents, il faut en conclure que sa structure intime est complexe.

Aux physiciens ne voulant admettre qu'un genre de vibrations dans les radiations qui présentent trois rythmes distincts au moins (2) — question que je dois réserver pour le moment — je montrerais l'action gravitaire tout à fait et indéniablement distincte des autres.

Je ne puis, en ce lieu et à cette occasion, poursuivre cette question de physique générale des plus intéressantes.

Il me suffit de faire remarquer que dans l'éther, *il faut absolument admettre comme fait purement expérimental ou immédiatement déduit des expériences, les conditions de rythmes différents donc* UNE STRUCTURE OU EUMORPHIE PARTICULIÈRE.

Or, si nous revenons à cette conception naturellement présente ou sous-entendue, au commencement de toute cosmogonie théorique, il faut conclure de ce qui précède que *le chaos fluidique primitif ressemble extrêmement à l'éther tel qu'on le peut étudier aujourd'hui*.

Il en diffère sans doute en ce que la matière, aujourd'hui pondérable, ayant formé, par condensation, notre monde solaire, n'en fait plus partie ; mais si l'on fait entrer en ligne de compte les immenses espaces interstellaires, aux dépens desquels cette condensation s'est opérée, on considérera comme probable que l'élément premier des corps pondérables actuels est encore présent dans l'éther cosmique, qu'il en fait partie intégrante, et qu'on pourra quelque jour en déterminer la nature spécifique et les actuelles fonctions.

Donc, dans le chaos fluidique primitif il y a une structure spé-

---

(1) Je rappellerai seulement une expérience célèbre de Fizeau sur le retard des ondes éthérées lumineuses passant en un courant d'eau d'une vitesse de 7 mètres par seconde, le radiomètre de Crookes, etc.

(2) Il y faut ajouter le rythme des rayons X de M. Röntgen, lesquels semblent différer par plusieurs propriétés singulières des rayons dits actiniques ou ultra-violets.

ciale eumorphique ou régulière, pouvant être considérée comme constituant les rythmes radiaires et le gravitaire, *en puissance*.

Et cette sorte de virtualité n'est pas de celles que les philosophes admettent pour le besoin de telle ou telle cause, mais une virtualité concevable et même *conçue* et conforme aux possibles déjà connus et aux nécessités aperçues et démontrées.

Ces rythmes se manifestent dès que des conditions dynamiques suffisantes le permettent, ou pour mieux dire les nécessitent en un lieu donné. Ainsi, apparaissent en acte, la gravitation, la chaleur, la lumière et l'actinisme.

Au début de toute cosmogonie scientifique sont donnés :
A, B, l'espace et le temps,
C, la force,
D, la masse,
E, F. le rythme et la structure, ou plus exactement l'eumorphie et l'eurythmie. Ces deux *modalités* générales sont perpétuellement transmuables l'une dans l'autre, et déterminables l'une *par* l'autre ; elles ne se manifestent pas sans les conditions communes d'espace et de temps, ni sans les *substances* ou entités générales de force (ou énergie) et de masse (ou matière pure) où elles accomplissent leurs transactions.

La force nous paraît éternelle par nature, parce que nous ne saurions concevoir de quoi ni comment on l'aurait faite.

Il en est de même de la masse.

Mais il en est tout autrement de l'eumorphie et de l'eurythmie.

Ce ne sont pas là des *choses* éternelles, bien au contraire ; elles sont, par nature, passagères et changeantes, elles apparaissent et disparaissent sans rien laisser après elles. Elles ne pèsent rien, elles n'offrent aucune résistance à rien. Si on les considère par abstraction, nous ne pouvons les prendre que pour des « êtres » de l'empire des possibles, quelque chose comme ce que Platon appelait les *idées* et qu'il tenait pour les réalités véritables.

En effet, tout ce qu'on nomme idées (perceptions ou conceptions de rapports) même les plus abstraites, ne sont en définitive que des formes et des rythmes, selon la plus rigoureuse acception des mots, et sans outrepasser en rien les définitions que j'en ai données.

Elles ne sont que *en elles-mêmes*. Rien ne nous indique qu'elles soient *par elles-mêmes*, bien au contraire, puisque nous en créons à chaque moment et *à volonté*.

Donc, je ne soutiendrai pas contre le grand Aristoclès et son maître Socrate qu'elles ne sont rien. Mais elles ne sont pas *substances*, elles sont *essences* si l'on veut, et il ne les faudrait pas dire essences purement idéales, car la forme de l'Aphrodite de Praxitèle, exécutée en marbre, ou le rythme du chant des sylphes de Berlioz, évoluant dans l'air en actuelles harmonies, sont autre chose que des *idées*, et n'ont pas lieu *en pareil mode* dans un cerveau, et encore moins dans une conscience. Elles sont des modalités momentanées ou plus ou moins durables d'un ensemble de choses du monde extérieur.

Il est presque inutile d'ajouter, tant c'est évident, qu'elles n'ont rien de matériel.

Telles sont les structures primitives de l'éther et les rythmes qu'elles manifestent en certaine conditions somato-dynamiques, dans l'étendue interastrale.

Nous tenons là, il me semble, des corrélations assez précises.

J'ai dit plus haut rapidement la forme et le rythme *déterminables* l'un par l'autre. Il faut ici une explication. Un rythme inscrit (comme dans le phonographe) exprimé ainsi en forme ou structure, pourra être déterminé par cette forme tant que celle-ci durera. Ainsi la structure de l'éther déterminera le rythme qui lui correspond ; mais aucun déterminisme ne s'aperçoit entre une forme et une autre qui lui succède, entre un rythme et un autre rythme qui le suit. Et cela ni en nous ni dans le monde extérieur ; et sur ce point les philosophes dits idéalistes (Kant, Hegel et autres) se sont gravement trompés. Pour qu'il y ait déterminisme, il faut le concours des masses et des forces, où s'appliquent les *lois* de la mécanique (1) mais de ce concours, jamais aucune eumorphie, jamais aucune eurythmie ne surgit, si ce n'est comme conséquences *nécessaires* des eumorphies ou des eurythmies primordiales.

Est-il besoin de le dire ? Il importe peu que la structure de

---

(1) Le plus bel exemple nous en est offert dans le système des mouvements célestes. On en trouverait mille exemples dans une machine quelconque d'invention humaine et dans les organismes vivants *considérés sous ce même aspect*, mais en ces organismes il y a quelque chose de plus, avant sensation et conscience, et réaction extériorisée.

l'éther présente une permanence relative qui durera tant que durera notre univers, d'où il suit que les rythmes propres à la matière subtile impondérable se manifesteront sans cesse sous les conditions de force et de masse (permanentes *par nature*) dans l'espace et dans le temps. Cette structure, on le comprend bien, n'est jamais, d'un instant à l'autre, rigoureusement la même ; et l'apparition des rythmes (toujours déterminée par des conditions *sensiblement* pareilles) se fera suivant des maxima et des minima faciles à imaginer, à concevoir, presque possibles à calculer.

Il n'en est pas moins certain que ces formes et ces rythmes, comme tous les autres que nous puissions concevoir, observer ou sentir, sont, par nature, perpétuellement changeants ou modifiables, et qu'ils n'ont rien d'éternel.

Donc, dans le chaos primordial nécessaire à toute hypothèse cosmogonique, nous trouvons quelque chose d'analogue à la pensée humaine, à l'œuvre psychique des êtres conscients et volontaires, et caractérisant la nature de ces êtres : l'eumorphie et l'eurythmie. Telle est la seule façon de concevoir le commencement d'une création.

J'ai dû, pour éviter quelque apparence de prolixité et pour ne pas sortir des limites naturellement fixées à cette exposition, parler en mode plutôt abstrait, et rappeler à peine les immenses séries de faits d'observation et d'expérience démontrant les éléments des théories présentées ou rappelées. Mais je crois avoir assez nettement fait sentir et voir aux esprits éclairés et attentifs l'eumorphie et l'eurythmie dans les modes essentiels et fonctionnels où la nature des choses et notre esprit nous les présentent.

Cette série immense de faits, désignée seulement dans ce que je viens d'écrire, les matérialistes s'obstinent à ne jamais la regarder et surtout à n'en tenir aucun compte dans leurs méditations, et les agnosticistes les imitent en cela très volontiers.

Aussi M. Herbert Spencer — matérialiste ou agnoticiste, comme il lui plaira — est-il très animé à nous démontrer que nous ne connaissons ni ne pouvons connaître *absolument rien* ; et l'on se demande, dès lors, pourquoi il prend tant de peine pour essayer de nous apprendre quelque chose autour de cette vérité principale.

On me dira que je joue sur les mots et qu'il fallait écrire *rien absolument*, son argumentation aboutit souvent et définitivement à confondre les deux formules.

Toutes nos connaissances sont relatives, dit-il, après Auguste Comte et cent autres moins célèbres. Qu'est-ce que cela veut dire ?

Que nul *objet* d'étude pris dans la réalité ne peut être connu complètement ? cela est presque trop évident pour qu'il y ait besoin de le dire ; que nous ne concevons directement ou indirectement et que nous ne possédons réellement que des relations — ce qui n'est point ne rien connaître — ? C'est exactement ma pensée ; mais je ne vois nulle part cette pensée apparaître avec la forme que je lui voudrais dans les pages que j'ai sous les yeux du livre des *Premiers principes*, j'ajouterai que, par ces relations même, nous arrivons à *constater* des entités ; mais que de ces entités, nous n'en *concevons* aucune, que même nous ne saurions rien nous représenter à leur égard, si ce n'est les fonctions par lesquelles nous sommes conduits à croire à leur existence.

Nous ne concevons pas davantage l'infini, dans tous les modes où il se présente à nous à chaque instant de nos méditations et de nos études, nous en concevons seulement la nécessité, et toujours *par démonstration*.

A cet égard j'examinerai quelques-unes des assertions injustifiées et injusticiables dont M. Herbert Spencer émaille ce luxe d'expressions logiques et de complexes raisonnements par lesquels il veut prouver ou il semble vouloir prouver que nous ne savons absolument rien, et où il trouve, avec beaucoup d'ingéniosité et de déploiement d'activité cérébrale, un terrain commun aux croyants et aux savants. Sur un tel terrain, les savants et les croyants devraient pouvoir se rencontrer et s'entendre, mais il est situé dans cette haute et vaste région où les premiers ne peuvent plus rien imaginer, et où les seconds ne peuvent plus rien apercevoir — même par conjecture. Cette région absolument infinie et qui nous environne de toutes parts se nomme l'*Inconnaissable*.

※
※※

Laissons de côté cet inconnaissable dont les agnosticistes pensent avoir si bien déterminé les limites du côté de notre savoir ; mais toujours *implicitement* et sans jamais essayer de mettre le doigt sur ces limites. En dedans de ces frontières, quelles qu'elles soient, et plus près de nous, il y a le connaissable, et dans cette sphère immense du connaissable, il y a le connu, dont la sphère est immensément plus petite. En cette dernière, il y a encore parmi le *partiellement connu*, ce que nous connaissons ou pouvons connaître *absolument*.

Si l'on n'admettait pas cette évidence, ce n'est pas à cet agnosticisme partiel qu'on nomme le positivisme qu'on devrait s'arrêter, ni même à l'idéalisme de Zénon ou de Berkeley, on tomberait dans le pur scepticisme pyrrhonien ou scepticisme absolu :

« J'éprouve peut être cette sensation. »

« *Je suis*, peut-être ! »

« Le rapport simple des volumes et des surfaces de la sphère au cylindre circonscrit sont peut-être tels que les axiomes et les démonstrations de la géométrie les déterminent. Il pourrait bien se faire qu'un tout fût plus grand que l'une de ses parties, » etc.

※
※※

Je l'ai déjà nettement dit, *nous ne connaissons directement que des fonctions* ; mais ces fonctions nous les connaissons rigoureusement, complètement, absolument à la seule condition de les bien déterminer, et nous pouvons ainsi construire le vaste édifice des sciences mathématiques, sous lesquelles, derrière lesquelles nul mystère n'est à supposer ni à soupçonner.

Bien plus, par ces sciences, par les combinaisons des signes dont les règles sont aussi des absolus de l'esprit, nous arrivons à posséder avec certitude un nombre immense de fonctions, impossibles pour nous à concevoir.

Dans ce cas nous en concevons les nécessités par démonstration, et ces fonctions non cérébralement accessibles ne sont ni plus mystérieuses, ni moins certaines que les autres.

Une des plus grandes fautes de logique psychologique à reprocher aux déductions de M. H. Spencer lorsqu'il traite des *idées dernières de la science*, c'est de mettre sur le même rang l'*infini* et l'*absurde* (1). Il est incontestable que l'infini, dans toutes les applications qu'on fait de ce mot, est inconcevable à l'égal de l'absurde ; mais il ne l'est pas de la même manière. L'absurde, c'est ce que nous savons ne pas être, n'avoir jamais été, ne devoir être jamais. L'*infini* c'est quelque chose que nous savons être, et nous le savons être *par légitime démonstration*. Son inconcevabilité n'a rien de plus singulier que celle de beaucoup d'autres fonctions ou relations parfaitement finies. Le rapport 177 : 9,891 nous est aussi peu directement (mentalement ou cérébralement) concevable que n'importe quel cas d'infinité. Nous ne percevons là que des rapports ou fonctions de signes. Si nous disons : la spirale logarythmique se rapproche sans cesse d'un point central donné, qu'elle n'atteint jamais, ou, en d'autres termes, qu'elle n'atteint qu'à l'infini, est-ce une raison de douter un seul moment des propriétés déjà connues de cette courbe, des fonctions ou rapports, discernés et démontrés en elle, et généralisés au point qu'ils sont nécessairement les mêmes entre les tours de spire sans nombre que nous pouvons supposer réalisés ? et toutes ses fonctions concevables sont étroitement, implacablement liées à celle, inconcevable, de ne pouvoir atteindre le point central dit asymptote.

Toutes les fois que se présentent à nous des séries de fonctions démontrées indéfinies, ce qui est très fréquent, nous ne devons donc pas élever le moindre doute ni sur cette condition ni sur la valeur significative des fonctions elles-mêmes.

Pour se résoudre en une infinité, une explication des choses n'en est pas moins une explication, dans le seul sens précis de ce mot, à moins qu'à l'exemple de certains philosophes, on nie tous les infinis, opinion contre laquelle crient toutes les sciences mathématiques (2).

Cette distinction est des plus importantes ; elle est même tout à fait indispensable à qui veut se faire des idées claires des rapports des choses avec nous et des rapports des choses entre elles.

(1) M. Herbert Spencer s'en aperçoit lui-même plus loin et il se sépare en cela quelque peu de Sir W. Hamilton et de M. Mansel amplement cités ; et pour remettre les choses au point, il admet des conceptions indéfinies (celles d'absolu et d'infini, par exemple).

(2) Cette bizarre négation des infinis, elle-même, ne saurait infirmer aucune explication des choses, car nous ne concevons jamais effectivement que des segments de séries.

※
※※

La lecture des livres de M. Herbert Spencert est très séduisante en ce que, presque à chaque page, il démontre quelque chose ; mais, le plus souvent, ce quelque chose qu'on aime à retrouver là, n'était pas à mettre en question, étant scientifiquement incontestable. Mais les corrélations générales que certains mots de nos idiomes, pourvu qu'on en précisât bien le sens, suffiraient à bien poser, passent comme inaperçues et méconnues ; et c'est justement cette méconnaissance ou cette inaperception qui forment le fond des philosophies matérialistes ou agnosticistes et de toutes celles prétendant expliquer *le plus complexe* et *le plus élevé*, par *le plus simple* et *le plus bas*.

Ce vice de pensée et de langage peut être surpris à toutes les pages, presque à toutes les phrases de notre auteur (1) : «... Nous voyons, dit-il (2), que la vie peut se définir une *adaptation* continuelle des relations internes et des relations externes. En la définissant ainsi... » (M. H. Spencer pense la définir !) « nous découvrons que la vie psychique et la vie physique sont également contenues dans la définition » (3). « Nous comprenons que *ce que nous appelons l'intelligence* apparaît quand les relations extérieures auxquelles les relations internes s'ajustent commencent à devenir nombreuses »...

Comment s'ajustent-elles ? C'est ce qu'on ne nous dit pas, « nombreuses » c'est donc leur nombre qui déterminerait l'apparition de *ce que nous appelons intelligence* ?

Il faut encore qu'elles soient « complexes et éloignées ».

Voilà de belles conditions pour nous faire concevoir l'apparition de l'intelligence ou de ce que nous avons la légèreté coutumière de nommer ainsi !

Et plus bas : ... « Nous voyons que les plus grands progrès de la science peuvent se réduire à des relations mentales de coexistence et de séquence, *coordonnées* de telle sorte qu'elles correspondent rigoureusement à certaines relations de coexistence et de séquence qui ont leur siège à l'extérieur ».

Suivent des exemples, ne disant ou ne prouvant rien de plus, mais propres à écarter toute méprise quand à la pensée de

---

(1) Je veux dire les pages ou les phrases où l'auteur expose ses conceptions ou opinions personnelles.
(2) *Relativité de toute connaissance*.
(3) Dans cette définition, la sensation même n'est pas mise en cause.

l'auteur. Il emploie le mot « coordonnées » et devant ce fait formidable, miraculeux, — les mots pour le caractériser puissamment manquent à toutes les langues, — devant ce fait de la coordination, il passe sans le voir, et le mot où, inconsciemment, il le rappelle, ne sert qu'à le lui masquer.

La coordination c'est la vie, et c'est la pensée, c'est la création en nous et dans la nature, c'est en soi l'inexplicable, l'inconnaissable, le transcendant, je dirais le *vrai surnaturel* si je n'avais une aversion marquée pour l'usage si fréquemment inepte de cet adjectif.

Si nous considérons ses causes ou les *entités* impénétrables auxquelles l'observation des choses et les théories de la science, par induction et par exclusion, nous forcent à rapporter les faits de la création, de la vie et de la pensée ; tout cela, demeure inaccessible à notre savoir, mais point du tout si nous considérons la fonction en elle-même, échappant en ce qui lui est propre à tout déterminisme, et que le mot de coordination suffit presque à définir, et que le mot de création (en lui donnant son unique sens intelligible) *indique* très nettement.

Si penser c'est établir des relations, nulle pensée ne peut exprimer plus que des relations », dit encore M. Herbert Spencer en manière de résumé des pages précédentes » (*loc. cit.*).

J'ai montré tout à l'heure comment l'expression de notre pensée contient les signes de relations inconcevables bien que finies, comment elle est obligée d'admettre, par démonstration (1), tous les cas de l'infini, bien qu'elle ne conçoive rien qu'on puisse appeler *infini*. J'ajouterai qu'elle peut admettre des entités sans les concevoir davantage, quand la *nécessité* de ces entités lui est démontrée. La première de toutes c'est notre *moi* que nous ne pénétrons, que nous ne percevons, que nous ne concevons pas plus, que les autres, si ce n'est celles-ci, par leurs fonctions spécifiques offertes à nos méditations dans l'ensemble des faits de la nature.

---

(1) *Démontrer*, c'est ramener à des corrélations d'évidence immédiate et incontestable, des corrélations plus complexes et non directement concevables.

***

En vertu d'une méthode continuée tout le long du livre des *Premiers principes*, sur près de quatre-vingts pages, soixante-quinze sont employées par M. H. Spencer à faire la démonstration de *ce qui n'est pas précisément sa pensée*. Il ne faudrait pas croire qu'en cela, il veuille se moquer de ses lecteurs ; et ce serait commettre envers lui une très méchante injustice que de l'en supposer capable. C'est un moyen artistique pour capter l'attention, et, par le sentiment du chemin parcouru, de donner au lecteur l'impression d'un progrès accompli. Je dirais même une telle didactique très habile si l'expression en était plus condensée. A la fin, le philosophe n'a aucune peine à prouver que cette riche argumentation est insuffisante, incomplète en ce qu'elle ne tient pas compte du « non-relatif corrélatif au relatif, » et de « l'indestructible élément mental » et du « résidu permanent en notre conscience » d'où nous vient la persuasion inéluctable d'une *réalité* et le sentiment de l'*indéfini*.

Aussi dit-il formellement (1) que « l'existence positive de l'absolu est une donnée nécessaire de la conscience et qu'alors « la croyance qui y a son fondement a une certitude supérieure à toutes les autres. »

Je ne sais pas si cette sorte de concession — importante cependant — faite, à la fin de son étude, à des opinions très différentes de la sienne, est de nature à satisfaire les défenseurs de ces opinions. Mais les matérialistes, — et ceci m'apparaît clairement — prennent dans ses raisonnements tout ce qui tend à donner une apparence de logique et de science à leur doctrine et ne s'embarrassent nullement du reste (2).

Pour ma part, je maintiens les revendications exprimées contre cet exposé dialectique, sans me contenter de ce reste ni des formules suivantes où il est avec plus de force exprimé :

« Nous sommes forcés de regarder tous les phénomènes comme la manifestation d'un pouvoir qui agit sur nous », ce pouvoir est « omnipotent. » Eh bien, cette conception d'un pouvoir incompréhensible dont nous sommes dans l'impossibilité de fixer les limites, est précisément ce qui sert de base à la Religion.

(1) Chap. V. *Réconciliation* (on pourrait dire unilatérale ; et encore !)
(2) M. Herbert Spencer ne s'en embarrasse, au fond, que très relativement, comme nous le verrons dans ses conclusions générales.

En ces rencontres voulues d'idées et de mots se devine une ironie subtile et cachée qu'il serait excessif de dire *perfide*. M. Herbert Spencer montre assurément beaucoup d'esprit et d'*humour* à ce jeu. Il en a bien le droit ! Mais une vraie question est-elle là traitée ? Ceci est une autre affaire.

Cependant la flèche décochée en toute franchise peut être cuisante aux flancs de quelques-uns, dont je n'ai point à me soucier pour le moment et que je n'ai point mission de défendre.

Le chapitre qui suit, écrit avec chaleur et avec talent, sur le sens des rapports de la foi et de la science, considérées en quelque manière comme fonctions l'une de l'autre, ne contient rien que j'aie, davantage et dans le présent travail, à examiner.

CHAPITRE II

Le sensoriel et le mental. — Sensation actuelle ou périphérique et souvenir. — La Force ou énergie est-elle un simple *rapport* ou une réelle *entité ?* — Permanence de la Force et persistance du mouvement. — Il n'y a point de force « en vertu de laquelle un corps *occupe* l'espace ». — Existe-t-il des *forces* mentales ? Les formes ni les rythmes ne sont des quantités. Prétendues transformations des forces physiques. — La force ne se transforme pas. — Nulle corrélation entre la *force* et la *pensée*. — Concentration n'est point coordination. — Les eumorphies et les eurythmies ne s'opèrent point par concentration. — La loi *d'évolution* et la loi *de l'évolution*. — Polymorphie croissante, progrès de l'intégration, ségrégation, etc. — Coordination sculpturale. — Conglomérats et eumorphies. — La création, la nécessité et le hasard dans la formation évolutive des œuvres d'Art. — L'évolution d'un être est à la fois eumorphie et eurythmie. — Toute évolution exige comme condition la persistance de la force, mais n'y trouve pas son explication ni sa loi. Un état d'homogénéité absolue de la matière ne comporte aucune instabilité. — Une homogénéité *relative* est ce qu'il y a de plus stable, puisque l'instabilité croit avec l'hétérogénéité. — Caractère différenciel du matérialisme contemporain. — Ses prétentions, ses tendances, ses formes et ses noms divers, son désaccord absolu avec les données les mieux démontrées de la science.

Dans le chapitre II de la 2ᵉ partie, M. Herbet Spencer manifeste comme dans tout ce qu'il a écrit de grandes qualités didactiques. Il étudie notamment et dégage avec précision les différences et les ressemblances à noter dans ce qu'on nomme ordinairement le *sensoriel* et le *mental* (1), mais il le fait au point

(1) Ce que j'ai appelé dans *Les Fonctions supérieures du système nerveux*, l'ordre des sens périphériques et celui des *sens cérébraux* et dont l'étude comporte à la fois la nécessité des données physiologiques de l'état normal et de l'état morbide, et celle de l'observation intérieure ou psychologique.

Ces deux ordres de sensations se complètent par celui des *sens ganglionnaires affectifs*, physiologiquement distinct des deux autres, au point de de vue purement psychologique. Je veux dire qu'il ne semble tenir aucun compte, à ce propos, des données de la physiologie expérimentale, ni de l'anatomie, ni de la pathologie, ni de la clinique, ni de l'anatomie pathologique, sciences que, si fréquemment ailleurs, il appelle en témoignage.

Dès lors, il tombe dans les mêmes erreurs que tous les philosophes, qui avant lui, — et encore plusieurs en des livres récents — s'imaginent pouvoir se passer de ces sciences pour étudier certaines questions de psychologie, — et des plus fondamentales — et s'élever à des inductions métaphysiques quelque peu probables. Aussi se montre-t-il là *métaphysicien* incomplet, et *ontologiste* défectueux (1).

Parmi ceux qui, sous le nom très confusionnel de positivites, se rangent parmi les disciples de M. Herbert Spencer, j'en prévois qui seront étonnés et même choqués de l'audace, non de ces termes de critique peu ménagée *incomplet* et *défectueux*, lesquels signifient simplement que je ne partage pas les opinions de l'auteur sur un certain nombre des sujets qu'il traite, mais des adjectifs énormes que j'ai l'air de lui coller au dos par malice, *ontologiste* et *métaphysicien*. Si l'on avait le droit de s'étonner de quelque chose en ces matières, je l'aurais, moi, de m'étonner qu'il y ait au monde des gens assez peu attentifs pour méconnaître que le livre des *premiers Principes*, est bel et bien un traité de métaphysique. Du moment qu'on parle de l'Homme en général, des êtres et de l'Etre, et de l'Inconnaissable, on est, qu'on le dise ou non, *ontologiste*.

Fait-on autre chose que de la pure métaphysique, lorsque, dans un chapitre spécial, on cherche à définir ou à expliquer l'espace, le temps, la matière, le mouvement, la force?

M. Herbert Spencer en ces questions n'est pas aussi indemne qu'il semble le croire de l'influence de l'Ecole allemande. Il ne nie pas le monde extérieur, mais il en parle assez souvent dans la langue de son compatriote Berkeley, et cela ne va pas sans inconvénients, il a le bon sens apparent de Locke, il ne s'est pas

---

vue de son siège, de la structure apparente de ses organes comme de ses caractères spécifiques.

(2) Je ne puis présenter ici, des idées de M. H. Spencer, l'analyse ni les critiques totales qui outrepasseraient de beaucoup les proportions du présent travail.

encore délivré par la science des erreurs célèbres de Descartes, d'où sont nées diverses écoles de philosophes.

Ses définitions de l'espace et du temps ne sont ni originales ni, à mon sens, acceptables. Il les tire de la fameuse *génération des idées abstraites*, l'idée du temps vient des *séquences*, et l'idée d'espace des *coexistences*. Il ne voit pas que l'aperception, pour un être, de la moindre séquence contient déjà l'idée du temps, qui n'a plus, dès lors, qu'à être notée par un mot : *Temps* ou *Durée*, de même pour l'espace, et que cela suffit. Ces idées primordialement conçues seront toujours les mêmes dans l'esprit de l'être qui les a une fois aperçues dans les corrélations des choses ; et l'espace, et le temps ne se définissent pas mieux que la couleur violette ou l'odeur de l'ambre, bien qu'ils ne soient nullement des *sensations*. Il n'est pas besoin de les expliquer comme si on s'adressait à un enfant qui commence à parler ; le philosophe n'a pas besoin de se faire lui-même petit enfant ou sauvage très naïf.

Sa définition de la matière ne vaut pas mieux. Il la fait dériver de la résistance sentie par nos muscles : laquelle expliquerait aussi l'espace et la force ; cela importe peu. Mieux serait de prendre ces idées telles qu'elles sont dans l'esprit des physiciens, et de les rectifier au besoin car plusieurs d'entre ces savants s'en font un concept mal formé, ceux qui disent par exemple : la matière est ce qui tombe sous nos sens.

Je sais beaucoup d'esprits même distingués que charment ces explications dites, par fausse modestie, *terre-à-terre*, et cette psychologie infantile ou enfantine. Ainsi on se dispense de prendre les questions par le point essentiel et de trouver de nouvelles et meilleures déterminations on se contente de celles qui traînent depuis si longtemps dans les livres des philosophes et dans les cerveaux du vulgaire, si l'on veut du vulgaire des gens instruits.

M. Herbert Spencer n'a jamais pu dégager, en son entendement, malgré de grands efforts pour y parvenir, une notion précise de la force (ou énergie) pas plus que les autres philosophes ses prédécesseurs. Aussi emploie-t-il ce mot pour désigner des choses fort différentes les unes des autres. — Je l'ai déjà prouvé dans les citations antérieurement présentées au cours de ce travail. Ses compatriotes Lord Kelvin et M. Everett et d'autres sans doute, se font cependant aujourd'hui de la Force une idée assez claire.

Je le prouverai encore en citant quelques formules assez malheureuses : « tous les modes de conscience peuvent se tirer d'expériences de force... la conscience *consiste* en des changements, » etc.

Je dis, moi, il importe de savoir avant tout que la Force, appelée aujourd'hui *énergie* par suite d'une erreur de langage qui remonte à Galilée, est précisément ce qui est exprimé dans les traités de mécanique rationnelle par le symbole $M\frac{v^2}{2}$ le produit de la masse par le demi-carré de la vitesse, ce symbole ne représente pas un simple rapport (comme la vitesse, la densité, la température, etc.), mais une *entité* (c'est-à-dire une inconnue constatée mais non conçue ni concevable), mais une entité ne pouvant être réduite à néant comme ce mot d'entité l'indique. Et rien au monde ne doit ou ne devrait être appelé *force* que cela.

Il en est de même de la masse, uniquement connue aussi par ses fonctions (1). Et ces deux entités *diffuses* ou générales, ou universelles, l'une continue, l'autre discontinue, sont les seules que nous puissions découvrir dans ce qu'on nomme le règne anorganique, ou plus précisément dans ce qui regarde la physique (y compris la chimie, l'astronomie, etc.), abstraction faite de toutes les origines.

Dans le chapitre excellemment intitulé *Persistance de la Force* (2) M. H. Spencer montre encore sa tendance à désigner par le mot force des choses qu'on ne saurait sans de fâcheuses confusions envelopper dans ce concept. Il distingue deux modes de force : « l'un qui n'opère aucun changement, l'autre qui produit des changements actuels et potentiels. La première de ces deux forces, *celle qui fait qu'un corps occupe l'espace*, n'a pas de nom spécifique. »

Ce n'est que par pure imagination métaphysique qu'on peut admettre qu'un corps *occupe* l'espace *en vertu d'une force*. Toute détermination dans l'espace — réalisée, avec ou par des corps, dans l'espace réel, ou simplement imaginée dans le monde idéal

---

(1) Fonctions définies par le mot d'inertie, en y comprenant la possibilité qu'on en peut déduire du cas général de l'équilibre de deux *forces* opposées, le mot de force étant pris ici au sens des géomètres ou des mécaniciens.

(2) Une note nous apprend que l'auteur substitue cette expression à celle, en usage encore, de *conservation de l'énergie*, après en avoir conféré avec le professeur Huxley.

Permanence vaudrait peut-être encore mieux que persistance ; on dirait dans cet ordre d'idées : *permanence de la Force* et *persistance du mouvement*.

où les conditions de cet ordre sont identiques — doit être comprise dans le mot *forme*, sous peine d'enlever à ce mot forme toute valeur, même jusqu'à ses acceptions communes et usuelles.

Cette erreur de conception et de langage en entraine beaucoup d'autres. J'ai déjà signalé les plus importantes. Cependant je ne saurais faire la critique complète de tout ce que dit l'auteur ; mais j'aurai plus d'une fois à revenir dans le cours des études qui vont suivre sur la précise détermination de cette idée de force, l'un des points de métaphysique scientifique les plus indispensables à considérer.

L'auteur du livre des *Premiers Principes* a cru nécessaire de développer, avec de longs détails, à propos de ses affirmations, les données de la science actuelle. C'est avoir fait largement les choses pour ceux de ses lecteurs possédant déjà ces données et à qui seulement il s'agit de les rappeler, et cela ne suffirait peut-être pas à ceux qui ne les possèdent nullement. Le plus grand nombre des trop rares curieux de philosophie est plutôt formé de gens instruits mais incomplètement instruits. Ceux-ci, il peut les séduire, après s'être lui-même ébloui, en essayant, à la suite d'un ample exposé sur la corrélation des forces en général, d'établir celle des *forces physiques* et des *forces mentales*. Naturellement, il procède, en cette question, par extension d'une induction expérimentale vraie à des faits qui ne relèvent peut-être pas de l'ordre ou du genre embrassé par l'induction. C'est forcer l'analogie et commettre un assuré paralogisme. Les mesures probantes manquent ici absolument. Il ne s'en inquiète point ; et pense faire adopter son idée préconçue, contre laquelle aucun doute ne le défend lui-même. Il devait se demander tout d'abord si le moindre fait d'observation ou d'expérience peut, je ne dis pas *prouver* l'existence de telles forces mentales (avant qu'on entreprenne d'en chercher les *corrélations*), mais seulement fournir le plus imperceptible indice de cette existence. Quand un homme fait tourner une roue au moyen d'une manivelle, il agit en mode de force, exactement comme la bête de somme attachée à la barre tournante d'un puits-à-roue. Il fait fonction de pure machine et de moteur, et la force qu'il dépense, son organisme la lui fournit, l'ayant puisée au dehors. Le seul acte de mentalité qu'on découvre dans l'ensemble des mouvements qu'il exécute, c'est de commencer ce mouvement de manivelle à un moment donné, et celui de le finir quelques minutes après. Voilà deux éléments des plus simples d'actes volontaires. Avec quoi déterminerez-vous la corrélation de ces *actes* élémentaires ?

Cet exemple — je le sais bien — peut à peine faire naître même dans un esprit non prévenu le soupçon d'une importante lacune dans la conjecture proposée et donnée comme une théorie déjà faite.

Cherchons-en quelque autre dans un ordre de faits plus complexes. Vous écrivez un livre. Cette trace écrite de votre pensée, la direz-vous une force ? fera-t-elle, captée par un certain dispositif et au moyen d'une transmission mécanique, monter un poids d'un seul millimètre, ou chauffera-t-elle de l'eau d'une fraction de calorie ? Cette *trace* écrite est une *forme*; si je lis à haute voix vos phrases, elle deviendra un rythme. Rythme ou forme, il a bien fallu de la matière et de la force, des forces spécifiquement rythmées, des corps spécifiquement structurés pour les réaliser ; mais il est bien clair qu'ils sont en eux-mêmes distincts et autre chose que ces *forces* et ces *corps*.

Or notre pensée c'est de la forme et du rythme créés, et rien autre chose. Il a fallu pour la faire naître, cette pensée, un mécanisme très complexe, notre organisme, et de la dynamique, certes ! et du phosphore, et mille autres conditions connues ou inconnues ; mais entre cette pensée et ces conditions, entre cette pensée et la force en cause, il ne peut être soupçonné, dès que la question est bien posée et remise au point, la moindre *corrélation*. — La force et la masse se débitent par quantités, la forme ni le rythme, ni par conséquent la pensée, ne se débitent pas ainsi et ne sont nullement des *quantités*.

En vain, vous semblerez réserver quelque chose en faveur du vrai disant : « ce sont là des mystères qu'il n'est pas possible de sonder, mais qui ne sont pas plus profonds que les transformations des forces physiques, les unes dans les autres. »

Ce sont là des mystères très différents, et on peut toujours essayer de les sonder avant d'affirmer s'ils sont également profonds. Celui des transformations des forces physiques ne me paraît pas inabordable ; la théorie aidée de l'expérience et basée elle-même sur l'expérience peut le dévoiler. Je pense avoir réussi à le faire voir pour certains cas particuliers. Mais il faudrait donner à la question une forme moins mythologique, car cette formule presque déjà démodée fait trop penser aux Métamorphoses d'Ovide et à l'Ane d'or d'Apulée, et ce changement dans l'énoncé de la question sera le premier pas vers une solution intelligible. La force, l'unique force ne se transforme pas. Elle est ce qu'elle est, partout où on la constate, et le kilogrammètre ou l'une de ses fractions, l'erg, est l'unité selon laquelle on la mesure comme quantité. Elle est présente dans tous les cas où un rythme effectif se produit, dans les rythmes éthérés comme partout ailleurs (les trois rythmes radiaires actinisme, lumière, chaleur et le rythme gravitaire) et lorsqu'on pourra se faire une idée nette de la structure de l'éther, l'apparition de ces rythmes s'expliquera. Quant à la dynamique nécessaire à la formation de chacun d'eux, elle n'a qu'une fonction de condition. Le mystère n'est point là du côté de la force, mais du côté des rythmes et des structures en corrélations intimes, et ici le sens de ce mot corrélation reprend sa véritable valeur.

Quant à la prétendue corrélation de la *force* et de la pensée, elle s'élimine ainsi de la pensée et du discours.

Il faut aussi noter comme corollaire que la force ni la masse ne peuvent *par elles-mêmes* ou considérées *seules* dans l'espace et dans le temps, déterminer, produire, ni créer aucune forme, ni aucun rythme, plus exactement aucune eurythmie ni aucune eumorphie.

Je ne suivrai pas M. Herbert Spencer dans les applications de son idée aux forces sociales où il montre la souplesse de son talent dialectique plus encore que l'ampleur de son savoir.

Je ne le suivrai pas davantage lorsqu'il essaie (1) de faire la théorie générale de l'univers, astronomique et organique, avec la seule considération de la *moindre résistance*. Partout le même procédé opiniâtre, invétéré, consistant à prétendre expliquer toutes choses par un seul genre de corrélations sous prétexte que ce genre de corrélations se retrouve partout !

Il est vrai dans les pages suivantes après avoir constaté le rythme « un certain rythme » dans tous les mouvements de la nature, notre philosophe déclare que tout ce qu'il a dit ne suffit pas et qu'il reste encore quelque chose à chercher (2).

(1) Les premiers principes, 2° partie, chap. IX.
(2) Car la méthode d'exposition de notre auteur consiste principalement en ceci. Il étudie une condition à part ; et lorsqu'il a épuisé cette étude par des efforts de vérification en divers ordres de faits, il déclare que sa démonstration n'est pas achevée, ce qui tend à faire croire qu'elle est

*
* *

Dans un très long chapitre, M. Herbert Spencer montre, comme je l'ai dit, que tout mouvement réel est plus ou moins régulièrement rythmé ou rythmique ; et cela est peu contestable. Dans un autre, il étudie l'évolution composée. Il prouve ainsi que les difficultés et les complexités du problème ne lui échappent nullement. Enfin, au commencement du chapitre XIV de la IIe partie, se trouve la phrase suivante : « Nous avons dit que toutes les existences sensibles *doivent* (ce mot est souligné par l'auteur) *doivent* D'UNE MANIÈRE OU D'UNE AUTRE, A UN MOMENT OU A UN AUTRE, arriver à leurs formes concrètes par des opérations de concentration. »

On comprend alors que le philosophe garde la prétention d'expliquer la formation des êtres organisés et plus tard les créations morphiques ou rythmiques de la pensée humaine par on ne sait quelle « concentration ». C'est toujours le fait grossier, relativement simple et d'ordre purement mécanique qui lui sert d'explication pour le fait supérieur, d'ordre callistique et idéal. Il lui suffit de constater, entre ces évènements divers, la moindre analogie apparente, pour se persuader, et, dès lors, insinuer

<hr>

commencée. Il entreprend alors de la compléter par d'autres séries de conditions successivement examinées et *prouvées*, et ainsi de suite, jusqu'à la fin. Là, on s'aperçoit que toutes les séries de preuves expérimentales, d'inductions et de déductions, accumulées, et *paraissent* envelopper toute la réalité des choses, ne se rapportent qu'à une idée *a priori*. Cette idée en elle-même, contient une part de vérité ou un aspect, une face de la vérité ; elle ne résout pas du tout les questions les plus importantes, soigneusement écartées chemin faisant, bien qu'elles transparaissent çà et là, sans même se poser jamais d'une manière explicite.

A ce propos, je dois placer ici une définition du mot *vérité* — que je viens d'écrire et qu'il faut écrire ou prononcer rarement — je donne cette définition afin d'éviter toute scrupuleuse revendication à ce sujet. On peut nommer vérité tout ce qui se ramène soit à quelque proposition mathématique *démontrée*, donc réduite à l'évidence des axiomes, soit à quelque corrélation immédiate et rigoureusement incontestable, fournie par des faits d'observation et d'expérience. Dans le premier cas, la vérité doit être dite *absolue*, dans le second, elle n'est que *relative*, car nous ne sommes pas certains de nos généralisations.

Une vérité est toujours un ensemble de corrélations. De là, on a conclu, sans réflexions suffisantes, que la vérité n'est jamais pour nous que *relative*. Or, un rapport conçu, en tant qu'il est un *rapport* et qu'il est *conçu*, est toujours un ABSOLU de l'esprit, — non pas au sens hyperboliquement délirant donné par quelques-uns à ce mot, mais, au sens intelligible, distinctif, scientifique, rigoureux que je m'efforce de bien déterminer.

— non sans quelque circonspection — qu'il y a entre eux simple différence de degré mais identité de nature.

Il poursuit âprement et longtemps le développement de cette illusion, où ce qui est précisément en question est sans cesse préjugé, et où le *complexe*, dans l'unification supérieure des rapports tend toujours à s'expliquer en se confondant avec le *compliqué*, c'est-à-dire avec l'accumulation et la concentration du relativement simple. Et cette « évolution » *doit* se faire *d'une manière ou d'une autre*, mais doit se faire nécessairement.

Il suffit de dénouer ce paralogisme pour réduire la proposition à néant.

Entre les corrélations des corps célestes et les mouvements de la vie, on peut découvrir des analogies évidentes ; DONC c'est, au fond, la même chose à des degrés de complexité différents.

Ainsi de la vie et de la pensée. Comme il n'y a que la masse et la force, tout *doit* s'expliquer par la masse et la force, par le mouvement d'expansion et de concentration, etc.

Telle est la manière de raisonner qu'on finit par découvrir au milieu des accumulations de séries déductives et inductives rappelant des faits sans nombre de toutes les sciences, parmi lesquels les affirmations audacieuses passent presque inaperçues, comme le coupable de quelque méfait se cache dans une foule.

A la fin, le lecteur quelque peu las, étonné de cette logique qui se montre impeccable là où cela lui est facile, peut-il ne pas avoir confiance en l'auteur qui lui a démontré tant de choses chemin faisant, et supposer que certaines propositions graduellement accumulées ne se trouvent pas démontrées du même coup ?

Est-ce à dire qu'il puisse me venir à l'esprit d'accuser le philosophe de manquer de bonne foi ? J'en suis aussi loin que possible, car je discerne clairement l'artifice de sa méprise. Cet artifice de l'erreur apparaît en mille endroits, mais il est flagrant en ces mots : *la loi d'évolution* (Titre du chapitre XIV).

Il n'y a pas — remarquons-le — *loi de l'évolution*. Cette dernière formule signifierait que l'évolution se fait selon une certaine loi qui serait à chercher et à découvrir. Ce n'est pas cela ; *loi d'évolution* veut dire que l'évolution *est* une loi, une certaine loi de la nature, c'est-à-dire une nécessité, une fatalité des choses, une chose simplement et rigoureusement mathématique ou mécanique, un résultat nécessaire des corrélations de tout ce qui est, du conflit permanent des corps et des forces (1), et la question est ainsi tranchée avant même toute discussion.

L'indétermination du mot *loi* dans le langage des savants devait produire beaucoup de telles erreurs. Tantôt on l'applique à l'énoncé d'une pure induction (et on l'emploie, à mon avis, très mal à propos dans ce cas) tantôt on lui fait signifier une corrélation mécanique ou géométrique (absolument connue en elle-même) pouvant s'appliquer à certains ordres de faits de la nature. Exemple : les lois de Keppler.

Nous ne connaissons les évolutions des êtres que par induction pure, et la loi d'aucune ne nous est connue. Nous ne savons ni comment, ni pourquoi, ni en vertu de quelles *lois* ou *nécessités* la chenille ou larve, devient chrysalide, et la chrysalide le lépidoptère dit *complet*, ou en sa dernière phase d'existence. Nous savons seulement que chez ces êtres, les choses se passent ainsi, *comme en vertu d'une loi*, mais cette loi, si c'est vraiment et simplement *une loi*, n'en demeure pas moins impénétrée (2).

Il en est de même de toutes les évolutions.

Dans une première division M. Herbert Spencer nous montre la concentration partout, dans la nébuleuse, origine théorique de notre monde solaire, dans ce monde solaire lui-même, déjà constitué, dans les condensations de liquides et les agglomérations de solides à la surface de la terre sous l'influence du refroidissement, en philologie, dans des agglomérations des mots *monosyllabiques* en polysyllabiques, en science sociale dans les concentrations de peuples, de machines, d'intérêts, que sais-je ! Il voit partout des progrès dans ces concentrations et des concentrations en tous progrès. Je n'ai aucune envie (pour le moment) de savoir ni de chercher s'il est dans le vrai ou non quant aux détails de ces sujets. De toute évidence il ne traite nullement

---

(1) Ce qui serait précisément à démontrer et non pas à simplement affirmer en l'obscurité d'un mot ou d'une brève formule. Le cercle vicieux est formel ici. Il règne de même tout le long du livre plus ou moins enveloppé.

(1) La loi d'une espèce, c'est-à-dire la prédétermination de sa forme à tous les moments de l'évolution de la vie de l'un des individus, ou plutôt de l'un des couples de cette espèce, consiste en — ou du moins peut être conçue comme — une inscription rythmique préexistante dans le germe. Cette théorie donne la *raison* générale de toute génération. Je la rappelle ici en très peu de mots, et cela suffit pour l'instant. Je l'ai amplement développée en d'autres écrits. Elle peut se déduire entièrement du mécanisme expérimental du *Téléplaste*, montrant la forme transmuée en rythme, l'inscription du rythme, et la résurrection, à distance, de la même forme, au dispositif récepteur.

la question ; il évoque seulement des séries de faits n'ayant avec elles que des rapports *métaphoriques.*

Dans son laborieux essai d'une théorie de l'évolution, M. Herbert Spencer croit se rendre compte des faits complexes par des distinctions ; mais dans ce qu'il expose on ne trouve en dernière analyse que des mots, tels que modification de structure, évolution composée, redistribution secondaire, multiformité croissante qui accompagne le progrès de l'intégration. Ces mots ne correspondent nullement à la complexité des faits. Cette complexité de rapports ou de fonctions coordonnées dans les évolutions organiques est littéralement *infinie,* et surtout d'ordre spécial.

Lorsqu'un statuaire modèle une figure, pour que, de son travail, résulte une véritable œuvre d'art, il faut que chacune de ses actions partielles soit faite en vue de l'ensemble préconçu, c'est-à-dire avec la conception simultanée et successive d'une infinité de corrélations, soit qu'il ajoute de la matière plastique, soit qu'il en ôte, soit qu'il en déplace d'un point à un autre point rapproché ; et je ne considère là que le plus apparent de son geste intérieur et extérieur, en réalité bien plus complexe que la parole ne saurait l'exprimer. En déterminant des surfaces, il doit nécessairement concevoir des dispositions profondes, celles de la structure anatomique de tout ce qui s'accuse au dehors. Cependant il n'a pas à inventer toute une corrélation des organes de la vie, et le modèle vivant lui est donné ; il ne doit que réaliser une forme visible sans dispositifs cachés, ni structures intimes, en y traduisant la beauté de l'objet naturel, ou plutôt ce qu'il en peut comprendre, combinant à cette beauté quelque chose d'analogue et de différent qui est sa création idéale propre, d'où son œuvre prendra son caractère spécifique et personnel. L'objet d'art porte ainsi l'empreinte, dit-on, non pas seulement des doigts de l'artiste mais celle de son âme.

Tous les conglomérats par concentrations multiples que nous offrent les faits de la géologie pouvant être reproduits ou imités par l'expérience, purs faits de nécessité et de hasard, ne présentent rien de pareil, si ce n'est par grossière apparence, ne pouvant tromper que des esprits, je ne dirai point seulement inattentifs ou prévenus, mais décidés à se faire complices de l'erreur qui les égare.

Les anciens philosophes n'ont pas tous failli à une si nécessaire différenciation, et l'auteur de la genèse par exemple a très bien symbolisé la création des êtres organisés dans la formation de l'homme, opérée par une puissance, agissant à la façon des statuaires. Mais la beauté est et demeure pour les matérialistes agnosticistes ou monistes comme nulle et non avenue et, comme on dit, lettre morte. Ils ne savent pas la discerner dans les œuvres humaines, ni la voir parallèlement dans celles de la nature parmi les plus étonnantes coordinations, où elle apparait comme le signe définitif, ou plutôt comme la signature et le sceau indéfiniment variés de toute puissance créatrice (1).

Cette distinction, seule importante dans la question, M. Herbert Spencer ne la veut pas faire. Il met à la place beaucoup de littérature scientifique, où presque rien n'est contestable dans le menu détail, mais où rien n'est ni prouvé, ni même aperçu dans l'ensemble. A quoi peut le conduire le « contraste » remarqué entre « notre Terre telle qu'elle existe... et le globe en fusion dont elle est sortie *par évolution* »...?

A supposer gratuitement ce qui est précisément en question, savoir, que cette évolution est toute pareille à l'évolution des êtres organisés, et qu'elle l'explique !

Et que de longues dissertations, pour montrer à travers toutes les manifestations de l'intelligence humaine, après avoir épuisé tout ce que la nature anorganique, puis organique, présente de vaguement analogue, le passage de l'homogène à l'hétérogène, c'est-à-dire de ce qui est moins multiple et différencié à ce qui l'est davantage.

Ce rapport paraît exact dans la mesure où il est présenté ; mais que peut-on en tirer, quant aux questions étudiées? Abso-

(1) Dans les œuvres de l'Art humain comme dans la nature, on peut reconnaître les trois ordres de faits rangés sur les trois concepts de Création, Nécessité, Hasard. C'est dans la musique que cette étude pourrait être le mieux faite peut-être, un art qui n'a pour élément primordial que les rythmes purs des corps pondérables à structure déterminée et leurs harmoniques nécessairement résultants. On verrait clairement des nécessités particulières à cet art, et comme partout d'ordre mathématique, découvertes et respectées, donner à l'œuvre symphonique la solidité architecturale, et le hasard, nécessairement mêlé aux faits d'inspiration créatrice, pourvu qu'il soit résolu en une harmonie totale, y ajouter l'impression de l'indéterminé, du mystérieux, de l'inaccessible, d'où résulte parfois le sentiment du sublime. Mais la coordination ou synthèse rythmique doit tout dominer, sans quoi il n'y aurait pas œuvre d'art proprement dite ou si l'on veut d'œuvre d'art achevée.

lument rien. Encore si la complexité et la différenciation croissantes, remarquées en l'évolution vers des états supérieurs, étaient en intimes accords avec la supériorité même. Mais il n'en est rien, la supériorité résultant, au contraire, d'une plus parfaite et plus haute synthétisation des éléments, d'abord différenciés et multiples, et la beauté, signe indéniable de toute perfection dans un groupe donné, consistant en une harmonie d'ensemble de fonctions hiérarchiques et toutes subordonnées, ou d'éléments eux-mêmes modifiés sans cesse *en vue* de cette coordination totale.

M. Herbert Spencer ne voudra voir là rien autre chose que le passage antérieurement établi par lui, du moins cohérent au plus cohérent, refusant avec tous les philosophes de son école de tenir compte de la corrélation spécifique et supérieure.

En parcourant sans trêve toute l'encyclopédie, le philosophe anglais se donne un air de scrupuleuse exactitude. Il nous avertit que ceci est hypothétique, ceci douteux, ceci non encore démontré.

Il revient fréquemment sur les résumés donnés d'abord comme définitifs, qu'il découvre chemin faisant incomplets et qu'il s'efforce de compléter, en parcourant de nouveau le vaste domaine des sciences pour y trouver des *preuves* de ce qu'il dit, ou pour « illustrer » son exposition, il arrive à dérouter presque l'esprit en le détournant de ce qu'il s'agit de voir d'abord et d'expliquer si c'est possible.

Ce que je viens de conclure est vrai, dit-il, mais ne contient pas toute la vérité. C'est donc *toute la vérité* qu'il va découvrir à la fin. Nous verrons bien !

Enfin après avoir corrigé, complété, interverti ses formules, il arrive à... une définition de l'évolution ou de la « loi d'évolution » : la voici :

« *L'évolution est une intégration de matière accompagnée d'une dissipation de mouvement, pendant laquelle la matière passe d'une homogénéité indéfinie, incohérente, à une hétérogénéité définie, cohérente, et pendant laquelle aussi le mouvement retenu subit une transformation analogue.* »

On peut se demander en présence d'un si mince résultat et d'une définition si vague et d'une si flagrante insuffisance du mot *évolution*, si notre savoir s'en trouve augmenté d'une façon appréciable.

Nous y trouverons tout au moins la doctrine intime de l'auteur, si nous savons en dégager le sens occulte et, comme on dit, lire *entre les lignes*.

Si l'on interroge sur l'évolution des organismes vivants — je parle simplement du *fait* de l'évolution, et non pas de la *théorie* qu'on en peut chercher — si l'on interroge la pensée de nos grands naturalistes, on peut arriver à l'induction suivante où le mode général du procès, dans ses apparences immédiates, est bien indiqué, ce qui est un peu plus qu'une définition :

L'évolution, c'est-à-dire, la marche de l'infériorité confuse vers la supériorité relative bien définie, *consiste en l'unification des parties et en la distinction de plus en plus grande des fonctions*.

Rien de pareil, et même presque rien de superficiellement comparable ne s'observe dans le règne anorganique (ou monde astronomique, géologique, physique et chimique).

On trouverait au contraire, dans ce qu'on a appelé le règne humain (1), des faits nombreux présentant avec cette induction relative à la morphologie organique, plus que des analogies, et des concordances non seulement apparentes, mais encore, en y dépensant l'attention voulue, précises et profondes. Mais ce n'est point là davantage ce qu'on aurait le droit de nommer *la loi d'évolution*.

Une telle formule ne pouvait convenir à la pensée non exprimée de M. Herbert Spencer ; et s'il en a cherché si péniblement une autre, non plus compréhensive mais plus extensive, c'est qu'il a voulu *confondre* les faits du monde anorganique avec ceux du monde organique, pour se persuader qu'il a expliqué ceux-ci par ceux là et qu'il les a rangés tous sous une même *loi*.

Quand je parle du monde organique, je veux désigner uniquement — bien entendu — les faits caractéristiques de ce monde, et non des faits communs aux corps structurés, organisés et vivants et aux corps anorganiques ; car toutes les lois de la physique et de la chimie s'appliquent aux uns comme aux autres, et, dans ce sens, il n'y a ni une physique ni une chimie organique.

Cette simple distinction fait crouler tout l'échafaudage des prétendues *preuves* de M. Spencer, pour si abondants et si patiemment discernés qu'en soient les éléments.

Vous prétendez, sans le dire, que le passage du non-organisé

---

(1) Quatrefages et quelques autres.

à l'organisé vivant, et, par suite, l'évolution de ce même vivant résulte d'une nécessité ou d'un ensemble de nécessités, dont vous ne sauriez formuler la *loi* ni les lois, ne les connaissant pas, étant incapable de les traduire en nombres ni en signes, les admettant par un acte de foi ou de parti-pris non dissimulé au début de votre exposition, et qu'on retrouve naturellement à la fin. Vous n'avez donc rien prouvé, rien démontré, ni même, en définitive, rien posé comme conjecture précise ni comme hypothèse. En votre formule, on ne découvre même pas un essai un commencement de pareilles constructions ; cette formule ne peut donc servir à rien, si ce n'est à brouiller les idées comme toutes les définitions imprudentes.

L'auteur des *Premiers principes* ayant formulé sa loi de l'évolution, se met à chercher la raison, c'est-à-dire la loi de sa loi. Il la cherche dans un fait général difficile à contester : la *persistance de la Force*.

De cette persistance résulte déjà, selon lui, qu'il y a équivalence entre les forces transformées (ceci est plus obscur qu'on ne le croit dans l'expression, mais une corrélation vraie y est contenue), que le mouvement suit la ligne de la plus faible résistance (ceci est incontesté), que le mouvement est toujours rythmique (ceci est d'une telle probabilité expérimentale qu'il le faut admettre).

Il la trouve dans l'*instabilité de l'homogène*, déduite également de la persistance de la force.

Il est impossible d'imaginer rien de moins solide, de moins logiquement, de plus vaguement conçu que ce chapitre, couronnement des cinq ou six autres sur le même sujet, et devant dénouer ou trancher le nœud si laborieusement formé dans ces tenaces préparations.

L'auteur y démontre avec soin, toujours avec un grand luxe d'exemples, 1° que l'homogène (*relatif* bien entendu, dit-il) est instable (parce qu'il hétérogène); 2° que plus l'hétérogène devient hétérogène, plus il est instable, et ainsi de suite indéfiniment.

Il ne s'aperçoit pas que sa manière de faire de l'expérimentalisme, consistant à rassembler les faits paraissant prouver son dire, — lequel dire lui-même admis comme vrai ne prouverait rien — sans s'occuper d'autres séries immenses de faits qui le contrediraient directement. Tout à la fin, il s'avise pourtant que sa *théorie* (si on peut donner ce nom à des suites peu cohérentes d'études, de vues partielles et de raisons toutes insuffisantes et paraissant compter sur leur nombre ou sur leur répétition incessante pour la conviction), que sa théorie manque absolument de point de départ, soit dans un fait général, soit dans un principe *évident*, ou tombe d'elle-même, dès son point de départ, si on lui donne le seul convenant à la proposition : *instabilité de l'homogène*.

« Une homogénéité stable unique, dit-il (1), est hypothétiquement possible. Si des centres de forces (2) absolument uniformes dans leur puissance sont répandus avec une uniformité *absolue* dans un espace illimité (3), ils resteront en équilibre. »

Voilà qui est clair. Mais l'auteur ne s'y tient pas, et voici comment il échappe à l'évidence de cette conception : « Pourtant cette supposition, intelligible verbalement, est une de celles qui ne peuvent être représentées dans l'entendement, puisque l'espace illimité est inconcevable. » ! « Toutes les formes finies de « l'homogène, toutes les formes d' ͜omogène » (ô scolastique !) que nous pouvons connaître et concevoir, doivent tomber infailliblement dans l'hétérogénéité. Cette formule avec tout ce qui la précède peut se traduire et se résumer en ce qu'elle invoque d'incontestable, comme je vais le faire en quelques lignes : ce qui est relativement simple peut former avec d'autres choses également simples des combinaison diverses, des mélanges, des conglomérats plus ou moins stables. Ces conglomérats peuvent se résoudre en formations diverses plus simples, lesquelles pourront former d'autres agrégations et ainsi de suite dans toutes les variétés sans nombre d'arrangements coordonnés ou fortuits. En général, un ensemble de choses assez complexes tendant à former, par l'effet des transactions inévitables de la force en ses divers modes et de la matière structurée, des combinaisons de plus en plus nombreuses et de plus en plus diversifiées, jusqu'au moment toujours possible où, dans le cas particulier d'un lieu donné, une intervention d'une grande masse et d'une grande force viendra rendre aux choses l'espèce d'homogénéité relative et apparente qu'elles présentaient d'abord.

Est-ce là ce que l'auteur a voulu dire et prouver ? non.

---

(1) Ch. XIX.
(2) L'instabilité de l'homogène, p. 385.
(3) Et ce n'est encore là qu'une homogénéité relative !

Il ne peut méconnaître que des faits innombrables vont contre ce qu'il veut donner à entendre, et que l'apparence de l'homogénéité est toujours corrélative d'une certaine stabilité. L'or, le diamant sont doués à un haut degré de cet aspect homogène assez recherché dans les corps structurés connus. La meilleure pierre à bâtir est la plus homogène, dans le sens de M. Herbert Spencer. Elle s'effritera quelque jour, je le veux bien ; mais moins vite que n'aurait fait celle dont l'architecte n'a pas voulu se servir, comme trop peu douée de cette qualité.

Voici une coupe de cristal, de verre plombeux, nullement homogène en réalité, mais très limpide, c'est-à-dire très homogène en apparence ; elle contient de l'eau *très pure*. Je laisse le verre transparent sur une table à l'air libre. Au bout de peu de temps l'eau s'évaporera, se dissolvant dans l'éther ambiant. Le verre demeurera intact ; et si je l'enterre quelque part avec certaines précautions, il pourra être retrouvé dans huit ou dix mille ans tel qu'il est aujourd'hui. L'eau pure, j'aurais pu la recueillir dans une ampoule fermée à la lampe d'émailleur. Je l'aurais placée à côté de la coupe, et, après les dix siècles écoulés, on la retrouverait aussi, à moins qu'elle n'ait traversé le verre, ce qui est possible ; mais cela demanderait une durée qu'on ignore. Jusque-là que s'y serait-il passé ? Rien ou peu de chose, quelques rythmes transmis incapables de séparer l'hydrogène de l'oxygène, et il n'y serait pas né le moindre être vivant, même de l'organisation la plus infime, amibes, monères ou microzymas, comme vous voudrez ; mais cette eau, jetons-la dans la mer, dans la grande homogénéité (apparente toujours) des océans. Elle deviendra là moins homogène. L'eau de la mer est-elle plus ou moins homogène que la vapeur dont elle forme les nuages ? Elle deviendra neige et pluie et donnera de nouveau une homogénéité de pure apparence à toute sorte de sels et d'autres corps qu'elle dissoudra dans son passage ; et cela ne finit point.

Quel sentiment bizarre a pu porter M. Herbert Spencer à jouer de ce mot homogénéité qu'on pourrait appliquer peut-être à l'espace, où on ne saurait faire de brèche, ou au temps que nul hiatus ne saurait rompre, ou encore au *mouvement* tout *rythmique* qu'il nous apparait dans les faits (1), qui ne pourrait *cesser d'être* pour *être de nouveau*.

---

(1) Est-il besoin de faire remarquer que tout les rythmes possibles sont concevables sans véritable interruption de l'action dynamique, condition nécessaire de leur apparition ?

Ces mots même *homogénéité relative* ont un sens bien fugitif. Le mot d'homogène n'a été fait que pour représenter des apparences. Certains physiciens considèrent (par conjecture) l'éther comme *homogène*. Cette fantaisie n'a pu servir à édifier aucune théorie concevable. On a inventé aussi (c'est l'une des assez graves erreurs de Newton) un atome *dur inélastique* et fait d'une matière homogène. Cette hypothèse peu cohérente, — si ce n'est en l'affirmation très précieuse, mais très ancienne, de la discontinuité de la matière, — n'a jamais présenté aucun avantage dans les théories de physique ou de chimie où on l'a introduite.

Laissons encore parler et conclure M. Herbert Spencer : « A la conclusion concernant les changements par lesquels l'évolution *commence* (1) il reste à ajouter celle que ces changements doivent continuer. » Fort bien ! mais vous renoncez absolument à faire commencer cette évolution non seulement à l'homogénéité absolue et complète, mais encore à l'homogénéité relative, c'est-à-dire à une structure *régulière* hypothétique.

Nous ne pouvons concevoir la matière autrement que discontinue ; mais si, rétrogradant au delà du temps de Leucippe, on vous accordait la possibilité d'une matière continue comme de loin en loin quelques théoriciens essaient encore de se la représenter, comment y feriez-vous mieux commencer « l'évolution » ?

Cela ne vous empêche pas, avec un dédain marqué de la rigoureuse logique, de dire « *l'absolu homogène* DOIT (2) *perdre son équilibre*, et le relativement homogène doit tomber à l'état d'un relativement moins homogène. »

A quoi tendent ces défaillantes postulations ? A ce que vous ne dites pas explicitement ; savoir, que *toute la création, et la vie, et la pensée n'ont pas d'autres causes que l'entité, mal déterminée pour vous, que vous nommez la force, agissant, non sur l'autre entité réelle du même ordre : la masse, mais sur la matière vaguement conçue comme structurée*. Toute métaphysique injustifiable se fonde naturellement sur une physique générale insuffisante, à moins, comme celle de quelques écoles — idéalisme, raison pure, spiritualisme sentimental, etc. — qu'elle supprime totalement la physique de ses préoccupations *philosophiques*.

Il nous reste à différencier en quelques mots ce matérialisme

---

(1) Ce mot est souligné par l'auteur. Pourquoi ?
(2) Ici les mots sont soulignés par moi.

contemporain d'avec les doctrines du dernier siècle et de l'antiquité qui, très justement, portent ce même nom.

La force était considérée en ces temps reculés comme *modus materiæ*, propriété des corps. Un corps était alors une source de force, et même une source inépuisable. La matière, selon cette conception, contenant *virtuellement* (1) en elle tout ce qui doit être, le produit nécessairement et fatalement *par elle-même*.

Cette doctrine s'évanouit devant le développement progressif des sciences physiques de notre temps. M. Herbert Spencer est lui-même obligé de convenir que la force (ou énergie) est *autre chose* que la masse ou matière pure.

Cette entité *force*, pense-t-il, est cause de quelque chose, du mouvement, donc elle est cause de tout.

Descartes n'avait-il pas dit : « Donnez-moi la force ou le mouvement et la matière, et je referai le monde ! » Cette naïve affirmation échappée au grand géomètre ne serait plus excusable aujourd'hui. Elle le devient moins encore dès qu'il est démontré que nulle forme, nul rythme ou plutôt nulle eumorphie, nulle eurythmie (choses non matérielles) ne peuvent résulter des transactions pures, je ne dis pas seulement de la force et de la masse, car la question ne peut même pas être ainsi posée, mais l'apparence même n'en peut résulter d'une action dynamique non eurythmique sur une matière *uniformément* structurée, prise pour l'homogène relatif.

Il est facile de voir, étant données les citations précédentes et les critiques que j'y ai jointes, ce qui a mis en défaut la haute intelligence de M. Herbert Spencer, et ce qui lui a fait construire avec effort cette espèce d'édifice de mots et d'idées et de notions scientifiques, en somme mal reliés entre eux, n'ayant ni base, ni charpente, ni faîte. En résumé, cela ne constitue pas un ensemble cohérent d'inductions. Tous les faits, pour lui, sont d'un seul ordre : la *nécessité*. Dès lors, il met sur le même rang, d'une part les conglomérats disparates et indéfiniment hétérogènes, et d'autre part les coordinations, les eumorphies et les eurythmies caractérisant tous les degrés de l'organisation des êtres et les qualités de leurs manifestations. Il confond les résultats des conflits de l'hétérogène, commençant par une *eumorphie* ou par une *eurythmie* première, nommée par lui très mal-

---

(1) Ce mot *virtuellement* n'a point de sens intelligible en cette acception, il n'est que l'expression de prétendues qualités occultes inconcevables et que la science expérimentale et ses théories démontrent inacceptables même en mode conjectural.

heureusement l'homogène, et qui tous (ces résultats) se résolvent en faits de hasard — sans *lois*, sans harmonie, sans valeur, et nécessairement *dispersifs* — avec les créations de tout ordre qui se bâtissent sur ces coordinations primordiales, plus ou moins modifiées en des distributions *prévues* et qui se développent, avec le temps, en supériorités morpho-rythmiques et fonctionnelles de mieux en mieux unifiées, manifestes et coordonnées.

Pour lui, au fond, la *création*, la *nécessité* et le *hasard* sont une seule et même chose. Cette doctrine diffère très peu du fatalisme antique et de tous les fatalismes, elle sera toujours stérile. Ce qu'il nomme une *cause* (1), avec — il faut le dire — tant d'autres philosophes célèbres, c'est toujours une condition particulière d'un fait commune à un grand nombre d'autres faits, en ayant soin de ne point considérer avec cette condition unique, les autres, sans nombre, faciles cependant à constater, soit dans l'espace ambiant en général, soit dans ce lieu où le fait examiné se produit. Avec cette façon de ne rien observer réellement, tout en paraissant tenir grand compte des données de la science, il était impossible de mieux faire. M. Herbert Spencer a beau prendre idéalement toute la nature en sa complexité et la piler dans le mortier de fer de son idée préconçue, il n'en fera jamais jaillir la précieuse étincelle créatrice rêvée par les poètes, avec quoi on pourrait faire même *hypothétiquement* le moindre leucocyte ou un simple microzyma.

Sous le nom de ségrégation, notre philosophe étudie tous les cas où, sous l'influence d'actions dynamiques communes, les choses confondues d'abord en l'hétérogénéité chaotique se séparent et se groupent de nouveau par l'assemblage, en des

---

(1) C'est ainsi qu'il arrive à dire : Des effets multiples, variés, indéfinis sont dus à une même *cause* moins complexe qu'eux. Une même acception du mot cause, trop communément en usage dans toutes les langues, a été l'origine de semblables erreurs chez presque tous — je n'ose dire *tous* — les philosophes. Les vraies causes : la masse, la force (groupe cosmologique) et les puissances (groupe individuel et divin) ne sauraient être déclarées plus ou moins complexes que leurs effets. Elles sont inconnues, quant à leur nature *substantielle*, donc absolument incommensurables. Nous ne les pouvons supposer que différentes les unes des autres quant à leur élévation, d'après les études que nous pouvons faire de leurs fonctions, et dans ce cas c'est avant tout les fonctions que nous classons.

points distincts, des objets qui se ressemblent. Ainsi les mouvements de la mer assemblent ici des galets, là des graviers, plus loin des sables fins, ailleurs de la vase. Il trouve comme toujours des faits analogues entre eux représentant cette fonction de la nature, dans le monde physique, dans l'organisation des êtres, dans la pensée humaine, dans les sociétés, dans les migrations des peuples, etc.

Comme dans ses précédentes études, il ne manque jamais de trouver ce qu'il cherche, et c'est ainsi que se font les métaphores. Ces correspondances sont incontestablement réelles, parfois curieuses à relever, mais elles ne fournissent l'explication de rien. Elles tendent à ramener les choses hautes et *vraiment* complexes vers les basses dont la complexité mal, ainsi nommée n'est que pure confusion ou fortuit mélange, sans unification véritable, car l'unification en une harmonie supérieure, en une coordination voulue, n'a rien à faire avec la concentration, la conglomération, ni avec cette ségrégation si ambitieusement développée. Parfois l'auteur semble s'apercevoir de la faiblesse de ses « preuves », du peu d'exactitude de ses comparaisons, mais cela ne dure pas ; et il continue ou reprend la série des faits particuliers de ce même ordre d'insuffisante distinction, dont l'accumulation n'ajoute rien à l'énoncé premier ou au premier des cas relevés, non donné ordinairement pour probant, mais dans le but de mieux « faire comprendre. »

On comprend bien certes ! la pensée de l'auteur ainsi exprimée sous de multiples formes, on comprend aussi qu'elle ne s'est pas relevée très haut et qu'elle n'a pu atteindre très loin.

Et il croit avoir étudié ainsi et même déterminé « les diverses phases de l'évolution » !!... Il n'en a point, je ne dirai pas déterminé, mais seulement abordé une seule.

En somme, ne l'a-t-il pas avoué, il a seulement brodé les multiples arabesques de sa dialectique sur un certain canevas, l'hypothèse de la nébuleuse. Il a été comme ébloui par cette œuvre d'imagination inductive et de puissance déductive, où l'esprit peut se rendre compte de certains possibles et notamment de ce que peut faire la nécessité (mathématique et mécanique) sur les données relativement simples d'un éther primordial d'apparence homogène, des deux formes universelles de la force permanente (radiation et gravitation) et des divers rythmes spécifiques de la nature, actinisme, lumière, chaleur, gravitation, etc.

M. Herbert Spencer, nouvel Icare, a pensé qu'en empruntant

les ailes de Dédale, il pourrait s'approcher de très près du soleil de la science dont il aime (et je l'en loue) les chauds et féconds rayons. Mais la cire s'est ramollie et fondue, et le souffle de Notos a dispersé les plumes innombrables, dont quelques-unes, prises à part, ne sont pas sans prix... Inutile, n'est-ce pas ! de poursuivre l'allégorie.

A ce propos, je dois le rappeler, l'auteur des *Premiers principes* donne partout ses « solutions » comme *relatives*. Veut-il dire par là qu'il en considère les démonstrations comme incomplètes, je crois avoir démontré qu'elles ne sont point du tout *des solutions*, même des solutions hypothétiques *concevables*.

J'ai, pendant le cours de la précédente étude, qualifié le philosophe insulaire, de *matérialiste*, malgré une certaine crainte de lui déplaire. Sans aucune malice je me suis servi de cet adjectif, dans la nécessité d'exprimer en un seul mot, et sans aucun danger de livrer mon adversaire *aux bêtes du cirque*, la théorie prétendant tout expliquer par les transactions de la masse et de la force. Je serais désolé que personne pût soupçonner un manque de courtoisie de ma part envers un travailleur courageux et persévérant qui mérite à ce titre tous les égards et tous les respects, sans parler de la célébrité de son nom par le monde. Il faut aussi respecter et aimer la sainte vérité ou ce que nous prenons pour elle, selon nos moyens personnels toujours limités. D'un autre côté, chacun a le droit de prendre en face du public la position qu'il veut et de nommer comme il l'entend sa doctrine, son système ou sa théorie maîtresse. Pour concilier de mon mieux ces difficultés, *antinomiques* au moins d'apparence, je citerai presque en entier les deux dernières pages des *Premiers principes*, contenant des réserves données pour importantes, en y ajoutant çà et là des remarques par lesquelles du même coup ma critique se complètera :

« Bien qu'il soit impossible, dit M. Herbert Spencer, d'empêcher les fausses interprétations, surtout dans ces questions qui excitent tant d'animosité, il est bon pourtant, pour s'en préserver autant que possible, de résumer la doctrine philosophico-religieuse qui règne dans les pages précédentes. Nous avons montré à satiété et en tous sens que les vérités les plus hautes que nous puissions atteindre ne sont que des formules des lois les plus compréhensives de l'expérience que nous avons des relations de Matière, de Mouvement et de Force ; et que la Matière, le Mouvement, la Force, ne sont que des symboles de la réalité inconnue. Un pouvoir dont la nature reste pour toujours inconcevable et auquel on ne peut imaginer de limites dans le temps ou dans l'espace, produit en nous certains effets(1); entre ces effets, il y a une certaine ressemblance de connexion, ce qui nous permet de leur assigner des lois d'une haute certitude (2) ».

« L'analyse réduit ces diverses espèces d'effets à une seule espèce d'effet et ces diverses lois à une seule espèce de loi. Le couronnement de la science est l'interprétation de tous les ordres de phénomènes comme manifestations différemment conditionnées de cette espèce de loi. Mais, après cela, la science n'a encore fait que systématiser l'expérience ; elle n'en a pas étendu les limites (3). Nous ne pouvons pas plus qu'auparavant dire si les lois sont aussi absolument nécessaires qu'elles sont devenues pour notre pensée relativement nécessaires (4). Tout ce qui nous est possible c'est d'interpréter le procès des choses

(1) Ici le philosophe penche au moins en apparence vers une sorte de panthéisme et même vers un idéalisme extériorisé, différent mais dérivé de celui de Berkeley d'où sont sorties les philosophies de Kant, de Hegel, de Schopenhauer et de tant d'autres.

(2) Les seules lois présentant ce caractère de haute certitude sont les corrélations mathématiques ou mécaniques abstraites, applicables sous certaines conditions aux réalités. Quant aux *lois d'induction*, elles sont toutes contestables tant qu'on ne les a pas réduites à ces corrélations déjà *conquises* ou qu'on n'en a pas dégagé les corrélations absolument connues de ce genre.

(3) L'auteur s'est ici préoccupé sans doute de *la totalité de l'expérience possible* dont parle Kant (Critique de la Raison pure), ce qui n'offre rien de bien clair à l'esprit; car il est évident que toute bonne théorie, lorsqu'elle paraît, agrandit nécessairement le champ de l'expérience actuellement possible, et permet ou de poser des questions nouvelles, ou de mieux présenter des questions auparavant mal posées.

(4) Ceci est au fond l'expression d'un pur agnosticisme, se confondant tout à fait avec le Doute universel des pyrrhoniens. Nous n'avons aucune raison de douter des évidences ni des démonstrations bien vérifiées des sciences mathématiques, ou bien il n'y a point de science. Quant aux lois d'induction, elles ne valent que dans la limite des faits qu'elles embrassent et dans la mesure de l'exactitude des observations ou des expériences. En général, elles sont des expressions de plus ou moins hautes probabilités. Supposer des puissances qui s'amuseraient à nous tromper sur toutes choses, ce serait se condamner volontairement à ne jamais rien savoir. Une induction relative à la manière dont nos sens nous mettent en rapport avec les milieux extérieurs (en dépit de toutes les prétendues erreurs que leur attribuaient surtout dans les temps passés certains groupes de philosophes) nous montre précisément le contraire, car cette mise en rapport, l'anatomie et la physiologie unies à la physique la prouvent des mieux assurées, suivant les conditions connues du réel et celles des possibles.

comme il se présente à notre conscience bornée ; mais nous sommes incapables d'en concevoir et encore moins d'en connaître le procès réel (1). On se rappellera aussi que, si la connexion entre l'ordre phénoménal et l'ordre ontologique est à jamais impénétrable, la connexion entre les formes conditionnée et la forme inconditionnée de l'être est à jamais inscrutable. L'interprétation de tous les phénomènes en fonction de Matière, de Mouvement, de Force n'est rien de plus que la réduction de nos idées symboliques complexes à des symboles plus simples, et lorsque l'équation a été réduite à sa plus simple expression, les symboles n'en sont pas moins des symboles (2). »

« Par suite, les raisonnements qu'on peut suivre dans les pages précédentes, ne fournissent aucun appui à aucune des hypothèses rivales sur la nature ultime des choses. Ils n'impliquent pas plus le matérialisme que le spiritualisme, et pas plus le spiritualisme que le matérialisme (3). »

(3) Ce procès réel insoupçonné opposé au procès connaissable des choses est, dans le sens de la pensée de M Herbert Spencer, tout à fait chimérique. Nous ne connaissons jamais — il est vrai — la totalité de telles corrélations ; ce n'est pas une raison pour douter de ce que nous en avons découvert, car la vérification en est constante, et fût-elle simplement *possible*.

(4) Nous avons besoin de pareils symboles pour synthétiser les idées particulières nées en nous à l'occasion de nos études concrètes des êtres et des choses. La question est de savoir si vos trois symboles qui se réduisent à deux, *masse* et *force*, suffisent ou ne suffisent pas ; s'ils embrassent réellement les faits *les plus importants* présentés par la vie, par la science et par l'art. Or ils ne les embrassent nullement, et ce n'est qu'en laissant de côté les faits de la vie, même les plus simples, ceux de la pensée, et ceux de la création, dans la conscience humaine et dans la nature, que vous parvenez à cette artificielle et insuffisante généralisation très illégitimement simplifiée. De plus, vous arrivez à douter du peu que peuvent représenter vos symboles. Après avoir essayé de nous démontrer que nous ne sommes rien que des accidents ou des modes éphémères de l'Inconnaissable, vous complétez votre prédication en nous affirmant que nous ne pouvons absolument rien savoir. Cette doctrine ne peut donc porter d'autre nom que celui de *nihilisme*. On peut ajouter à ce nom le qualificatif de *transcendental*, je crois, sans inconvénient.

(1) Tous ces raisonnements veulent tendre à prouver que l'eurythmie et l'eumorphie, la vie et la conscience, la beauté, la pensée ont pour conditions efficientes de réalisation deux entités, ou tout au moins deux fonctions universelles discernables et conjuguées, connues par la simplicité au moins originelle de leurs manifestations pour l'une, d'inertie et pour l'autre de mouvement inconscient ; si l'on y joint le temps et l'espace, cela fait quatre conditions générales, implicitement contenues en ce que les anciens et les philosophes du dernier siècle nommaient plus confusé-

« Tout argument qui semble militer en faveur d'une de ces hypothèses est aussitôt neutralisé par un argument de même valeur en faveur de l'autre (1).

Le matérialiste, voyant que, par une déduction nécessaire de la loi de corrélation (2), ce qui existe dans la conscience sous forme de sentiment peut se transformer en un équivalent de mouvement mécanique, et par conséquent en équivalent de toutes les autres forces manifestées par la matière peut croire démontrée la matérialité des phénomènes de conscience (3). »

ment et en bloc la Matière. Ils veulent établir que cette matière étant elle-même dépourvue de conscience, d'intelligence, de génie, la conscience, l'intelligence et le génie ne sont que des résultats de ses *nécessaires* ou *fortuites* transactions. Et c'est là le pur matérialisme — il s'y faut bien résigner selon vous — ne comportant, comme possible, aucune pérennité ou immortalité soit de l'homme soit des autres êtres organisés par des rencontres fatales de masses hétérogènes et de forces diversement distribuées ; ces êtres sont ensuite désorganisés de même et pour toujours. On ne voit pas quelle espèce de spiritualisme pourrait tenter de se prévaloir de tels raisonnements. Si ce n'est peut-être celui que l'on nomme plus souvent idéalisme et qui de nos jours tend à se rapprocher — asymptotiquement, si l'on veut — sous le nom de monisme, du matérialisme de tous les temps. D'autre part, si ces mêmes raisonnements et les études des choses naturelles et humaines qui les accompagnent ne servent à prouver ni le matérialisme ni une autre doctrine, à quoi servent-ils donc et surtout que prouvent-ils ? Serait-ce qu'il n'y a rien à prouver et presque rien à penser.

(1) Cette remarque peut être vraie quant au spiritualisme hyperphysique ou aphysique de Berkeley et de ses successeurs de la *grande école* allemande. Dans un autre sens du mot, sa justesse devrait être *démontrée*.

(2) La *corrélation des forces physiques* est un fait général et non une *loi*. L'auteur la nomme *loi* parce qu'on l'étend *par analogie assez incontestable* au delà des faits d'un certain ordre actuellement observés à beaucoup d'autres faits *du même ordre* ; mais ce serait abuser étrangement de l'analogie que de l'étendre sans plus d'artifice à d'autres faits non compris dans cet ordre ; et même d'un ordre évidemment différent, aux faits de la pensée, par exemple.

(3) Il n'y a presque point de mots en cette phrase que la critique ne soit en droit de contester ; et les corrélations exprimées y sont en désaccords-formel avec les méthodes employées dans les sciences. Aucune corrélation n'a été établie par l'expérience, ni par aucune théorie concevable, entre les faits de pensée créatrice (coordination des rythmes et des formes ou de mouvements voulus) et les forces physiques du monde extérieur Ces mots de *forces manifestées par la matière*, n'expriment rien de plus concevable pour l'esprit. Une force ne saurait se manifester par la matière ni par elle-même, elle ne le peut faire que par le *changement de rapports dans l'espace* d'objets, de corps déterminés. L'expression *matérialité des phénomènes de conscience* est aussi bien vague. Même pour un matérialiste, un « phénomène » n'est point *matériel*, pas plus qu'un *mouvement* ou un

« Mais le spiritualiste, partant de la même donnée, peut soutenir avec la même autorité... — » Ce n'est guères ! — « .... que si les formes *déployées par la matière* (je souligne ces mots) ne sont connaissables que sous la forme de ces mêmes *équivalents de conscience* qu'elles produisent, il faut en conclure que ces forces, quand elles existent hors de leur conscience, sont de la même nature que lorsqu'elles existent dans la conscience : et qu'ainsi se justifie la conception spiritualiste d'après laquelle le monde extérieur consiste en quelque chose d'essentiellement identique avec ce que nous appelons l'esprit (1) ».

« Mais ceux qui comprennent bien la doctrine de cet ouvrage verront qu'aucun de ces deux termes ne doit être pris comme fondement. Bien que la relation du sujet et de l'objet nous oblige à ces conceptions antithétiques de l'Esprit et de la Matière, l'une est tout autant que l'autre le signe de la Réalité inconnue et qui les supporte l'une et l'autre. »

C'est ainsi que le monisme actuel s'est constitué en doctrine prétendue nouvelle, fondant en une seule substance ou Réalité — le sens de ces mots est identique — ou, si l'on veut dans le même Inconnaissable le panthéisme de Spinosa, l'idéalisme de Berkeley et tous les idéalismes dérivés, et le prétendu positivisme scientifique. On se débarrasse du même coup de la nécessité d'admettre la dualité substantielle *Force* et *masse* et on retombe dans le très ancien matérialisme d'Epicure, lequel inhabile à toute différenciation générale nommait du moins franchement la Matière, ce que le nouveau, — pour éviter ce mot quelque peu décrié, paraît-il, à notre époque, — nomme l'Inconnaissable ou la Réalité.

En résumé, M. Herbert Spencer a suivi la méthode générale dont voici les deux formules caractéristiques :

---

rapport, à moins de prendre ce mot « matériel » dans le sens de l'ancien matérialisme qui ne, distinguant rien de rien, ne savait pas distinguer la masse (ou matière pure) de la force (ou énergie, inconsciente) ni même de l'espace si souvent et si singulièrement qualifié de matériel.

(1) Ce « spiritualiste » est au fond aussi matérialiste que son adversaire supposé, en ce qu'il admet comme prouvée ou probable la corrélation gratuitement admise non des forces et des sensations, mais des *forces* et de la *pensée* (coordination intellectuelle). Ils s'éloignent autant l'un que l'autre de la science expérimentale et de la logique mathématique. Ils n'ont pour soutenir leurs opinions ni le moindre fait d'observation ou d'expérience, ni la moindre théorie acceptable. Ces deux opinions données ici comme opposées, se confondent parfaitement dans le monisme contemporain, la forme la plus récente du matérialisme, tirée par déduction ou dialectiquement de l'idéalisme pur de Berkeley.

1° Poser tout d'abord l'Inconnaissable en n'essayant pas de le déterminer, — je ne veux pas dire en lui-même, ce qui serait, de toute évidence, impossible, — mais par rapport au connnaissable de l'esprit humain.

2° Prendre pour guide l'hypothèse cosmogonique, et ramener à des corrélations analogues tout le connu des sciences, poursuivant toute l'évolution des choses et des êtres depuis un certain état primitif (théorique) supposé *relativement homogène* de la matière cosmique, jusqu'au retour à un état pareil.

Ayant fait cela, il pensa avoir édifié une philosophie *complète*, ses données fondamentales sont l'étendue et la durée et la persistance du mouvement, ce qui déjà comprend deux entités *inconnaissables*, si ce n'est par leurs fonctions. Il s'est flatté d'expliquer uniquement avec ces données ce qu'on nomme la création, la vie, la conscience et la pensée.

J'ai démontré qu'il n'y a pas réussi, et que son entreprise aurait dû lui paraître irréalisable, dès ses premières tentatives. Le vice d'une telle méthode consiste en ce que le philosophe y méconnaît les bonnes règles de toutes les recherches scientifiques, d'où sont sorties les découvertes les moins contestées, lorsque des hommes de génie les ont faites, les bonnes règles qui ont tout au moins puissamment contribué à la réalisation de ces découvertes.

Ces règles sont particulièrement indispensables en philosophie, à cause de la grande généralité des questions. Dans les sciences d'observation, des hasards heureux peuvent parfois se présenter ; encore cela est-il moins fréquent qu'on ne le suppose.

En un groupe restreint de faits, un esprit intuitif peut tout d'un coup apercevoir un rapport très important que d'ingénieuses expériences ultérieures n'auront qu'à rendre évident pour les savants et pour tout le monde. Il ne peut en être ainsi lorsqu'il s'agit de résoudre ensemble et au mieux possible les grands problèmes des origines théoriquement possibles et de l'évolution de l'univers, comprenant tous les développements individuels, les manifestations physiologiques et psychologiques des êtres. Dans ce cas, il faut se garder de trop de confiance en une seule idée préconçue, il faut demander aux faits de parler en quelque sorte d'eux-mêmes, et ne se laisser conduire par des analogies partielles qu'avec la plus extrême prudence. Il faut ne négliger aucune loi déjà vérifiée, aucune induction déjà justifiée ; il faut, en allant d'induction en induction, embrasser d'autant plus de faits et les mieux déterminer que l'ordre des choses considérées devient plus complexe, enfin il faut éviter d'employer des mots mal définis et contenant déjà l'idée première qui, à tort peut-être, a servi de point de départ, car cette idée se retrouvera, si l'on n'y prend garde, dans toutes les conclusions, en vertu de raisonnements déductifs où le paralogisme se glissera fatalement. Faute de tout cela, on n'aura fait avec plus ou moins d'art qu'un plaidoyer didactique et dialectique en faveur de quelque doctrine ancienne, acceptée d'avance plutôt que réinventée, et on n'aura prouvé aux clairvoyants qu'une chose, c'est qu'on a beaucoup erré à l'aventure, et loin de toute réalité.

CHAPITRE III.

La méthode scientifique ou les méthodes scientifiques. — Dans les sciences comme en philosophie *l'à priori* est aussi nécessaire que *l'à posteriori*. — Conjectures, hypothèses et théories. — Les infinitérismes. — Y a-t-il entre les faits du règne anorganique et ceux du règne organique une délimitation précise ? — Les mouvements spontanés et la nutrition. — Les microzymes. — La diffusion, la dialyse et l'osmose. — Les cellules artificielles. — Prédétermination des formes évolutives dans tout germe. — Sensation. — Abstraction. — Pensée. — Ensemble vibratoire. — La fonction spécifique de la cellule cérébrale. — Revendication. — La conscience peut-elle être considérée comme un résultat de fonctions mécaniques d'une complexité quelconque ?

I

Dans un style d'une précision peu constante, et d'une correction médiocre (au sens philosophique et scientifique du mot) M. le Dr Julien Pioger essaie d'expliquer, à un point de vue résolument matérialiste, ces deux choses immenses, la Vie et la Pensée. Je dis « résolument matérialiste », cela n'empêche pas l'auteur d'émailler son discours d'argumentations variées empruntées à diverses doctrines, notamment au pur idéalisme, et, toutes ou presque toutes imputables, à Berkeley, si on sait les dégager des formes nouvelles plus ou moins ambiguës dont les nombreux adeptes de son école, en Allemagne et en Angleterre, puis chez nous se sont plu à les envelopper.

M. Pioger — de plus — clame hautement « la méthode scientifique », « la méthode expérimentale », tout en injuriant maintes fois, à tout propos, et même hors de propos, la « métaphysique » et le « philosophisme. »

J'ai dit, et je crois avoir prouvé, il y a déjà longtemps qu'il n'y a point, à proprement parler « *une méthode* » qu'on puisse appeler expérimentale ou scientifique, et tous les savants le sentent s'ils ne le disent pas, mais bien « *des méthodes* » très diverses, comportant des procédés tout aussi variés. En effet, pour l'étude de tout objet nouveau, il faut presque toujours inventer une méthode spéciale et nouvelle, ou tout au moins des procédés nouveaux et spéciaux (1).

Je sais bien ce que veulent dire — au fond — ceux qui invoquent la trop fameuse *méthode*. N'ayant pas l'intention de leur faire ici une querelle de mots, et dans le but d'arriver à une entente profitable à tous, je résumerai d'abord les points principaux, généralement acceptés aujourd'hui implicitement ou explicitement, et nullement repoussés par ceux des théologiens catholiques ou autres croyants — et il y en a de très distingués qui s'occupent de questions scientifiques d'ordre « profane » — tout au moins en ce qui concerne ces questions elles-mêmes.

1° Rejeter jusqu'à vérification ultérieure toute idée générale préconcue, anciennement admise sous le nom d'axiome ou de principe, sur la foi d'autorités qu'on supposerait indiscutables ; par conséquent pratiquer en toutes choses et surtout au début d'une recherche quelconque le doute philosophique ou méthodique.

2° Tout contrôler par les données de l'observation et de l'expérience, comme l'enseigne Bacon, et avant lui Léonard de Vinci et beaucoup d'autres, faire, de l'observation et de l'expérience, les moyens fondamentaux de toute investigation, ne rien admettre comme vrai si des observations répétées, si des expériences diversifiées ne l'ont pas confirmé et transformé en évidence d'induction.

Dans le langage scientifique et dans la pratique expérimentale, 3° tout ramener à la précision des sciences mathématiques et mécaniques.

Ne rien admettre qui ne soit démontré soit par l'induction

---

(1) On emploie souvent aussi, de nos jours, l'expression de *science expérimentale*, meilleure à coup sûr que celle de *méthode expérimentale*, pour désigner les sciences où l'observation et l'expérience ont une importance particulière, et les distinguer des mathématiques, par exemple, où cette importance est moins immédiatement visible. Il n'y a cependant pas de sciences purement expérimentales. La concordance de théories — irréprochables quant aux faits qu'elle embrassent et aux transactions mécaniques qu'elles expliquent — constitue seule une véritable science, une science coordonnant, en une certaine unité, des groupes de faits bien classés et disposés en séries ascendantes ou descendantes. Les autres groupes de connaissances impossibles à ranger sous cette définition, et aussi appelés *sciences*, comme par extension, sont plutôt en réalité des embryons, des préparations de sciences, ou, si l'on veut, des sciences en état d'évolution initiale.

expérimentale directe (pour ce qui regarde les faits généraux), soit comme conforme à des vérités mathématiques réduites à l'évidence des premièrs axiomes (pour ce qui regarde les théories).

4° Ne proposer aucune hypothèse qui ne soit déjà basée sur un nombre suffisant d'inductions expérimentales ; et une hypothèse étant admise comme telle, se garder de la prendre pour une vérité démontrée, pouvant servir à étayer d'autres conceptions de notre esprit également hypothétiques.

5° En chaque sujet, faire intervenir l'analyse, et la faire aussi réfléchie, raisonnée, exacte et complète que possible ; ne pas se contenter de la synthèse primordiale et naturelle dans laquelle notre esprit voit d'abord des choses et comprend leurs corrélations. Analyser aussi les corrélations en leurs rapports élémentaires.

6° Ne jamais s'écarter des lois d'une logique rigoureuse, telle que les ont découvertes et appliquées les grands *géomètres* en toutes les parties bien établies des mathématiques.

7° Faire avec soin, dans les questions, qui se posent la distinction entre le certain (affirmatif ou négatif) et le probable. Départir ce qui est connu, de ce qui ne l'est pas, mettre à part ce qui est insoluble, l'absolument ou relativement inconnaissable, l'inaccessible. Se garder sans cesse de l'absurde, qui si aisément se glisse dans les formules quand nous ne savons pas prendre la peine de les penser exactement.

Sur ces divers points de doctrine et de pratique auxquels on pourrait peut-être ajouter quelques autres, on peut, aujourd'hui, assez facilement s'entendre, et les mettre hors de toute discussion. Cela suffirait-il à constituer ce qu'on doit légitimement appeler *une méthode*, dans le sens éthymologique où ce mot est généralement pris dans les sciences physiques et mathématiques ?

On ne le saurait soutenir. Ces formules sont toutes négatives, à les bien considérer. Elles nous apprennent surtout ce qu'il ne faut pas faire, et encore ! Pour les appliquer utilement, il y faut le sens de l'exactitude, — on le peut acquérir — le don d'observation, l'ingéniosité nécessaire pour imaginer des expériences à faire, le don plus rare encore de concevoir les rapports essentiels d'ensemble, et de discerner les plus importantes, parmi tant d'autres relations vraies qu'il est tout aussi nécessaire de négliger ou d'oublier. Il y faut encore la compréhension parfaite de ces diverses maximes, en un mot, il faut prendre la peine de naître avec du talent, et s'il se peut, du génie, qui n'est point du tout « une longue patience » ni même un « *bon sens* supérieur ». Dans ce sens précis, on ne saurait concevoir une *méthode* possible pouvant nous assurer — pour ainsi dire toute seule — le bonheur des véritables découvertes, des grandes inventions scientifiques. Tout au plus, les bonnes formules nous aideront-elles à ne point trop nous égarer. Tous les inventeurs les ont, ou les ont eues, présentes à l'esprit, nées de leurs facultés primordiales, véritables dons tout personnels, ou obtenues par des tâtonnements premiers, des essais tantôt heureux tantôt vains, de mises en rapport des choses entre elles et de leur esprit avec les choses. Ceci étant admis, que prétend M. Pioger disant :

« Il y a deux espèces de conceptions : la conception *a priori*, source du Philosophisme, et la conception *a posteriori* que nous avons donnée comme base de la philosophie expérimentale » ?

L'auteur veut-il en ce propos dénier à tout penseur le droit de faire des hypothèses? Nullement. Il donne à ses propres opinions quelquefois ce nom d'hypothèses, mais d'hypothèses *scientifiques*, nous les examinerons à cet unique point de vue.

« Philosophisme »! Par ce mot impossible à prendre en bonne part il semble désigner une sorte de manie particulière à *tous* ceux qu'on a qualifiés de philosophes. Il faut le traduire ainsi : *philosophie des autres*, de même pour le mot « métaphysique » il faut entendre toutes les métaphysiques que M. Julien Pioger ne professe pas.

A quelle condition, l'hypothèse digne de ce nom, l'hypothèse scientifique peut-elle se construire ?

Réglons tout d'abord cette question. Peut-elle se fonder seulement sur des opinions anciennement vénérées, sur trois ou quatre remarques psychologiques, sur autant d'axiomes simples, sur le trop célèbre *cogito ego sum*, sur le *de nihilo nihil* ou même sur quelque principe évident ou démontré de mécanique rationnelle?

Il serait aisé de démontrer l'inanité et la stérilité de telles hypothèses ainsi structurées *en l'air* comme on dit, auxquelles — il est vrai — se sont acharnés parfois des philosophes même illustres. Une hypothèse est sans valeur si elle n'est pas déjà une vue « claire et distincte » de certains rapports généraux, une conception spéciale de corrélations très multiples parmi, tout au moins, l'ensemble des faits constituant les richesses de notre domaine cérébral. Mieux encore serait qu'elle fut basée sur des acquisitions dès longtemps accumulées de faits d'observation ou d'expérience rigoureusement déterminés et mesurés, véritables matériaux de toutes les sciences. Une hypothèse non scientifique et sans base expérimentale ne saurait être même discutée. La meilleure logique s'y appliquant arriverait tout au plus à déterminer si elle est absurde *a priori* ou si elle ne l'est pas, mais jamais si elle est *fondée*.

Kant s'était imaginé de bâtir *la Philosophie et la raison pure* ; et sa raison pure, ayant beaucoup divagué, a fini par se reprendre (en présence des réalités *impératives*, bien que niées par le philosophe en tant que réalités). Sa conclusion souvent remarquée, mais dont tous les Kantistes ou néo-Kantistes, n'ont pas assez voulu tenir compte, se formule en cette déclaration que rien de ce qui s'établit par la raison pure ne peut dépasser les connaissances venant de l'expérience de cette expérience externe, si ravallée en divers passages de son œuvre ou tout au moins récusée sous le nom assez mal sonnant en notre langue d'empirisme. Dès lors, le livre du philosophe de Kœnihbert n'osa plus se nommer *Philosophie transcendantale* mais la CRITIQUE *de la raison pure*.

Revenons à M. Pioger, il nous fournirait aisément l'exemple d'une hypothèse illégitime. Celle de ces infinitésimes, non justifiés par la raison, aussi peu justifiables par l'expérience, ces infinitésimes tournant on ne sait pourquoi les uns autour des autres, et voulant obstinément réaliser un *équilibre*, qui n'a rien de commun avec l'équilibre, tendance à laquelle ils devront plus tard la gloire de faire apparaître la vie par leurs combinaisons, et comme suprême couronnement de l'œuvre, la conscience et la pensée !

Cependant sur cet embryon mal venu d'hypothèse avec quoi il pense avoir créé — théoriquement — le monde physique, M. Pioger va s'appuyer pour développer l'ensemble de ses idées sur la matière vivante et sur la matière pensante !

Laissons les pages où l'auteur s'escrime d'estoc et de taille contre des philosophies peu dominées par son esprit, leur empruntant des termes appliqués çà et là par à peu près, et déclamant non sans prolixité sur *ce qu'on croyait autrefois*, à l'époque où l'on ignorait la Biologie.

Sans doute, les efforts groupés de nos jours sous cette apellation ne sont pas à dédaigner et la philosophie peut déjà utilement en tirer parti ; mais une Biologie quelque peu dessinée en ses grandes lignes, groupant une demi douzaine de conceptions générales, bien claires, bien démontrées, bien classées, bien liées entre elles, en un mot bien expérimentalement et synthétiquement établies, de grâce, où est-elle ? Nous avons presque une physique, et depuis peu d'années. La biologie générale est encore à faire.

Allons droit au premier point important que M. Pioger veut affirmer... et prouver, savoir qu'entre la matière anorganique et la matière vivante il n'y a point de séparation brusque, nette, évidente ; que dès lors entre le règne anorganique et le règne organique on peut ne plus voir de profondes, de caractéristiques différences, mais une gradation pour ainsi dire continue, des différences de degré.

Lors même qu'il en serait ainsi, les conséquences à tirer d'un aperçu expérimental de ce genre ne seraient pas aussi radicalement concluantes qu'on le pourrait à première vue supposer. Les règnes végétal et animal sont différenciés par des caractères précis. Cependant les êtres les plus simples des deux règnes se rapprochent singulièrement et au point de ne plus pouvoir être distingués. Ainsi tel ou tel individu microscopique a été donné tour à tour comme animal ou comme végétal, et enfin l'on se décide sur quelque particularité quantitative chimique d'une valeur peut-être contestable.

Voyons maintenant comment M. Julien Pioger démontre cette prétendue continuité, non du règne végétal au règne animal, mais du règne anorganique ou minéral, au règne organique ou vivant.

Ce métaphysicien sans le vouloir, faisant de la métaphysique *modo jordanico*, ou cet anti--métaphysicien — combat en général *toutes les abstractions*. Il injurie surtout, les qualifiant de métaphysiques, celles qui ne peuvent cadrer avec son matérialisme préconçu. En cela il a fort à faire. Il s'attaque ainsi aux caractères donnés jusqu'à présent par les savants pour spécifiques des êtres vivants, je veux parler de ces êtres vivants unicellulaires, et tellement primitifs que tous les autres caractères de la vie les plus saillants s'effacent en eux ou du moins paraissent à nos yeux s'effacer : 1° *les mouvements de nutrition*, 2° *les mouvements spontanés*. Pour ces derniers il s'en débarrasse vite, voici comment :

« Car la spontanéité d'un organisme vivant ne peut se concevoir autrement que comme la résultante des forces physico-chimiques, et ne peut dès lors être considérée comme essentiellement différente de la même spontanéité qui résulte du jeu d'action et de réaction des forces physico-chimiques de notre globe et de notre univers qui constitue leur évolution. »

Voilà une astronomie biologique dont il m'est impossible de me faire une idée ; et je voudrais savoir quel astronome national ou étranger l'aurait, avant l'heure ou la minute présente, découverte. Dans le monde sidéral on a considéré jusqu'à présent l'Espace et le Temps, la Force (dite énergie) et la Masse, les forces, les accélérations, le fait universel de la gravitation dont la théorie est toujours à faire ; mais de la spontanéité ! rien. Ce terme ne figure même pas dans les traités connus de mécanique céleste. Est-ce la fameuse *chiquenaude*? mais dans cette hypothèse théologique, d'ailleurs peu profonde, on ne saurait trouver qu'une transmission de mouvement. L'un des caractères de la spontanéité est de ne se transmettre jamais (si ce n'est par voie de génération en grossière apparence, et j'en conteste même en ce cas la possibilité). Il nous reste la permanence de l'énergie, laquelle n'est confondue par les savants avec nulle espèce de spontanéité.

Un enfant distingue bien le fait de ces feuilles sèches emportées par le vent et *allant s'abattre* sur un toit, comme on dit par métaphore, du fait bien différent de l'oiseau *allant*, sur le même toit, *se poser*. Tous les micrographes constatent du mouvement spontané dans les petits êtres vivants observés par eux ; et, sur ce point, on ne le peut constater, ils savent assez bien ce qu'ils disent.

Les mouvements spontanés sont des mouvements ; et, en cela, ils ne diffèrent pas des mouvements cosmiques et autres ; c'est leur spontanéité seule qui les en distingue, c'est-à-dire les aspects de *coordination* observables par instants et que par une analogie un peu forcée, semblerait-il, on compare aux faits indéniables de volonté propre aux animaux supérieurs et à nous, les hommes, sinon les rois, comme disent quelques-uns par hyperbole, au moins les plus haut placés de la création terrestre.

Il en faut convenir ici, en les nuances cherchées, le fait bien constaté de spontanéité caractérise suffisamment l'être organique ; mais celui-ci pourrait bien ne point manifester toujours ce caractère ; exemple : les rotifères desséchés. Aussi, dirais-je, des êtres structurés et notoirement vivants pourraient bien ne le laisser apercevoir, même dans leur état d'hydratation normale, sinon très obscurément, et ne manifester la vie que par un seul et dernier caractère, la fonction de nutrition.

Pour être relativement simple, chez ces êtres, cette fonction comporte des actes et des produits distincts : absorption et rejet, assimilation et produit secrété, dans le rejet, avec modification chimique de la matière dissoute et absorbée. Tout cela se constate dans les cas des organismes les plus simples et fait défaut dans tous les faits où la *vie* n'est pas en cause. Ici je demande pardon à mon savant adversaire si j'emploie, en mode abstrait, ce mot *la vie*. Les abstractions sont commodes et même nécessaires pour s'exprimer, surtout s'il s'agit de dire beaucoup de choses avec peu de paroles et en des propos où la parabole imagée passerait pour abusive.

Il faut dès maintenant serrer de près la question : Je ne puis m'en tenir pour notre discussion aux faits invoqués par M. Pioger. Je les examinerai à leur tour. Tout d'abord je ferai intervenir une série expérimentale que beaucoup d'autres remplaceraient difficilement. Je veux parler des travaux s'y rapportant de M. le Professeur Béchamp. Une gloire, pour le moment plus éclatante, mais non plus pure que la sienne noie encore, pour beaucoup de savants incomplètement renseignés, la splendeur d'inductions conquises par ce génie laborieux, dont je me déclare, en ce passionnant sujet, l'admirateur et le disciple.

Il y a de longues années déjà (vers 1837) M. A. Béchamp a découvert le plus rudimentaire des êtres vivants connus appelé par lui *microzyma*. Dans le « protoplasma » de toutes les cellules, dans tous les ferments, dans beaucoup de matières colloïdes dans la craie même (survivants des temps les plus lointainement préhistoriques) et en d'autres roches calcaires, dans tous les organes des êtres indiscutablement vivants, végétaux et minéraux, les microzymas pullulent. Ils se meuvent spontanément ; mais cette spontanéité a été longtemps méconnue, car on confondait ces corpuscules avec la matière amorphe plus ou moins finement granulée, agitée dans les liquides du mouvement *brownien* M. Béchamp a prouvé par d'innombrables expériences (encore maintenant reprises ou continuées) l'animalité de ces petits êtres (les plus petits connus). Ils absorbent, ils rejettent ; le produit de leur rejet se caractérise par des modifications de la matière ou des matières dont ils se nourrissent. Ils assimilent et se reproduisent, les uns transforment le sucre dextogyre en sucre dévint à gauche le plan de polarisation, d'autres opèrent d'autres changements chimiques ; on peut les isoler et montrer ainsi que certaines membranes d'origine organique ne sont *vivantes* que par eux, de même que ces masses colloïdes auxquelles M. Pioger avec beaucoup d'autres attribue encore la vie. Mon adversaire, praticien très distingué, n'ignore pas que la lymphe vaccinale convenablement filtreé perd toute action virulente, et que sur le filtre sont demeurés ces innombrables petits corps solides organisés et vivants (les microzymas évolués) et qu'en eux demeure intacte la qualité zimotique ou virulente (1). (Chauveau 1887). En vain M. Pioger nous opposera-t-il les corps colloïdes formés dans les laboratoires naturels de la vie. Ils appartiennent au règne *anorganique*; et la chimie, si elle ne l'a déjà fait, est sur le point de les produire et les produira un jour par directe synthèse. Leur propriété de dialyser les sels solubles, c'est-à-dire de s'en débarrasser au profit de l'eau ou du liquide dissolvant où ils sont plongés n'est qu'une simple propriété physique due à leur structure moléculaire, sans analogie aucune avec la complexe *nutrition*.

Les « protoorganismes » découverts par Hœcket dans la baie de Villefranche, composés exclusivement d'albumine, « grumeaux vivants » ne sont en effet vivants que par les nombreux microzymas qu'ils renferment, simples *colonies* de microzymes; c'est tout le secret de leurs mouvements, de leur nutrition apparente. La simple *diffusion* se fait dans les matières amorphes collodoïdes non vivantes, à peu près comme dans les monères où *vivent* les microzymas, avec des particularités propres aux matières albuminoïdes toutes différentes les unes des autres. (M. Béchamp l'a prouvé); mais ce mouvement en ligne droite du dedans en dehors, sans changement chimique du corps rejeté, n'a aucune analogie perceptible avec les faits de nutrition ci-dessus définis et brièvement décrits ou rappelés.

Il est inutile d'insister davantage sur ces points de science tout expérimentale. Mais M. Pioger ne se contente pas d'en

(1) En d'autres cas, les produits de sécrétion soit des microzymas soit d'autres êtres un peu moins ténus capables de déterminer des fermentations, présentent des activités (souvent toxiques) très particulières, exemple la terrible tuberculine de Koch. On les a nommés *ferments solubles*. Ces substances inertes ou actives, inoffensives ou dangereuses n'agissent que par leur proportion, celle-ci fût-elle presque infinitésimale. Elles ne prolifèrent pas. Elles peuvent être des *poisons*, elles ne sont pas à proprement parler des *virus*.. M. Béchamp les a nommées *zymases*. Leur action est toute chimique et absolument pareille à celle des corps anorganiques d'une comparable action, soit qu'on prépare ces corps par synthèse avec ceux dont s'occupe spécialement la chimie minérale, soit qu'on les tire des êtres organisés, animaux ou végétaux. La vie en ce dernier cas ne joue qu'un rôle; elle les fabrique, mais séparés des milieux vivants où ils se forment, ils cessent absolument d'être vivants au sens universellement donné à ce mot.

appeler à ces faits du monde anorganique, de dialyse et de diffusion, lesquels ont aussi bien lieu dans les êtres organisés, (liquides et tissus) où toutes les propriétés des corps non organisés continuent tout naturellement à se manifester, soit de même, soit en des complexités corrélatives plus grandes qu'au dehors. Il rappelle encore une expérience très curieuse et pleine d'ingéniosité. Je laisse de côté la comparaison donnée comme analogique des mouvements d'endosmose et d'exosmose, avec l'assimilation et la désassimilation observées seulement chez les êtres vivants et suffisantes, celles-ci telles qu'elles sont, à caractériser la vie. Les mouvements osmotiques très fréquents parmi les transactions organiques, sont par nature absolument d'ordre physique au même titre que la dilatation, la capillarité, la viscosité des liquides, et tant d'autres. Il importe peu que des membranes provenant d'organismes vivants servant le plus souvent à les montrer, et les montrent *mieux* que des plaques ou enveloppes minérales solides et perméables au moyen desquelles on peut aussi constater de tels mouvements. Je laisse aussi de côté les attaques de M. Pioger contre le vieux *vitalisme*, doctrine incomplète, *à côté*, surannée et — que dirai-je — *morte*, aussi bien à Montpellier qu'à Paris.

Voici l'expérience en question :

« Traube a pu faire artificiellement des cellules à parois formées de tannate de gélatine : » « Il prend une goutte de gélatine, qui, par une ébullition de trente-six heures, a perdu sa coagulabilité. Il la laisse desséscher à l'air pendant plusieurs heures, et à l'aide d'une baguette fixée dans le bouchon d'un flacon à demi rempli d'une solution de tannin, il la plonge dans ce liquide, alors la petite quantité de gélatine qui se dissout à la surface de la goutte, se combine avec le tannin, et il en résulte une membrane cellulaire fermée. Mais cette membrane est homogène, imperforée, comme les membranes organiques. Aussi la diffusion qui s'établit entre son contenu et le liquide extérieur, doit s'effectuer osmotiquement à travers les interstices moléculaires. L'osmose se produit très énergiquement. La membrane se distend de plus en plus ; par suite ses molécules constituantes s'écartent les unes des autres ; à un moment donné, quand les molécules des deux liquides en présence peuvent facilement s'introduire dans les interstices moléculaires de la membrane et s'y rencontrer, ils y forment de nouveau des molécules de tannate de gélatine, c'est-à-dire de nouvelles cellules, par conséquent la membrane *s'accroît par intussusception*, ce qui est une « *véritable*

prolifération », une « vraie génération. » Pour arrêter tout accroissement il suffit de remplacer le tannin par de l'eau... »
Pour un peu nous allions comprendre comment Wagner (le disciple du magicien dans le second Faust) va produire *Homunculus* dans une cornue !

« Il ne faut pas exagérer le résultat de ces expériences, » dit le Dr Pioger. (Je le crois bien !).

« Il manque à l'expérience de Traube, la *désassimilation*, laquelle n'a pas été prouvée d'ailleurs pour les monères et les amibes... » Et pour cause ! M. Béchamp l'a prouvée pour les espèces très nombreuses et très variées de microzymas étudiés par lui depuis quarante ans. Si les monères et les amibes n'ont point de désassimilation caractéristique, cela tendrait à prouver que ce ne sont pas là des êtres, mais des supports colloïdes de colonies microzymiques. Et il ne s'agit pas, dans ces faits de nutrition caractérisant la vie, d'une désassimilation simple, mais d'un résidu d'assimilation où les substances d'abord absorbées, ont subi, avant le rejet, un changement déterminable de composition.

Au moyen de remarques tout aussi analogiques et une telle critique scientifique, on pourrait aller loin, et on y va, mais non sur le chemin de la science expérimentale. Que diriez-vous si je vous présentais une telle statue d'airain : les paroles que vous lui direz à l'oreille, sa bouche les répétera, soit tout de suite, soit plus tard, et quand je le voudrai ; car je lui aurai mis un phonographe dans le crâne, dans son crâne de métal ? n'est-ce pas de la matière anoganique, où je vous fais constater des propriétés (et non des moins hautes) de la *matière vivante* humaine ?

L'analogie partielle est certaine. En dehors de cette frivole apparence, qu'aurai-je prouvé de plus ? Rien.

Ainsi cependant croit M. Pioger avoir prouvé une identité fondamentale entre les corrélations somatique, et dynamique, de la matière brute et les corrélations spéciales des faits de la vie. Il a même le tort de ne pas finir par l'expérience de Traube son argumentation et son étude tendant à trouver des similitudes *suffisantes* entre les fonctions de la vie et les propriétés physico-chimiques des corps. Il se perd à la fin en de vagues considérations données, comme par surcroît, sur l'emploi des *sécrétions internes des organes*, « testicules, cerveau, foie, muscles et glandes » préconisé par MM. Brown Sequard et d'Arsonval, et sur les injections de *sérum artificiel* lesquelles considérations n'ont avec ce qui précède, même au point de vue de ses opinions, que des rapports vraiment lointains.

*
**

M. Julien Pioger n'est pas plus heureux lorsqu'il essaie de ramener tous les faits de la croissance et du développement des êtres vivants aux conditions physiques et chimiques de ce développement. Il ne fait que répéter en formes trop peu diversifiées l'énoncé de son idée préconçue et sans l'ombre de démonstration expérimentale ni autre.

« Enfin tout le monde sait — dit-il, en sa conviction matérialiste naïvement affirmée, — tout le monde sait l'importance de la composition chimique du milieu, aussi bien pour la végétation que pour la vie animale. Par conséquent, puisque la vie n'est possible que dans certaines conditions, *nous pouvons bien conclure qu'elle dépend de ces conditions et en est la résultante.* »

Là se révèlent entières la méthode et la logique de l'auteur.

On ne saurait plus hardiment confondre ce que tant de savants de divers ordres se sont appliqués à distinguer, ni plus résolument se refuser à voir les caractères les plus flagrants des choses.

On ne comprend pas comment un médecin renseigné sur les faits biologiques, si complexes dans le développement normal des êtres, comme dans les cas pathologiques, peut s'arrêter un moment à des essais d'explications d'une aussi extrême simplicité. Non ! toutes les corrélations physico-chimiques des milieux dont les analogues se retrouvent avec une bien plus riche variété encore dans les organismes vivants, ne suffisent pas à expliquer ni à caractériser la vie. Le germe d'un batracien contient toutes les conditions de la forme future du têtard et celle de l'animal adulte.

Dans tout germe, il y a une évolution prédéterminée : *formes* intérieures et extérieures, *rythmes* représentant les mouvements coordonnés de l'instinct. On en peut concevoir mécaniquement les conditions à certains égards ; et cela ne s'explique point si aisément, et ne se ramène point à « une tendance des unités semblables à *s'agréger*, c'est-à-dire à *s'équilibrer*.... » Ô confusion de la pensée et du langage ! « ... à se *solidariser* entre elles, à *s'unifier*, à s'INDIVIDUALISER ensemble » !

M. Pioger retrouve en « sociologie » l'application des mêmes « *lois* » c'est-à-dire qu'il a cherché à établir au moyen des mots un rapport quelconque entre son idée préconçue métaphysique et son idée préconçue « sociologique », et c'est là ce qu'il appelle appliquer la méthode expérimentale ou scientifique. Une erreur expérimentale encore très répandue sur laquelle il revient souvent porte sur l'origine de la vie si faussement attribuée à des matières colloïdes qui seraient *vivantes* sans structure spéciale. Or il est aujourd'hui parfaitement démontré que pas une de ces matières, privée des microzymes qu'elle peut contenir, ne présente aucun des caractères de la vie : ni évolution, ni prolifération, ni nutrition, ni aucune des actions chimiques vaguement dénommées fermentations caractérisant les êtres organisés de la plus petite dimension ; ce sont des corps de constitution purement chimique, lors même qu'on les recueille dans les cavités des organismes vivants ou dans les cavité closes des cellules, les composants organisés appelés microzymes en étant séparés. Cela est démontré par des séries de belles expériences faites en des conditions variées, des soins minutieux étant pris pour éviter les moindres altérations moléculaires des corps étudiés, en un mot aussi *probantes* que peuvent l'être toutes les expériences réalisées ou imaginables.

Ces expériences, d'une grande importance dans la question, ont porté le coup décisif à l'hypothèse de la génération spontanée déjà fortement ébranlée d'un autre côté sinon tout à fait détruite par les célèbres expériences de M. Pasteur, car elles ont démontré *qu'il n'y a point de génération spontanée même dans les liquides ou dans les matières colloïdes composant en notable partie l'organisme des êtres vivants.*

De telles matières albumineuses ou colloïdes diverses sont nécessaires aux manifestations de la vie, soit dans les milieux extérieurs, soit dans les organismes même, la vie n'est cependant pas en elles. Un organisme inférieur désséché et inerte continue à être vivant s'il est privé d'une certaine proportion de son eau, la vie en lui est alors *latente*. Je dis désséché *en apparence*, car il ne peut subsister un moment dès que la proportion nécessaire d'eau de combinaison (75 pour cent) vient à manquer à ses organes, demeurés *intacts* en cette relative ou partielle dessication.

Pour que la *vie* soit quelque part, il faut qu'il y ait des surfaces, des membranes différenciatrices, en un mot, une structure, toujours plus complexe qu'elle n'apparaît à nos moyens nécessairement limités, imparfaits d'étude. Rien de ce qui est dépourvu d'un tel ordre de structure ne manifeste la vie, ne l'a manifestée en aucune expérience. Tel est l'état de la science après les grands travaux de notre siècle.

Comme tous les matérialistes anciens et modernes, M. Pioger prétend établir la génération spontanée du monde et de l'univers depuis ses incompréhensibles et antiphysiques *infinitésimes* intergravitants jusqu'à l'homme, depuis les faits d'affinité et en passant par la fonction de nutrition, jusqu'à la pensée. A l'époque où d'Holbacht écrivait le *système de la nature* on aurait pu le lire ou l'écouter sans trop sourire. Il vient cent-cinquante ans trop tard !

M. Pioger ne se plait que sur des terrains inébranlables, il s'appuie sur la mécanique, sur la physique, sur la chimie, sur la Physiologie, sur la Biologie, sur la Psychologie — que sais-je ! — mais à la façon d'un homme qui, ayant gravi une montagne de granit, arrivé sur le sommet, y prendrait son point d'appui seulement pour se précipiter dans l'espace, et rouler au fond de quelque abîme. Ses efforts consistent à emprunter des fragments de raisonnements à diverses écoles philosophiques. Ce n'est pas toujours le matérialisme qui parle par sa bouche, l'idéalisme et même le transcendantalisme ou d'autres métaphysismes interviennent au moins dans une de ses phrases sur trois. *L'universal a parte mentis* est par lui à chaque instant invoqué, alors adieu la physique, la mécanique et la chimie. Par contre, tout ce qui le gêne est impitoyablement taxé *d'abstraction* ; son verbe se déroule ainsi paisiblement, résolûment avec une inconscience parfaite et véritablement candide.

« En réalité la sensation est simplement une abstraction... » dit-il.

« Nous retrouvons encore ici cette idée de spontanéité... Nous avons déjà montré qu'elle n'est qu'une résultante des fonctions ou actions et réactions moléculaires de la matière vivante ».

Or, comme la matière vivante ne diffère en *rien* de l'autre, si ce n'est peut-être par la complexité de sa composition chimique, il aurait dû dire ici *de la matière* tout court.

Cela a été « montré » ou plutôt a été *dit* en toutes les pages de « *la Vie et la pensée* », comme cela avait été dit dans « *Le monde physique* », mais démontré ni même *expliqué* nulle part : Citons encore quelques remarques assez curieuses :

« *On a méconnu* que dans tout fait de sensibilité consciente, le sujet devient objet par rapport à lui-même (1). »

« N'est-ce pas encore une preuve de la nature vibratoire de la sensibilité auditive, que la perception par une sauterelle femelle de la stridulation produite par son mâle, séparée d'elle

---

(1) Ch. VI, § I, p. 68,

de quelques mètres (expérience de Brunelli) qui répond à son appel et se rapproche de lui. »

La sensibilité, pour M. Pioger, est donc un *synchronisme vibratoire*. On le voit, c'est bien simple ! Et voilà justement comme on fait une *théorie*.

Encore : « Il n'est pas nécessaire d'insister pour montrer que l'appareil visuel ne peut se concevoir que comme un appareil de réception et de transmission des ondes lumineuses. » On trouve des apophthegmes pareils à chaque page, presque à chaque ligne.

Un mot à relever (p. 78).

« L'homme n'est plus un composé mystérieux d'un corps et d'une âme, c'est un merveilleux ensemble d'*appareils enregistreurs* des vibrations (1)... »

Je me permets ici d'anticiper sur ce que l'auteur dira de *la mémoire*, comme fait physiologique, et de revendiquer ce qui est mien en cette intéressante question.

J'ai le premier — je crois — remarqué (*Les Fonct. sup. du syst. nerv.* Paris 1875), l'*identité* de fonction entre les cellules cérébrales des couches grises et les appareils enregistreurs, j'en ai conclu à l'analogie la plus manifeste entre les dispositifs essentiels de ces appareils et un dispositif invisible qu'on est contraint de supposer dans ces dites cellules, et leurs congénères.

Je revendique pareillement toute la théorie physiologique de la mémoire — théorie étroitement unie à la précédente — ou

(1) M. Pioger paraît ici m'avoir emprunté une idée dont il n'a peut-être pas bien compris la portée ni même exactement le sens. J'ai dit : *le cerveau est un merveilleux ensemble d'appareils enregistreurs de rythmes*. Cette phrase est très claire ; mais encore faut-il en bien saisir les rapports essentiels et ne se tromper sur le sens d'aucun des quelques mots qui la composent. Des « vibrations ne s'inscrivent point sur le cylindre d'un appareil enregistreur, mais le *rythme* représenté par leur succession. Ce rythme une fois inscrit, est dès lors représenté par une *structure* (ou forme) à la surface du cylindre. En cet état de rythme latent, il n'a plus rien de dynamique ; il est passé à l'état de forme ou de structure réalisée d'une matière solide ou demi-solide. Pour le ressusciter, il faudra faire intervenir une action dynamique nouvelle et les vibrations qui le constituent se reproduiront, déterminées par l'inscription matérielle, à condition de la présence du milieu vibrant où elles se sont antérieurement produites. Ces considérations très simples sont de la plus grande importance au point de vue de la discussion que je fais contre la doctrine matérialiste Sur elles s'établissent les principales raisons (d'ordre purement scientifique) qui doivent obliger les esprits capables d'embrasser quelques rapports généraux à rejeter définitivement cette doctrine. La question sera reprise dans les trois derniers chapitres de ce livre.

plutôt des mémoires spéciales, y compris celle des localisations par centres ou par pôles, ou par régions, de mouvements coordonnés instinctifs ou volontaires, primitivement ou secondairement instinctifs, j'avais construit cette théorie comprenant celle des *facultés spéciales* bien avant que mon frère Charles Cros n'eut inventé le phonographe ou paléophone, l'un des plus précieux de ces appareils enregistreurs, où cette analogie est encore plus explicitement écrite. Auparavant nous avions ensemble conçu l'idée d'une autre invention beaucoup moins importante, dont l'idée première n'était pas absolument neuve comme des recherches nous l'apprirent bientôt. Pour ce motif et pour d'autres aussi, nous ne pûmes la réaliser. C'était un *sténographe musical* destiné à recueillir les improvisations jouées sur un instrument à clavier. Donc espèce d'instrument enregistreur (1). Cet essai premier conduisit Charles Cros à créer plus tard son phonographe, et me fit trouver cette analogie physiologique dont je viens de parler. Plus tard, mon frère y trouva le point de départ de ses études de mécanique cérébrale sur la transmission des impressions sensorielles de la rétine à des lieux organiques plus profondément situés.

Je crois avoir été aussi le premier à bien discerner le fait de souvenirs périphériques (récordation périphérique) manifestés jusque dans les terminaisons des nerfs sensitifs et donnant lieu à des actions réflexes caractéristiques ; mais je dois faire très brèves ces revendications.

Tout cela, c'est de la pure mécanique appliquée à la physiologie, mais elle est claire et précise comme serait la description d'une machine à vapeur et l'explication de son fonctionnement. Il serait fâcheux de confondre cette mécanique véritable (mécanique des mécaniciens et des inventeurs d'appareils réalisables) avec les conceptions vagues et flottantes ou même avec les formules vides où les mots recouvrent tantôt l'absurde insoupçonnée tantôt l'absence totale de conception intellectuelle.

Elle ne prouve rien *pour* ni *contre* le matérialisme, en dépit de grossières apparences, auxquelles ne se peuvent laisser prendre

---

(1) M. L. Carpentier a magnifiquement réalisé notre idée, par la construction d'un appareil très voisin de la perfection. L'instrument de M. Carpentier recueille le jeu d'un virtuose, et par réversibilité, reproduit le morceau de musique à peu près tel qu'il a été joué, et tout-à-fait exactement pour qui sait, par le jeu d'une pédale, y ajouter à propos — ce qui est assez facile — les proportions voulues et changeantes d'*intensité*.

que des esprits peu attentifs et dupes de quelque idée préconçue. Elles ne prouvent rien non plus contre d'autres opinions métaphysiques — mais elles rectifient une erreur très ancienne des psychologues, attribuant à l'*âme* les fonctions toutes corporelles, et mécaniques de la mémoire, de la récordation, d'une certaine association des idées, et quelques autres du même ordre, attribuables seulement au fonctionnement mécanique des instruments nerveux de la vie, soumis à la volonté. Mais il ne faut pas confondre le jeu de ces instruments avec cette volonté même dont le nom *abstrait* désigne le *moi*, ou l'âme consciente en acte. Ceci a été dit et écrit, toutes réserves étant faites comme aujourd'hui sur la nature du *moi* dirigeant, de l'âme sentante, pensante, créatrice de formes et de rythmes, de l'âme souveraine, qui n'est point une résultante d'actions mécaniques, ainsi que le soutiennent sans preuves et même sans véritables théories, ni raisons implicitement ou explicitement données, les matérialistes de tous les temps.

Ils ne s'inquiètent même pas, en cette difficile question, de savoir si ce qu'ils disent a un sens quelconque. Un fait, soit complexe, soit relativement simple de conscience, peut avoir des conditions organique, donc mécaniques (ce qui est dire *matérielles* et *dynamiques*). Quel homme a pu jamais concevoir que ces conditions *constituent* à elles seules, ce fait de conscience ?

Comment l'écriture ou la parole peuvent-elles exprimer de telles erreurs que la pensée ne saurait contenir : Nous formons des phrases correctes par leurs accords grammaticaux et quelquefois bien rythmées, mais nous avons négligé de bien déterminer le sens des termes généraux, abstraits, que nous y employons en vérifiant les images cérébrales (souvenirs sensoriels) dont ils servent à noter des groupes ou des séries ; nous avons pareillement négligé de vérifier, en les faisant ainsi correctes dans notre mémoire-imagination, les rapports que ces divers signes représentent. C'est par cette faute que nous tombons dans la contradiction et dans l'irréel. En employant ces signes toujours dans le même sens, et en vérifiant ces rapports représentés, — même sans autres expériences *extérieures* — nous n'y tomberions jamais. Cela ne suffirait pas sans doute à nous faire trouver du nouveau en abondance, pour cela, sont nécessaires l'observation et l'expérience *extérieures*, mais cela nous porterait à effacer de longues suites d'inutiles discours, allant d'obscurités en obscurités, et nous laisserait à la fin nos idées antérieurement conçues, vraies ou fausses, mais non aggravées par de trop illusoires tentatives de démonstration.

Encore un mot sur ce sujet en quelques sorte épisodique, M. Julien Pioger étend cette analogie des appareils enregistreurs à toutes les cellules, à tous les éléments hystologiques — ces éléments peuvent par quelques-unes de leurs conditions de structure ne point répugner à un tel rapprochement partiellement exact peut-être, j'en dirai autant de toutes les molécules même inorganiques et encore aussi des *atomes* — ou de ce qu'on nomme communément ainsi — supposés élastiques comme tous les corps connus, et aussi comme tous les corps, doués d'une élasticité *imparfaite*. Ce n'est pas ici le lieu d'étudier cette question d'où aucune conséquence ne peut être tirée appuyant les affirmations théoriques, de notre philosophe. Il serait tenu, en l'espèce, de nous montrer *comment* des rencontres d'éléments hystologiques, ou de molécules ou d'atomes, peuvent produire soit des formes organiques, (eumorphies) soit des rythmes coordonnés (eurythmies), soit des sensations, soit de la conscience sensorielle, soit de la pensée. Et c'est cela qu'il ne fait ni n'essaie sérieusement nulle part de faire. Il dit simplement, à bout de raisons, qu'on ne peu concevoir qu'il en soit autrement. Eh! d'abord ne faut-il pas essayer au moins de concevoir que cela *peut* réellement être ainsi?

M. Julien Pioger illustre naturellement son livre de ses connaissances médicales et physiologiques, il n'en rend point les assertions plus « apodictiques »; — il n'en varie que les formes. Cela pourra faire illusion peut-être à ceux de ses lecteurs, dépourvus de ces connaissances, dont l'idée préconçue pareille à la sienne se renforcera ainsi de l'autorité d'une science non comprise. Je ne puis suivre le philosophe à travers le dédale enchevêtré de ses expositions faussement documentées, l'analyse et la discussion d'une seule de ses pages pourrait exiger autant et plus de paroles qu'il ne m'est permis d'en consacrer à l'ensemble de ma critique. Nulle part on ne trouve nettement discernée en l'œuvre de M. Pioger la *conscience élémentaire* identique à la sensation, et distincte du fait très complexe de la *conscience réfléchie* en possession d'une individualité consciente par elle-même, au moyen d'une objectivation intérieure dont tous les philosophes se sont préoccupés, et, à un degré plus élevé encore, circonscrite et exprimée par le langage. Il n'est pas arrêté un instant par ce fait primitif en nous de conscience élémentaire ou immédiate, par laquelle du rouge est *pour nous du rouge*, une sensation, visuelle irréductible, et l'odeur de la pêche un phénomène tout aussi irréductible en notre conscience, et que nous ne pouvons autrement désigner que par ces mots *odeur de la pêche* sans définition possible. En quoi les vibrations indéniables du réseau rétinien ou des transmissions du nerf olfactif, transmis où vous voudrez, nous expliqueront-elles ce fait *intérieur* qui nous est propre ? En quoi les considérations des physiciens sur la forme, la disposition, l'étendue et le nombre des vibrations de l'éther, conditionnant le fait physiologique, et par celui-ci le fait psychique, expliquent-elles davantage ce dernier ? Cette question M. Pioger ne semble même pas la soupçonner.

Entre ce *nombre* corrélatif de vibrations éthérées dans les cas où la physique l'a déterminé, et le fait spécifique sensoriel qui lui correspond, il semble bien qu'il y ait un rapport dit dans le langage commun « de cause à effet » ; mais la nature, la forme ou le comment de ce rapport de cause à effet nous échappe absolument. Nous ne pouvons ni par aucune observation, ni par aucune expérience le comprendre en les conditions successives et reliées entre elles de sa réelle efficacité, ni même le saisir en aucune hypothèse ou théorie imaginable, en dépit de ce que pensent faire plusieurs métaphysiciens contemporains. Ce fait de conscience élément de tous les autres se trouve ainsi hors du champ de la science et surtout hors du champ de l'expérience extérieure. Entre les deux faits ainsi reliés par ce rapport physique et physiologique reconnu *en fait* comme *constant*, mais inconnu en ses déterminations réelles, il y a un abîme de ténèbres facile à constater. On ne le comble pas en disant : « la *sensation du rouge* c'est une espèce de vibration ». « La sensation en général c'est un synchronisme vibratoire ». Cet abîme n'avait guère échappé avant ces dernières années aux psychologistes de toutes les écoles. M. Julien Pioger et quelques autres seraient-ils les premiers — depuis des temps déjà très anciens — à ne le point apercevoir ? Je serais fâché d'attribuer, — on pourrait croire, à la légère — cette cécité particulière des abîmes à un philosophe doublé d'une physiologiste, et certainement renseigné sur les doctrines qui ne sont pas les siennes ; mais je me déclare incapable de comprendre autrement ses conceptions sur cette question, ainsi résumées dans les formules suivantes :

« Il est évident que la conscience n'apparaît dans la série animale que comme un épiphénomène (1) dans l'évolution de l'or-

---

(1) Si l'on veut y prendre garde, on s'apercevra que ce mot épiphéno-

ganisation du système nerveux et des manifestations de la sensibilité. » Cela peut être accordé d'une conscience réfléchie (à un degré quelconque) exigeant au moins une petite masse nerveuse centrale, mais non pas de cette conscience élémentaire primitive, impossible à différencier de la sensation elle-même, et en rapport organique suffisant même avec l'organisme nerveux le plus rudimentaire ou encore, comme l'analogie expérimentale nous le fait soupçonner, encore diffus et indistinct chez les êtres les plus simples.

Cette réserve faite, continuons :

« Par conséquent si nous négligeons nos idées préconçues sur la « nature essentielle » de notre conscience, nous ne pouvons méconnaître que la conscience naît de la sensibilité, comme la sensibilité de la vitalité, comme la vitalité de la matière organique, comme l'organique de la chimique, comme la chimique de la physique, comme la physique de la cosmique, comme la cosmique de l'indifférencié. » Voilà toute la doctrine en son étonnante *simplicité*. Eh bien ! non, même en négligeant la *nature essentielle* de l'être sentant, ce prétendu chapelet d'assertions audacieuses nous apparaît comme une suite de grains isolés dont l'un par aucun fil ne se rattache à l'autre.

La conscience ne naît pas plus de la sensation que la sensation de la conscience. Au sens irréductible du mot, conscience et sensation sont une seule et même chose. Dans un sens un peu plus élevé du mot conscience (car il en a plusieurs) on entend qu'un *sujet* unique, un *moi*, peut éprouver *à la fois* plusieurs sensations distinctes. Comment cela naît-il de la sensation ? Mais pour M. Pioger comme pour Taine et d'autres philosophes contemporains il n'y a point de *sujet* ni de *moi*. Je demanderai dès lors comment une rencontre de plusieurs synchronismes vi-

---

mène, qui revient souvent comme *explication* en cette question, sous la plume des matérialistes, est tout à fait dépourvu de sens. Quel est le « phénomène » qui ne serait pas un épiphénomène ? Ce mot phénomène, emprunté à la philosophie idéaliste, est passé dans le langage scientifique pour désigner ce qu'on appelle autrement un fait. Or, des faits ou des phénomènes peuvent se succéder sans être conditions les uns des autres. Exemple : le cas où nous regardons une série d'objets ou de tableaux, ces séries d'images visuelles complexes ne sont reliées entre elles par aucun lien, par aucune condition. Lorsque deux faits sont reliés l'un à l'autre comme le sont tous les mouvements partiels d'une machine, on conçoit les lois et toutes les conditions de ce rapport. En est-il ainsi pour le fait de conscience quant aux vibrations nerveuses ? On n'y constate que l'apparence d'une nécessité partielle et rien de plus. Toute affirmation au delà est vaine.

bratoires ou de vibrations synchrônes feront *naître* une conscience !

« La sensibilité naît de la vitalité » affirme M. Pioger. Accordons pour un moment à cette vitalité une irritabilité toute physique et même une apparence très vague de nutrition comme dans l'expérience de Traube. Comment la sensibilité pourra-t-elle en résulter ? Je ne crois pas, pour ma part, que, chez les êtres vivants les plus simples, l'irritabilité, la nutrition et la sensibilité existent séparément, mais en quoi la nature purement physique attribuée aux deux premières fonctions, montre-t-elle la possibilité qu'elles auraient d'engendrer la troisième ? Quelque raisonnement, quelque analogie avec des faits de mécanique physique proprement dits, nous feront-ils comprendre cette inattendue *possibilité ?* Aucun, rien ; l'auteur, sur ce point, clef de voûte de sa doctrine, reste, en ces pages prolixes, parfaitement muet.

« La vitalité naît de la matière organique. »

Ceci est au moins aussi obscur que ce qui précède, dans le fond comme dans la forme. Au sens le plus clair qu'on y puisse découvrir, c'est expérimentalement faux. Prenez toutes les matières organiques possibles (mais sans microzymas, par conséquent sans cellules qui en sont pleines) toutes les matières albuminoïdes, par exemple, mêlez-y tous les bouillons organiques que vous voudrez (bien *stérilisés* d'abord, cela va sans dire) faites leur subir — en vases clos, à l'abri des germes de l'air — toutes les actions dynamiques possibles (chaleur, lumière, etc.), jamais vous n'y ferez apparaître rien de vivant. J'ai quelque peine à rappeler cela à un biologiste qui le sait de reste et qui, d'ailleurs, connaît toute l'histoire de la question, depuis Spallanzani et Néhédam, depuis surtout la défaite du très ingénieux et très documenté Pouchet jusqu'à ce jour.

Pour que la matière organique manifeste la vie, il faut qu'il s'y trouve des corps structurés, solides, hydratés même à l'état sec, *individualisés*, soit à l'état d'êtres distincts et développés, soit à l'état de germes également distincts. Ces corps ou ces germes naissent d'autres corps semblables ; et leur origine se perd ainsi dans la nuit des temps ; mais elle apparaît comme *spéciale ;* et toute la science expérimentale prouve, je le répète, qu'ils ne naissent jamais « spontanément » même en des milieux artificiellement expérimentaux où se trouveraient des matières colloïdes les plus diverses provenant d'êtres vivants.

« La matière organique naît de la matière chimique » est-il dit plus bas, abréviativement.

Pour le coup je suis de l'avis de l'auteur. Elle en naît et n'en diffère pas essentiellement, mais elle en naît ordinairement par suite de l'action spécifique des êtres organisés et comme produit chimique des fonctions de la vie. On comprend dès lors que la chimie proprement dite (celle des laboratoires, ne s'occupant spécialement, ni en rien, des faits de la vie) parvienne à produire quelques-unes de ces matières par synthèse. Elle parviendra peut-être à les former ainsi toutes de toutes pièces en partant des corps encore réputés simples. M. Pioger espère-t-il qu'alors les chimistes pourront produire aussi par synthèse *d'un degré supérieur* des êtres vivants et prolifères. Il serait contraint d'avouer que rien, absolument rien (d'expérimental ni de rationnel) n'autorise aujourd'hui cette espérance.

« La matière physique naît de la matière chimique. » Il y a donc deux matières, l'une physique... Passons ! c'est ici une pure inadvertence, un *lapsus calami* ; « la physique de la cosmique... » le lapsus continue, « le cosmique de *l'indifférencié*. »

Mais où est-il cet indifférencié, distinct de la matière cosmique ? Serait-ce l'espace, la pure et vide étendue, laquelle en se différenciant produirait des infinitésimes ? Ils sont nés ces infinitésimes surtout de l'imagination peu scrupuleuse de M. Pioger, de cette imagination où *l'indifférencié* ne saurait trouver place, — je l'en défie — si ce n'est sous la forme unique d'une succession de treize lettres, consonnes ou voyelles.

J'aurais bien à dire quelques mots ici des degrés divers de la conscience réfléchie, où l'on ne saurait rien s'expliquer sans analyser les fonctions (au moins comme possibles) d'organismes nerveux de plus en plus complexes ou supérieurs, et sans faire intervenir l'action analysante, synthétisante, coordonnante, créatrice de rythmes et de formes d'une puissance ou cause nommée par des métaphysiciens d'autrefois en leur antique et suranné langage l'être, l'âme ou le *moi*. J'ai fait ailleurs cette étude à continuer et à perfectionner sans cesse, sans jamais perdre de vue la réalité expérimentale, non aussi commode à interroger et à manier que les simples mots, ces misérables étiquettes, dont on abuse à tout venant en les collant en guise d'explications sur les régions de notre cerveau où se collectionnent et se classent comme ils peuvent les souvenirs — images de séries différentes de faits.

Notre métaphysicien matérialiste termine le chapitre de la

conscience (question, clé de toutes les autres, en psychologie générale) par le paralogisme circulaire suivant, déjà tant de fois agité dans les pages précédentes :

« Si maintenant nous opposons à cette *conception synthétique* (1) *des choses de l'univers et de la conscience*, l'idée habituelle de l'essentialité de notre conscience, nous devons bien reconnaître que cette dernière nous apparût *nécessairement* (!) comme tout à fait en dehors des données de la science (2), des faits observés, de ce que nous sentons et constatons en nous journellement dès que nous nous arrêtons à nous examiner, à nous interroger (3). Or, *comme la conscience est le point de départ et le point d'arrivée de tout ce qui est et de tout ce que nous sommes* (4), nous n'avons plus qu'à choisir (?) entre rejeter tout l'acquis de la science humaine (!!!) pour conserver précieusement notre conscience, attribut divin, ou bien accepter *franchement* l'idée que notre conscience n'est qu'un produit de l'évolution de la vie. »

Nous pouvons, arrivés à ce *sommet*, négliger ce qui suit. Développements purement psychologiques empruntés surtout aux anciens et nouveaux sensualistes de l'école anglaise de ce nom ;

(1) Ci-dessus exposée et discutée. Je me permets ici de souligner quelques mots qui ne le sont pas dans le texte, j'y ajoute aussi quelques points d'interrogation et quelques notes.

(2) Cela veut-il dire qu'on ne combine pas les consciences en des éprouvettes comme en chimie on combine des corps ?

(3) Nous examiner, nous interroger c'est constater directement notre conscience, c'est aussi la *réfléchir*. Nous ne pouvons le faire que par un acte de notre volonté nécessitant, pour avoir lieu, les groupes d'éléments nerveux de divers ordres constituant notre instrument cérébral.

(4) Forme littéraire cachant une pensée non éclose. Et c'est *pour cela* que nous n'avons à choisir... etc. ! La science entière et notamment tout ce qu'en a rapporté M. Pioger, laisse intacte notre *conscience* considérée s'il le veut — et je ne m'y oppose point — comme *un attribut « divin. »* En d'autres termes, c'est de l'origine fortuite de l'univers qu'il s'agit et de tous les degrés, de ce que d'autres nomment création, la création *expliquée* par le hasard ou par la nécessité, le Hasard ou la Nécessité commençant et continuant le développement du monde. Les matérialistes auraient un moyen de se délivrer de cette inconcevable erreur, c'est d'appliquer à toutes leurs études, à toutes les données partielles du problème, les lois, les véritables lois mathématiques et mécaniques ; mais ils veulent ignorer ce qu'est la mécanique, et ce qu'il faut appeler en physique et en chimie des *lois*, ils ne conçoivent dès lors rien des *nécessités* véritables, ni dans la nature, ni dans l'esprit, ils ne saisissent pas mieux dans leur valeur inductive les termes si hautement symboliques en nos langues de création, de hasard, de nécessité. Aussi demeurent-ils *matérialistes* (sectaires, partisans bien plus que savants ou philosophes).

ces développements rapportés aux affirmations et aux négations précédentes, échappent à toute critique (ce n'est pas à dire que je les trouve sans reproche) en ceci que, n'y trouvant rien d'original dans la pensée ni dans la forme, il serait mieux de s'en prendre à Herbert Spencer, à Stuart Mill et même à Locke, qui ne voulait pourtant pas être matérialiste, et à d'autres encore.

Mais Locke n'a pas écrit des phrases comme celle-ci. « Les sensations, *en réagissant les unes sur les autres*, provoquent leur propre *perception* sous forme d'*idées*, et constituent le domaine de *l'intelligence*. » En vain apporterait-on, comme à l'appui de telles phrases, tous les faits recueillis jusqu'à présent dans les sciences d'observation, on ne parviendrait jamais à les rendre plus expérimentales. Qu'est-ce que des *sensations* qui *agissent* les unes sur les autres? Qu'est-ce qu'une perception où *personne* ne perçoit! Sont-ce les sensations qui perçoivent, ou bien les perceptions qui sentent?

Je le sais bien, M. Pioger est sur ce point d'accord avec certains idéalistes et certains matérialistes de notre temps, et même avec d'autres, produits composites des deux doctrines, produits — il le faut avouer — très naturels, car toutes ces conceptions à points de départ incomplets, fantastiques ou nettement faux, et même d'une absurdité très évidente, conduisent aux mêmes négations téméraires vaines et lugubres par une certaine implacable nécessité de logique et en dépit des arguties de la *dialectique*. Leurs auteurs, s'ils avaient dès le début reconnu l'absurdité de leurs premières *hypothèses*, s'ils les avaient examinées comme telles, un peu sérieusement, et avec la dose de savoir actuel indispensable, les auraient définitivement abandonnées. Je parle surtout des plus récents, car pour les autres, leurs illusions s'expliquent à la rigueur par l'état des sciences de leur temps.

CHAPITRE IV

L'atome. — Nécessité en théorie et détermination expérimentale des milieux gravitaires. — Le chaos atomique ou fluidique primitif. — Solidarité atomique ou moléculaire. — Indépendance relative et corrélation des choses. — Indépendance et solidarité dans les organismes vivants. — Il n'y a point de fonction dans le monde anorganique à laquelle on puisse donner, si ce n'est par métaphore, le nom de *solidarité*. — La vie est quelque chose de spécial dans l'ensemble des choses. — Influence possible de l'atavisme sur les opinions ou doctrines des philosophes et des savants. — Le déterminisme cérébral. — Déterminations de la volonté comparées aux concours d'actions dynamiques dans le monde physique. — Toute vibration est-elle consciente d'elle-même ? — Les matérialistes ignorent ou tout au moins oublient en quoi consiste essentiellement un *mécanisme*. — Aucune génération spontanée n'a jamais été constatée par l'expérience, et nulle hypothèse scientifique discutable n'en a montré la possibilité.

En une seconde partie, M. Julien Pioger se propose et se flatte de nous expliquer la « synthèse organique » *l'origine de la vie*, comme dans son premier livre il nous a expliqué l'origine et la formation du « monde physique. »

La critique de ce premier livre a été faite comme en passant, et par brèves discussions, dans les pages précédentes. L'auteur n'y applique à démontrer ce qu'il dit aucun des résultats précis des recherches scientifiques de tout genre, aujourd'hui obtenus dans les sciences. S'il invoque çà et là quelques faits ou quelques théories scientifiques, c'est pour y faire entrer de force ses conceptions hypothétiques premières, considérées par lui comme des certitudes.

Pour créer, par théorie, un monde matériel, on ne saurait se passer d'un atome, — je veux dire ce qu'on appelle abusivement ainsi, — ou de quelque chose d'aussi nettement déterminé dans notre esprit. Notre philosophe se plaît — je l'ai déjà dit — à nommer son atome l'*infinitésime*. La matière incontestablement divisible jusqu'à l'infini, ou *à jamais*, en tant qu'*étendue*, est-elle ou n'est-elle pas divisée réellement à l'infini ? C'est une question. Supposons-là, cette matière, ainsi divisée, nous ne l'anéantissons peut-être pas ainsi, mais nous la perdons de vue ; car nous ne pouvons atteindre ni concevoir l'infini dans le très petit, pas plus que dans le très grand, mais l'ayant divisée jusqu'à un certain point (oh ! très lointain !) nous avons encore quelque chose, (une très petite masse) appelons ce quelque chose l'*infinitésime ;* c'est l'atome de M. Julien Pioger.

Si nous faisons notre atome étendu, et l'infinitésime ne peut pas ne pas l'être, nous avons à nous demander s'il est *dur* et *impénétrable* comme, sans raison et sans nécessité, l'ont admis quelques-uns, s'il est élastique et d'une élasticité parfaite, comme l'ont voulu quelques autres. Soit avec le premier, soit avec le second, on a édifié de belles théories mathématiques, incontestables en elles-mêmes, cependant ne prouvant rien quant à l'existence réelle de l'un d'eux. Pour ma part, je préfère un atome élastique mais non pas *absolument* élastique, différant moins que les autres de tous les corps de la nature, que nous connaissons mieux. J'y puis loger un univers — par hypothèse — si cela me plaît, quel que soit son ordre de grandeur, un univers analogue au nôtre sauf la dimension absolue. Comme hypothèse, je demeure dans une incontestable possibilité, et je n'ai ajouté à l'objet supposé aucune qualité nouvelle ou occulte.

Pour supprimer ces questions embarrassantes, et non pour d'autres raisons, M. Pioger choisit ce mot *infinitésime*. Il ne prétendra pas, j'espère, l'avoir déterminé par une quelconque méthode expérimentale. A partir de l'atome d'hydrogène, légitime et même nécessaire, de la chimie moderne (avec lequel nous nous garderons de confondre cet atome infinitésime) à partir même d'un atome plus petit, dont l'atome d'hydrogène serait composé, jusqu'à l'*infiniment petit absolu* — ce *rien* qui ne peut se rencontrer qu'à l'infini, c'est-à-dire jamais. On a, certes ! de la marge pour le placer ; il y occupe un rang quelconque, et dès ce moment sa grandeur réelle n'a plus aucune importance.

Donc, sur ce point nous pouvons accorder, pour le moment, à l'inventeur de l'infinitésime tout ce qu'il voudra. Cet infinitésime sera quelque chose comme le *point matériel* (pure abstraction nécessaire en mécanique rationnelle) avec cette différence que l'infinitésime possède une dimension et une masse déterminées et *égale pour tous*, ou à différence négligeable, suivant la fantaisie de M. Pioger.

Il en considère *deux* dans l'espace, — un seul ne pourrait rien manifester, — mais dès qu'ils sont deux, il leur accorde une *tendance à l'équilibre ;* et, en vertu de cette tendance, par une conséquence impossible à saisir, provenant peut-être de raisonnements non exprimés, il les fait tourner l'un autour de l'autre !

Mais pour que deux corpuscules se précipitent ainsi l'un vers l'autre et *gravitent* de cette façon, il faut absolument les supposer dans un *milieu gravitaire*, nullement posé en cet essai de théorie. On voit bien d'où dérive la méprise ou l'omission. M. Pioger croit à la qualité *attractive* des corps, il faut bien le dire, avec quelques physiciens adoptant comme « commode pour le langage » cette pure absurdité, hautement repoussée, explicitement démasquée et rectifiée par Newton.

Dans un *milieu gravitaire*, on constate, par l'esprit mieux encore que par l'observation, une tendance à l'équilibre. Il peut s'y former même des équilibres plus ou moins stables ; mais rien n'est plus contraire à la notion d'*équilibre* que la notion d'*évolution*, et il faut avoir une idée peu claire des conditions de tous les possibles, pour tenter d'expliquer ceci par cela. L'équilibre relatif, instable, temporaire, est nécessaire à toute évolution ; il en est l'une des conditions (l'une des particularités accidentelles), mais il n'en est pas la *cause*, il ne la *fait* pas, et elle ne peut se faire et ne se fait que par une continuelle destruction de cet équilibre. Voilà ce que la science expérimentale et la mécanique physique nous enseignent, si on veut bien les interroger.

Divers auteurs, en des recherches hautement raisonnables et scientifiques, ont essayé d'édifier des cosmogonies, Kant le premier, et il a, dans cet effort, mieux que dans ses études philosophiques, manifesté son génie, puis Laplace à qui l'hypothèse raisonnée de Kant n'était pas connue, puis, de nos jours, M. Faye et quelques autres.

Ces hommes de haut savoir ont pris pour point de départ notre milieu gravitaire, tel que l'observation cosmique nous le présente, et un *chaos atomique* suffisamment déterminé, où la matière qui deviendra pondérable est disséminée à l'état de gaz raréfié a l'extrême. Ils ont expliqué ainsi la formation d'un univers et de notre monde solaire. Leurs théories sont contestables, discutables, et ils le savaient bien en les proposant. Elles sont cependant *expérimentales* en ceci que les données de l'expérience en forment toute la contexture avec des vues mathématiques et des calculs tendant à être rigoureux. Aucun d'eux n'a songé à faire servir ce travail de son intelligence à expliquer la formation du plus humble microphyte, du plus infime microzoaire. M. Pioger, avec une hardiesse plus résolue et sans se laisser arrêter par le moindre doute, va nous expliquer l'origine de la vie.

Voici comment il attaque et résout tout d'abord la question en ses premières grandes lignes : « Nous avons vu, dans le *Monde physique*, l'impossibilité de supposer une seule molécule indépendante dans l'univers, où tous les phénomènes évoluent dans un état de mutuelle dépendance et de perpétuel enchainement par suite de la tendance universelle des actions et réactions à se compenser, à s'équilibrer, à se grouper en se solidarisant pour constituer les individualisations des corps et des phénomènes. »

Voilà bien des choses en une seule phrase. Examinons à part chacune des affirmations qui la composent.

« Il n'y a pas une seule molécule indépendante dans l'univers. »

Cela veut-il dire que toute molécule étant formée de matière *pondérable*, est, par cela même, soumise à l'action gravitaire, que dès lors, elle sera portée ici ou là, suivant les circonstances déterminant des manifestations de cette action ? Réduite à la précision de cet énoncé, la proposition serait incontestable ; cependant il faudrait noter tout ce qu'on pourrait prendre pour une « indépendance » relative. Par exemple, la constitution intime de cette molécule, la disposition réciproque de ses atomes, réalisant un certain équilibre relatif, et les relations de rotation et de translation de ces atomes, tant qu'une intervention dynamique venue du dehors ne les aura pas séparés pour les faire entrer en d'autres combinaisons.

La *Physique générale* nous enseigne bien que ces atomes composants de la molécule reçoivent des impulsions dynamiques sous l'influence de tous les mouvements de l'univers. Il faut remarquer cependant que ces influences venant de toutes parts tendent en partie à se compenser, et que leurs effets définitifs à un moment donné de la durée, sont d'un ordre de grandeur tellement infinitésimal qu'on peut les négliger comme n'étant décelés par aucun *effet* observable. Tel caillou, lancé par un volcan, longtemps roulé et usé extérieurement par les eaux, ayant subi les actions dynamiques de millions d'orages et une foule d'autres actions, pourra ne présenter aucun changement sensible dans la composition chimique primitive de ses parties centrales depuis des temps les plus reculés, la cohésion rassemblant ces parties centrales n'ayant été nullement détruite.

Un geste de notre bras, un clin d'œil, un cri déplacent, cela est vrai, le centre de la terre ; mais *extrêmement peu*, et pas assez pour qu'il en résulte quelque chose d'appréciable pour nous. Pas plus que les tempêtes solaires où se creusent d'immenses gouffres, où des gerbes ignées sont projetées à des hauteurs prodigieuses, ne se feront sentir sur les atomes constituant des molécules de nos corps terrestres.

Quand on invoque les conditions dynamiques des choses, il faut tenir compte des quantités, de la durée des actions, et d'autres circonstances encore. Sans cela nous nous exposerions à tirer de conceptions vraies, des conséquences très contestables.

Il faut, pour concevoir aussi de telles corrélations, supposer comme réalisées et présentes les multiples conditions constituantes de la matière anorganique. Mais, ce qui peut être vrai des « molécules, » ne l'est plus des infinitésimes, posés comme existant en un pur espace, où la gravitation ne saurait être *gratuitement* donnée. Ils sont parfaitement indépendants les uns des autres, également à l'abri de toute influence, puisqu'on ne peut admettre rien de pareil à une *influence* à distance et dans le *vide absolu*.

Si M. Julien Pioger se donne, dès le début, l'éther tel qu'on le peut concevoir aujourd'hui, avec la complexité fonctionnelle qui lui est attribuée, le monde physique lui sera beaucoup moins difficile à créer. C'est le cas des auteurs cités plus haut des diverses cosmogonies scientifiques. Pour faire mieux que des prédécesseurs aussi illustres, il devra, dès lors, faire une théorie de cet éther expliquant ses propriétés connues, rendant compte de la production des rythmes spécifiques dont les ondes s'y propagent en d'innombrables directions. Alors la question se posera de savoir si ces rythmes divers (pouvant ultérieurement expliquer les structures diverses des corps) résultent d'une structure primitive du fluide cosmique, et si cette structure est la conséquence *nécessaire* d'autre chose, si elle est un fait éternel et permanent si elle est la création de quelque *puissance* spéciale, ordonatrice des innombrables atomes, monades ou corpuscules de tous les ordres de grandeurs.

Rien de tout cela ne préoccupe notre théoricien, il a d'abord pensé et posé ces infinitésimes, comme tellement indépendants en le vide hypothétique où il les a mis, qu'ils demeureraient en leur situation respective, inertes, comme il convient à des corps, ou à des masses, et immobiles, puisque nulle force, sinon par l'action d'autres corps déjà en mouvement, ne pourra agir sur eux. Donc la théorie de M. Pioger croulerait par manque d'une base quelconque... s'il avait pris la peine de la faire.

Il invoque en vain « la *tendance universelle des actions et réactions* à se compenser, à s'équilibrer, à se grouper... »

Quelle autre tendance à *se grouper* pour les atomes pondérables que celle qui dérive de la gravitation, soit cosmique, soit moléculaire ou atomique ; et pour les actions et réactions, où observe-t-on ces tendances, à s'équilibrer, à se compenser ou à *concourir* à quoi que ce soit ? «... en se *solidarisant*... » dit la fin de la phrase.

Voici un mot qui donne beaucoup à penser. D'où vient aux *molécules* et aux *actions* cette tendance à se solidariser, où peut-on la voir, la reconnaître dans la nature, au moyen de quels modes d'observation, de quels artifices d'expérience ?

Le mot solidarité a, dans notre langue, un sens assez clair ; il serait bon, je crois, de le lui laisser. Dans une communauté constituée, où certaines responsabilités sont assumées par chacun des membres qui la composent, une certaine solidarité se manifeste. Les membres d'une même famille sont, suivant l'opinion des hommes, solidaires dans une assez large mesure quant à l'honneur. Des associés de commerce offrent un genre analogue de solidarité imposée par la loi civile. Les soldats et leurs chefs, sur le champ de bataille, nous offrent un autre exemple d'une solidarité bien évidente. Mais les soleils dont est peuplé l'espace, pour subir en quelque chose une influence réciproque due à la gravitation et au rayonnement, par l'intermédiaire de l'éther cosmique, sont-ils, de la même façon, solidaires ? La vie de notre planète dépend absolument de la radiation solaire. Dira-t-on pour cela que la terre et le soleil sont solidaires ? Je mets à la forge plusieurs vieux clous, j'en fais un fer à cheval. Les ai-je solidarisés ? Nullement ! je les ai agglomérés, ou conglomérés. J'allume un nombre de flambeaux pour produire plus de clarté, les ai-je davantage solidarisés ? Un concours de forces, ou d'impulsions réunies par une volonté pour un but déterminé ne constitue rien de pareil à ce qu'on peut et doit appeler une solidarité. Si l'on veut d'autres exemples de solidarités réelles on les trouvera, voulus, en certains dispositifs mécaniques, mais non pas en des « molécules » ni en des « actions » constituant (on ne voit pas comment) de miraculeuses *individualisations* de corps ou de phénomènes.

Après avoir ainsi posé une telle solidarité dans le monde physique, M. Pioger dit :

« Il ne viendra évidemment à l'idée de personne qu'il en soit *autrement* pour les organismes vivants. »

Personne jusqu'à présent, on le peut accorder, n'a refusé de voir une certaine solidarité dans tout organisme vivant. Il ne faut pas oublier cependant que cette solidarité n'est, pour la plupart des fonctions, que *relative* ou plutôt *partielle*, et que, dans chacune, il y a quelque chose de nettement indépendant. Encore ces diverses solidarités se résolvent en partie presque partout, si ce n'est partout, en *subordinations*, pour la vie sensorielle de tout ordre, ou cérébro-spinale, aux nécessités de la vie organique ; pour la vie des relations extérieures, la subordination est établie des éléments inférieurs ou périphériques aux centres supérieurs. Le cerveau pourra être profondément lésé sans que beaucoup es autres fonctions de l'organisme cessent de s'exercer normalement, au moins pour une certaine durée, un membre pourra être amputé sans que les hautes fonctions de la pensée soient atteintes. Il y a donc solidarité réelle et réelle indépendance, l'une et l'autre partielles ou relatives. Quoi qu'il en soit et, à tout prendre, l'organisme vivant présente bien réellement, parmi les faits naturels, le plus saisissant exemple de solidarité, comme l'avait bien vu l'auteur très ancien de la fable des *membres* et de *l'estomac*. Je dirai même que cette solidarité paraîtra de plus en plus complète et profonde à mesure qu'on se rendra mieux compte du jeu synthétique des fonctions considérées comme en une harmonie voulue, à mesure que l'on constatera mieux les rapports de l'être organisé avec les milieux où il vit, les conditions d'espace et de temps, les phases de son évolution et tout l'ensemble très complexe des signes de sa destinée.

Mais il en est tout *autrement* du monde physique où s'aperçoivent des *subordinations*, mais nulle part de ces *solidarités*, si tranquillement affirmées.

« Seulement — continue M. Pioger — tandis que les esprits scientifiques étendent cette assimilation de dépendance aussi bien aux actions internes qu'aux externes, et considèrent la vie comme la résultante de ces actions internes et externes et en font un phénomène rentrant dans les lois générales de l'univers, les esprits mystiques et métaphysiques continuent à soutenir que cette dépendance ne doit s'entendre que pour ce qui concerne le corps, c'est-à-dire la partie physique de la vie, attendu que le principe même de la vie leur semble devoir être considéré comme « à part » et ne pas rentrer dans le déterminisme de la « Matière. » Il faudrait dire de la matière (ou masse) et de la force (ou énergie) dans l'espace et dans le temps.

Cela s'étudie en physique, en chimie, en physiologie ; ils sont assez nombreux de nos jours ceux qui se sont appliqués à l'étude de ces sciences; pour ma part, dans la mesure de mes moyens, je me suis efforcé de poursuivre aussi loin que je l'ai pu le « déterminisme » scientifique si vanté, jusque dans les fonctions cérébrales, mémoire, récordation, association physiologique des idées et quelques autres, y faisant entrer les cas de mouvements coordonnés représentant ce qu'on a nommé fonctions spéciales ou physiologiques, m'appuyant sur l'observation et sur l'expérience (soit personnelles, soit empruntées à des compagnons de route sur le chemin de la science). Quand l'observation s'est tue, quand l'expérience m'a manqué, j'ai appelé à mon secours l'hypothèse et la théorie, c'est-à-dire l'*invention* des conditions et des corrélations géométriques et mécaniques parmi les possibles relatifs aux questions, tout cela, au point de vue de ce « déterminisme » ou étude des conditions nécessaires des faits, qui est l'objet le plus général des recherches en toute science expérimentale.

Doit-on beaucoup s'inquiéter, à ce propos, des adversaires commodes que s'imagine combattre M. Pioger, dénués qu'il se les fait de qualités scientifiques? Bien des esprits d'opinion opposée à la sienne peuvent cependant se croire doués d'un peu de ce bon esprit d'exactitude et de précision, de cet amour de l'évidence. J'ai *observé* toute ma vie, croyant être de ceux-là, j'ai *expérimenté* assez souvent, essayé de bâtir des « théories. » Ces théories, l'observation ou même l'expérience les ont quelquefois pleinement confirmées, je me suis renseigné de mon mieux sur l'état actuel de toutes ces sciences, tout cela, est-il besoin de le dire, autant que les occupations, les distractions, les peines et tous les obstacles de notre existence planétaire et sociale me l'ont permis. Il faut ajouter aussi autant que me l'ont permis mes aptitudes natives plus ou moins développées par l'exercice intellectuel. J'ai consigné les efforts tentés dans cette direction en des écrits quand cela m'a été possible. Le lecteur indulgent me pardonnera cette sorte d'apologie dont quelque honte me vient en l'écrivant, ce n'est pas à lui, mais à M. Julien Pioger que je l'adresse.

Eh bien ! parmi ces recherches, où j'ai rencontré de rares bonheurs et — comme tous les chercheurs — des insuccès nombreux, il m'est arrivé aussi de me demander si, connaissant un certain nombre de ces lois bien établies par l'effort de tant d'observateurs, de tant d'expérimentateurs de génie, de ces lois de la nature anorganique, je pourrais comprendre, par la mise en rapport de ces diverses notions, la formation première du plus simple des êtres vivants (animaux ou plantes) sa *création* par un concours d'actions dynamiques et matérielles soit considérées dans ce jeu des forces de la nature, soit étudiées en quelque ingénieux dispositif mécanique inventé par l'homme.

Je dois avouer que, dans ce sens, je n'ai absolument rien trouvé. D'où j'ai conclu ceci après bien d'autres : *La vie est quelque chose de spécial dans l'ensemble des choses naturelles.*

M. Pioger pense que si je n'ai rien trouvé à cet égard ni lui non plus, ni personne jusqu'à ce jour, c'est notre faute, et il affirme, comme s'il le savait, qu'entre l'existence cosmique et la vie organique il n'y a que différence de degré. Il n'admet même pas qu'on réserve la question par ces mots d'un vague plein de prudence : « quelque chose de spécial. » Il les trouve inutiles et illégitimes, accusant ceux qui les profèrent ou les écrivent d'en avoir conçu l'idée en vertu « d'une survivance dans la mentalité contemporaine, d'une conception mystique de la vie qui n'a plus sa raison d'être en présence des connaissances scientifiques... » «... et constitue un véritable anacronisme. »

A propos de cette boutade atavique on aurait vraiment trop beau jeu pour répondre à M. Pioger. Se flatte-t-il de descendre exclusivement de ces « gens sans foi et sans aveu » des temps passés qu'il n'aimerait pas à rencontrer à l'entrée d'un bois s'ils revenaient au monde ? Nos pères furent — je le veux bien — de bons catholiques et de bons chrétiens peut-être, quelques-uns penchèrent — c'est possible ! — vers un mysticisme aujourd'hui presque aboli. Ils nous ont transmis quelque chose de ces manières d'être. Nous n'y pouvons rien ; et il faut en prendre bravement notre parti. Dans le même cas furent évidemment Copernic, Galilée, Newton, Pascal, Leibniz et d'autres que leurs croyances religieuses n'égaraient pas toujours. Tâchons d'être comme ils le furent de braves gens, et si nous le pouvons, des savants exacts et profonds et même d'ingénieux philosophes. Un homme n'est heureusement jamais tout entier dans son atavisme. Et puis, M. Julien Pioger ne craint-il pas que, par justes représailles, ses adversaires mal atavisés ne l'assimilent à ces libertins dissolus échappés du séminaire ou simplement du catéchisme, qui, obsédés tout d'abord par le côté terrible des « mystères » de leur religion, après avoir lu d'Holbach, ou Moleschot, vont répétant qu'ils ne sont « que matière, » et que « tout est matière » et que « lorsqu'on est mort, on est bien mort ! » Tout cela pour échapper à l'antique Terreur, mère de tous les dieux, au Père céleste aussi *implacable* que *miséricordieux* (ce qui n'est pas trop clair) et surtout à l'Autre, au Bras post-séculier d'en bas, personnalité bien plus facile à comprendre par certains êtres humains sigillés de caractères ataviques n'ayant rien de commun — sans parler de saint François d'Assise ni de sainte Thérèse — avec les types de Dante Alighieri, du roi de France Louis le neuvième, ni d'autres représentants connus du médiéval *mysticisme!*

Et voilà hélas ! toute son argumentation.

Le seul fait apporté par M. Pioger à l'appui de son affirmation si convaincue — je l'ai ci-devant exposé, est celui de la fausse cellule de Traube, aussi faiblement comparable aux cellules réelles qu'une poupée de carton à un enfant vivant. De ce fait — il l'avoue — il ne faut pas s'exagérer l'importance. Cet avertissement n'était pas nécessaire. J'ai attendu que d'autres faits plus probants, plus explicites, apparussent le long des pages et parmi les chapitres. Les chapitres et les pages ont été lus et sont restés muets, muets comme des pierres, muets comme des tombeaux !

Un examen s'impose ici, quant aux déterminations « internes. »

La question n'est pas même abordée par M. Pioger, sauf en cette affirmation de parité absolue admise entre les faits de conscience ou faits psychiques et les événements (trop souvent nommés « phénomènes ») du monde physique.

Il n'est point de philosophe, de psychologiste qui ait méconnu une grande analogie entre le déterminisme « objectif » et le déterminisme « subjectif », pour parler un langage accepté. Pour les matérialistes — leur parti pris doctrinal étant donné — il est tout simple de n'admettre comme conditions des faits de la pensée qu'un « déterminisme » cérébral.

Cette opinion n'a jamais été scientifiquement ni logiquement justifiée.

Il est d'une logique assez faible de soutenir que *plusieurs* des faits de la pensée correspondant à des faits de mécanique cérébrale, et s'y rattachant de toute évidence, *tous* les faits de la pensée *doivent être* et *sont* dans le même cas. Pour être fréquente dans le discours des philosophes et des savants, cette façon abusive de comprendre l'*induction* expérimentale n'en est pas moins condamnable, et aussi l'usage, non moins illicite, du mot *loi* appliqué si souvent à de simples *inductions* (*modo baconico*).

Pour diriger les actes de notre vie, pour faire de l'art et même de la science, dans une certaine mesure, nous n'avons pas besoin de connaître beaucoup de *lois*. L'induction expérimentale naturelle ou instinctive suffit le plus souvent, comme elle suffit aux animaux ; nous lui accordons d'autant plus notre foi que rarement elle nous trompe si nous sommes attentifs. Un concours de « circonstances » de faits rattachés les uns aux autres par des conditions pratiquement connues — ce qu'on nomme en nos langues philosophiques imparfaites leurs *causes*, le sentiment de l'analogie, — qui n'est que la généralisation, promptement formée en notre esprit, des faits de ce genre, à tout moment constatés, — fait naître en cedit esprit une confiance suffisante, autant que nécessaire, pour l'action journalière et pratique. Ainsi nous pouvons vivre avant de savoir philosopher, et être des hommes avant d'être des savants. Mais si nous voulons porter plus avant le développement de notre intelligence, pénétrer plus profondément la réalité des choses, ce qui est pour le progrès humain d'une importance décisive, et ce qui justifie et sanctifie notre personnelle curiosité, nous nous trouvons forcés à rechercher la plus grande rigueur d'expression et aussi à mettre en œuvre la plus extrême diligence expérimentale. Alors, en effet, nous cherchons les lois, les vraies lois, ces *absolus* de notre esprit, auxquels nous pouvons conséquemment appliquer un caractère de *certitude*, et nous ne les trouvons, à proprement parler, que dans les sciences mathématiques.

Sur un plan illimité, et d'un point donné *quelconque* je puis mener deux tangentes à un cercle donné (également quelconque) et je n'en puis mener que *deux*. Le problème résolu pour un cas particulier, l'est également pour tous les cas possibles. La solution comprend donc tous les infinis de la question. Voilà le vrai type de ce qui mérite le nom de loi, de ce qui ne peut comporter aucune exception. Tels sont les théorèmes démontrés relatifs aux nombres, aux quantités, aux lignes, aux figures, au corps géométriques, et même, en mécanique rationnelle, aux masses et aux forces abstraites qu'on y considère. En physique, ces absolus de l'esprit trouvent de nombreuses et utiles applications, mais ce qu'on y appelle *lois* ne représente des certitudes qu'en ces abstractions mathématiques et non rigoureusement en leurs applications aux faits concrets, les corps matériels ne pouvant nous être jamais absolument connus. C'est ainsi qu'on voit les lois de l'hydraulique, par exemple, ne s'appliquer que par *à-peu-près* aux liquides réels, dont les propriétés diffèrent nécessairement d'un liquide parfait tout imaginaire, inventé pour simplifier les questions, et pour en déterminer les *absolus* accessibles. De nos jours les savants sentent très bien qu'il ne faut pas tant prodiguer ce mot *loi* ; et plusieurs d'entre eux emploient d'autres expressions plus exactes en des cas où leurs prédécesseurs n'auraient pas manqué de s'en servir.

M. Pioger parle à chaque instant des lois, loi d'équilibre, loi de vitalité, loi d'organisation, loi de coordination (! ! !) sans essayer jamais de formuler rien de ces prétendues lois qui ne sont nulle part écrites. Sous le voile de ses phrases vagues, ou plutôt dirais-je, à travers ce voile, on découvre l'absence d'une idée « claire et distincte, » qu'on voudrait y apercevoir (1).

Dans les sciences biologiques, on ne possède véritablement aucune loi, mais de simples inductions, sous lesquelles des lois peuvent être *soupçonnées*, comme sous les inductions de tout genre, mais qui ne nous en sont pas moins inconnues. Qu'est devenue la prétendue *loi* d'invariabilité des espèces ? Pure induction tenue aujourd'hui pour fausse. Elle est allée trouver l'ancienne induction, fausse également, relative aux *genres* zoologiques, qu'on supposait impérissables. Nous savons maintenant que plusieurs de ces genres ont péri. Peut-être en verrons-nous périr, en quelque sorte sous nos yeux.

Revenons au « déterminisme » interne. Je ne saurais le nier, tout au moins quant à certains groupes de faits psychiques, en ayant étudié plusieurs conditions, en tout ce qui regarde notamment le mécanisme de la mémoire, appelée, par fausse induction de plusieurs écoles de psychologistes, « l'une des *facultés de l'âme*. »

Il ne s'agit pas simplement d'admettre ou de n'admettre point ce déterminisme, mais de bien discerner en quoi il consiste, et de surprendre les conditions précises où il s'exerce. Notre philosophe n'a point souci de ces questions de pure psychologie, et nous donne son déterminisme pour évident toujours et partout, dans les faits intellectuels.

En premier lieu, les sensations se présentent comme les plus simples des phénomènes subjectifs, absolument irréductibles, et formant comme la matière dont se composent les représentations en notre conscience. Par quoi sont-elles conditionnées ?

Si nous les considérons comme faits purement subjectifs,

---

(1) M. Pioger a emprunté de confiance, la plupart de ces idées avec leur indétermination à M. Herbert Spencer.

nous n'en savons rien. Elles échappent en cela à toute investigation scientifique. Il n'y a même pas lieu d'en essayer quelque théorie, puisque les données indispensables du problème sont totalement absentes. L'observation intérieure ou purement psychologique ne peut nous rien apprendre sur cela. Nous pouvons supposer à l'âme une capacité spéciale à les manifester, capacité ou faculté nommée par abstraction pure, la *sensibilité*, laquelle prendra le nom de *conscience*, dès que nous apercevrons qu'elle s'étend à la possibilité ou capacité d'éprouver à la fois plusieurs sensations différentes. Ce dernier point pourra être pris pour *condition* de la conscience, et encore à tort, car si le *moi* sous le nom de conscience n'est pas capable de sentir l'un des éléments du groupe, comment pourra-t-il l'être d'en sentir la totalité et de les bien discerner les unes des autres? Ce sont là des ensembles de faits difficiles ou même impossibles à séparer, mais on n'y trouve pas l'ombre de ce qu'on nomme une *condition* ou une *cause* dans l'ordre des faits physiques ou mécaniques.

Si, laissant l'observation intérieure, nous tournons nos regards vers ces derniers faits, nous trouvons les rythmes dynamiques des milieux où nous vivons, se transmettant, plus ou moins modifiés, le long de nos filets nerveux, jusqu'à nos cellules sensibles, jusqu'à des *centres*, en un mot, d'où partent des *réactions* supposées, par analogie, égales (1) en intensité dynamique aux *actions* transmises.

A ce propos, il faut ici régler une question de la plus haute importance. Elle n'est plus justifiable devant la science, la mémétaphore par laquelle on a comparé les conditions déterminantes de la volonté avec les actions *dynamiques* véritables : actions déterminantes des directions, de l'intensité des chocs, en un mot de tous les événements du monde physique.

En tenant compte de ce que peuvent nous apprendre la psychologie et la physiologie considérées dans leurs rapports avec la physique générale, nous pouvons apercevoir ceci :

---

(1) Cette *égalité* supposée se trouve même démentie par tous les travaux d'expérimentation les plus récents sur cet ordre de faits. Les *lois* de ces réactions sont des plus complexes. Des essais trop hâtifs de formules sont à chaque instant ruinés par des expériences mieux faites. Toutes ces recherches, d'un très haut intérêt, n'ont encore apporté, et ne semblent devoir apporter à la Psychologie générale aucun renseignement utilisable. Elles regardent plus directement la physiologie proprement dite des transmissions dynamo-rythmiques dans le système nerveux (Voir LA LUMIÈRE ET LES COULEURS, *au point de vue physiologique*, de M. Augustin Charpentier, Paris, 1888.)

Nos déterminations volitives ne sont pas conditionnées par des forces, mais bien par des rythmes et des formes.

Pour qu'une *forme* existe avec une certaine permanence dans le monde extérieur et de façon à pouvoir être assez longtemps regardée et même étudiée par l'homme, la matière structurée *solide* est nécessaire.

Pour qu'un *rythme* se manifeste à nous, il faut un milieu fluide, élastique, *vibrant*, en contact avec nos organes des sens.

Dans notre organisme nerveux tout ce qui affecte en dernière analyse notre conscience (sans parler de ce qui se passe en même temps en d'autres régions de ce système nerveux) nous apparaît comme essentiellement rythmique ou morphique. Les formes y sont représentées par des rythmes d'abord, puis par des inscriptions rythmiques (dans les cellules corticales) ce qui en est une seconde transmutation de nature morphique. Les rythmes proprement dit (paroles, chants, sons musicaux, bruits) s'y traduisant de la même façon. Pour que ces diverses transactions aient lieu, des conditions matérielles et dynamiques sont indispensables ; mais ce n'est point *spécifiquement* par elles que notre moi est mis en rapport avec le monde extérieur, mais par les conditions morphorythmiques déterminant la nature de nos sensations et leurs qualités attractives ou repulsions, agréables ou pénibles.

Nous sommes attirés par les beaux rythmes et les belles formes, nous sommes repoussés par d'autres formes et d'autres rythmes qu'on pourrait appeler dysmorphies et dysrythmies.

Au sens littéraire et usuel, la beauté, l'eurythmie seraient donc « des forces attractives, » la laideur, la dysrythmie seraient « des forces répulsives. »

En langage scientifique, c'est-à-dire exact, ces expressions ne représentent nullement les rapports vrais des choses. Le rythme et la forme n'offrent avec l'énergie ou force vive, ni avec ce qu'on nomme en mécanique « des forces » aucune réelle analogie.

Une statue découverte en des fouilles, dans quelque île lointaine, attirera pendant des siècles le regard des hommes ; par milliers, des hommes se déplaceront pour aller la contempler, sa forme sera demeurée immuable comme si elle n'avait pas été mise au jour ; et, entre l'effet produit sur ses admirateurs et les corrélations spatiales qui la constituent, il n'y a aucun rapport déterminable.

Une symphonie — celle-ci dans une durée déterminée, puisque

c'est une *essence* de temps, tandis que la statue est une *essence* d'espace — j'emploie ici le mot *essence* faute d'un meilleur — pourra charmer « les oreilles » et surtout l'âme d'un nombre indéterminé d'auditeurs.

Il n'en est pas ainsi des effets d'une force, ni des transactions de la masse et de l'énergie.

Donc, il se faut défier des analogies trop tôt acceptées, et l'on n'est aucunement fondé à supposer applicable aux faits psychiques le principe mécanique très fécond s'il est bien appliqué de *l'égalité de l'action et de la réaction* (1), lequel principe n'a rien à faire dans les corrélations intérieures de notre conscience. Ce qu'il fallait démontrer.

Cette démonstration sur laquelle je reviendrai, et que j'ai, en des écrits antérieurs, plus ou moins amplement donnée, manque, il est vrai, ici de développements généraux et spéciaux et des explications nécessaires. Elle est par cela difficile à bien saisir du premier coup, d'autant plus qu'elle est très contraire aux façons habituelles de penser sur l'ordre de choses et d'idées qu'elle concerne. Il fallait cependant sinon l'exposer dans sa complexité naturelle, au moins la rappeler en ses termes les plus essentiels.

Ici, l'étude théorique n'est pas facile à poursuivre ; et nous ne pouvons nous appuyer sur une science encore à constituer pour la plus grande part. Qu'importe ! laissons-nous conduire

---

(1) Pour être bref, je ne le puis montrer que par un exemple, mais dans le monde physique il faut tenir compte aussi des rythmes et des formes et classer ainsi à leur rang — ce qui n'est point facile — les conditions réelles des événements :

L'éponge de platine où s'enflamme un jet de gaz convenablement choisis et mêlés — je cite ce fait parmi beaucoup d'autres — nous offre l'exemple d'un effet plus rythmique que *dynamique* à proprement parler. C'est le rythme imprimé au mélange inflammable qui détermine la désagrégation moléculaire et l'ignition, et non pas les forces en cause ; et ce rythme est lui-même déterminé par une *structure* moléculaire toute spéciale du métal.

On pourrait peut-être rapprocher de ce fait celui des matières explosibles dont un son musical peut déterminer la brusque déflagration.

Elle péche donc par trop d'extension la définition donnée *d'une force* par les géomètres mécaniciens, à peu près ainsi formulée :

« Tout ce qui peut modifier un mouvement comme direction et comme intensité. »

On ne saurait appeler « des *forces* » une structure (cas particulier de la *forme*) ni un *rythme* qui est dans le temps ce que la forme est dans l'espace.

par l'analogie; les rythmes vont tous agir en définitive sur un même point central des masses encéphaliques, il le faut bien, même au point de vue le plus matérialiste, pour que l'unité — apparente si vous voulez — du moi soit constituée. Là ces rythmes peuvent se réunir sans se confondre, et sans interférer, d'ailleurs, leurs interférences admissibles ou supposables peuvent être négligées, bref, en un point, — ou petit espace — tous les rythmes sensoriels, soit venus du monde physique ambiant, soit venus des profondeurs de l'organisme vivant lui-même, affinent tous, représentant des ensembles de mouvements, des ensembles d'événements du monde « sensible » c'est-à-dire du monde extérieur, susceptible d'être représenté dans la conscience par la sensation.

On ne peut mettre plus près l'un de l'autre la vibration d'une part, scientifiquement constatée ou conçue, et la sensation, fait tout intérieur ou psychique; mais quel genre de rapport pouvons-nous constater ou imaginer rattachant l'une à l'autre?

C'est un rapport *de cause à effet* assez vaguement concevable quant à sa nature, mais expérimentalement probable. Toute variation dans le rythme sensoriel amènera une variation *correspondante* dans les faits psychiques, ou de conscience sensorielle, cela paraît certain; de même, tout changement intérieur amènera, dans l'ordre des mouvements organiques manifestés, certaines variations. C'est tout ce que nous en savons; et encore il ne faut pas vouloir examiner de trop près — nous l'avons montré — ce qui se passe en ces divers cas. Mais *comment*, par quel moyen, par quel mécanisme, par quelle propriété inconnue, soit de l'être conscient, soit de la matière en vibration, cela se passe-t-il? C'est là ce que nous ne savons nullement; et rien dans toutes les sciences ne vient nous fournir la moindre analogie, pas même le plus petit fait comparatif pouvant servir à bâtir quelque incertain essai de théorie.

L'impossibilité de résoudre la question ne doit pas étonner; et il faut mettre « à part » dans notre esprit un fait si particulier où la théorie mécanique demeure muette, afin d'essayer plus tard d'en dégager s'il se peut la signification.

Pour les idéalistes, la difficulté n'existe pas, puisque la réalité du monde extérieur est, par eux, formellement niée, et ils sont très fiers d'en être quittes si aisément, tandis que d'autres philosophes s'en tourmentent en vain. Pour M. Pioger qui admet un monde extérieur et qui, dès lors, ne peut échapper à la nécessité scientifique de chercher les conditions mécaniques des phénomènes, il ne s'en inquète même pas un moment ; et la question semble, pour lui, n'avoir jamais existé : « la sensation, dit-il, c'est la vibration, » « la conscience, *synthèse vibratoire*. »

Dire : sensation *est* vibration, c'est dire : vibration *est* sensation. Il faut de cette égalité conclure immédiatement ceci : La corde de la harpe ou du violon *entend* la symphonie jouée par le musicien. Le fil téléphonique *entend comme nous* les voix et les chants qu'il transmet à notre oreille. Est-ce là ce que M. Pioger a voulu dire, et — considérant la chose comme allant de soi — ce qu'il n'a pas explicitement dit?

Dans la conscience, bien d'autres faits encore ne sont point conditionnés au sens de M. Pioger. Je veux parler des faits de coordination par lesquels cette conscience, appelée ainsi un *moi* ou une *âme*, se manifeste comme puissance créatrice. La question n'est pas ici de savoir si cette conscience créatrice, identique à la volonté, se révèle comme, ainsi, créatrice dans tous ses actes — opinion qu'on pourrait aisément soutenir — ou dans quelques-uns seulement. Je ne prendrai que ceux où le caractère de création apparait éclatant, indéniable. L'invention d'une machine dont la nature n'a pas fourni le modèle, celle du pressoir, par exemple, ou celle d'un beau conte, celui, par exemple, d'Eros et de Psyché, du Metamorphoseon d'Apulée. Oh ! les éléments en ont été donnés dans les souvenirs de l'auteur premier, mais leur combinaison, leur *coordination*, qui l'a faite ? C'est là le caractère d'un ordre de faits tout spécial dans l'ensemble des choses, la marque d'une *puissance* (qu'il ne faut point confondre comme on le fait trop souvent dans le langage vulgaire ou littéraire avec une *force*) et d'une puissance qui, sous le nom d'âme, a justement été qualifiée de *divine*, car elle est analogue de tout point à celles si nombreuses dont les hommes ont imaginé l'existence, au fond de chaque mystère rencontré, sous les noms de dieux et de déesses.

Il n'y a pas de *loi de coordination*, il y a le fait clairement distinct de *création*, comprenant toutes les coordinations possibles, et pour l'homme, s'exerçant dans une sphère restreinte, mais dans les limites de cette sphère, en toute liberté.

M. Pioger écrit ces mots *loi de coordination*. Il n'essaie même pas — il en serait en peine — de formuler cette loi. Il pense, avec tous les matérialistes, que la complexité seule des déterminations en empêche l'analyse, et, par pur acte de foi, il admet qu'un jeu de multiples dispositifs mécaniques constitue tout le nécessaire de nos créations eurythmiques et eumorphiques.

En ce point, j'accuserai toujours les matérialistes tant qu'il en sera au monde — ces philosophes invoquant sans cesse l'expérience et la science, comme s'ils en étaient de droit les seuls apôtres et les seuls prêtres légitimes — de n'avoir jamais pensé à ce qu'est un dispositif mécanique en général, je leur reprocherai de ne pas s'imaginer quel genre de résultats, tel dispositif quelconque peut fournir, pour si ingénieux qu'en soit l'inventeur, pour si nombreux qu'en soient les organes. S'il consentaient à s'instruire de ces choses, ou s'ils sont mécaniciens — on en rencontre — à réfléchir sur les principes généraux de leur science, en mode quelque peu généralisateur, il est de toute évidence qu'ils ne resteraient pas les « matérialistes » qu'ils sont.

Être matérialiste, en effet, c'est — en dépit de l'observation, attentive des êtres vivants, et de sa propre personne « subjective », en dépit de la science expérimentale ou mécanique, admettre que *la seule cause* de toutes choses dans l'univers c'est la matière atomique en mouvement. Or, il est une première évidence dans la question : Avec *des atomes* conçus d'une manière quelconque, l'*espace illimité*, et du *mouvement*, il est impossible de construire la moindre hypothèse, la moindre conjecture quant aux transactions de ces corpuscules dans cet espace. Il faut tout au moins leur donner d'autres propriétés que celles que leur attribuent depuis deux siècles environ les physiciens. C'est pour cette raison bien sentie que M. Pioger accorde gratuitement et du premier coup à ses *infinitésimes*, une inter-gravitation essentielle et primordiale.

Cette inter-gravitation ne suffit nullement à comprendre comment des gaz, des liquides, des solides peuvent se former, ni surtout comment peuvent se constituer soit ce qu'on nomme aujourd'hui les corps simples, soit de premiers aggrégats, plus simples encore, dont ces dits corps réputés simples pourraient être composés, — mais cependant différents les uns des autres.

Pour ne pas abandonner l'essai de conjecture, il faudrait, à chaque pas, doter les subtils infinitésimes d'une ou de plusieurs qualités ou facultés occultes et nouvelles, et c'est là précisément ce qui n'est pas admissible en la construction d'hypothèses scientifiques. Le philosophe Charles Lemaire, vers 1847 ou 1848, publia un livre « La philosophie de la liberté » où il accordait à chacun de *ses* atomes toutes les qualités à la fois, et en bloc l'*omniscience* et *l'omnipotence*. Chaque atome *sait* ainsi — de toute éternité — ce qu'il doit faire à chaque instant de la durée et en tel lieu de l'étendue, et ne manque jamais à sa fonction. D'où la création ou coordination — fatale, il est vrai — de tous les univers et des êtres particuliers qui les habitent, et l'évolution de ces univers et de ces êtres, et de la science et de l'art, de la vie et de la pensée. Pour caractériser ces éléments cosmiques de son invention, — les grains de cette poussière impalpable de dieux ou de Dieu, — il les qualifiait *polytechniciens*.

On a fait peu de gloire, en France et ailleurs, à ce philosophe qui fut un excellent homme comme la plupart des philosophes ; cependant sa « doctrine » contenait plus qu'en germe cette *philosophie de l'Inconscient* qui a fait de M. Edouard de Harttmann le plus célèbre des disciples de Schopenhauer.

Ces conceptions ont le tort, aussi bien que celle de l'*infinitésime*, de ne pas être à proprement parler des *conceptions*, c'est-à-dire des conceptions réelles, ou ensembles coordonnés synchroniques ou successifs d'images-souvenirs, mais bien plutôt des arrangements littéraires de mots et de phrases, où l'*imagination* s'est lassée très vite, et cessant de travailler sur des représentations cérébrales claires et précises et sur leurs relations, ne s'est plus employée qu'à des groupements de ces signes grammaticaux incomplètement vérifiés. Dès lors, les signes n'expriment plus les rapports au moins géométriques des choses où l'esprit aperçoit, non, certes ! toujours le *réel*, mais tout au moins le *possible*. Par cette faute, si fréquente aux mieux avisés, la parole et l'écriture risquent à chaque pas d'exprimer non pas seulement des pensées fausses mais encore l'incogitable absurdité.

Pour éviter l'absurde et l'erreur où tout penseur peut tomber, il ne faudrait jamais perdre de vue cette théorie. — Condillac en avait pressenti quelque chose ; mais il n'a jamais pu la bien dégager ni bien formuler la règle qui en dérive et — ce qui est plus grave — il oublie le plus souvent de la prendre pour guide en ses propres ouvrages.

De très bons esprits parmi les savants, sont portés, de nos jours, à se désintéresser de toute métaphysique et même de toute philosophie, de ces sciences — « sont ce là des sciences ? » — où il est si difficile de ne se point tromper.

Ils ont beau jeu à énumérer les prétendus systèmes, et les stériles doctrines, et les paralogismes fameux dont vivent plusieurs écoles. Comme conclusions, ils demandent ou s'exclament :

A quoi cela sert-il ? comptant bien que personne ne leur répondra.

On peut leur répondre cependant :

A toute science correspond un art, une technique ; réciproquement tout art se réfère à un ensemble de notions précises, contrôlées, coordonnées, dont l'ensemble est bien fonction du pur savoir et ce qu'on peut appeler une science. Quel art correspond ainsi à la métaphysique ?

L'art de penser hautement et fortement en mode abstrait.

En manifestant du talent ou du génie en cet art, les philosophes ou métaphysiciens ont mérité leur renommée. — Peu importe — à cet égard — qu'ils aient proposé et professé plus d'erreurs que de vérités. Leurs opinions — pour ce qu'ils sont de tels singuliers artistes — exercent une influence décisive en bien ou en mal — sur toutes les choses humaines, et particulièrement sur la marche et la forme des sciences. Ils sont aux savants spéciaux, ce que les poètes sont aux prosateurs.

Donc la métaphysique sert à toute chose, et se mêle à toute chose de la vie humaine. Les questions qu'elle agite exigent pour la plupart des solutions au moins provisoires en tout esprit hautement conscient. D'ailleurs, comme la « philosophie » est fonction nécessaire de l'intelligence de l'Homme, si vous n'êtes pas, « moyne moynant » comme dit Alcofribas, serez « moyne moyné » c'est-à-dire rattaché en esprit à quelque philosophie ancienne ou courante ou à quelque église traditionnelle. — Je n'y vois aucun mal si telle est votre fantaisie, ou — si vous voulez et en laïcisant le mot — votre vocation.

C'est ainsi que M. Julien Pioger s'est trouvé matérialiste à peu près à la manière de M. Herbert Spencer, par horreur de la « métaphysique » et du « philosophisme. »

Si je me suis laissé aller aux digressions précédentes c'est en partie pour lui bien exprimer que la dureté apparente de mes critiques, s'adressant à ce qui me semble des erreurs de son esprit, ne doivent pas trop l'émouvoir ni l'étonner, et rien n'en saurait altérer l'estime où je tiens ses qualités scientifiques et personnelles. Aussi, dirai-je. n'a-t-il pas bec et ongles pour me rendre la pareille ! Et je l'y invite, dans l'intérêt du vrai qu'il s'efforce comme moi de découvrir.

Je n'oublie pas entre temps que je l'ai accusé avec les autres matérialistes passés et présents d'ignorer ce que c'est *au juste* et *en général* qu'un mécanisme, un dispositif mécanique, une machine ! Il faut bien remarquer les mots soulignés *au juste* et *en général*, autrement le reproche n'aurait aucun sens, car M. Pioger connaît beaucoup de machines, sans compter la machine humaine, et je ne doute même pas qu'il ne puisse en inventer de très ingénieuses.

La question, à vrai dire, n'est pas, ainsi posée, si facile qu'on pourrait le croire au premier abord.

Interrogeons d'abord le meilleur des dictionnaires (quant à cet ordre de mots) celui du laborieux et digne Littré, qui eût été un très bon métaphysicien s'il eût osé se le permettre :

« Machine, instrument propre à communiquer du mouvement, ou à saisir, à prendre et à mettre en jeu quelque agent naturel, comme le feu, l'air, l'eau, etc. »

Cette définition est presque suffisante bien que de forme surannée, ce qui lui laisse un peu d'obscurité.

« Toute machine suppose combinaison, arrangement de parties, tendance à un même but (Diderot. *Recherches philos. sur le Beau*) » cette formule s'applique à toute machine mais ne constitue pas la définition cherchée.

« Assemblages d'une construction plus ou moins simple qui transmettent l'action d'une puissance sur une résistance. » Brisson, *Trait. phys.*, 1780.

Celle-ci est à la fois obscure et incomplète.

Voilà où en est encore ou à peu près le langage courant.

On donne aussi ce nom dit le *Littré*, à toute espèce d'outil. Dans ce sens, un levier, une poulie (dits machines simples), un marteau ou une bêche seraient des machines.

C'est là tout ce que nous apprend, à ce propos, le bon dictionnaire. Dans ce dernier sens, il n'est pas d'objet de fabrication humaine ou à l'usage de l'homme — un siège, un vase, un couteau, un bâton — qui ne soit ou ne devienne dans ses mains une machine.

La définition au sens tellement étendu devient à peu près impossible. Il faut délimiter davantage.

Essayons :

I. Une machine est un assemblage de formes matérielles imaginées et disposées en certaines corrélations conformes aux nécessités connues des fonctions en cause ; ces corps ou ces parties distinctes et conjuguées, éléments de la synthèse, ainsi nommée une machine, doivent être choisis comme structure, déterminés comme figure, distribués et agencés en leurs rapports réciproques de façon à obtenir, au moyen de l'énergie appliquée ou captée, une série coordonnée et finie de mouvements, pouvant indéfiniment recommencer, dans un but ou pour un résultat toujours le même, voulu par l'inventeur et prévu par l'applicateur.

Beaucoup trop explicite comme définition verbale, cette formule comprend-elle tous les cas possibles ? Il me le semble en ce moment ; et au moins s'en faut-il de peu.

Essayons d'abord de l'abréger :

II. Une machine est une association de dispositifs matériels (1) destinée à produire un ensemble voulu de mouvements coordonnés pour une fonction préconçue.

Ou autrement :

III. Une forme construite pour employer de l'énergie en un rythme voulu et déterminé.

Où encore, et d'une façon plus abstraite ou plus métaphysique, on peut définir la machine :

IV. Tout moyen matériel et dynamique d'obtenir un *rythme* préconçu et voulu, par une *forme*, et réciproquement.

Le rythme en question (2) peut se réduire à un mouvement uniforme soit donné au début — une chûte d'eau par exemple — soit obtenu à la fin comme but — la rotation d'un cylindre distributeur d'énergie.

Le but peut être soit une forme, soit un rythme complexes mais l'un ou l'autre déterminés comme durée ou comme étendue et toujours sensiblement identiques. Exemples, instruments de musique mécaniques, appareils automatiques de mise au point avec ou sans réduction ou agrandissement d'objets sculpturaux.

Le but de certaines machines est de rendre disponibles certaines quantités d'énergie captée. On dit alors — par métaphore — que leur *puissance* est de tant de chevaux ou plus exactement d'ergs, mesures arbitraires et convenues de la proportion d'énergie qu'elles rendent disponibles par unité de temps.

En d'autres, l'énergie — toujours nécessaire — n'est pas du tout en question. Il ne s'y agit que de transformations rythmiques et morphiques.

---

(1) Ce terme de mécanique pratique — *dispositif* — comprend et représente bien tout ce qui peut être desseiné en plan, coupe et élévation comprenant des formes partielles continues ou discontinues.

(2) Le sens de ce mot doit être pris ici dans sa plus grande généralité : *fonction de durée.*

La création de ces rythmes et de ces formes est le fait toujours — est-il besoin de le dire ? — de l'intelligence humaine, ou bien ils sont pris tout créés et déterminés soit dans la nature, soit en des objets antérieurement créés par l'homme, objets d'art, etc.

Nous pouvons maintenant distinguer la *machine* proprement dit — *complexe* et *complète* — de l'*instrument*. Celui-ci, pour servir, exige le concours de l'homme, tandis que l'organisme appelé plus particulièrement une machine, tout en étant bien disposé pour sa fonction, et la mise en train effectuée, peut fonctionner, pendant un certain temps, toute seule, et, comme on dit (par une dérivation figurative très usitée du mot) *automatiquement*. Un char quelconque, suivant cette distinction non inutile, ne serait qu'un instrument, puisque sa fonction est nulle sans le cheval et le cocher, lesquels, pour le premier, n'est pas une machine sinon en l'opinion de Descartes, et pour le second, n'en est une que suivant la doctrine matérialiste.

Pour définir l'instrument ou élément de machine, nous devons comprendre dans la définition tous les objets fabriqués par l'homme à son usage ou simplement choisis par lui pour lui servir et augmenter sa *puissance* sur le monde physique extérieur, le caillou servant de marteau, le silex tranchant précédant le couteau de pierre dure primitif, le bâton. Nous devons y comprendre aussi tous les corps solides liquides et gazeux de la nature et tous les agents physiques même aux époques reculées où leurs propriétés spécifiques et leurs corrélations étaient à peine expérimentalement connues.

Nous pourrons nous demander maintenant si le corps de l'homme, et aussi en général les organismes de tous les êtres vivants sont des machines.

Ils sont de toute évidence à la fois machines et instruments. Il sont encore autre chose. Les plus simples d'entre eux sont doués d'impressionnabilité *sensorielle* ou *consciente* (ce qui est dire la même chose) et de réaction *volontaire* ; et à partir des évolutions premières des microzymes, ils sont des composés hiérarchiques d'êtres individuels, distincts, subordonnés, *solidarisés* à certain égards, et tous volontaires (en mode simple) et conscients (à leur façon) et dont la volonté ni la conscience ne se confondent avec ces mêmes facultés du moi directeur et souverain disposant d'eux en une certaine mesure.

Des philosophes inattentifs peuvent — en se laissant tromper à d'apparentes analogies — confondre ces consciences primordiales et relativement simples, avec les nombreuses façons d'être modifiés que nous présentent les corps — physiquement ou chimiquement considérés — en leur structure moléculaire. Ils peuvent confondre la volition de ces êtres primordiaux, avec les *réactions* qui suivent toutes les actions déterminées, et sont provoquées par elles, dans le règne anorganique. Mais il est un caractère de la vie, — obscur dans les faits initiaux de son évolution, de plus en plus distinct à mesure qu'on s'élève dans la série des êtres organisés, c'est, dans les transactions de la *conscience* et de la *volonté*, l'apparition de mouvements *coordonnés* indéfiniment variés, la création illimitée de rythmes nouveaux et de formes nouvelles ou plutôt d'eurythmies et d'eumorphies.

Ce caractère, nulle machine imaginable ne peut être conçue comme le présentant ; et toutes celles qui fournissent des produits eurythmiques ou eumorphiques ne les font apparaître que par la volonté de leurs inventeurs, en le moi desquels elles ont été créées, à moins qu'elles n'en *reproduisent* d'autres de la nature mais déjà, comme je l'ai dit, toutes faites ou créées.

En ce que je viens d'exposer, il n'y a presque rien qui ne soit très bien connu aujourd'hui au moins par les savants, par les simplement instruits. — Je n'ai fait que marquer les rapports évidents des choses, et parmi ces rapports les plus importants dans l'ordre des idées ou opinions discutées. Telle est, en effet, la fonction essentielle de la métaphysique et des autres sciences générales dont l'ensemble constitue la *Philosophie*. C'est peu, si l'on considère les complexités à réduire par l'analyse et les suites d'études à développer, en de telles grandes questions. Cela suffira cependant à faire entendre aux esprits dégagés des partis pris des anciennes et persistantes métaphysiques (matérialiste, idéaliste, dualiste, etc.) qu'il est possible et qu'il est temps d'instituer *la métaphysique scientifique*, la véritable synthèse des sciences, comprenant l'étude des idées générales de tout ordre, et la solution — en ce qu'elle sera possible — non de toutes les questions souvent mal posées par les philosophes, mais des questions véritables, intéressant chacun de nous en particulier et tout le genre humain. Ces questions doivent être d'abord soigneusement déterminées non par de purs principes rationnels ou logiques d'où on prétendrait faire tout dériver, mais par l'ensemble devenu ou rendu concordant de nos connaissances acquises, et par les divers aspects des choses et des êtres en corrélation réciproques dans l'univers, et aussi par les corrélations de ces choses et de ces êtres avec nous.

*
**

Il était logiquement fatal que M. Pioger soutint la doctrine aujourd'hui en pleine déroute de la *génération spontanée*, puisque, dans tous les faits connus, il ne veut rien voir que le spontéparisme universel de la vie, de la sensation, des êtres, de la pensée et de toutes choses, toutes les spontanéités individuelles se fondant en la spontanéité générale, et se déterminant par des conditions réduites, en dernière analyse, à l'infinie multiplicité des « infinitésimes » en continuel mouvement, cela expliquant assez clairement à son gré l'évolution indéfinie, le « devenir éternel. »

Dans cette question ainsi conçue en sa généralité cependant, le philosophe infinitésimiste ne paraît pas complètement à l'aise. Tout en ne donnant contre les « panspermistes » (1) aucun

(1) Les panspermistes admettent l'existence, de toute éternité, ou, du moins, depuis un temps très lointain, des germes de tous les êtres, voire de tous les « microbes » causes de tant de maladies. Ces germes sont répandus en nombre immense dans l'espace, et se développent suivant la doctrine de ces biologues, dès que les circonstances deviennent favorables à leur développement.

Les spontéparistes en diffèrent moins qu'il ne semble, en admettant comme possible l'apparition des êtres vivants partout à la seule condition de milieux capables de les nourrir et de les laisser croître.

La science expérimentale a démontré l'erreur des uns et des autres. Tout être vivant vient d'un germe préexistant chez un autre être géniteur plus ancien (sans parler de la double sexualité qui ne tarde pas à devenir évidente). Les plus petits de ces êtres sont les mycrozymas découverts par M. A. Béchamp que leurs fonctions spéciales et diverses comme éléments des organismes complexes ne séparent nullement de tous les autres.

La vie ne se manifeste pas dans ce qui n'est pas organiquement structuré, c'est-à-dire structuré en un mode spécial ne rappelant en rien les formes rigides et anorganiques des cristaux.

Les « microbes » de l'air qui ne proviendraient pas d'organismes vivants ou morts, végétaux et animaux, sont une pure chimère dérivée de fausses interprétations de faits expérimentaux. Les « germes pathogènes » ceux qui se rencontrent dans l'air comme les autres, ne sont que des microzymas soit en leur forme primitive, soit évolués pathologiquement en diplocoques, streptocoques, bactéries, bactéridies, et enfin en vibrionniens de formes diverses, tous provenant d'organismes vivants.

Les protoplasmas (matières albuminoïdes) ne sont vivants que par les microzymas qu'ils renferment, séparés de ces microzymas il ne manifestent plus aucun des caractères de la vie.

La fibrine est entièrement composée de ces corpuscules vivants, dont la grandeur diamétrale est d'un demi dix-millième de millimètre. Ils sont entourés d'une sorte d'atmosphère de matière albuminoïde hyaline (fibri-

argument triomphant — leur accordant même assez explicitement une suffisante estime, il se plaît à citer un certain nombre de faits empruntés, la plupart, aux travaux de Pouchet. Ces faits ont été discutés et définitivement jugés. Examinés avec soin, ils ne contiennent nullement la preuve expérimentale d'une *possibilité même* d'un seul fait de génération spontanée. M. Pioger le sait aussi bien « que tout le monde » cependant il accorde une large place à ces faits, capables d'amener en l'esprit d'un lecteur, trop mal informé, une conviction véritablement absente en l'esprit de celui qui, trop complaisamment, les expose.

Pour rouvrir cette discussion — cela se peut en tout genre de questions — il faudrait apporter des faits nouveaux, ce que M. Pioger ne fait pas, et des faits *probants*. Jusqu'à présent d'innombrables expériences nous montrent les êtres vivants (germes ou individus développés) comme distincts, comprenant des particules solides, et naissant toujours d'êtres également vivants, structurés, et figurés.

Jamais on n'en a vu naître en des liquides convenablement filtrés et stérilisés, et tenus à l'abri de l'air, ni même en des matières amorphes colloïdes, placées dans les mêmes conditions, lors même que ces matières et ces liquides proviendraient d'organismes vivants, et n'auraient pas encore pu être produits par synthèse dans les laboratoires des chimistes.

Nous ne pouvons, sur un sujet aussi important, nous étendre davantage. Cependant notre discussion de ces choses dans le présent travail a été suffisante en ce qu'elle a rappelé plutôt que développé, et le lecteur désireux de s'instruire sur les détails pourra aisément recourir aux ouvrages spéciaux (1). A ce verdict de la science actuelle il n'y a rien à opposer.

Les deux grands principes sur lesquels M. Pioger insiste le plus souvent sont les suivants :

nine) et dans cet état, rien ne révèle leur nature biologique : mais, débarassés de cette enveloppe, au moyen d'une solution d'acide chlorhydrique au millième, ils manifestent leur action physiologique, laquelle consiste à décomposer indéfiniment l'eau oxygénée.

Les mycrozymas du foie, au lieu de fibrinine, sont revêtus d'une couche de matière grasse particulière qu'on peut enlever complètement par l'éther. Chacune des espèces de microzymas de l'organisme se manifeste par une fonction spécifique, modifiable suivant certaines conditions de milieux où on les observe (A. Béchamp.)

(1) Voir LES MICROZYMAS, *dans leurs rapports avec l'Hétérogénie, l'Histogénie, la Physiologie et la Pathologie*. A. BÉCHAMP. Paris, 1883, J. B. Baillière éd., et MICROZYMAS ET MICROBES du même auteur, Paris, 1893. E. Dentu éd.

I° La différenciation fait tout et explique tout.

II° La nature ne fait point de saut.

Rien ne se fait — il est vrai — sans différenciation ; mais la différenciation elle-même et toute seule ne fait rien et n'explique rien (1). Quant à l'autre aphorisme, très vieux celui-là, et résidu scolastique, il est de l'ordre de ces vérités partielles dont il se faut grandement défier. Quand la Nature (parlons comme tout le monde) parmi d'innombrables espèces de singes, en fait, sans crier *gare*, deux dont les fesses soigneusement dépourvues de poils, sont, pour l'un, d'un rouge écarlate, et pour l'autre d'un bleu turquoise vif, elle me semble en cela avoir fait un bond d'une certaine ampleur. Le développement de la série zoologique, où on croyait le mieux à l'absence de sauts, a montré partout de vastes lacunes, et souvent des sauts en arrière pour obtenir et réaliser un progrès ultérieur plus grand. Les anciennes maximes ont une certaine valeur d'induction pourvu qu'on ne cherche pas trop à les étendre au-delà de l'expérience des primitifs qui les ont formulées. Il est plus court et plus prudent d'observer soi-même les choses, et d'en tirer soi-même les inductions, leur laissant ce caractère d'induction, tant que des expériences comparatives nombreuses et des théories mathématiques, nous en montrant le *comment*, ne nous ont pas encore donné le droit de les appeler *lois*, au sens rigoureux qu'on devrait aujourd'hui attacher à ce mot.

En cette discussion épineuse, en cet examen d'une œuvre recommandée à l'attention publique, par cela que son auteur est médecin et biologiste, je n'ai pas encore tout dit. L'ambition de l'auteur discuté a été de constituer comme une philosophie complète partant du monde physique « expliqué » résolvant, ou croyant résoudre, avec une grande hardiesse, les questions ardues et hautes de la vie et de la pensée, aboutissant enfin — il le promet — à un système de rénovation sociale.

Il serait imprudent peut-être de faire sur cette dernière tentative promise, des conjectures quelconques. Cependant, à ne rien cacher de ma pensée, et il faut avant tout de la « franchise » en de si vitales questions, je n'ai pas l'espoir que la doctrine sociale soit bonne, édifiée sur une mauvaise métaphysique — puissé-je en cela me tromper. — D'après quelques fragments conservés d'un fossile ou d'une œuvre d'architecture, il n'est pas bien difficile d'en reconstituer l'ensemble. D'autre part, cette solution de la

---

(1) Ce mot *différenciation* n'est que l'expression d'un *rapport* et non d'une *cause*.

question sociale était déjà entière — on n'en peut douter — dans la pensée de l'auteur, avant qu'il ne commençât d'écrire « le Monde Physique ». On en voit apparaître les grandes lignes parfois explicitement marquées, parmi les affirmations toutes métaphysiques et purement rationnelles des deux premières parties de la trilogie.

J'ai dit que M. Pioger s'est montré, en son œuvre, résolument *matérialiste*. J'ai voulu dire qu'il proclame hautement l'idée ou les idées de l'école unanimement désignée par ce nom. Par cet adverbe « résolument » j'ai voulu dire qu'il se sépare tout à fait du positivisme comtiste ; car toutes les questions abordées par lui sont de celles dont cette école considère la solution comme hors de la portée de l'esprit humain. Et de cela, je ne lui ferai nul reproche, je l'en louerais même s'il avait mieux réussi, car cette prétention de fixer ainsi très *a priori* les limites de la portée de notre esprit m'a toujours paru d'une outrecuidance qui n'a jamais été dépassée ni même atteinte par les plus audacieux constructeurs de métaphysiques. Quant au nom lui-même de matérialiste — est-ce pour obéir à une mode subie de nos jours par plusieurs philosophes — il semble, en certains passages, presque le répudier. Parfois on croirait l'entendre dire : « Je ne veux pas qu'on me confonde avec ces métaphysiciens ! » Au risque de quelque peu lui déplaire, je le constate *métaphysicien* au même titre que Hegel, par exemple, et *matérialiste* à peu près comme Epicure et d'Holbach, ou M. Herbert Spencer. Les ornementations néo-scientifiques n'y font absolument rien. On a beau n'admettre aucune « substance » et parler un langage daté, par sa contexture et les termes employés, de ces dernières années, lorsqu'on pose, au commencement des choses, une infinité d'infinitésimes ou d'atomes, qu'on met deux de ces atomes ou infinitésimes en présence, et que, par une complication croissante de rapports de *fortuité* et de *nécessité*, toujours de même nature, et sans l'intervention de causes ou de puissances dominant ces rapports, on s'imagine expliquer l'évolution du monde physique et des êtres vivants, et ainsi tout le *devenir* de l'Univers, cela se nomme en langage philosophico-historique et en français *être matérialiste*.

Cet « essai de conception *expérimentale* » ne mérite en rien, je l'ai surabondamment prouvé, cette qualification qu'on lui donne ; c'est un essai de conception *rationnelle* (au sens de la *Raison pure* de Kant, de l'*Idée* de Hegel, de la *Volonté* de Schopenhauer). J'ai combattu ce genre d'*essais de conceptions*, qui ne peuvent mener, et qui n'ont mené qu'aux plus tristes avortements ; mais les grands raisonneurs désintéressés que je viens de nommer ont été remarquables par l'opiniâtre vigueur de leurs efforts. M. Pioger, lui, ne semble voir nulle part la moindre difficulté. Il ne fait en conséquence aucun effort. La seule peine qu'il se donne c'est d'écrire des suites d'évidences, qui ne sont telles que pour lui. S'il est quelqu'un au monde à ne partager point ses convictions, ce quelqu'un en est empêché par l'effet d'un atavisme dominant sa raison et lui imposant, malgré toute culture scientifique, les vieilles croyances des ancêtres. Avec cela, notre biologiste trop ou trop peu philosophe se persuade aisément qu'il a raison — contre tous ces *atavisés*. Je n'ai point relevé dans ses livres un grand nombre de paralogismes, à peine un cercle vicieux, toujours le même, s'exposant à chaque page sans nulle trace de circonspection. En dehors de cette erreur de logique il n'y a presque aucun autre raisonnement, à part ceux indispensables à l'expression écrite de la pensée. En son langage, c'est sa *raison pure* qui parle, non pas une raison raisonnante, mais une raison intuitive, intuitive non pour percevoir des rapports soit *vrais*, soit simplement *imaginables*, mais pour percevoir et tracer des suites de formules. Les faits scientifiques sont appelés pour témoigner en faveur de ces formules, ils refusent toute réponse. Qu'importe ! il suffit qu'ils aient comparu ! et leur déposition sophistiquée est bien et duement inscrite.

Telles sont, en résumé, l'œuvre philosophique, les idées et la méthode, prétendue expérimentale, de M. Julien Pioger.

Au nom des méthodes scientifiques, expérimentales et mathématiques, au nom de tout ce que je puis savoir de la science ou des sciences, je les rejette absolument.

APPENDICE AU CHAPITRE IV

Au moment où j'achève de revoir les pages précédentes — 11 janvier 1894 — Un événement grave et triste vient de se passer. L'anarchiste Auguste Vaillant, l'auteur de l'attentat contre « nos députés » au moyen d'une bombe fulminante a été hier condamné à la peine de mort. Dans son interrogatoire ; beaucoup de choses ont été dites, dignes d'être longuement méditées ; notamment, il faut remarquer le passage suivant d'une lettre adressée par lui, avant le crime, à M. Paul Reclus : « *Ce que je fais est la conséquence logique de mes idées sur Darwin, sur Buchner, sur Herbert Spencer* » et dans une sorte de mémoire lu à l'audience par le coupable, il explique très exactement comment son acte est bien réellement la conséquence « logique » des idées de Darwin (mieux serait dire des disciples de ce naturaliste) de Buchner et de Herbert Spencer.

Des lecteurs, ayant moins que moi, peut-être, subi le contre-coup douloureux de ces choses, trouveront de très mauvais goût le rapprochement que je me permets de faire ici. En dépit du blâme auquel je m'expose, je pense, moi, remplir un strict et impérieux devoir : les maîtres de Vaillant et ceux de M. Julien Pioger sont les mêmes. M. Pioger n'a en rien rectifié ni amélioré leur commune doctrine. Il n'y a rien ajouté de nouveau comme argumentation soit philosophique, soit scientifique. Il garde cette doctrine en sa pureté primitive, comme elle a été professée par l'antique Epicure, sauf les *dieux* vénérés ou simplement maintenus par le philosophe grec, comme elle a été amplement exposée par nos matérialistes du xviiie siècle, d'Holbach et La Mettrie, n'admettant, ceux-ci, d'autre dieu que le Hasard, comme elle a été reprise, de nos jours, par des « philosophes » anglais ou allemands sans grande valeur scientifique pour la plupart, et auxquels certaines sectes ont donné en France cette notoriété injustifiable dont les esprits un peu clairvoyants sont choqués.

Il n'est pas sans intérêt d'apercevoir comment cette doctrine du matérialisme *bien comprise* peut avoir, en ses déductions dernières, de sérieux inconvénients.

Je me suis presque abstenu dans la critique dont l'œuvre de M. Pioger a été l'occasion, de faire intervenir des raisons de *sentiment*. J'ai combattu surtout cette prétention, déjà ancienne aussi, chez les sectaires de l'école, de n'appuyer leur dire que sur des faits, que sur des inductions scientifiques ou expérimentales. J'ai détruit de fond en comble ces prétendues bases scientifiques. J'en ai montré l'absolu néant. En cela la discussion ne devait pas un instant cesser d'être *scientifique*. Contre l'erreur scientifique, la science peut seule fournir des armes solides et affilées.

Je ne refuserai jamais à M. Pioger ni à personne la discussion des arguments et des faits constituant ma critique. En de telles questions il faut être toujours prêt et jamais las, car il n'en est pas d'une importance plus obligatoire, et il y aurait vraiment quelque lâcheté à déserter l'ardente lutte pour ce que nous croyons le vrai (lutte au dedans de notre propre esprit, ou contre les convictions des autres) et à préférer le commode et mol oreiller d'un plus ou moins élégant scepticisme.

Voici un homme riche et joyeux. Il s'occupe à bien manger, bien boire et bien dormir, son mobilier est, non très luxueux, cela serait vanité pure, mais bien adapté à ses aises, cossu et bien tenu, ses habits à l'avenant. Il soigne sa santé. Il n'aime personne, pas même sa maîtresse. Son argent, il le garde par prudence, il songe à l'avenir ! D'ailleurs, il n'est pas de ces gens qui par l'aumône « dégradante » encouragent la paresse et l'oisiveté. Toutes les lois le protègent, et à ce point de sembler n'avoir été édictées que, spécialement, pour cela.

Le voici à table où, seul, il dîne, le dos au feu, comme dit une vieille chanson.

Le populaire, avec un terme de philosophie descendu — ce qui arrive — jusqu'aux « bas-fonds » de la langue, dit qu'il est *matérialiste*. Notre homme, après boire, ayant de la lecture, nourrissant des convictions personnelles sur la nature des choses, et n'ignorant pas l'art de maximer ses pratiques, ne prostesterait pas contre l'application faite à sa personne de cet adjectif gaillard, plantureux, hardi, contempteur, assuré, de franche volée, de défi, libertiste, renseigné, esprit fort, portant haut, bien sonnant, de verte allure, indépendant.

Dans la rue, au bas de sa fenêtre, passe un autre homme.

Un peu maigre, celui-là, un peu jaune ; les yeux ardents et cernés, trop sommairement vêtu et mal chaussé, il marche sous la bise vespérale. Ses traits, un peu durs, sont pensifs, non trop haineux, une droite verticale marque l'entre-sourcils. La lèvre pâle est légèrement contractée. Il a subi — n'en doutez pas — des humaines douleurs, un peu plus que sa part. — Ainsi parlons-nous, du moins, en cette idée, implantée par de vieilles habitudes, de Quelqu'un distribuant des parts de souffrances aux pauvres habitants de notre terre —. Il a peut-être effleuré le vice ; mais qu'importe cela ! Son pas est précipité, inégal, trébuchant, nerveux, fiévreux. Il va et vient depuis un grand quart d'heure au bas de la haute fenêtre... Il porte sous le bras, comme une sorte de petite boîte enveloppée de papier gris. Si un de ses amis lui demandait tout à coup à ce moment comme à tout autre, quelles sont ses opinions religieuses et philosophiques, il répondrait sans hésiter, et sachant très bien ce qu'il dit : « Je suis « *matérialiste*. »

Or, il arrive ceci : le matérialiste de la rue lance contre une vitre, à la fenêtre éclairée, son mystérieux paquet. L'objet tombe en plein sur la table parmi les truffes et les vins exquis ; tout éclate, faisant de l'autre matérialiste, de sa maison, et de son dîner ensemble confondus, une bouillie sanglante où les chimistes experts seuls reconnaîtront quelque chose.

L'auteur du coup, sera décapité, si on le prend. Mais cette partie du dénouement de l'histoire peut être laissée indécise. Là n'en est pas le véritable intérêt ; la communauté de convictions entre l'assassin et la victime demeure la spéciale circonstance, radicalement suggestive.

Que penser d'une doctrine *déterminant* deux modes parallèles d'existence, tels que nous les avons tracés et non d'imagination pure, amenant la catastrophe inévitable que nous n'avons pas davantage inventée.

Les moralités de ces hommes s'équivalent, l'un a fermé son cœur aux souffrances humaines ; les pleurs des affamés, des femmes et des enfants ne l'émeuvent plus, sa fausse philosophie a paru légitimer son égoïsme, l'autre, qui, grotesquement, se prend pour un héros, parce qu'il expose sa vie pour assouvir ses haines furieuses, ne savait pas, et ne s'est pas inquiété de savoir, si, derrière le vitrage brisé par son engin meurtrier, il n'y aurait pas des enfants et des femmes, ou quelqu'un de ces êtres rares dont la vie est une beauté, et dont les pensées peuvent contenir le salut des humanités futures.

J'ai distingué la victime de l'assassin. Futilité ! — ce sont deux victimes.

J'ai là sous les yeux — presque par hasard — un petit livre *L'ordre et l'Anarchie*. L'auteur — on me l'a dit — est tout jeune. Cela n'exclut pas de grandes prétentions scientifiques et philosophiques. La philosophie d'un anarchisme qui ne se proclame pas « militant » est là tout au long exposée. C'est plus étendu, mais non meilleur que le mémoire de Vaillant. Celui-ci a aussi le mérite d'être beaucoup plus clair. Les déductions logiques s'y peuvent plus nettement suivre.

Le mot de la fin est celui-ci : « c'est la charité qui a retardé le monde... la maladroite préoccupation du voisin !... »

On nous y apprend que *l'homme est une force* ; et cela est souvent répété. Il est parfois « une force rayonnante. »

L'homme (prenons-le *corps et âme* comme le commun des mortels, et ce *commun*, en cela, ne parle pas si mal !) l'homme est une force.

Sans aucun doute il est cela. Il l'est en qualité de bête de somme — la bête de somme que nous sommes tous et à qui on peut demander la dépense d'un assez grand nombre de kilogrammètres d'*énergie* par jour.

Déterminant une moyenne, on dirait, en ce sens, une machine de tant d'hommes, comme on dit de tant de chevaux.

L'homme est donc à peu près une pure force (dans le sens *mécanique* ou *dynamique*) ou plus exactement une source d'*énergie*, et compte comme tel, lorsqu'on l'emploie — cela se voit encore — à un travail presque purement mécanique, lorsqu'on l'attelle à une *voiture à bras* par exemple et dans mille autres circonstances.

Il n'est pas *seulement* cela.

Ne prenons que son corps sain ou malade, beau ou laid, souple ou roidi, jeune ou vieux, que sais-je ! en tous les cas il est *individuel* et l'un quelconque choisi dans la masse n'est jamais *égal* aux autres.

Non-égal même en naissant, ou pour mieux dire avant de naître, puisqu'il peut offrir et garder quelque chose de spécifique, de supérieur quelquefois, venant des ancêtres.

La façon dont les influences de milieux combinée savec l'influence atavique, l'éducation, et par-dessus tout son génie particulier, lui a fait arranger en son cerveau tels ou tels ensembles d'idées, tout cela en fera un *individu*, soit excellent, soit médiocre, soit détestable.

Donc, l'homme, en outre qu'il est une force, est encore physiquement une forme inférieure ou supérieure ; et cela n'a rien de commun avec une *force*.

Mais il est aussi, et c'est là son vrai caractère, quelque chose n'ayant avec tout ce que dans les sciences on nomme *force* aucune véritable analogie, une *puissance* (ce que l'on appelle une âme).

En cette qualité de puissance, échappant à toute analyse physique ou mécanique, il contribue à créer ses motifs d'action et les innombrables modes de ces mêmes actions. Par cela, il est une *cause* spécifique, une *liberté*, un centre d'action *combinée* et *voulue*. C'est ainsi qu'il *rayonne* pour parler par métaphore. Par cela il a une valeur supérieure à celle de toutes les « forces » proprement dites. Cette valeur n'est point mesurable ni au kilogrammètre, ni par aucun autre genre d'unités propres à nous faire apprécier des *quantités*.

Quand on lui impose de fonctionner en manière de force dans le travail, ou en manière d'unité numérale dans le vote, on l'abaisse abominablement, sous prétexte, en ce dernier cas, de lui conférer une part de souveraineté, comme si la souveraineté pouvait se mettre ainsi en petite monnaie. L'homme n'est souverain que dans la sphère de son intelligence, et son unique royaume est en lui-même et non au dehors. C'est cela qu'il faudrait bien comprendre et bien méditer, c'est en ces choses qu'il faudrait apercevoir les indispensables différenciations rigoureusement conformes aux données de la science, ou si l'on veut, des sciences multiples et diverses.

Tous les docteurs ès-revendications sociales s'acharnent à réclamer des *minima* pour l'homme-force. Ils pensent la question du pain presque la seule importante et la plus directement réalisable. S'ils parlent des arts, des sciences, de la beauté, c'est par un respect humain frisant l'hypocrisie ; cela leur paraît de troisième plan.

Mangeons d'abord !

Malheureusement, le *pain* pour tous n'existe actuellement pas (1) ; et le problème de la vie dite matérielle comporte peut-être une solution... ou des solutions, mais par à peu près. Elle est de celles où le plus ardent bon vouloir ne suffit pas, et où

---

(1) Il faut entendre par le « pain » ce qui est nécessaire à maintenir l'homme en bonne santé et à lui permettre d'accomplir normalement sa destinée d'homme.

l'esprit voit bien la possibilité d'approcher du but de mieux en mieux, sans jamais absolument l'atteindre.

Mais laissons là cette théorie déplaisante aux esprits superficiels et trop nourris d'illusions verbales, de longs développements seraient nécessaires pour la traiter comme elle doit l'être. Le lecteur y doit suppléer par ses personnelles réflexions. Ce n'est pas en abordant directement la question du pain qu'on la résoudra le mieux ni le plus vite. C'est par le côté supérieur qu'on arrivera, le moins lentement, et sans déchirements et sans orages, à se rapprocher du *mieux possible* si désirable même pour les égoïstes renforcés.

Pour cela il faut prendre l'homme pour ce qu'il est réellement : une puissance créatrice (d'idées et de mouvements coordonnés — forme et rythme) une liberté, un rayonnement divin plus ou moins bien servi par des organes. Parmi ces organes, ceux de locomotion ou d'action musculaire devraient n'être employés, sinon en cas de nécessité extrême, que dans la direction la plus favorable à son développement intégral.

Et cela est possible, sinon immédiatement facile, pour les *grands* comme pour les *petits*; car il y aura toujours, parmi nous, des petits et des grands, sinon des *pauvres* et des *riches* comme on l'a dit, mais non prouvé. Et cela est bien ainsi, et cela est bon et nécessaire, et peut même être très beau si on sait harmonieusement disposer les *collectivités* humaines.

Toute revendication pour l'homme-force, pour l'homme-élément de multitude, pour l'homme-animal, pour l'homme unité de nombre, pour l'homme en quelque sorte *abstrait* par simplification, est pernicieuse au premier chef, et va directement contre le but proposé, de faire le bonheur de cet être encore mal équarri, ou du moins de l'empêcher de souffrir.

L'*homme* réduit à des spécimens de cet ordre, sans les lumières graduées et non pareilles que portent de plus en plus haut les développés, les distingués, les vraiment forts et vraiment bons, naissant parmi les foules et les dominant, comme les fleurs dominent l'herbe de la prairie, cet homme sans beauté, sans savoir, sans puissance, sans liberté, fut-il rassemblé par centaines de millions d'exemplaires frustes sur le sol de notre planète, à quoi arriverait-il? A rien, ou promptement à la mort.

On vit, ou presque, cependant, tant bien que mal, un certain nombre, dans notre société encore si barbare ; et on ne vit que grâces aux quelques véritables *aristes* que par des hasards bénis elle ne réussit pas à étouffer.

Il y a donc une sélection callistique et scientifique à instituer, une *Aristarchie* à créer. Elle seule nous donnera non *le bonheur* mais du bonheur, non *la joie* mais de la joie, et par une organisation savante, la liberté sacrée de notre développement. Elle seule nous délivrera des plus aiguës de nos peines et des plus lourds de nos ennuis.

Par contre, sous l'influence des doctrines bêtement égalitaires, l'humanité deviendrait, très vite une troupe de loups affamés dans la neige, qui, n'ayant bientôt plus rien à dévorer, finiraient en se dévorant les uns les autres, car la nature refuse tout à ceux qui s'obstinent à méconnaître, ou à mépriser ses implacables conditions.

CHAPITRE V

La force-réalité, la force-propriété, la force-état, la force-abstraction. — La nécessité dans les choses, et la logique dans l'esprit de l'homme. — Rôle véritable de la nécessité. — Opposition entre la fonction caractéristique des puissances individuelles, et les faits non-coordonnés compris et verbalement unifiés sous le nom de hasard. — Analyse d'un cas particulier banal, simple — et d'ailleurs simplifié — de mouvement. — Corrélations diverses entre l'étendue, la durée, la masse et la force. — Vitesse. — Accélération. — Force (au sens des mécaniciens). — Quantité de mouvement. — Energie, anciennement dite force-vive (qui devrait être appelée *Force*, au sens le plus clair de ce mot, lorsqu'il s'agit de désigner une *entité* réelle du même ordre que la *masse* et formant avec elle un groupe n'admettant pas un troisième terme). — *Travail*, dont la mesure est la même que celle de l'énergie ou force-entité. — Y a-t-il une corrélation précise entre la *combinaison*, la *forme* et la *force*? — La valeur d'un instrument (et celle d'un cerveau) est-elle dans un certain rapport avec son poids et son volume? — Le gros public. — Le matérialisme populaire. — Vices de méthode et insuffisance d'induction chez les philosophes matérialistes.

M. Frédéric-Charles-Chrétien-Louis-Büchner (de Darmstadt) — docteur en médecine — a écrit — personne au monde ne l'ignore — un livre intitulé *Force et matière*. En ce livre, il n'est pas du tout question de savoir au juste ce qu'il faut appeler *force*, ni ce qu'il convient de qualifier *matière*. C'est un exposé de la doctrine matérialiste — laquelle ne connaît la matière et la force que très imparfaitement. Ayant déjà fait la critique de cette doctrine à propos des écrits d'autres matérialistes, j'aurais pu me dispenser d'analyser et de combattre les idées de ce philosophe de l'Est. Mais nombreuses ont été les éditions et les traductions de cette œuvre, et grand a été, même en France, le bruit fait autour d'elle! Dès lors, je ne veux pas que certains naïfs — on en rencontre — viennent me dire : Et Büchner, le fameux Büchner de là-bas, qu'en faites-vous? Au frontispice du livre, on voit le portrait gravé de cet auteur et un fac-simile de sa signature. — Documents à ne point dédaigner, l'âme des hommes se reflétant, pour qui sait bien regarder, dans les traits de leur visage et dans les formes de leur écriture...

A cette objection que « aucun matérialiste n'a encore démontré, par exemple, comment un œil a pu être formé par les seules forces mécaniques, physiques et chimiques, » M. Büchner répond : « Effectivement, cette démonstration impossible n'a été tentée par aucun naturaliste, » (il faut entendre ici *matérialiste*) « parce que nul d'entre eux ne tomberait jamais dans une méprise pareille. Le naturalisme prouve seulement, et cela jusqu'à l'évidence, qu'il n'y a d'autres forces dans la nature que les forces physiques et chimiques, et il en conclut naturellement que les organismes eux-mêmes *doivent être engendrés et formés par ces forces* (1). »

M. Herbert Spencer n'a-t-il pas ajouté à une phrase toute pareille les mots *d'une manière ou d'une autre* : Tout le matérialisme réside en cet éternel cercle vicieux bien plus ancien que Büchner et sans cesse réédité.

La pétition de principe est ici tellement naïve qu'on en demeure étonné. L'obscurité, une obscurité définitive, s'est faite dans l'esprit du philosophe allemand — dégoûté, à très juste titre, des « métaphysiciens » de son pays qui ne lui ont rien appris ni rien expliqué. — Elle s'est faite autour de ce mot « forces » mal compris et mal défini.

A-t-il entendu ce mot dans le sens de *causes*? Dans ce cas ce qu'il affirme est justement ce qui est à démontrer. Il aurait dû dire : *Les forces dont il est question en physique et en chimie sont les seules causes ou conditions des mouvements dans la nature, des événements dans l'espace, et dans le temps, et notamment de l'apparition des êtres distincts, morphiques, évolutifs et* VIVANTS, *végétaux ou animaux, et, dans ces êtres, de la sensation et de la pensée.*

Je ne parle même pas, ici, de la claire intuition commençant à se dégager de l'ensemble des faits de la science, quant à l'unique *Force* ou *Energie*, dont les forces physiques et chimiques ne sont que des manifestations diversement rythmées. Je ne demande pas à l'auteur de s'élever à une telle intuition, ni même

(1) Préface de la 3ᵉ édition Darmstadt, 1855.

de l'admettre comme une induction scientifique légitime ou même probable, bien qu'elle ait à cet égard acquis droit de cité partout, souvent, il est vrai, mal exprimée. Accordons-lui « des forces physiques et chimiques » comme il les veut, comme il a pu les concevoir. Non seulement aucun naturaliste, pas plus que Büchner, n'a pu *démontrer* qu'un œil se puisse former par ces forces, mais encore il n'a *montré* par le concours de ces forces la formation de quoi que ce soit. Accordons-lui la matière, structurée sans cause spéciale, et ayant ainsi naturellement toujours existé, et les forces physico-chimiques rythmées également d'elles-mêmes. Avec tout cela il sera tout aussi impuissant je ne dis pas à constater mais bien à concevoir la formation du plus simple des organismes. Il ne construirait même aucune théorie hypothétique — s'il savait construire des théories, ce qui n'appartient pas à tout le monde — nous permettant de comprendre même la *possibilité* d'une pareille formation.

En présence de ces impossibilités théoriques, il serait très « scientifique » et très sage de nous demander si ces formations, ces événements caractérisés par certaines *eumorphies* et certaines *eurythmies* n'auraient pas des causes toutes spéciales et très différentes des « forces » concourant à nous expliquer *la plupart* des faits observés par les physiciens et par les chimistes.

Si Büchner avait formulé sa pensée en ces termes clairs où je l'ai, plus haut, traduite, il se serait aperçu que dans sa proposition quelque chose, et précisément ce qu'il voulait dire, reste à démontrer, et que son affirmation demeure absolument sans preuve. Dès lors il ne serait pas tombé dans le très lourd et déjà très vieux paralogisme, seul fondement de toute sa doctrine, ou pour mieux dire seul prétexte à sa dialectique. Ce même paralogisme domine toute la pensée de quelques soi-disant évolutionnistes Darwiniens ; il se trouve à toutes les pages des livres de tous les matérialistes, et s'y pavane sans cesse avec la même immarcessible sérénité.

« Les espèces organiques... sont un produit moitié accidentel moitié nécessaire, de l'action lente, successive et INCONNUE des forces naturelles. »

Ainsi le Hasard (l'accidentel fortuit) et la Nécessité (le nécessaire fatal) pour parler par abstraction, créent toutes choses, mais par une action *inconnue*.

Si cette action vous est inconnue, de quel droit prétendez-vous qu'elle est celle des « *forces* » que vous pensez connaître si bien, et que l'on connaît assez bien en effet, puisque la physique et la chimie ramènent leur action à des conditions mécaniques et générales — idéales ou abstraites — bien discernées et connues, nommées *lois*, dont la certitude mathématique accorde entre eux les faits d'expérience et d'observation et en fait comprendre absolument les corrélations constantes, ce qui est proprement *connaître* quelque chose.

Il est un mot dont les matérialistes se font aisément une arme contre des adversaires faciles à vaincre, c'est le mot *surnaturel*. Je ne sais pas bien en quoi ce terme théologique a bien pu être utile aux anciens dogmatistes ses premiers inventeurs. Il ne s'agit pas de ce qui serait *hors* de la nature ou *au-dessus* de la nature ; mais de ce qui est ou n'est pas dans la nature, assez vaste pour contenir bien des choses et assez difficile à déchiffrer, en son éternelle écriture, pour nous inspirer à l'égard de notre propre sagacité une salutaire défiance.

Il ne nous est même pas toujours facile de lire en nos propres pensées, sans quoi nous n'y laisserions pas germer et fleurir si aisément les non-sens et les sophismes.

L'idée de *force* — je l'ai déjà fait voir — est l'une des premières pierres d'achoppement de la doctrine matérialiste. Elle est confuse et mal délimitée chez tous les tenants de la secte, et particulièrement chez M. Büchner. Ce philosophe appelle en vain à son secours plusieurs de ses maîtres plus ou moins distinctement matérialistes comme lui : Moleschott, Duboys-Reymond, F. Mohr, Cotta, Drossbach, Mulder, Czolbe et autres auteurs illustres, parmi lesquels je me garderai d'oublier Vogt, et le savant anglais Bence Jones.

De toutes ces nombreuses citations, il résulte simplement une plus grande confusion d'idées. On se perd entre la force-réalité, la force-propriété, la force-état et la force-abstraction, et l'esprit du lecteur, comme celui de l'auteur, ne sait plus sur quelle conception s'arrêter.

J'ai suffisamment expliqué d'où vient cette confusion dans l'esprit des philosophes, matérialistes ou autres, confusion non encore facile à faire disparaître, puisque les distinctions nécessaires n'ont pu s'imposer que très récemment à l'esprit des *savants* (et encore !) puisque les mots servant à exprimer ces distinctions ne sont pas des mieux choisis ni des plus clairement expressifs. Il faut cependant fixer, ici, le sens des mots et les corrélations réelles des choses, et notamment discerner exactement le rôle que joue, en l'espèce, l'abstraction.

Il nous est impossible de concevoir la force (ou l'énergie)

autrement que par l'image en nous d'un mouvement, mais cette image d'*un mouvement* doit être exactement déterminée par l'étude, en ses conditions multiples.

Il nous est presque pareillement difficile de nous représenter la possibilité d'un corps sans structure et formé d'une masse continue ; cependant, avec de l'imagination, de grands géomètres ont représenté ainsi l'atome théorique dur et sphéroïde ou ovoïde indivisible, inerte et passif auquel je refuse absolument mon suffrage.

Un boulet de canon au repos, — modèle sphérique démodé — sur le sol, et *relativement* immobile, nous représente assez bien *de la masse* ou *une masse* que nulle énergie ne transporte — je parle ici le langage très imagé du vulgaire. C'est de la matière sans force — relativement du moins à l'état où sera le boulet quand l'expansion de la poudre l'enverra de l'âme du canon vers le but lointain visé.

Ce n'est pas tout ; la quantité d'énergie que son mouvement possible manifestera ainsi est essentiellement variable. Théoriquement elle va de zéro à l'infini.

Donc il n'y a aucune espèce de rapport entre une masse donnée et la quantité d'énergie pouvant se manifester par sa mise en mouvement. Cela est prouvé par toutes les expériences relatives à la transmission de l'énergie et par les théories qui en ont été faites.

Que reste-t-il donc du *pas de matière sans force, pas de force sans matière ?* Ces théories et ces expériences ne montrent-elles pas l'énergie et la masse comme distinctes (1) ?

Les *idées* de M. Büchner à cet égard ne diffèrent en rien de celles que j'ai combattues à propos des écrits plus récents, il est vrai, de M. Pioger et de ceux de M. Herbert Spencer, et ne se recommandent par aucune originalité perceptible. Je pourrais prouver (comme je l'ai déjà fait) que les philosophes de l'école matérialiste (ainsi nommée, ou à demi-voilée sous des noms

---

(1) Plusieurs savants, le P. Boscovitch, Faraday et quelques autres ont essayé de concevoir l'atome inerte comme un point — sans dimensions — d'opposition entre des forces convergentes. Ces *forces sans masses en mouvement* ne sont point expérimentalement données, et notre esprit ne saurait absolument pas les concevoir, si ce n'est en tant que pures abstractions nécessaires en mécanique, mais n'ayant rien de commun avec l'entière réalité, ni davantage avec les images cérébrales que nous pouvons nous en former. Cette question de métaphysique pure est d'ordinaire très mal traitée par les métaphysiciens. Elle ne l'est pas mieux souvent par de très distingués savants peu aptes aux cogitations métaphysiques

divers) sont généralement dépourvus du sens de précision et d'exactitude scientifique — je veux dire en dehors de leur littérale spécialité d'études lorsqu'ils ont étudié spécialement quelque chose. M. Büchner nous en fournira de nombreux exemples soit par ce qu'il écrit, soit par les citations dont il est coutumier. Une argumentation caractéristique (page 109), nous offrira, de cette façon de procéder, un nouveau cas à examiner :

«« Le monde, dit le célèbre OErsted, est gouverné par une raison éternelle qui se manifeste dans les lois immuables de la nature. »»

« Comprenne qui pourra comment une raison éternelle *qui gouverne* peut s'accorder avec les lois immuables ! Ou ce sont ces lois immuables qui gouvernent, ou c'est la raison éternelle. Dans le premier cas, il n'y a plus d'intervention personnelle possible et partant plus de gouvernement ; dans le second cas, au contraire, l'immutabilité des lois n'existe plus en réalité, puisqu'elle peut être troublée à chaque instant par la raison éternelle. Si enfin ces deux puissances gouvernent simultanément et que, par impossible, elles soient toujours en accord parfait, leur dualisme devient illusoire ou tout au moins superflu. »

OErsted, fut un homme d'une haute valeur. L'un des premiers il soupçonna une *corrélation* entre les diverses forces de la nature. Cette idée, un peu vague d'abord, comme elle avait germé dans l'esprit des frères Montgolfier, amena peu à peu la science moderne à mieux comprendre l'activité inconsciente de la nature, la Force plus fréquemment nommée l'énergie par les savants d'aujourd'hui. On ne peut dire qu'il ait donné la mesure de son génie en cette phrase pompeuse et vide, comme on en trouve parfois dans les écrits des plus louables savants lorsqu'ils laissent trop volontiers parler le prosateur plus ou moins artiste qui est en eux. Contre de telles formules la critique est aisée. Mieux est presque toujours de passer outre. Le docteur Büchner triomphe donc là sans peine ; mais on ne trouve pas en son langage à lui, ni plus de précision ni plus de profondeur.

On peut croire découvrir parmi les nécessités conjuguées des choses, comme une image de notre raison humaine, lorsque, par une assimilation aux corrélations mathémathiques (expressions de toutes les nécessités), notre esprit en comprend les réciproques conditions. Il ne résulte pas de cela la personnalité de cette « raison éternelle » c'est même tout le contraire.

Rien n'est plus évidemment impersonnel que la *nécessité*, conçue soit dans les événements du monde (dans les cas où elle est réellement aperçue, circonscrite et conçue), soit dans notre esprit, exprimée en signes et en figures algébriques ou géométriques.

La question est tout autre ; et voici comme il la faut poser : La nécessité toute seule, en y adjoignant même le hasard comme le fait M. Büchner, suffit-elle à nous expliquer la nature telle que nous la voyons ? Y a-t-il ou n'y a-t-il pas des causes créatrices, l'âme humaine par exemple et d'autres analogues, des *puissances* spontanées, libres, efficaces, capables de coordonner ce qui d'abord n'était pas coordonné, de lutter ainsi contre les conditions destructives provenant de ce fait général (très important à considérer et si méconnu des philosophes) le hasard, produisant enfin du mouvement voulu et concordant, dirigé par une pensée dont les effets innombrables peuvent se réduire à deux modes généraux, le rythme et la forme ?

Ces puissances considérons-les comme hypothèses théologiques. Elles seront, si vous voulez, les anciens dieux et déesses des polythéismes anciens et actuels. Sont-elles contradictoires aux immuables lois ? En aucune façon. Pour qu'une puissance quelconque, divine, humaine ou même animale manifeste et sa liberté, et son efficacité créatrice, il faut, préalablement donnée, la permanence absolue et inviolable de ces lois, sans lesquelles nous ne concevrions l'existence d'aucune forme, ni la propagation d'aucun rythme.

Cet exemple hypothétique n'est pas pour convaincre les matérialistes ; mais considérons l'homme, objet *réel* de notre observation constante ; il est incontestablement au même titre que ces dieux supposés, mais dans la sphère limitée qui lui est propre, créateur de formes et de rythmes ; saurait-il davantage non seulement créer, mais simplement *agir* (1) sans cette bienheureuse nécessité, *limitant* son action, mais la rendant possible, *déterminant* ou *conditionnant* ses œuvres sans en altérer *l'originalité*. La nécessité c'est le sol sur lequel nous marchons, c'est l'arme ou l'outil que nous tenons en main, c'est le toit et le mur qui nous abritent.

Pour bâtir le Temple d'Éphèse, la règle et le compas, l'équerre, le niveau, le fil à plomb sont *nécessaires*, ils représentent ces lois immuables ; mais ce n'est pas de ces lois seules que dépendent les dispositions *choisies* et ordonnées *en vue* d'une utilité quelconque, et encore moins la *beauté* de l'édifice. Ces

---

(1) *Agir*, dans le vrai sens du mot, c'est aussi *créer*.

arrangements voulus, cette beauté sont le plus essentiel de la création opérée par l'homme. Cette création ne bouleverse en rien l'ordre général de la nature et s'y adapte au contraire parfaitement, sous peine de ne pas avoir lieu, de n'être ni concevable ni possible ; et en quoi est-elle jamais opposée aux lois inviolables ?

Les matérialistes pensent — et pour cette raison on les nomme et ils se nomment ainsi — que la force et la matière, et la nécessité et le hasard, ce que l'on nommait autrefois en bloc *la matière*, en un mot les conditions mécaniques des choses, suffisent à leur faire concevoir toutes les coordinations naturelles. En cela ils se vantent de ce dont ils sont radicalement incapables. Ils prétendent ramener l'animal ou l'homme tout entier à n'être littéralement qu'une machine compliquée. En cela ils parlent hardiment au delà de leur expérience et en dehors des théories mécaniques dont leur esprit peut se former une claire et distincte image. Phidias est, pour eux, une machine à produire de « belles » formes, Homère, une usine vivante d'où sortent des poèmes, à peu près comme les caractères d'imprimerie sortent des machines dites *automatiques* que leur inventeur a chargé de les fabriquer. Entre le moulage d'une lettre en métal et l'Iliade, il n'y a, pour eux, qu'une différence du *moins* au *plus*, à l'immensément *plus* si vous les poussez. Là est le nœud résistant de leur aberration opiniâtre. Ils essaient de s'expliquer le complexe par les analogies lointaines qu'il pourrait avoir avec le relativement simple, méthode certaine pour aboutir à l'erreur, car du polype bien étudié, du singe même parfaitement compris (dans la mesure du possible) on ne saurait absolument pas et par aucun moyen concevable *conclure* l'HOMME, ni de tel homme, tel autre. Donc leur philosophie est formellement anti-scientifique.

Essayons de nous rendre plus exactement compte de ce qu'est la force et la matière (l'énergie et la masse) et de ce que sont leurs véritables *rapports*. Posons d'abord ce que l'expérience nous donne :

Une masse quelconque en mouvement, et rien de plus.

Cette masse, et cela importe peu, sera un corps structuré c'est-à-dire ce que nous appelons *un corps* dans le langage ordinaire ou même en physique. Pour en parler brièvement, j'emploie en ma formule nécessairement *abstraite*, le mot abstrait de *masse*.

Mais si je considère une vraie masse, ou un vrai corps, et si je communique du mouvement à ce corps, à cette masse, si je prends une bille, par exemple, si je la pose d'abord sur le sol où elle demeure (relativement) immobile, et si, du bout d'un bâton, je la choque en un point de sa surface, elle entre en mouvement, elle est lancée, et va se perdre au loin dans un tas de sable. J'ai là un fait concret, dont tous les éléments sont également concrets : bille, bâton, sol, tas de sable et trajectoire. Si j'abstrais l'un de ces éléments pour en parler, il faut bien le faire par un mot (signe abstrait) le rappelant à notre souvenir sans le séparer complètement des autres éléments en même temps rappelés par l'association d'images formant la représentation entière du fait.

On n'aura donc pas à me reprocher de travailler en cela sur des « abstractions pures. »

J'ai l'air, en ce discours, de mettre sur les i des points démesurés. Ils sont tout à fait nécessaires en certaines questions très simples en elles-mêmes, et où de perfides et subtiles erreurs tendent sans trêve à se glisser.

Je puis donc me permettre de dire :

« Une masse quelconque en mouvement ».

En cette expression abstraite, réduite (1) du fait concret pris pour exemple, je puis discerner deux abstractions très nettes :

1° La masse.

2° Le mouvement.

Pour avoir la valeur différentielle de ces deux termes, il la faut demander à l'expérience et non à des spéculations de la raison pure. Leur définition est assez bien donnée dans les traités de physique. Pour la masse on sait comment elle se déduit du poids en un lieu donné. Le mouvement peut être défini « un changement continu de rapports dans l'espace. »

Mais, si j'étudie ce mouvement, si je l'analyse, si j'en considère les diverses conditions, je me vois contraint de circonscrire et de discerner un grand nombre de relations que d'abord je n'y avais pas aperçues. C'est la fonction de la science nommée mécanique. Ces diverses conditions, elles-mêmes, ne m'apparaîtront qu'en des expériences comparatives sur divers cas du mouvement, c'est la fonction de la mécanique physique.

Des exemples typiques seraient ici utiles pour bien concevoir les faits généraux, pour bien en départir les corrélations. Les

(1) Elle a surtout l'avantage d'éliminer du fait concret une foule de conditions n'ayant rien à faire dans l'étude actuelle, l'élasticité de la bille, son poids, l'intensité du choc, le choc lui-même, l'effet de la pesanteur sur les formes de la trajectoire, etc.

limites naturelles du présent travail ne me permettent pas de les y faire entrer. Ils se trouvent en de nombreux traités auxquels je renvoie le lecteur insuffisamment renseigné, s'il ne préfère se les faire exposer verbalement et surtout expliquer par quelque bon géomètre. Et c'est précisément ce que M. Büchner aurait dû faire avant de prendre la plume ou tout au moins en corrigeant les épreuves de ses dernières éditions.

Les géomètres en effet savent tous qu'il a fallu considérer comme termes spéciaux ou déterminer par des théorèmes la masse M, la vitesse V, l'accélération j, la force Mj ou $\frac{ML}{T^2}$, la quantité de mouvement Mv ou $\frac{ML}{T^2}$, l'énergie $\frac{MV^2}{2}$ ou $\frac{ML^2}{T^2}$, le travail $\frac{MV^2}{2}$ etc. Et tout cela devra entrer en ligne pour apprécier le cas simple en apparence, complexe en réalité que j'ai pris tout à l'heure pour exemple, car je l'ai fait se passer dans un milieu gravitaire.

Autant de signes « *abstraits*, » mais correspondant tous à des *réalités* et non tous de la même façon, ni aux mêmes espèces de réalités. Nous voilà encore embarrassés par ce mot très général de *réalité*, si difficile à définir, demandez aux idéalistes !

En ces « réalités, » puisque ce mot est écrit, nous en distinguerons de divers genres ou de diverses espèces.

La vitesse est-elle une réalité ? Sans doute, tout autant que celle du corps en mouvement. Elle est une corrélation de ce mouvement $\frac{L}{T}$ la longueur d'un parcours divisé par le temps employé pour ce parcours.

Est-ce une *chose* ? oui, dans le sens où le mot *res* est pris en latin. Tout ce dont on peut parler.

Nullement dans le sens usuel, en français, de ce même mot chose. Le rapport d'*une* distance à *une* durée n'est pas *une chose*, et le mot *vitesse* nous sert à noter la façon dont notre esprit conçoit une certaine manière d'être ou plutôt de changer dans un ensemble *réel* ou *imaginaire*.

« Les lettres L, M, T, représentent par abréviation longueur, masse, temps.

Aire $= L^2$, volume $= L^3$, vitesse $\frac{L}{T}$.

Accélération $= \frac{L}{T^2}$, quantité du mouvement $= \frac{ML}{T}$.

Densité $\frac{M}{L^3}$ la densité étant définie la masse par unité de volume.

Force $= \frac{ML}{T^2}$ parce qu'une force est mesurée par la quantité de mouvement qu'elle imprime par unité de temps, et est par suite le quotient d'une quantité de mouvement par un temps, ou encore parce qu'une force est mesurée par le produit d'une masse par l'accélération imprimée à cette masse (1).

Ce dont il est question ici, sous le nom de *force*, n'est donc pas une *entité* qu'on puisse grouper avec l'entité *masse*. C'est un simple rapport, une relation. Cette relation comme toutes celles des choses réelles est inséparable de deux choses ; elle est donc aussi réelle dans ce sens. Nous pouvons cependant la séparer par abstraction et la considérer à part en notre esprit au moyen des symboles ou signes qui l'expriment $\frac{ML}{T^2}$ ou $M\gamma$, γ représentant l'accélération, elle-même représentée par $\frac{L}{T^2}$.

Ces correspondances entre les diverses conditions du mouvement réel des corps réels ou du mouvement conçu dans notre esprit de corps imaginaires, et les signes abstraits par lesquels on peut les représenter exactement, sont de la plus haute importance comme éléments essentiels de la vraie métaphysique scientifique. Un philosophe dialectisant de « force » et de « matière » sans les avoir bien comprises et gravées en son entendement, s'expose à parler sans savoir lui-même ce qu'il dit : C'est là — il faut l'avouer — un triste mode fonctionnel, quand il s'agit d'instruire les autres !

Quand je dis :

La force (2), la vitesse, la température, il est donc évident que je ne désigne que des relations.

Ces relations sont quantitatives.

Elles s'expriment par des nombres.

Les *unités* de ces nombres sont arbitrairement choisies, c'est-à-dire par pure convention. La masse, elle aussi, est une quantité, une réalité. Elle est quelque chose de plus. Elle est une *chose* ou si l'on veut une *entité*. Mais ce dernier point ne regarde

---

(1) J.-D. EVERETT. — *Unités et constantes physiques*. Trad. de Jules Raynaud. — Paris 1883.

(1) Dans le sens de *pulsion*, celui qu'on lui donne en mécanique rationelle.

plus guère la mécanique rationnelle, mais bien la physique et surtout la chimie, fondées toutes deux sur cette induction générale : on n'a jamais vu une masse se former de rien, ni pouvoir être réduite à rien. *De nihilo nihil*,... etc.

Il n'en est pas de même pour la vitesse, pour la quantité de mouvement, ni même pour la *force* (au sens des mécaniciens) ? Ces rapports peuvent à chaque instant varier, se réduire à zéro, croître indéfiniment.

En est-il de même pour l'énergie ?

L'énergie est aussi bien *quelque chose* que la masse, quelque chose comme la masse de permanent dans la nature, impossible comme elle à réduire à néant.

L'énergie et la masse (force-vive, énergie cinétique ou FORCE *proprement dite*, et MATIÈRE au sens rigoureux du mot) forment une *dualité* métaphysique indéniable. Ces deux choses, par cela même, comparables entre elles, bien que non commensurables l'une par l'autre, et n'en admettant pas une troisième de la même espèce ni du même ordre, sont non seulement deux réalités, deux quantités, mais encore deux... Ici le mot va peut-être manquer à ma pensée (ô Boileau, ô Condillac !) et la mécanique ni la physico-chimie ne me le fourniront pas. J'ai dit *choses*, *entités* (1) ;

(1) Ce mot scolastique d'*entité* est sujet, comme celui de *substance*, comme tant d'autres du parler philosophique, à de nombreuses critiques ; on l'applique à tous les cas d'individualité ou d'individuation réalisée ou idéale ; on peut lui faire signifier aussi *ce qui se constate dans la nature comme réel, sans être* NÉCESSAIREMENT *corporel ni limité, ni rhithmique, ni morphique, ni évolutif*... c'est donc en ce sens qu'il est ici employé et qu'on pourrait dire : *Il y a quatre entités générales ou universelles*, sinon directement perceptibles par nos sens externes, accessibles du moins à notre esprit et fonctions de notre savoir, par l'exercice de nos *facultés* sensorielles, et de leurs organes et pouvant être nommées et notées par les signes verbaux suivants :

          ESPACE   TEMPS
          MASSE   FORCE
   ou Matière pure.   ou Energie.

Il faut encore le rappeler, ce mot force s'éloigne beaucoup comme sens de celui qu'on lui donne en mécanique depuis Galilée, lorsqu'on parle d'*une force*, le mot force là, n'est que l'expression d'un simple rapport, d'un *taux*, et non pas le *nom* d'une entité. Les géomètres mécaniciens devraient dire en ce cas *une pulsion* conformément au génie de nos langues modernes et à la véritable nature des choses.

Les difficultés sont très grandes lorsqu'il s'agit de bien fixer les signes les plus généraux du langage, parce qu'il s'agit alors de rigoureusement déterminer les rapports véritables des choses. Les meilleurs traités spéciaux n'y suffisent pas encore ; sans quoi la *métaphysique scientifique* serait déjà faite. La présente note résume un chapitre de cette science indéfiniment

je dirais : deux *substances*, d'après les définitions les plus claires données par les métaphysiciens de tous les temps. Le mot de substance est devenu, je le sais, passible de proscription par des philosophes d'une ou de plusieurs écoles contemporaines. Je le prends ici au sens, non du philosophe Spinoza, mais de sa définition : *Substantia est quod per se est...* (il ajoute inutilement et faussement *vel per se concipitur*).

Une substance est donc *quelque chose qui est*, qui est par soi-même, et non pas un simple rapport entre d'autres choses, et *qui est* ou nous paraît *impérissable* à jamais. Ce quelque chose nous ne l'avons jamais vu, nous ne saurions le voir jamais, — qui pourrait même imaginer de la masse pure, de la force pure ! — nous *savons* cependant que nous ne pouvons douter de son existence. Toutes les expériences des sciences physiques proclament hautement cette existence, sans laquelle il nous serait impossible de rien comprendre des faits généraux de la nature, ni d'édifier sur ces faits la moindre théorie.

Les idéalistes n'admettent point de telles substances dans le monde extérieur, ce monde pour eux n'existant pas, et Kant crée pour les accepter en son monde extérieur (qui est intérieur) et afin qu'on ne les lui oppose pas, cette bizarre expression de *substances-phénomènes* ; mais des matérialistes se qualifiant philosophes *naturalistes* ou *réalistes* ne peuvent s'empêcher de les accueillir comme substances tout court, imposées qu'elles sont comme telles par l'induction scientifique la moins contestable.

Aussi, au fond, ne les repoussent-ils pas, et si le mot démodé leur déplaît, je ne saurais qu'y faire, celui d'essences, (choses en soi mais non par soi) a trop d'extension et ne les contenteraient pas davantage. Le mot de réalités, je l'ai montré plus haut, et celui de *choses* sont beaucoup trop vagues, et trop peu aptes à être précisés.

perfectible, je crois, assez peu contestable, et dont l'importance pratique peu apparente aux regards distraits de certains esprits, paraîtra ce qu'elle est aux attentifs, savants ou philosophes. Encore un mot sur ces deux derniers termes différentiels, à propos toujours de cette grande question de la langue. Un *savant* peut, en quelque mesure, ne pas être précisément un *philosophe*. Tout prétendu philosophe qui n'est pas dans une large mesure, un savant, à qui rien d'essentiel des sciences n'est étranger, n'arrivera jamais qu'à la confusion des idées et des termes. Le vrai savant est au vrai philosophe ce que le bon prosateur est au bon poète et tous ont pour mission commune de bien faire et de conserver soit les langues spéciales, soit la langue commune, expression, à tel moment donné, de l'ensemble du développement intellectuel, des peuples qui la parlent et l'écrivent.

Aucun de ces philosophes, jusqu'à présent que je sache, n'a pourtant dégagé de la science les précédentes différenciations, au profit de la Philosophie — j'évite ici de nommer la « métaphysique » bien que nous y soyions en plein. M. Büchner, à cet égard, se montre particulièrement vaporeux, indécis et confus. Je n'entreprendrai pas de faire la critique par le menu de ses phrases inconsistantes. Il semble accorder une grande valeur surtout à cet apophtègme antique qu'il attribue à Vogt et qui est d'Aristote ou de son école : *Pas de force sans matière, pas de matière sans force !* comme si cette vérité d'induction tendait le moins du monde à démontrer l'hypothèse matérialiste. Qu'est-ce donc que cela veut dire, dans la pensée des deux auteurs naturalistes, Vogt et Büchner : serait-ce que force et matière sont une seule et même chose ?

L'une des raisons pour lesquelles les livres des matérialistes plaisent au peuple — ou pour mieux dire au *vulgaire* — c'est que le vulgaire croit s'y instruire, et qu'il s'y peut instruire réellement un peu, certains résultats de la science y étant souvent exposés sous prétexte de *preuves*. Ajoutons que ces résultats y sont dépouillés de tout l'appareil scientifique, indispensable à toute véritable instruction, mais difficile à s'assimiler aux personnes manquant soit des aptitudes nécessaires, soit de la culture initiale indispensable.

Ceci pourrait paraître d'une importance très secondaire, si on n'avait à considérer que ce proprement dit *vulgaire*. Par malheur, et par suite de la façon dont est menée encore à notre époque l'éducation intellectuelle des hommes, il se trouve que de très hautes intelligences, des poètes, des orateurs, de grands artistes, de profonds érudits, des médecins, des naturalistes aussi, et surtout — hélas ! — tant d'esprits distingués se livrant aux études philosophiques, sont tout à fait comparables au vulgaire ignorant, pour tout ce qui regarde ces connaissances fondamentales, bien à tort jugées inutiles, ou seulement nécessaires aux spécialistes mathématiciens (1).

---

(1) C'est ici le lieu d'invoquer la subordination des sciences telle que Malebranche l'a si bien faite et dont Auguste Comte s'est cru, dans notre siècle, le premier auteur : mathématique, physique, biologie, véritable série où *croissent*, suivant l'expression de Littré, *la dépendance et la complexité*.

C'est ainsi que des hommes de vive intelligence, de talent, de génie même, peuvent être séduits par les dires en apparence documentés de ces auteurs favorisés par les hasards de l'opinion et de la publicité, et par la sourde fermentation des erreurs anciennes, et dépourvus eux mêmes de génie, et même de véritable talent, et dont la sagacité ne dépasse guère... je dirai pour ne blesser aucune personne réelle, celle des célèbres Bouvard et Pécuchet ces infatigables *chercheurs*.

M. Büchner, dans le but, non pas de démontrer ses énoncés, il lui faudrait supposer une naïveté dont on ne saurait le soupçonner, mais plutôt pour persuader certains lecteurs médiocrement instruits, expose en une suite de chapitres des notions scientifiques incontestées et incontestables pour la plupart sur « l'immortalité » de la matière et de la force, sur l'universalité des lois naturelles, sur le ciel, etc. (1).

Il est vrai qu'il parsème son exposition de formules parfois surprenantes, soit par lui inventées, soit empruntées à divers auteurs. Je ne puis les citer toutes. En voici quelques-unes à recueillir :

En épigraphe (de Burmeister) : « *Il est certain* que l'apparition des corps animés sur la terre est une expression du *fonctionnement de forces terrestres* qui, dans les conditions données, ONT DU PRODUIRE *nécessairement* ce qu'elles ont produit. » (!!!)

« Le carbone qui a été dans le bois, est impérissable car il est éternel et aussi indestructible que l'hydrogène et l'oxygène, etc. » !!! dit Vogt cité par Büchner.

« L'inertie, qui est une *force négative*, peut affecter successivement toutes les formes dynamiques » dit Büchner lui-même, chap. 1er, p. 83, 5me éd. française, 1876.

Parmi un grand nombre de faits scientifiques, accumulés sans aucun rapport formel avec la question traitée, sur le nombre et la petitesse des atomes, sur l'immensité de l'univers, etc., on

(1) Par malheur, M. Büchner ne choisit pas avec un discernement impeccable les expressions de ces notions généralement admises. Et parmi les textes çà et là cités, il s'en trouve d'incorrects à divers égards. Loin d'en corriger les erreurs de faits ou les fautes verbales, les commentaires ajoutés par notre auteur ne font qu'aggraver les unes et les autres. Sa critique scientifique n'est pas plus experte que sa critique philosophique. Il en est toujours ainsi des écrivains dépourvus d'originalité véritable, et brillant, comme les corps opaques, d'une lumière empruntée, qu'ils réfléchissent plus ou moins bien, c'est-à-dire en l'altérant toujours quelque pne.

trouve ça et là des citations de *niaiseries* multiples émanant d'adversaires faciles à réfuter et que personne au monde ne songerait à défendre ; mais que dire de phrases empruntées à des « philosophes » donnés par M. Büchner comme des *autorités* :
« Les *lois* de la nature, dit Vogt, sont des *forces* barbares, inflexibles ; elles ne connaissent ni morale ni bienveillance. »

Qu'est-ce que des forces *barbares* et *sans bienveillance* ? Mauvaise littérature à faire sourire les moindres savants :

« il n'y a ni hasard, ni miracle ; il n'y a que des phénomènes régis par des lois. »

Ceci est *du français* de Jouvencel.

Pourquoi M. Büchner qui admet le hasard, et lui fait jouer un rôle, nous donne-t-il pour précieuse cette *pensée* où M. de Jouvencel nie ce même hasard à l'exemple de beaucoup des philosophes du temps passé et même du temps actuel ?

Qu'est-ce que des phénomènes *régis* par des lois ?

Sans doute, on lit partout des formules aussi incorrectes, passées même, si j'ose employer une expression très moderne, à l'état de *clichés*. Une telle façon de parler n'est en rien philosophique ni scientifique, et les idées sont obscures ou confuses dont l'expression est si mal heureusement trouvée.

Les *conditions* des événements du monde (appelés « phénomènes » terme de confusion commode aux idéalistes) sont étudiées, discernées, mesurées et enfin formulées par la science ; elles ne sont nullement distinctes de ces phénomènes ou événement, si ce n'est comme formules abstraites, ce ne sont pas ces *formules* ou *lois* qui « régissent » si ce n'est par un trope hardi, les événements. Les lois ne sont autres que les propriétés, ou pour mieux dire les corrélations absolues du nombre, des diverses déterminations ou figures dans l'espace, des quantités en général en fonction du temps et de l'espace et aussi de la force ou énergie ; elles sont toutes mathématiques ou mécaniques. En dehors de cela, tout ce qui est nommé *lois* (par abus, ou si l'on veut par extension) n'est plus que simple *induction* plus ou moins bien faite comportant non d'absolues certitudes mais de plus ou moins grandes probabilités. Sous de telles inductions, on soupçonne, il est vrai, des lois, ou plutôt des conditions absolues, mais ces conditions *on ne les connaît pas*. Ces rapports précis des choses sur lesquels j'ai souvent insisté ont une importance trop négligée, et cependant de premier ordre en philosophie, comme dans les sciences spéciales (1).

(1) Si, très souvent, on donne pour des lois de simples *inductions*, il

S'il avait pu s'en former des idées plus exactes, M. Büchner aurait-il construit des aphorismes comme celui-ci : « L'équilibre des forces est la condition fondamentale de toute existence, » et citerait-il celle-ci de Descartes : « Donnez-moi de la matière et du mouvement et je vous en construirai l'univers. »

Le bon et grand Descartes qui ne voulait s'occuper de métaphysique — a-t-il dit quelque part — que quelques heures par année, a trop peu réfléchi avant d'écrire cette phrase. En d'autres échappées, il a ouvert la porte aux idéalistes négateurs de la réalité du monde extérieur, ici on voit les matérialistes tâchant de s'introduire par l'huis imprudemment entrebaillé. La matière et le mouvement, c'est déjà de la création toute faite, même en admettant la masse et la force comme éternelles, car il s'agit ici de la matière structurée et probablement aussi du mouvement rythmé tel que nous pouvons l'apercevoir et l'étudier dans la nature. Avec cela ferait-il l'univers ? Question grave et difficile, plus peut-être qu'il ne lui a semblé ! En la prenant en tout ce qu'elle embrasse, je ne lui répondrai point par un *non* absolu, mais par un grand *peut-être* ! Ce « peut-être » demande à être expliqué. Descartes avec son génie propre (et puissant parmi les hommes) ayant *en lui* des connaissances — très partielles sans doute et mêlées d'erreur — sur notre univers, donc, une sorte de modèle, aurait pu construire, avec la matière et le mouvement donnés, quelque chose de vaguement semblable à un monde. Il n'est pas possible qu'il y fasse une création pareille à celle dont nous faisons partie sans un travail d'un nombre immense de siècles. Encore faut-il qu'il dispose de ce mouvement et de cette matière comme nous disposons en notre esprit de nos sensations-souvenirs pour en faire des *pensées*, comme un peintre dispose de tout cela d'abord, puis de sa toile, de ses pigments et de ses brosses, le modèle ou les modèles étant toujours donnés. Que tirer de cette possibilité toute

---

arrive aussi que par une faute analogue on donne, pour des inductions séparées, des faits généraux qui se groupent exactement sous de très indéniables lois : tel le rapport croissant ou décroissant selon le carré des distances qu'on s'amuse de temps en temps à vérifier par des expériences, pour diverses actions s'exerçant en mode sphérique, alors qu'il résulte simplement des propriétés géométriques de la sphère, et qu'il cesse nécessairement d'être le même, si on considère les mêmes actions dynamiques s'exerçant en des conditions morphiques ou géométriques différentes.

relative et même extrêmement restreinte ? Un monde ou une manière de monde peut être fait aux conditions dites par une âme créatrice, comme l'est l'âme d'un homme et surtout d'un grand homme. La conclusion n'est donc point du tout matérialiste. Voulait-il donner à entendre qu'avec du mouvement linéaire et de la matière amorphe ou atomique (celle-ci conçue dans la simplicité de structure attribuée par quelques-uns aux atomes) un univers va se constituer tout seul ? On ne saurait attribuer au mécanicien qu'il était une telle bizarre et fantastique affirmation.

Revenons à M. Büchner. C'est lorsqu'il présente les faits de la vie, de la sélection, de la formation des espèces, en étudiant ou discutant les causes finales « la conformité au but » que ses idées apparaissent dans la plus extrême confusion, il parsème çà et là son exposition de raisonnements étranges. Il croit avoir besoin de la génération spontanée ; il l'affirme, en dépit des faits démonstratifs acceptés aujourd'hui par l'unanimité des savants. Sa propre doctrine semble fléchir ; on y découvre des tendances panthéistiques ou autres, vite réfrénées. En traitant de la destinée des êtres et des métamorphoses dans la nature organique, il soulève — il est vrai — des questions contre certaines opinions philosophiques ou théologiques dont la défense ne m'incombe nullement. Là se trouvent de très grandes difficultés dont les solutions peuvent se faire longtemps attendre. Elles ne prouvent absolument rien en faveur de la doctrine matérialiste (comme c'est presque avoué à chaque page). Alors pourquoi se plaire à, sans trêve, accumuler des faits d'histoire naturelle dont personne jusqu'à présent parmi les matérialistes ni parmi les autres philosophes n'a pu tirer de claires conséquences, et qu'on ne peut *expliquer* que par la construction de nouvelles hypothèses scientifiques ?

Dans le chapitre *Cerveau et Ame*, l'auteur commence, comme c'est sa méthode habituelle, par citer des matérialistes ses prédécesseurs, ou d'autres auteurs dont les pensées semblent cadrer avec les siennes,

« Les effets du cerveau *doivent être* en raison directe de la masse du cerveau » cela est signé Liebig !

« Doivent-être » ! — Eh ! pourquoi ? — j'admets bien avec tout le monde que le cerveau est une très complexe et très ingénieuse machine ; mais où Liebig a-t-il vu une espèce de machines quelconque dont les effets et les qualités ou les valeurs soient *en raison directe de leur masse*?

Voyez encore ceci de son maître ou prédécesseur Moleschott :
«... la combinaison, la forme et la force sont indispensables l'une à l'autre, leurs changements sont toujours dans un rapport tellement intime que le changement de l'une suppose en même temps le changement des deux autres... »

Quelle étonnante métaphysique ! Il est difficile de comprendre ce que veut dire en ce lieu *la combinaison*. Si on a voulu parler de combinaison chimique, l'erreur est manifeste ; car un corps composé garde sa structure moléculaire sous l'empire de températures (plus ou moins de *force*) très différentes. Quant aux rapports *généraux* et *constants* de la *force* et de la *forme*, ils sont vraiment difficiles à saisir et à scientifiquement formuler.

Et tout cela et le reste est écrit, dit M. Büchner, pour le « *gros public* » « pour qui les vérités les plus simples et les plus claires des sciences naturelles sont restées assez souvent des énigmes. » Faut-il à ce gros public l'incohérence du style, le manque absolu de précision scientifique?

Tout cela est-il indispensable pour démontrer qu'il y a *un rapport* entre le cerveau et la pensée, que sans le cerveau la pensée ne saurait se manifester, comme si aujourd'hui cette corrélation était souvent contestée soit parmi les savants, soit parmi les philosophes, soit même parmi les théologiens?

La thèse bien différente à démontrer pour le matérialisme est celle-ci :« *Le cerveau en sa complexité organique et mécanique est la seule condition de la pensée* » et, comme *sous-entendue*, cette autre proposition parallèle : « On conçoit comment un mécanisme — extrêmement compliqué si l'on veut, et avec ses conditions de masse, de force et de structure organique et chimique — peut produire de la sensation, de la conscience sensorielle, de l'idéation, de la combinaison d'idées, ou *pensée*, de la coordination, dont le résultat se résume en formes nouvelles ou en rythmes nouveaux, de l'attention, de la volonté, de l'action intelligente ou coordonnée. »

Or on remplace la démonstration impossible à faire de telles propositions par un verbiage faussement scientifique et *à côté*, où se rencontrent des phrases comme celles ci-dessus recueillies, et une foule d'autres de la même espèce, capables peut-être de produire un certain effet sur le « gros public » mais dont les savants de tout genre un peu renseignés aperçoivent du premier coup d'œil la prétentieuse nullité.

La supériorité d'un système nerveux (et aussi bien d'un cerveau) dépend bien plus de sa structure que de son *poids* ou de la proposition de phosphore qu'il contient. Un petit chronomètre vaut — au point de vue fonctionnel — une grande horloge. Personne n'ignore ces choses. Pourquoi continuer, en dépit de l'évidence, la recherche de rapports vagues, qui, même s'ils étaient exacts et rigoureux, ne prouveraient rien dans la question?

Les faits où peuvent s'apercevoir ces rapports sont aujourd'hui connus des philosophes de toutes les écoles. A ceux d'entre eux qui se plaisent à les rapporter, les savants ont le droit de demander une critique assez délicate et assez profonde, mais les matérialistes pensent pouvoir s'en passer surtout en s'adressant au « gros public (1). »

Parmi la kyrielle de faits développés par M. Büchner, se mêlent parfois des réflexions qu'il serait dommage de négliger : « On a fait l'expérience « dit-il » (cerveau et âme, p. 213) que des aliénés avaient quelquefois recouvré la conscience et en partie la raison, peu de temps avant leur mort (2). On allègue souvent ce fait, pour le faire valoir en faveur d'une opinion contraire à la nôtre. Mais ce phénomène extraordinaire, loin d'infirmer nos arguments, peut être invoqué en leur faveur lorsqu'on admet que l'approche de la mort, amenée par une

---

(1) Les philosophes matérialistes dont les œuvres obtiennent des succès de librairie ont tort de s'en prévaloir comme semble le faire en ses préfaces le docteur Büchner. La vogue de celui-ci ne tient pas au mérite de ses ouvrages, mais au besoin senti par des groupes nombreux de matérialistes répandus en tout pays parmi le peuple — j'entends par là, riches et pauvres, ignorants ou mal instruits, et déjà persuadés sous l'empire d'anciennes influences. — Ces groupes sont charmés de voir exposer leurs *croyances* par des hommes savants et en des formes plus ou moins nouvelles. Ils achètent des livres — que les croyants diraient d'*impiété*, à peu près comme ces croyants, les livres de piété. Mais de plus, ils les propagent ; et les conséquences doctrinales et pratiques en sont d'autant mieux déduites, qu'en cela, les instincts font alliance avec les intelligences au grand profit de l'esprit de perversité. Ainsi les erreurs écrites des « philosophes » ou de ceux qu'on nomme ainsi, deviennent, en peu de temps, des sources de malheurs sans nombre, leurs livres sont pareils à la fameuse boîte de Pandore pleine de tous les maux, avec cette différence qu'au fond se trouve à la fin, non pas l'espérance morte à jamais, mais la colère et le désespoir.

(2) Ici l'auteur fait sans doute allusion à la fin raisonnable, après sa longue et belle folie, de l'ingénieux et sympathique hidalgo Don Quichotte de la Manche.

longue maladie et un épuisement général, délivre le cerveau des influences gênantes et morbifiques du corps. »

Cela fait quelque variété plaisante au milieu de mille banalités. N'oublions pas non plus des manières de conclusions typiques çà et là semées dans le texte, celle-ci est empruntée à Friedreich : « La fonction intellectuelle est une manifestation spéciale de la *force vitale*, déterminée par la *construction spécifique de la substance du cerveau*. La même *force* qui *digère* par l'estomac, *pense* par le cerveau. » Freidreich, on le voit, n'est pas plus embarrassé pour faire des théories que Büchner son admirateur, et que d'autres matérialistes plus récents tels que le docteur Pioger, et c'est assez pour clore cette étude (1).

(1) Le sous-titre du livre de M. Büchner, *Etudes* POPULAIRES *d'histoire et de philosophie naturelles*, montre bien qu'il n'a pas voulu s'adresser aux savants. Cela est permis sans doute ; mais quand on s'adresse ainsi à la multitude ignorante qu'on flatte en l'appelant « le peuple », quand on s'adresse à elle, dans le but de l'éclairer, il y faudrait peut-être apporter quelque scrupule, et ne pas s'exposer à tenter de lui enseigner ce qu'on ne sait pas mieux qu'elle. Il est bien certain, et la présente étude le démontre, que M. Büchner n'a pas d'autres *raisons* que certains groupes de la multitude pour se croire et se dire *matérialiste*.

Si on prend la peine de s'enquérir de ces raisons chez un bon paysan, chez un honnête ouvrier et tout aussi bien chez un « bourgeois » plus ou moins saturé d'instruction religieuse ou laïque, on recueille généralement ceci :

« Les morts ne reviennent pas ; donc l'homme est semblable aux objets de l'industrie et de la nature ayant une forme plus ou moins compliquée et belle, dès que ces objets sont pulvérisés ou brûlés, c'est pour toujours. Il n'y a point de miracles, et la plupart des gens qui continuent à y croire sont généralement des esprits faibles, craintifs, dépourvus du bon sens nécessaire à se bien diriger dans la vie, sans parler de ceux qui font semblant de croire.

L'enfant croit ce qu'on lui affirme, et il n'a pas tort, tant qu'il est ignorant de tout. On nous a parlé longtemps d'un bon Dieu entouré de beaucoup d'accessoires et doublé d'un être abominable qu'ils nomment Satan, ce bon Dieu me paraît après réflexion une invention de gens très habiles destinée à nous faire marcher droit. On peut marcher droit sans cela. »

En effet, cela peut aller ainsi pour un temps. Mais laissons parler l'homme des masses :

« On ne peut aimer ce prétendu bon Dieu, qui nous a faits et qui a fait le ciel et la terre, — dit-on encore, sans nous le prouver, — et qui nous envoie, dans sa bonté — expérimentale, — des maladies affreuses et mille autres maux. Je supporte mes maux comme je puis, et je préfère ne pas les attribuer à quelqu'un qui pourrait être très méchant.

Donc je ne crois pas à ce bon Dieu.

Donc je suis matérialiste. »

Il y a dans tout cela de quoi penser. Les réponses à faire ne sont pas faciles et les discours des philosophes contre cette croyance négative sont loin d'être satisfaisants.

Les plus sages, si on les pousse avec des arguments biens choisis, philosophiques ou religieux, si on fait intervenir surtout le sentiment, plus puissant que la raison sur les âmes simples, finissent par dire : Après

En somme, en ces longues et pénibles pages qu'avons-nous trouvé ? de la science de dictionnaires (1), mal choisie, mal comprise, mal présentée, sans une pensée originale, de singulières erreurs même difficiles à expliquer, je ne dirai pas chez un *savant*, mais chez un *docteur en médecine* désigné par son diplôme comme un homme *instruit*.

Citons encore cette épigraphe du chapitre intitulé la *Pensée* :
« La pensée est *un mouvement* de la matière » elle est, ou du moins la rédaction en est de Moleschott.

Une si longue discussion n'était vraiment pas nécessaire. Que sais-je ! Comment ai-je pu lire ce livre jusqu'au bout ? J'espérais y trouver quelque argumentation ingénieuse, une manière habile de présenter les faits nouveaux de la science contemporaine, quelque chose enfin m'expliquant les nombreuses éditions et le bruit fait même en France autour de cette œuvre mal conçue, mal pensée, mal venue. Le docteur Büchner n'a rien trouvé, rien inventé, pas même dans l'expression. — Il n'a pas mieux parlé, bien au contraire, que ses prédécesseurs dans la doctrine ; et nos matérialistes du xviiie siècle sont autrement intéressants même en leurs plus graves erreurs par leur esprit et par leur talent. Quant à ses maîtres, Vogt et Moleschott, qui jouissent dans l'école matérialiste d'une grande autorité ils ne dépassent guère comme doctrine et comme critique leur disciple Büchner ; c'est tout ce qu'on en peut dire. L'expression moins ancienne du même matérialisme donnée par M. Pioger, bien que sans additions importantes aux exposés de d'Holbach, de La Mettrie et des matérialistes anglais, notamment d'Herbert Spencer, m'a du moins donné, par ses quelques efforts d'imagination, l'occasion ou le prétexte d'études ou de remarques partielles sur les questions soulevées ; on ne trouve pas aussi souvent ni au même degré, dans Büchner, de telles occasions ou de tels prétextes.

tout je n'en sais rien, et je crois qu'on n'en peut rien savoir. Ainsi de *matérialistes*, ils deviennent *positivistes*. Mais la pure négation plaît davantage, étant à l'abri de tout soupçon d'hypocrisie. Quoiqu'il en soit, la question est ainsi bien posée ; et il s'agit de savoir si la philosophie aidée de toute la science moderne peut offrir au « peuple » mieux que cette négation qui gagne chaque jour en étendue et en profondeur les « masses » et les oriente comme on sait.

(1) Les dictionnaires ! Je n'en veux pas médire. Ils sont, pour qui saurait bien les consulter, d'excellents traités de philosophie, et parmi les meilleurs de métaphysique ; mais un savoir encyclopédique pour si varié qu'il soit, ne vaut que selon la hauteur d'esprit, la clarté d'intelligence, la puissance de pénétration et les autres qualités de celui qui le met en œuvre.

CHAPITRE VI

L'ANCIEN ARGUMENT FONDAMENTAL DU MATÉRIALISME

Pour compléter les études précédentes sur le *matérialisme contemporain*, se rapportant avec une ampleur suffisante au matérialisme en général, il me reste à examiner l'argument principal et comme central de la philosophie matérialiste : « L'univers a pu se créer par l'effet du hasard, étant donnés l'espace sans limites, le temps sans commencement ni fin, et la matière répandue indéfiniment dans l'espace ; et il n'est pas besoin de recourir à l'intervention de puissances individuelles et spéciales, ouvrières successives de la création, ni à Dieu omnipotent et omnicréateur, soit exerçant depuis l'*à jamais* du passé sa providente souveraineté, soit ayant à un moment donné — ce qui semble absurde et comme dépourvu de sens — tout tiré du Néant. »

Cet essai de théorie doit se comprendre ainsi : « Toutes formes existantes — les choses et les êtres — régies par les immuables et inviolables lois de la nature, et les formes qui les ont précédées, ont dû *nécessairement* se former à un moment donné dans la durée *infinie* ayant précédé le jour où nous sommes. Il faut que cela se soit accompli en quelque temps et en quelque lieu. Il n'y a donc pas de raison d'être surpris de voir aujourd'hui au lieu et au temps où nous sommes, le monde et les êtres qu'il contient comme nous les voyons et tels qu'ils sont...

« Il y a, dans les êtres et les choses de notre monde, de multiples conditions assurant l'existence, la reproduction, le fonctionnement, et toutes les manières d'être ou de devenir de ces choses et de ces êtres. Si *toutes* ces conditions n'avaient pas été réalisées, ces choses et ces êtres n'existeraient pas. La nature a dû ainsi fatalement produire tout ce qu'elle a produit ; car dans l'*infinité* de temps antérieur au moment actuel, le hasard a fourni, avec la matière cosmique, l'infinité des formes et des arrangements *possibles*. Parmi ces arrangements ou formes, un nombre infini en a dû nécessairement disparaître, n'ayant pas en eux ces conditions d'évolution ou de durée. Donc il n'y a point de conception ou d'archétype de l'univers ayant précédé son apparition dans l'espace. Le Hasard et les Lois suffisent à tout expliquer, ces lois que la science nous présente bien comme incréées et n'étant que les éternelles propriétés du nombre, de l'espace, du temps et du mouvement, étant donnée aussi la permanente, l'incréée, l'impérissable, l'éternelle Matière, dont nous ne pouvons douter. »

Les idéalistes ont expliqué l'univers et l'homme avec d'autres formules, sans de grands avantages définitifs, en attribuant à un principe unique ayant en lui-même, de toute éternité, les conditions de son développement. Plus ou moins panthéistes, ils ont donné à ce *premier* et *dernier*, à cet unique principe des noms divers : la Sensation, la Substance, l'Idée, la Volonté, l'Absolu, le grand Tout ou Panthée, Monos, l'Etre. J'en oublie, sans doute. Tout ce qui a été, est et sera, suivant ces philosophes, consiste en simples « modalités » constamment variables et passagères comme sont nos sensations et nos idées, nos modalités à nous, j'ai dit *modalités* de ce qui demeure éternellement, de l'Unité totale.

Cette Unité est par eux considérée dans l'infinité de ces conditions d'apparences constatées en notre esprit, et représentées par les termes abstraits d'*étendue* et de *durée*.

La création éternelle ou l'évolution indéfinie de l'univers n'est donc que le perpétuel devenir d'un seul *Etre* comprenant en lui tous les autres *êtres* ou se prenant pour tels. La plupart de ces philosophes idéalistes et monistes, d'après des traditions religieuses, contenant à leurs yeux tout l'essentiel de leur doctrine, désignent non seulement par les dénominations ci-dessus rappelées l'Etre des êtres, mais encore par le nom où se concentrent toutes les origines, toutes les activités occultes et tous les mystères, par le nom obscurément redoutable de « Dieu. »

Si j'oppose ici l'une à l'autre ces deux si dissemblables doctrines, dissemblables, sous certains rapports — plus en apparence qu'en réalité, je l'ai déjà montré en divers écrits et sous des aspects différents je le montrerai encore — ce n'est pas dans le but de les combattre l'une par l'autre. Elles ne convergent vers les mêmes résultats négatifs que dans leur ultimes *conséquences*, non pas seulement *morales*, mais aussi *logiques*. C'est à ce point qu'aujourd'hui, parmi ceux à qui le nom de métaphysicien ne pouvait pas sonner comme une injure, il en est plusieurs dont on ne saurait dire s'ils sont matérialistes ou idéalistes, tant ils ont cure de fondre la matière dans l'esprit, ou l'esprit dans la matière.

C'est donc aux seuls matérialistes *modo epicureo* que je veux répondre ici, car il ne faut pas embrasser trop de pensées diverses en une seule argumentation.

Je ferai remarquer seulement que si deux systèmes aussi contraires arrivent ainsi à se rencontrer en des conséquences communes de la plus haute gravité, ils ne doivent pas être pris cependant pour deux chemins divers aboutissant à une *vérité* identique. Cette convergence s'explique très bien par un vice commun, car ils ont l'un et l'autre une égale prétention, des deux parts injustifiée, à tout noyer, dissoudre ou confondre dans une seule et même Unité, dite l'unité de substance. Souvent, il est vrai, on est arrivé dans les sciences à concevoir comme *un* ce qui d'abord avait paru multiple. Il ne faut pas s'en laisser imposer par cette induction, qui cesserait d'être légitime, si on la voulait étendre sans preuves nouvelles et spéciales, à des groupes de faits non compris dans la sphère d'observation d'où on l'a tirée. La tendance à l'unification à outrance des choses a conduit, même dans les sciences expérimentales, à de très fâcheuses erreurs.

Rien, en réalité, ne mène l'esprit à cette conception de l'*unité de substance*, si ce n'est l'idée préconçue qu'on s'en est formée, et les paralogismes que favorisent et masquent beaucoup trop l'ingénieuse forme dialectique familière aux philosophes.

En supposant même cette unité démontrée, un peu de réflexion suffit à faire voir que l'intelligence humaine est impuissante à en tirer la moindre conclusion. C'est une sorte d'alkaeste, d'universel dissolvant, où toute différenciation des choses, toute idée, toute pensée se perd et disparaît, laissant notre conscience dans l'hébêtement d'une sorte de demi sommeil.

Abordons maintenant la maîtresse argumentation des matérialistes.

Il faut avoir grand soin, quand on prononce ou qu'on écrit le mot infini, de ne pas oublier son véritable sens (absence de limites) et de ne pas croire qu'en présence de ce signe nous *concevons* quelque chose. Ce que nous devons concevoir c'est son vrai rôle dans un langage exact, son origine dans notre esprit, et les raisons pour lesquelles il a été formé. En cela nous ne pouvons être bien guidés que par les mathématiques, où son usage est indispensable, et où l'abus n'en saurait aisément s'introduire.

Or, dans l'argumentation matérialiste cet abus du mot infini, et son usage défectueux, apparaissent avec la plus flagrante évidence.

Pour faire une création hypothétique du monde (ou pour mieux dire de l'univers, ou des univers) il faut d'abord qu'il nous soit *donné* (par hypothèse) quelque chose où ces univers ne soient pas déjà contenus en des conditions virtuelles déterminées, sans quoi la pétition de principe serait trop évidente. Il faut l'espace infini, le temps, la masse et la force, plus brièvement, de la masse discontinue en mouvement. En effet, cette masse, si nous la supposons continue, ne nous offrira aucune possibilité de mouvements ni de changements quelconques. Il faut donc la supposer divisée en petites masses distinctes et séparées d'égales ou de différentes grandeurs, ce qu'on a de tout temps plus ou moins exactement nommé les atomes.

Ici déjà, les difficultés s'amassent et se multiplient. Ces atomes sont-ils réellement insécables et formés d'une matière dure, continue, inerte, passive, impénétrable, par conséquent dépourvue de toute élasticité ?

Les matérialistes ne s'occupent nullement de ces difficiles questions. Passons outre, comme ils le font.

Ces atomes gravitent-ils ou non les uns autour des autres ?

Les matérialistes en admettant ce point ne le peuvent faire sans accorder à la matière une qualité occulte dite *attraction*. Dès lors, ils acceptent l'absurdité d'une action à distance, à travers le vide, si hautement repoussée par Newton, et aujourd'hui par presque tous les savants.

La gravitation est un fait général qu'on peut expliquer par une théorie fondée sur les lois démontrées de la mécanique et sur les inductions fournies par les sciences physiques expérimentales.

Si les matérialistes sont hors d'état de fournir cette théorie et d'expliquer comment le hasard, c'est-à-dire le mouvement désordonné et confus ou *quelconque* du chaos primitif, peut produire des milieux gravitaires primordiaux analogues à ceux que nous observons aujourd'hui, si régulièrement actifs, ils ne pourront pas davantage expliquer tout le reste (bien plus immensément compliqué, en tant que soumis à de multiples et variables conditions) et toute leur argumentation en demeure frappée de nullité.

Que si nous leur accordons les atomes, pareils ou divers, sphériques ou ovoïdes, ou crochus, comme ils les voudront, mais également répandus et immobiles dans l'espace, il faudra les faire mouvoir. Et comment ?

Ils se meuvent *motu proprio*, par hypothèse. Soit ! mais dans quel sens ? Est-ce en ligne droite d'abord comme le voulait Epicure, puis, subissant tout à coup et sans raison concevable une déclinaison... Mais personne aujourd'hui n'essaierait de soutenir cette antique et très injustifiable fantaisie qui d'ailleurs ne mène théoriquement à rien.

Disons donc qu'ils se meuvent dans *tous* les sens.

Eh ! bien, dans ce cas, ils continueront à se mouvoir dans tous les sens, et rien, dans l'Univers chaotique ainsi constitué, ne changera véritablement jamais.

Il ne se produira même pas de faits de hasard, si ce n'est autour de chaque atome ; et ces faits de hasard s'annuleront les uns les autres sans que jamais se forment des masses, de grandes masses, ni solides, ni liquides, ni gazeuses. Ils constitueront une matière pareille à l'éther cosmique tel que nous l'admettons aujourd'hui, mais sans gravitation, sans rayonnement, sans ondulations lumineuses, ni caloriques ni autres, toute la dynamique primitive éternelle, si l'on veut, prêtée aux atomes (bien gratuitement d'ailleurs) n'étant et ne pouvant être employée qu'à ces mouvements continuels de chacun d'eux, transmis de l'un à l'autre par choc, et partout compensés dans l'immensité inerte, inféconde et ténébreuse.

En de tels efforts de conception, l'imagination demeure impuissante, et la raison ne trouve rien à dire.

Mais, il nous faut à tout prix tout au moins des faits de hasard en notre chaos primitif. Nous sommes contraints pour les leur procurer, d'accorder aux matérialistes beaucoup plus qu'ils ne semblaient tout d'abord demander.

Il est indispensable même de construire, à leur usage, une sorte de théorie. Essayons de le faire et nous verrons bien à quelles conséquences doivent aboutir de pareilles vues théoriques.

Supposons une masse éthérée d'une énorme dimension, mais *finie*. C'est ainsi qu'on peut concevoir *un* univers en sa première phase de formation. Ce sera notre univers, si l'on veut, lorsqu'il se trouvait évoluant en cette phase. Il y a de cela bien longtemps. Sa grandeur dépassant de beaucoup celle de la sphère — est-ce une sphère ? — dont nous nous considérons comme le centre et dont la limite apparente est marquée par les plus lointaines étoiles vues au télescope ou révélées par la photographie, ce dernier moyen étant capable de faire discerner des astres invisibles à nos yeux, au moyen de plaques sensibles aux diverses nuances.

Cette masse éthérée est pareille aux milieux interstellaires de notre univers actuel. Elle contient de plus, disséminée et très raréfiée, le peu de matière pondérable, ou devenue telle, qui a servi à constituer les myriades de soleils dont elle est aujourd'hui peuplée.

Je l'ai supposée limitée dans l'espace. Il n'y a aucune raison de croire une telle masse unique dans l'étendue infinie.

Je le sais, des savants, doublés ou non de théologiens, s'accommodent assez d'un tel univers limité et *unique*; mais les matérialistes que les dogmes anciens ne troublent pas, ou n'agitent que dans un sens diamétralement opposé à celui des croyants, ne me feront là dessus nulle querelle.

Donc je suppose (sans blesser la raison, sans contredire la science) des univers atomes (grandes masses éthérées, en nombre quasi-infini ou indéfini, comme on voudra) se mouvant dans un éther autrement constitué, mais dense à peu près comme le nôtre, et, dans les mouvements que je leur suppose, pouvant se heurter les uns les autres.

On me dira que je ne fais là que reculer certaines difficultés... Laissons en suspend cette objection.

Si notre univers en phase chaotique où nous pouvons considérer des atomes (ceux de notre éther et ceux des corps structurés solides, liquides ou gazeux que nous connaissons) est choqué par un autre atome-univers, ce qui doit avoir lieu à diverses époques et en divers sens, nous obtenons, dans sa masse éthérée, plusieurs déterminations de mouvements.

Accordons-nous ces atomes de notre univers comme élastiques (sans cette élasticité absolue des géomètres mécaniciens impossible à constater dans la nature et ne servant qu'à simplifier les calculs). Considérons-les comme élastiques, et comme inter-gravitants. Pour ne point compliquer les choses, supposons démontrée une théorie de la gravitation. On en a proposées plusieurs — défectueuses — que je ne puis développer ici.

Dans notre masse éthérée, il se fera des courants de mouvements rectilignes et des courants latéraux ou contraires, il se formera des tourbillons, des girations diverses, des condensations variées. Les nébuleuses nous en offrent de suffisantes images. On pourra concevoir le rayonnement dynamique de ces masses, etc., Et comme Kant, comme Laplace, comme M. H. Faye et quelques autres, nous pourrons concevoir une cosmogonie hypothétique dont la mécanique nous permettra d'étudier quelques modes essentiels, et nous formerons ainsi par la pensée, tant bien que mal, un univers comparable au nôtre que nous observons de notre relativement minuscule planète.

Nos données étant admises, il n'y faudra donc qu'un certain hasard, la rencontre fortuite de deux univers-atomes, et la mécanique générale, plus particulièrement la mécanique céleste.

Cependant, nous devons l'avouer, nos données (par hypothèse) ne sont pas de mince importance dans le seul but de rendre à cet égard nos conceptions cosmogoniques *possibles*.

Il nous a fallu d'abord un éther cosmique. Je suis loin pour ma part de lui accorder sans conteste l'homogénéité élastique ou dynamique (?) dont se contentent certains physiciens.

Je ne le puis concevoir s'il n'est, lui-même, structuré et complexe, s'il n'est fait de corpuscules de grandeurs comparables mais diverses, afin de pouvoir vibrer en les divers modes actinisme, lumière, chaleur, gravitation. Ces modes dynamiques ou rythmes peuvent expliquer dans les condensations admises, des agglomérations d'atomes, non fortuites celles-ci, mais nécessaires, et déterminées par des entrecroisements vibratoires, et donnant lieu ainsi à des formations chimiques par proportions régulières et mesurées, et plus tard à des cristallisations différentes suivant des nombres déterminés de cas possibles.

Cette ébauche de théorie quant à la constitution première des corps structurés pourra paraître hardie à quelques-uns. Pour la faire bien comprendre, au moins dans son énoncé, je rappellerai les distributions morphorythmiques, les lignes nodales, obtenues par la vibration, en diverses circonstances, de la même plaque élastique et rigide. L'expérience est classique et se fait dans les plus élémentaires des cours de physique expérimentale.

Ce sont là des cas particuliers de la transmutation perpétuelle qui se fait dans la nature, du *rythme* en *forme* et réciproquement.

Il faut donc supposer, si l'on veut concevoir l'hypothèse d'une cosmogonie quelconque, l'existence préalable de la forme primitive ou du rythme primitif, l'un pouvant à la rigueur expliquer l'autre.

Or, quelle cause créatrice de rythme et de forme connaissons-nous le mieux dans l'ensemble des choses, si ce n'est nous-mêmes les hommes, qui, représentés par les plus intelligents d'entre nous, composons des mélodies ou des symphonies, des discours, des machines, des tableaux, des architectures ? Tout cela est le produit de notre moi, de notre conscience créatrice appelée imagination et raison, quoi qu'en pensent les modestes matérialistes qui se plaisent à qualifier l'homme de *boue* « organisée » sans même plus penser à cet adjectif de pure concession, ce en quoi ils sont d'accord avec les croyants austères, lesquels ne pensent pas que nous sommes, non seulement des êtres organisés, mais encore des êtres organisants, témoins le navire, le moulin à vent et à eau, nos véhicules usuels, toutes nos machines, nos statues, nos demeures, nos temples et nos livres.

En travers, se place la fausse ou très *obscure* maxime : *nihil est in intellectu quin prius fuerit in sensu*. Le « sensus » ne nous fournit que des *éléments sensoriels*, et encore le *sensus* est *moi* autant que l'*intellectus* (1). Tout le reste est œuvre de ce moi *sensus et intellectus* à la fois. Ce qui sort de nous est souvent, toujours peut-être, différent de ce que nous recevons du dehors ; et c'est dans cette seule acception que le mot *création* présente à l'esprit une idée vraiment nette et distincte.

C'est à une action de cet ordre, qu'il est le plus naturel d'attribuer ces premiers rythmes de la nature ou les formes (ou arrangements atomiques) pouvant les déterminer. Le Dieu de la génèse dit : « Fiat lux !.. » On pourait dire que le rythme de la lumière c'est la parole même de Dieu ou d'un dieu, lequel ne devait s'exprimer, — il n'y a du moins aucune raison de le croire — en l'un de nos idiomes humains, fût-ce l'hébreu ou le sanscrit. Cela fait horreur aux matérialistes ; et l'on ne peut leur demander d'y souscrire. Cependant, les plus opiniâtres d'entre eux devraient essayer de comprendre qu'il y a là — dans toute la force du terme — *une question*, et lorsqu'ils auront constaté leur impuissance à la résoudre logiquement et scientifiquement, il n'est pas absolument impossible qu'ils commencent à réfléchir.

Cette discussion où — je l'espère, du moins — je n'ai rien risqué de contraire aux données de l'observation scientifique, suf-

---

(1) Certains philosophes, admirateurs de l'adage antique des sensualistes, attribué à Zénon d'Elée, reconnaissent bien que, dans le travail de l'intellect, s'opèrent certaines « combinaisons ». Ils pensent en cela n'avoir fait qu'une insignifiante concession. Dans leur ultérieure dialectique, ils cessent dès lors de tenir compte de ce détail méprisable et vite oublié. Ils ne s'aperçoivent nullement que *combiner*, *coordonner* ou *créer* c'est une seule et même chose.

fit déjà pour montrer combien complexes et ardues sont les conditions à déterminer en plusieurs des éléments de la question, sans parler d'un grand nombre d'autres conditions non encore aujourd'hui soupçonnées.

Admettons pour un moment que ces diverses difficultés sont résolues, que des atomes intergravitants remplissent l'univers, qu'en cet univers, des poussées se croisent en sens différents déterminant des formes de nébuleuses, et enfin des systèmes planétaires. Tous ces grands mouvements se sont accomplis en vertu de propriétés ayant toujours appartenu à la matière, cette matière est elle-même soit en dernier lieu, soit primitivement structurée, comme elle l'est encore aujourd'hui, et le sera toujours, dans les corps anorganiques.

Même au point de vue de l'hypothèse matérialiste, de tels systèmes planétaires en nombre immense et durant des nombres inconcevables d'années, sans que de complexes rencontres d'atomes en mouvement y produisent un seul être vivant, pourront poursuivre leurs évolutions, c'est-à-dire successivement naître, se modifier, se détruire, s'immobiliser ou se résoudre en le chaos primitif, tantôt les uns, tantôt les autres. Une telle création fortuite, dans un nombre effrayant d'univers, se produira-t-elle une fois ? En en supposant la possibilité, la très spécialement *rare* et miraculeuse concordance de hasards produisant un être de cette catégorie, végétal ou animal, n'est donc pas seulement rare dans le temps, elle l'est aussi dans l'espace.

L'être nouveau, le premier être organique ainsi créé quelque part, les matérialistes ne seront pas embarrassés (grâce à l'idée chimérique et audacieuse qu'ils ont conçue du *principe* sous-entendu de « l'évolution » darwinienne) pour en faire sortir les quatre cent milles espèces végétales et à peu près deux fois autant d'espèces animales peuplant, meublant, ornant aujourd'hui notre planète et s'entre-dévorant sur sa ronde surface.

Faudrait-il supposer qu'une végétalité, une animalité, une humanité, créations de telles rencontres fortuites, ont pu être jadis, en vertu des mêmes hasards, produites d'abord en un point de notre univers, puis ont été transportées sans périr à l'état de germes très subtils, sans doute, à d'autres planètes, à d'autres systèmes solaires ?

Tout ce que la science nous apprend relativement aux conditions générales des choses, nous oblige à repousser bien loin cette hypothèse. Nulle part, sur notre globe, dans les plus délicates et mieux conduites expériences, on n'a pu constater l'existence de tels germes, contrairement à l'idée préconçue que beaucoup de savants s'en étaient formée, aux temps anciens et de nos jours.

Mais laissons cette discussion d'une hypothèse injustifiable en ses bases, insoutenable en son développement. Il nous est impossible, cela vient d'être pouvé par les conceptions cosmogoniques précédentes, de concevoir ce hasard primitif (hasard analogue au transcendantal posé par M. de Hartmann) comme cause première de la création, ou, si l'on veut, ces hasards primitifs confusément multiples, ce tohu-bohu atomo-dynamique des premiers temps de l'*univers* sinon de *notre* univers. C'est dans l'énoncé formel de son argument prétendu démonstratif qu'il faut abolir la fausse doctrine. Non seulement une formation organique ou simplement coordonnée, première, est *rare* comme possibilité absolue, dans l'infinité de temps ou d'espace, mais encore elle est, même avec ces infinités, radicalement et absolument inadmissible.

Dans les raisonnements ou dans les affirmations où nous faisons entrer le mot *infini* ou quelque terme semblable, nous devons avoir grand soin de ne pas le faire servir à représenter quelque non-sens comme en ont commis tant de *philosophes*.

Je ne sais lequel s'est avisé de dire : En ce bloc de marbre, sont contenues toutes les statues qu'on en peut faire, soit une *infinité* de statues. Il ne s'agit que de les en tirer. L'erreur en ce dire incirconspect va évidemment jusqu'à l'absurde. *On* — ou, pour mieux dire, le statuaire — peut sculpter en ce marbre la forme qu'il voudra, parce que nulle forme n'y est *déterminée*, et comme *détermination* et *forme*, dans l'espèce, est tout un, cela revient à cette évidence : dans le bloc aucune statue ni forme quelconque n'est déterminée ni contenue. Il n'y a dans le marbre qu'une seule condition de l'existence de la statue future, laquelle condition n'a rien de spécifique puisque toute autre matière solide la fournirait.

Les matérialistes commettent en leur argumentation une faute du même ordre.

Les fortuités, même avec tous les infinis qu'il soit permis de considérer en la question, et non un certain infini absolu tout-à-fait dépourvu de sens, ne produisent qu'une infinité ou si l'on veut des infinités d'infinités,... etc. de cas également fortuits ; et jamais il n'en résultera une eurythmie, ni une eumorphie quelconque, à plus forte raison un être organisé et vivant.

Dans le bloc de marbre sont *possibles* des infinités de Vénus ou de Dianes, mais simplement aussi une *infinité* de la même statue dont seule variera la longueur de l'ongle du petit orteil et seulement — au maximum fixé — d'un cent millième de millimètre.

— Si j'additionne ces infinités...

Prétendre *additionner* des infinités c'est proprement ne savoir ce qu'on dit ; on n'en peut considérer que des cas divers.

Donc, il y a autant d'infinités possibles de formes coordonnées que de corrélations incoordonnées ou fortuites.

En effet, le caractère différentiel de ce qu'on nomme le hasard est de ne produire que de telles dispositions incoordonnées, tout en les produisant *à l'infini*. Pour les coordinations de rythmes et de formes il faut des *causes* particulières, positives, spécialement efficaces.

D'où a pu naître cette idée de formes coordonnées produites par le hasard? C'est en beaucoup d'esprits d'un fait extrêmement fréquent en notre fonction de conception sensorielle. Il arrive — et cela arrive plus souvent encore aux artistes qu'aux autres hommes — que nous croyons apercevoir en certaines roches arrondies, en des masses de nuages, en des macules variées sur un mur, en ces taches multicolores des marbres polis, en mille autres déterminations fortuites, des représentations d'hommes, d'animaux, d'objets divers, de création naturelle ou humaine. Les enfants un peu réfléchis s'aperçoivent bientôt que les coordinations ainsi reconnues ne sont véritablement faites que par eux-mêmes, et viennent de leur mémoire ou de leur imagination, la configuration fortuite, par une ressemblance très vague, ayant simplement éveillé un souvenir ou provoqué une formation nouvelle. Disons pour être exact que ces deux conditions y sont ensemble nécessaires.

La naïveté des hommes adultes et en particulier des philosophes peut d'aventure être plus grande que celle de ces enfants, et sans l'avouer (un doute leur demeure qu'ils se dissimulent) ils en tirent que la nature (ce mot veut dire ici le hasard ou fortuité) pourrait bien le *plus* puis qu'elle peut ce *moins*. Cet essai de raisonnement n'est pas accepté cependant sans intérieure protestation, et il s'y ajoute : cela est possible une fois et quelque part, étant donnés le temps infini, l'espace infini, l'infinité des combinaisons.

Une attention non troublée par de fausses opinions acceptées à la légère, permet toujours de bien distinguer, dans les faits de la nature et de l'homme, ce qui est nécessité, ce qui est création, ce qui est hasard.

Le nombre des faits de chacun de ces ordres n'est en rien limité. En cela, il est infini en d'autres termes ces faits *comme possibles* sont tous *sans nombre*. On peut admettre en outre des infinités pareilles en des conditions étroitement limitées. Cette infinité des uns n'a rien à voir avec l'infinité des autres, et l'idée négative d'infini ne comprend en elle que ce que nous y mettons (1).

L'emploi qu'en font en leur grand argument les matérialistes est donc absolument illégitime et vain, et n'explique pas la formation (prétendue possible sans cause spéciale) de la moindre eurythmie, de la moindre eumorphie, ni surtout de l'être vivant

(1) Dans *tous* les faits de la nature et de l'homme, les trois conditions générales nécessité, hasard et création se peuvent reconnaître à de variables degrés. Lorsque je dis *fait de nécessité* j'entends un fait généralement assez simple ou de complexité déchiffrable où je considère surtout, et à part de tout le reste, les rapports nécessaires ou résultants, abstraction faite de tout ce qui n'est pas dans le fait et, pour ainsi dire autour du fait, évidemment nécessaire ou fatal. Dans les faits de création, je néglige tous les éléments soit de nécessité pure, soit de hasard, pour retenir seulement l'arrangement, la combinaison harmonique constituant essentiellement une création, forme ou rythme coordonnés (eumorphie et eurythmie).

Dans les faits de hasard, on trouvera toujours comme *composantes* du concours d'actions non voulues, non concertées, non composées, non harmoniques, qui les produit, un ensemble de nécessités ou fatalités, et des créations rythmiques et morphiques ou même des êtres organisés et conscients jouant le même rôle que ces fatalités ou nécessités. La rencontre seule constitue le fait de hasard, et le caractère de telles rencontres c'est de ne pouvoir être rangées sous l'empire d'aucune loi, de ne relever d'aucun ensemble général et constant de conditions élémentaires, possible à représenter soit par un schéma, soit par une formule quelconque.

J'ai souvent donné des exemples où l'analyse permet de bien discerner, de bien différencier ces trois conditions générales. J'attribue à cette différenciation, permettant de saisir le *sens* philosophique de tous les faits possibles, une grande importance au point de vue d'un nombre immense de recherches, et de vérifications (voir l'anecdote exemplaire de *Posthumus* dans ma critique de *la Métaphysique de Taine*). Un de ces exemples précieux par sa netteté m'a été fourni par un de mes amis, c'est le jeu d'échecs. Les soixante-quatre cases noires et blanches, les règles du jeu, celles surtout déterminant l'action spéciale des pièces, le nombre de ces mêmes pièces et leur position initiale, telle est la part de la nécessité ou fatalité. Les combinaisons de l'un des joueurs contre l'autre, comprenant la prévision d'une série de coups possibles, telle est la part de la création, tout ce qui est fait sans attention, sans prévision, sans combinaison, telle est la part du hasard. Le gain de la partie échoit à celui qui a su le mieux lutter contre le hasard, à moins qu'il ne soit dû au hasard même dans le cas de deux mauvais joueurs. C'est là une image assez exacte de la destinée des êtres au cours de leur existence.

le plus simple dont l'organisation ne saurait se concevoir sans une complexité de rapports et de nettes différenciations expliquant une évolution vitale et des fonctions régulières.

Trois atomes sont (par hypothèse) dans l'espace vide. Ils déterminent dans cet espace un plan, et par leurs distances réciproques ils forment la figure la plus simple des figures planes fermées, un triangle. Ce triangle sera par exemple un scalène quelconque.

Si nous supposons à ces atomes des mouvements spontanés de va et vient suivant les rayons *sans nombre* d'une sphère idéale dont on peut considérer chacun d'eux comme le centre, à quelles conditions pourront-ils, à un moment donné de l'infinie durée, former un triangle équilatéral ?

Il est certain que ce cas unique des rapports possibles des trois distances ; leur égalité réciproque, est rigoureusement possible, de même que sont possibles toutes les formes coordonnées à déterminer dans le bloc de marbre. Cherchons à évaluer les chances appréciables pour qu'il se réalise une fois. Simplifions encore la question, deux de ces atomes demeurent immobiles, leur distance ne varie pas. Dans les mouvements indéterminés quant à la direction du troisième atome — pour demeurer dans la pure condition du hasard, — il y a *une chance* favorable contre une infinité sphérique de chances défavorables. C'est comme un billet de loterie à une infinité de fois le nombre infini contre un. L'infinité du temps qui n'est que linéaire ne change rien à la question. Au point de vue de la probabilité d'un succès s'il y a une possibilité ; la probabilité est nulle ; $\frac{1}{\infty}$ représente l'absolue indétermination : la chance est représentée par *zéro*.

Donc l'infinité de temps ne suffit pas à rendre possible un arrangement quelconque d'atomes pour en former une molécule. Il faut pour cela des conditions ou des causes déterminantes, spéciales, actuelles, efficaces et positives. Pour ce qui est de telles formations moléculaires on ne peut trouver ces conditions que dans la forme antérieurement déterminée des atomes et nous venons de voir le hasard ne pouvant rien déterminer de *régulier*, ou dans les rythmes divers de l'éther — milieu cosmique subtil, élastique — lequel pour expliquer la possibilité de ses ondes régulières diverses ne peut être imaginé que spécifiquement structuré.

On voit combien plus impossible encore (si ces mots *plus impossible* avaient un sens) est de concevoir la formation du plus petit des êtres connus, du microzyme formé en apparence d'une membrane organique close contenant une matière albuminoïde, capable d'assimilation, et de désassimilation, changeant par là dans le milieu où il vit la composition chimique des liquides complexes dont il se nourrit, et ne pouvant autrement vivre, en un mot exigeant une complexité organique devinée par l'esprit suivant d'impérieuses analogies, bien que tout à fait invisible même à l'aide des instruments les plus parfaits.

Nous sommes donc là en présence d'impossibilités x fois infinies.

Ceci étant dit, la discussion est close, et j'ai prouvé encore une fois que l'hypothèse matérialiste considérée comme conception rationnelle a, comme chance d'être vraie *zéro*, contre des séries d'infinis, et que, au point de vue des hypothèses cosmogoniques actuelles, elle ne repose sur rien.

CHAPITRE VII.

Neuro-anatomie. — Nouvelles déterminations sur la structure des centres cérébraux. — Centres de sensibilité et centres d'association prévus sous les noms de centres de sensations-souvenirs et pôles de mouvements coordonnés. — Les neurones. — Théorie physiologique de la vision normale. — Caractère différentiel et absolu de la conscience sensorielle. — Corrélation des centres sensoriels périphériques et mnémoniques. — Action très différente de l'être conscient et volontaire sur ces deux ordres de centres. — Théorie des inscriptions rythmiques, ou physique physiologique des divers genres et espèces de mémoire. — Revendications justifiées. — Classification générale des centres subordonnés de la vie dans le système névraxique et ganglionnaire. — Distinction entre les fonctions psychiques et les fonctions organiques cérébrales. — Le *siège* de l'intelligence n'est pas encore anatomiquement déterminé. — La cellule nerveuse, ou plus exactement le neurone, est un *être* individuel vivant, sensible et réacteur, c'est-à-dire rudimentairement conscient, et en même temps *organe* quant à la conscience souveraine. — L'hétérogénéité fonctionelle et topographique de l'écorce cérébrale a été déjà démontrée vers le milieu de notre siècle. — Corrélations de la physique générale, de la psychologie, de la physiologie et de la métaphysique. — Détermination de l'idée de fonction en général et particulièrement en neuro-physiologie.

I

Ayant écrit les précédents chapitres sur le matérialisme — soit *moderne*, c'est-à-dire du dernier siècle, soit *contemporain*, celui-ci différant aussi peu de l'ancien que l'autre, et tous se réduisant à la même hypothèse métaphysique, sans caractère même de bonne conjecture scientifique, ou plus exactement encore au même *parti-pris*, je songeais à m'enquérir des auteurs de notre temps où pourraient se trouver des faits ou des arguments nouveaux en faveur de cette doctrine, arguments et faits tirés surtout de recherches physiologiques.

Or, voici que M. Jules Soury vient de publier dans la *Revue générale des sciences pures et appliquées*, recueil nullement inféodé, paraissait-il, à l'une ou à l'autre de nos écoles philosophiques, un véritable manifeste matérialiste, sous le prétexte d'une « revue annuelle de psychologie physiologique (1). »

Je ne sais vraiment si ces mots *matérialisme, matérialiste*, suffisant à exprimer les convictions de sa prime jeunesse, plaisent encore à M. Jules Soury, et s'il n'éprouve pas comme quelques autres philosophes le besoin de les changer. Sans doute changer les mots, c'est toujours en quelque chose changer les idées, c'est mettre son esprit en présence de rapports un peu différents ; mais en la question présente, il ne s'agit pas de contester que l'ensemble de corrélations combinées en l'esprit de M. Jules Soury, par exemple, ne soit à divers égards différent de celui qui a pu se produire en l'esprit de La Mettrie ou de d'Holbach. Je prétends seulement que, parmi ces rapports d'idées abstraites, ceux par lesquels se caractérise la doctrine dite matérialiste, *essentiels* par conséquent à cette doctrine, n'ont guère changé non seulement depuis le XVIIIe siècle, mais même depuis Epicure (2).

(1) La *Revue des sciences* se défend même, par une « note de la Rédaction, » de vouloir aborder aucune question par le côté *métaphysique*. La couleur verte de sa couverture semble la rattacher, il est vrai, aux positivistes dont les publications affectent souvent cette couleur, mais il serait puéril sur un si faible indice de lui attribuer des tendances formelles et surtout exclusives, vers la philosophie d'Auguste Comte.

(2) En réalité, les anciens philosophes classés comme matérialistes et les pères même du matérialisme : Leucippe, Démocrite, Epicure, le poète Lucrèce (Lucretius Carus), Galien, et beaucoup de stoïciens étaient très peu *matérialistes*. Esprits libres, savants, comme on pouvait l'être à leur époque, et très imaginatifs ils faisaient des inductions de leur mieux sur la « nature des choses. » Ils créèrent ainsi, il est vrai, des formules que les matérialistes modernes peuvent revendiquer, mais dont le sens n'est plus exactement le même qu'autrefois, la valeur totale et profonde des mots s'étant modifiée. Ils avaient le droit de ne point distinguer ce que les sciences ne nous permettent plus de confondre aujourd'hui. Quelques-unes de leurs inductions de physique générale (bien plus que de métaphysique) sont demeurées incontestables, surtout si on les interprète dans un sens plus précis qu'ils ne les pensèrent. On peut citer l'aperception claire de la discontinuité de la matière (atomes de Leucippe), le *de nihilo nihil, in nihilum nil posse reverti* (de Lucrèce) et des stoïciens : « Neque materia sine ulla vi, neque vis sine ulla materia » (Cicéron, Académie Poster. lib. 1, c. VII).

On peut dire que plusieurs de ces philosophes, nous dirions, dans un langage très moderne, de ces *chercheurs*, ne distinguant pas dans la nature ce qui agit de ce qui reçoit l'action, se rapprochaient en tendance des « monistes » d'aujourd'hui. D'autres faisaient assez bien cette distinction :

Tout d'abord M. Jules Soury expose les travaux anatomiques les plus récents sur l'anatomie du cerveau et dans le premier paragraphe intitulé ANATOMIE CÉRÉBRALE ; il les met en rapport avec les données de physiologie obtenues par l'observation et par l'expérience de tous les temps et surtout des quarante ou cinquante dernières années. Avec raison, il accorde à de tels travaux une importance considérable.

Je ferai tout d'abord une restriction nécessaire. Cette étude de l'encéphale et de la structure intime du système nerveux en général présente d'immenses difficultés. Elle est très loin d'être complète. Plusieurs des détails si nouvellement aperçus pourront n'être pas confirmés ultérieurement. D'autres détails en grand nombre ont nécessairement échappé aux actuels observateurs, malgré les ingénieux procédés de colorations qui les ont si heureusement aidés. Enfin il est peut-être illusoire d'attendre une étude anatomique suffisante de ce monde si complexe des cel-

---

« *Dicunt, ut scis, Stoici nostri, duo esse in verum natura, ex quibus omnia fiunt : causam et materiam. Causa autem, id est ratio, materia formal.* » (Seneca, Epist. 63.)

Cette induction est très exacte dans sa forme abstraite comme expression d'une corrélation bien aperçue dans les faits réels ; elle l'a été moins en se précisant dans le « spiritualisme » moderne où les mots assez indéterminés *causa* et *ratio* ont été remplacés par la *substance-esprit*, qu'on accouple et qu'on oppose en même temps à la *substance-matière*. Ce spiritualisme ne peut tenir contre la critique scientifique armée des données les plus récentes de la science, la substance matière se résout en *masse*, *force* (ou énergie) et *structure* moléculaire, sous les conditions universelles de temps et d'espace. La substance esprit n'est pas davantage un principe capable de nous expliquer à la fois les dessous et les corrélations des choses. Dans le fait, par exemple, des flots de la mer agités par le vent — ce fait étant réduit au drame somato-dynamique exprimé par ces mots — le *mens* de Virgile qui, suivant ce poète, *agitat molem*, ni l'esprit, ni aucun esprit n'est en cause. Il ne s'agit là que de la Force mal distinguée par Aristote et par ses successeurs — sous le nom de δύναμις, — des causes, puissances de coordination, ou souverainetés individuelles. Cette confusion a duré jusqu'à présent. Il fallait pour la faire cesser tout le travail des physiciens de notre siècle au moyen duquel on peut préciser l'idée de force (représentée pour ces savants par le mot *énergie*), je me suis appliqué en divers écrits (*) et dans ce présent ouvrage à nettement distinguer la force ou l'énergie et les *forces* ou pulsions des causes de coordination créatrice, en d'autres termes des souverainetés individuelles ou *puissances* dont le caractère apparent est ce qu'on nomme l'organisation, sans parler des autres puissances analogues ou supérieures dont on peut constater les manifestations ou les produits dans la nature.

(*) *Les décoordinations organiques*, 1866, *Les fonctions sup. du sypt. nerv.* 1873, *Le Problème*, 1890).

lules cérébrales et des conducteurs, organes de leurs rapports entre elles et avec le monde extérieur, avant que la moitié du xxᵉ siècle ne se soit écoulée.

Si je fais cette remarque ce n'est point pour me plaindre du peu de documents que nous avons. Sur ce peu, nous pouvons déjà établir d'intéressantes théories, pourvu que nous sachions y joindre d'aussi précises données empruntées à d'autres sciences. Dès bien avant 1874 (date de la publication de mon livre *Les fonctions supérieures du système nerveux*) (1) je l'avais essayé ; et les travaux qui ont été faits depuis cette époque n'ont guère contrarié mes premières inductions.

Je ne ferai donc nulle difficulté de suivre M. Jules Soury sur ce terrain encore un peu mouvant des hypothèses psycho-physiologiques, ne croyant pas plus qu'il ne semble le croire pour son compte, faire œuvre inutile, car de telles tentatives me paraissent très propres à susciter, et même pour une part, à diriger de nouvelles recherches soit anatomiques soit expérimentales.

Mais il est un point que je me propose plus spécialement de discuter ici, c'est la question de savoir si les derniers résultats présentés par M. Soury sont ou non favorables à sa conception générale de l'homme et de l'univers, s'ils confirment ou non l'hypothèse métaphysique appelée *matérialisme*.

Certes! l'illusion à cet égard est tenace et profonde, chez la plupart des philosophes de son école. Il serait peut-être, de ma part, audacieux de concevoir quelque espérance de la modifier en son esprit.

Cependant nous sommes là en présence de faits et d'inductions scientifiques à examiner et à discuter. Nous pourrons le faire peut-être utilement, puisque je ne prétends m'appuyer pour déterminer mes idées et mes opinions, que sur les faits démontrés, ceux notamment mis à notre disposition par les sciences expérimentales.

Je laisse donc tout d'abord parler M. Soury sans me faire un scrupule de prendre largement dans le faisceau de renseignements qu'il nous donne :

« Il y a quelques années, dit-il, Turner (Edinbourg) et Waldeyer (Berlin) avaient montré l'importance d'une étude plus approfondie et vraiment philosophique, de la morphologie des circonvolutions cérébrales, non seulement pour la physiologie

(1) J. B. Baillière, éd.

et la pathologie, mais pour la psychologie. Turner avait divisé le cerveau antérieur des animaux inférieurs en *manteau* (pallium) et en *rhinocephalon*, auquel appartient par sa partie inférieure, la *fossa sylvii*. His, estimant que les anciennes divisions du cerveau antérieur et du cerveau postérieur devaient être réformées, vient de proposer une nouvelle classification (1) où, en dépit de l'opposition du cerveau proprement dit (comprenant le cerveau antérieur, intermédiaire et moyen) et du cerveau du sinus ou fosse rhomboïdale (*Rhomencephalon*), comprenant avec le territoire du pédoncule cérébelleux supérieur, le cerveau postérieur et l'arrière-cerveau, on retrouve d'ailleurs toutes les grandes subdivisions. His appelle *thalamencephalon* et divise le cerveau intermédiaire en *thalamus mésathalamus* et *épithalamus* (ganglion, habenulæ, épiphyse) ; il divise le cerveau des hémisphères en corps strié, rhinencephalon et pallium. » « Mais c'est à Flechsig (Leipzig) qui, par le nouveau principe de division de la convexité du cerveau qu'il apporte, modifie le plus profondément les idées anatomiques et physiologiques reçues jusqu'ici. La note préventive que ce savant vient de publier (2) ne contient encore que de brèves indications. Mais on voit déjà que, d'après lui, le cerveau antérieur des hémisphères doit être divisé en *centres de sensibilité* et *centres d'association*. Les uns et les autres ont sans doute des fibres d'association et des fibres calleuses ; mais, seuls, les premiers ont une couronne rayonnante, des faisceaux de projection renfermant des conducteurs centripètes et des conducteurs centrifuges : tels sont le faisceau sensitif, la voie des pyramides, les radiations optiques, le faisceau olfactif, le faisceau auditif, le faisceau fronto-protubérantiel, le faisceau des pédoncules cérébelleux supérieurs, etc. Ainsi les parties postérieures des circonvolutions frontales, les circonvolutions centrales, la sphère visuelle de la scissure calcarine, la sphère auditive de la partie postérieure de T, la sphère olfactive du *gyrus hippocampi* et de la partie inféro-postérieure du lobe frontal, sont des centres de sensibilité en rapport avec la périphérie du corps. »

« Au contraire, les centres d'association n'ont point de couronne rayonnante : ils sont exclusivement associés à d'autres

(1) His. Vorschlœge zur Eintheilung des Gehirns. Arch. f. Anat. und Phys., 1894.
(2) Ueber ein neues Eintheilungsprincip des Grosshirn-oberfläche. Neurol. Centralblatt, 1894, 674 sq. et 809. Cf., p. 807, la communication d'Adamkievicz.

centres de l'écorce cérébrale et doivent par conséquent avoir d'autres fonctions, dit Flechsig, que celles des centres de sensibilité. Ils forment quatre grands territoires strictement solidaires les uns des autres : le cerveau frontal antérieur, le lobe temporal, l'insula, le lobe pariétal postérieur. Les systèmes d'association qui réunissent ces territoires à deux ou à un plus grand nombre de centres voisins de sensibilité sont beaucoup plus nombreux que les systèmes d'association qui unissent directement les sphères sensibles entre elles. »

« Si on prend garde que ces derniers territoires — les circonvolutions centrales, les sphères visuelles, etc., — ne reçoivent pas seulement des sensations de la peau, des muscles et articulations, des rétines, etc., mais réagissent et déterminent des mouvements appropriés des extrémités, du tronc et de la face, des yeux, des paupières, etc., on inclinera à croire que chacun de ces territoires corticaux possède son appareil moteur particulier, au moyen duquel il incite les mouvements de l'organe périphérique correspondant, mais ces mouvements seulement, de sorte qu'il n'existe pas en réalité une zone motrice, mais autant de zones motrices qu'il y a de centres de sensibilité. Or, ces voies nerveuses de projections n'appartiennent point aux *centres d'association*, qui ne peuvent qu'indirectement, par l'intermédiaire des neurones d'associations, exercer quelque influence sur les mouvements. Ces centres d'association incomparablement plus développés chez l'homme que chez les animaux, sont la marque la plus certaine de la supériorité du cerveau humain sur celui des autres mammifères. Ces centres se sont formés aux dépens de toutes les parties du cerveau. Ce sera l'œuvre d'une histoire comparée du développement cérébral de suivre, dans la série animale, leur apparition successive, et d'acquérir ainsi une mesure exacte qu'il sera possible d'appliquer à la comparaison du cerveau de l'homme et des vertébrés en général. » (1)

Ces recherches nouvelles paraissent avoir donné, on le voit, des résultats du plus grand intérêt.

Ces *centres d'association* qui ont des *fibres d'association et des fibres calleuses* mais non une *couronne rayonnante* comme les centres de sensibilité, je les avais pressentis avant 1874 et appelés *centres* ou *pôles de mouvements coordonnés*.

(1) Enfin il ne s'agit plus de comparer seulement des poids et des volumes !

Dans le chap. III du VI° livre des Fonct. sup. j'étudie d'abord la *vision* dans ses rapports avec l'étendue et avec la pensée, et je donne, pour la première fois, une *théorie physiologique* de la vision, complément indispensable de la *théorie physique* de la même fonction, la seule qui se trouvât à cette époque dans les traités de physique et de physiologie, et qui n'atteint pas au delà des images rétiniennes, se refusant même à expliquer pourquoi nous voyons les objets droits, ces images étant et ne pouvant être que renversées !

Cette théorie physiologique de la vision que j'exposais là, avec les explications, discussions et démonstrations nécessaires, peut être condensée en les quelques mots que voici :

La vision qui paraît immédiate et directe du monde extérieur se fait par la formation, dans un lieu de nos centres cérébraux, D'UNE IMAGE VIRTUELLE *de ce monde extérieur mis en rapport par nos yeux avec ce centre, au moyen des ondes lumineuses qui viennent affecter l'une et l'autre rétine.*

Dans la vision binoculaire — ceci est prouvé par la très belle expérience du stéréoscope — cette image virtuelle est double et présente des parties non communes, ce qui permet à la conscience de saisir d'un seul coup la perspective et la profondeur, nous fournissant ainsi une conception immédiate de l'espace et de ses trois dimensions.

La théorie est suffisante et complète pour qui est en état de comprendre cet énoncé. Elle est susceptible d'un grand développement de détails, si l'on veut se rendre compte, en quelque sorte pas à pas, de l'ensemble des conditions organiques, dynamiques et rythmiques du fait général ; mais cette étude ne changera rien à l'essentiel de la théorie. Mon regretté frère, Charles Cros a étudié dans son travail sur la « *mécanique cérébrale* » les nécessités mécaniques (très complexes) de la transmission de l'impression rythmique rétinienne et de sa distribution dans les organes plus profonds, théoriquement conçus par la détermination des *possibles* de la fonction. Cette étude de mécanique pure des plus remarquables, et dépassant de beaucoup, en tant que méthode et comme résultats, la physiologie de notre temps, ne change rien à la corrélation aperçue constituant la théorie énoncée ci-avant.

Quant à la *théorie psychologique* de la vision, elle n'est ni faite ni à faire. La question est purement physiologique et ne se laisse aborder que par les moyens de la mécanique et de la physique générale. L'observation subjective ou psychologique nous permet seulement de faire cette induction, que l'être en ce cas particulier de la conscience nommé la vision, ou représentation *la plus immédiate* en lui du monde extérieur, éprouve A LA FOIS un nombre immense — et même si on tient compte des nuances et des intensités *graduelles* de la lumière — un nombre infini de sensations différentes.

C'est là le caractère différentiel absolu de ce qu'on nomme *conscience* chez les êtres organisés de façon à percevoir plusieurs sensations à la fois, caractère qui ne s'efface point pour les êtres d'organisation relativement simples, qui n'éprouveraient qu'une seule espèce ou variété de sensations, car dans cette seule espèce ou variété il n'est encore pas possible de méconnaître des différences d'intensité d'un moment à l'autre, donc une certaine multiplicité. Dire *sensation* c'est donc dire aussi, *conscience* (1).

Je parlais, dans le même chapitre du même livre, des centres secondaires ou corticaux, différents des centres conceptifs de la sensation périphérique : « *La composition musicale se fait-elle dans les centres périphériques de l'audition ? Nullement. Lorsqu'on entend la musique, les sons dans leurs rapports de rythmes, nous arrivent à l'oreille tels qu'ils ont été formés et disposés ;* L'OREILLE *ne les change pas...* » Le mot oreille ici souligné doit s'entendre comme le centre encéphalique primaire de l'audition. « *Mais plus loin, plus profondément placé, je veux dire non en rapport direct avec la périphérie — se trouve le centre auditif cérébral* ou centre des souvenirs auditifs *qui s'est mis à l'unisson du centre périphérique* (2).»

---

(1) Ceci n'est pas une théorie, mais la simple constatation immédiate d'un fait général absolument irréductible. Beaucoup de psychologues semblent méconnaître ce fait général, et font résulter la conscience d'autre chose qu'elle-même. Cela tient à ce que, sous ce nom de conscience, on confond des corrélations ou des fonctions très diverses et qu'on a surtout en vue le sentiment distinct du moi indivisible. Or, ce sentiment résulte en effet d'une suite d'opérations *intellectuelles*. Il est fonction de l'expérience et du savoir. A ce titre, il se produit chez les êtres à des degrés très divers, et en des conditions dont la complexité varie. Ce n'est pas ici le lieu d'en faire l'analyse.

(2) L'importance de cette observation purement *psychologique*, au point de vue de la *physiologie neuro-encéphalique* et de l'*anatomie* elle-même des éléments nerveux et de leurs connexions, avait complètement échappé, en 1874, à l'attention des physiologistes et des philosophes. Elle semble leur échapper encore. Comme tous les faits de psychologie pure, la facile expérience, si on peut ainsi parler, peut être refaite à tout moment, non seulement par les savants, mais encore presque par tout le commun des mortels de tout âge et de tout sexe. Nous ne pouvons changer (en état de santé normale) nos représentations périphériques. Je ne puis, à volonté, me faire apparaître un

« C'est dans ce « sens cérébral » que *s'inscrit* le souvenir de la mélodie entendue, c'est aussi là que la mélodie nouvelle se crée, ou du moins s'inscrit dès qu'elle est créée, ou au fur et à mesure qu'elle se crée. »

sphinx, ni une sirène, ni un centaure bondissant autour de moi dans la chambre où j'écris, ni me donner aucune autre hallucination de ce genre, je ne puis *voir* l'Antiope du Corrège, que je me *rappelle* parfaitement, suspendue en sa bordure dorée à ce mur, que je vois « réellement » comme dirait la langue vulgaire, ou *périphériquement* pour employer un terme plus physiologique et plus exact.

Si je me découvrais un jour ce pouvoir, ce ne serait pas sans appréhension sur le bon état de mes centres cérébraux. Il est vrai, que par certaines pratiques on peut produire un tel état pathologique. —On sait par quels terribles moyens les *sorciers* atteignaient jadis ce but — et cela se voit encore de nos jours, bien que rarement. Et ne se procure-t-on pas de singulières phantasmagories, avec un peu de hachich ! Auguste Comte, sans cette drogue dangereuse, évoquait à son gré la vision de la « sublime prolétaire » Sophie Bliot et d'une demoiselle qu'il avait beaucoup aimée et dont j'ai oublié le nom ; mais ce philosophe fut, comme Pascal, un illustre malade.

Dans ces cas divers où l'hallucination est *provoquée*, elle est aussi *subie* comme les images des rêves ; et le moi conscient et volontaire n'en fait pas du tout ou n'en fait que bien faiblement ce qu'il veut.

Bien plus, en ces cas d'hallucination proprement dite, la magnifique faculté d'imagination est comme suspendue en tout ce qui n'est pas l'image morbide où toute l'*attention* se concentre.

Au contraire, cette action souveraine du moi sur nos souvenirs cérébraux n'a d'autres limites que celles du trésor même de notre mémoire et de la valeur de la faculté inventive, propre à tous les hommes et que chez tel ou tel on nomme *génie* quand ses manifestations extérieures provoquent notre admiration ou notre étonnement.

Palais d'Aladin, châteaux en Espagne et autres féeries ne nous coûtent ou semblent ne nous coûter rien. Si la sensation souvenir se prête à tous nos désirs, il n'en est pas de même de la sensation périphérique ! Cela peut paraître fâcheux ; mais si nous pouvions réaliser sensoriellement ainsi tous nos désirs, que deviendrait la vie réelle, mettant en relation notre âme avec les autres âmes, avec les lois de la nature et avec toutes choses ? La source même de nos désirs — nobles ou non — se trouverait ainsi tarie, et notre développement vers quelque irrécusable supériorité serait, par cela même, impossible. Donc, la Nature — disons la nature avec ou sans majuscule pour ne froisser personne — ne fait pas trop mal ce qu'elle fait.

Ces considérations — digression justifiable — ne sont pas ici à poursuivre ; mais je dois marquer de signes formels les possibles ANATOMIQUES se déduisant des simples remarques psychologiques ci-dessus rappelées. On est conduit, pour correspondre aux fonctions psycho-cérébrales étudiées, à reconnaître les nécessités suivantes :

1° Il existe un lieu central dans le cerveau où s'exerce la conscience commune de toutes les sensations périphériques (et autres, (sensations-souvenirs), et d'où rayonnent les impulsions multiples et *coopérantes* soumises à la volonté du *moi* dirigées ou gouvernées par ce *moi*.

« L'existence des centres tactiles analogues ne pourrait faire l'objet d'un doute même *a priori*, lors même qu'une foule de faits pathologiques et physiologiques ne la démontreraient pas parfaitement. »

« Ces centres sont extrêmement nombreux et variés ainsi que ceux où s'impriment des actes musculaires accomplis dans un ordre déterminé ; c'est précisément dans leur sein que nos mouvements les plus complexes trouvent les dispositions complexes aussi de leurs directions ; c'est au moyen de ces sensations tactiles et locomotrices que nous pouvons faire indéfiniment, sans études nouvelles, des choses apprises et fixées par de longues habitudes. »

« C'est ainsi que tous les jours, quand nous marchons, soit pour éviter un danger, soit pour atteindre un but, les arrangements intérieurs des éléments qui composent ces centres de locomotion, nous permettent de mener notre trajet, suivant des courbes très complexes et de résoudre d'instinct des problèmes qui, étudiés en mode abstrait, exigeraient les plus longs calculs et les constructions géométriques les plus difficiles. »

En l'absence de toute localisation précisée des facultés spéciales, excepté celle de l'articulation des mots parlés et du centre où se coordonne cette articulation, bien distinct des centres inférieurs gouvernant chacun des mouvements élémentaires de cet acte coordonné, j'avais déjà, en 1874, construit une théorie complète de ces facultés spéciales et des centres de souvenirs correspondant à chacune d'elles. Cette théorie avait pour base expérimentale les faits pathologiques où certaines de ces facultés disparaissent seules, toutes les autres persistant, et — ce qui doit jouer un grand rôle dans toute théorie — la considération des

---

2º Ce centre *suprême* est en communication directe avec tous les tracés rythmiques des sensations souvenirs et des mouvements coordonnés constituant les facultés spéciales.

3º L'action efficace et spécifique de la volonté normalement distribuée aux centres multiples cérébraux de l'ordre des souvenirs, *n'est transmise par nuls conducteurs spéciaux aux centres sensoriels périphériques* où se font es représentations immédiates du monde extérieur en présence des *objets* de ce monde extérieur.

4º Cependant ces représentations fixées à l'état de rythmes inscrits en ces *centres périphériques de conception immédiate* sont reliés au centre suprême par des conducteurs afférents bien que non efférents.

On peut représenter synoptiquement ces divers rapports de la manière suivante :

— 193 —

possibles géométriques et mécaniques relatifs aux faits d'expérience en cause. Je traite cette question de physiologie psycholo-

[Les neuro-anatomistes devront trouver quelque jour le véritable dispositif correspondant à ces conditions*, à moins qu'une *théorie* meilleure ne groupe autrement les faits et n'y fasse apercevoir des conditions différentes concordant avec les arrangements organiques découverts et nettement discernés.

Quelles que soient, en ce moment, les opinions préconçues des investigateurs physiologistes ou psychologues, ils accorderont qu'une question est tout au moins bien posée dans l'essai de théorie ici présenté, et les matérialistes eux-mêmes, s'ils le dédaignent, auront quelque peine à justifier, par des raisons scientifiques, ce dédain exprimé ou tacite.

* Ces rapports peuvent être de groupe à groupe, de neurone à neurone, de neurone à groupe, etc.]

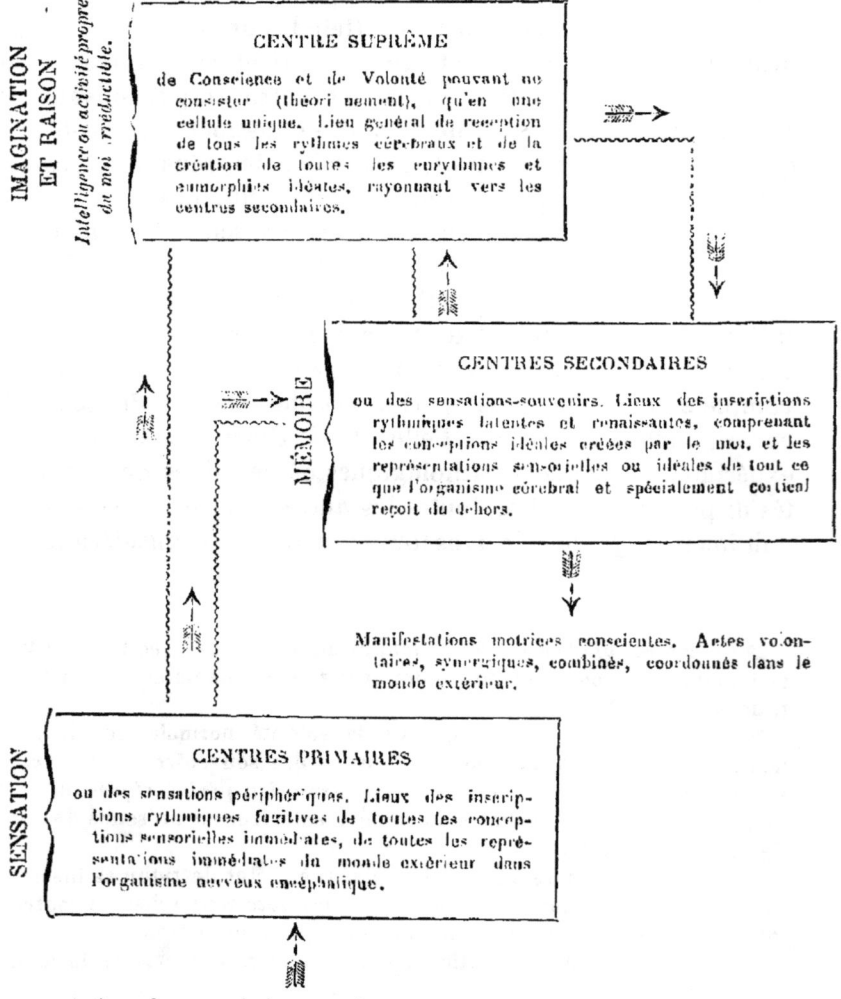

gique en plusieurs endroits de mon livre : *Les fonctions supérieures du système nerveux*. Je transcrirai ici quelques-uns de ces passages que je ne puis donner avec les développements explicatifs qui les suivent ou qui les précèdent :

«... *Toute faculté spéciale est un groupe coordonné de souvenirs de plusieurs ordres, parmi lesquels se trouvent toujours des souvenirs d'actes coordonnés de locomotion ou de mouvement,* » p. 260 et suiv. Livre IV, chap. IV... *Idée générale des centres encéphaliques. Pôles d'impressions sensorielles. — Sériation des centres de coordination,* etc. Voici cette sériation (p. 266, 267) :

I

« Mouvements histologiques, cellulaires, fibrillaires, vibratiles, etc., *propres aux éléments anatomiques,* INDÉPENDANTS DU SYSTÈME NERVEUX (1) et de toute coordination générale.

II. — *Centres visibles et absolument déterminés.*

A. — Mouvements musculaires simples.

A'. — Centres de premier degré et simples filets nerveux se distribuant à un certain nombre de fibres contractiles.

A". — Action ou repos. — Aucune coordination. — La volonté ne peut, lorsqu'elle agit, que retenir ou laisser se produire cette action (2).

B. — Mouvements synergiques de deux ou de plusieurs muscles.

B'. — Centres intermédiaires d'où partent divers cordons nerveux (centres rachidiens par exemple).

B". — Action combinée mais non *réfléchie.*

III. — *Centres invisibles ou plutôt indistincts.*

C. — Mouvements de coordination simple.

C'. — Centres supérieurs (centres cérébelleux, par exemple, et divers centres cérébraux).

---

(1) Je souligne ici en italiques et en petites majuscules ces mots exprimant un point très important de ces inductions.

(2) Ce pouvoir d'inhibition qui se retrouve à tous les degrés des faits neuro-psychiques, est le signe nécessaire et caractéristique de toute *liberté*, et même la condition principale de toute *action* ou acte coordonné, des plus simples aux plus complexes.

C". — Action combinée, plus complexe, réfléchie ou non, volontaire ou involontaire.

IV. — *Coordination générale ralliant la plus grande complexité d'action dans tout le système nerveux.*

D. — Mouvements de coordination complexe.
D'. — Centres supérieurs. — *Pôles* correspondant à deux ou plusieurs centres.
D". — Actions. — Combinaisons de mouvements soumises aux circonstances extérieures, semblables chez tous les individus de la même espèce, mais toujours réfléchies, volontaires, s'exerçant au moyen de conceptions multiples.
E. — Mouvements de coordination spéciale.
E'. — Pôles correspondant à des centres supérieurs d'ordres différents.
E". — Mouvements coordonnés très complexes, caractérisant les individus et non les espèces.
F. — Mouvements de coordination supérieure.
F'. — Pôles d'unification créés au milieu de ceux qui déjà correspondent à des centres différents.
F". — Combinaisons de mouvements de plusieurs ordres propres au règne humain. »

A ce tableau, je ne ferais aujourd'hui aucune retouche essentielle ; et, parmi les immenses recherches des physiologistes expérimentateurs et des observateurs cliniciens et anatomo-pathologistes, poursuivies en France, en Angleterre, en Italie, en Amérique et ailleurs, depuis 1874 jusqu'à cette année 1896, *rien n'en a infirmé le moindre détail.*

Comme conclusion générale du livre IV, je complétais la division célèbre de la vie proposée par Bichat :

« La division de la vie en organique ou végétative et animale ou de relation, malgré la haute portée qu'on lui accorde très justement encore aujourd'hui, doit être considérée comme insuffisante pour rendre compte des faits les plus élevés de la vie humaine ; elle ne peut embrasser dans sa formule ces faits complexes sans les torturer, ni les mettre en ordre sans altérer profondément les vraies relations où ils existent. »

« En tenant compte des faits connus, sans rien négliger de la signification réelle de leurs moindres détails, en tenant compte surtout des rapports généraux qui les unissent, on est conduit à partager la vie en trois divisions principales *sans y comprendre la vie propre des éléments histologiques de l'organisme*, substratum commun de ces trois vies :

« La vie des relations organiques,

« La vie des relations extérieures,

« La vie des relations encéphaliques. »

« Cette dernière est plus particulièrement l'apanage de l'homme, mais elle apparaît à l'état rudimentaire chez les animaux, et même elle acquiert un certain degré de développement chez ceux qui occupent les rangs les plus élevés de la série. »

« On pourrait nommer ces trois vies :

« La vie végétative ou splanchnique,

« La vie animale,

« La vie supérieure,

« Correspondant aux trois grandes divisions suivantes du système nerveux :

« Le système ganglionnaire,

« Le système spinal, avec sa distribution périphérique et ses centres encéphaliques.

« Le système des hémisphères cérébraux (1). »

L'anatomie nouvelle vient ici magnifiquement confirmer une induction primitivement basée sur des différenciations fonctionnelles tirées de l'observation psychologique commune (qu'il ne faut pas trop dédaigner, bien qu'elle ne puisse guère, elle-même et seule, déterminer le domaine de ses recherches) et surtout de l'observation clinique des différentes formes de ce qu'on nommait alors assez confusément l'*aphasie*, formes que j'essayais de bien distinguer les unes des autres.

Continuons la citation :

« Beevor et Horsley (de Londres) dans leurs recherches expérimentales sur la zone motrice corticale de l'Orang-Outan, chez lequel la distribution des centres fonctionnels du cerveau est la même que chez l'homme, avaient aussi découvert qu'il existe, dans la région motrice de ces anthropoïdes, des îlots corticaux « complètement inexcitables » : ce fait leur avait paru, avec raison, témoigner d'un degré plus élevé de développement et de spécialisation fonctionnels (2). »

---

(1) Une partie des faits observés personnellement par moi, relatifs aux localisations des facultés spéciales, sans parler de ceux déjà cités dans une thèse inaugurale en 1857, avaient été déjà publiés dans les n°s des 27 janvier, 6 et 20 février et 5 mars 1864, de la *France médicale*.

(2) Il ne peut y avoir de doute, il me semble, sur le sens de ce passage : il faut bien entendre que ce plus haut *degré de développement*, etc.,

« C'est ce qui résulte encore de quelques considérations aussi vraies que profondes de M. le Professeur Pitres (Bordeaux) sur la nature des centres corticaux du langage. L'étude des aphasies aura plus contribué qu'aucun autre à nous révéler, en même temps que les mécanismes de l'association des images, LA NATURE PROPRE DE L'INTELLIGENCE. »

En ce point, je dois constater entre M. Jules Soury et moi une opposition absolue de doctrine.

Non! l'étude des aphasies si intéressante et si féconde en tant de questions de psycho-physiologie ne vous a pas révélé « les mécanismes de l'*association* des images. »

Elle ne vous a pas révélé davantage « la nature propre de l'intelligence » que vous supposez, on s'en aperçoit déjà, comme l'effet du jeu d'un mécanisme, et cela faute de concevoir *quel peut être l'effet unique, universel et constant d'un mécanisme en général*, et quel est, précisément, le genre de mécanisme à mettre (par hypothèse) en cause, dans les fonctions d'un centre de coordination ou comme vous dites d'association (1).

Ces réserves étant faites — je les justifierai plus loin — poursuivons, sauf à en intercaler quelques-unes encore, là où il sera nécessaire :

« Les vues très systématiques présentées par M. Pitres au congrès de médecine interne de Lyon (1894) sont au fond identiques à celles de Flechsig. Les deux travaux ont d'ailleurs paru presque en même temps, et la rencontre des idées, comme il arrive souvent, me semble un sûr garant de la solidité des doctrines (2). »

« A propos de l'aphasie sous-corticale, M. Pitres a montré ce qu'il y a d'erroné dans la façon dont on conçoit généralement les rapports des circonvolutions avec les centres sous-jacents de l'écorce : On s'imagine à tort, dit-il, que toutes les circonvolutions sont reliées à ces centres par des faisceaux de projection directs passant par la capsule interne. Le centre de Broca, par exemple, est surtout relié par des faisceaux d'association aux

---

est dit, ici, de l'anthropoïde relativement à d'autres mammifères ou à d'autres singes, en dépit d'une fantaisie typographique imputable à l'imprimeur, qui écrit « l'Orang-Outan » avec deux majuscules et « l'homme » avec une minuscule initiale bien que les deux mots soient exactement du même degré d'abstraction.

(1) Voir pour l'étude de cette question ce qui en a été exposé au Chapitre IV.

(2) Je ne suis pas moins heureux que M. Soury de cette rencontre d'idées et de faits anatomiques nouveaux confirmant si nettement mes théories de 1874.

autres centres, voisins ou éloignés, de l'écorce cérébrale ; une minorité infime de ses fibres traverse la capsule interne. Le centre de Broca ne serait pas, par lui-même, un centre moteur, lorsque ses lésions destructives ne dépassent pas en arrière le sillon précentral, on n'observe aucune paralysie de la langue, des lèvres, du larynx, bref, des organes phonateurs qu'il n'actionne qu'indirectement (1). Une lésion destructive du pied de la frontale antérieure (FA), où sont les centres de l'hypoglosse, du facial antérieur, du larynx, du trijumeau, abolira, au contraire, les mouvements volontaires de la langue, des lèvres, du larynx : c'est que ces centres ont des faisceaux de projection qui vont directement innerver les muscles des organes auxquels ils se distribuent ; ce sont les centres de sensibilité de Flechsig, expression qui est au fond beaucoup plus exacte, on le sait, que celle de centres moteurs. Au contraire, toute lésion de déficit du pli de substance grise, compris entre la branche verticale de la scissure de Sylvius et le sillon précentral se manifeste par des altérations qu'on peut appeler avec Pitres *purement psychiques* : perte des images phonétiques des mots, absence d'incitation psychomotrice, inertie consécutive sans paralysie vraie des organes de la phonation (2). »

« Quelle différence d'avec les phénomènes de paralysie glosso-labio-laryngée pseudo-bulbaire qui suivent les lésions en foyer de la région capsulaire, traversée par les faisceaux descendants de l'aire corticale du facial et de l'hypoglosse ! La lésion de cette partie de la capsule interne ne produit pas plus de l'aphasie que celle des fibres de la partie postérieure de cette voie nerveuse ne détermine de la cécité ou de la surdité verbales. L'une provoque des phénomènes de dysarthrie ou d'anarthrie du langage, de l'hémiplégie non de l'aphasie ; l'autre de l'hémianesthésie, non, encore une fois, de la surdité ou de la cécité

---

(1) Bouillaud avait déjà nettement relevé cette importante différenciation dans ses discussions des faits cliniques de *vraie* ou de *fausse* aphasie.

(2) M. Pitres n'a employé là que des termes en quelque sorte consacrés par l'habitude. Ils n'en ont pas moins l'inconvénient de masquer la non compréhension théorique de ce qui se passe dans la réalité. Il n'y a rien là, non plus que dans tout ce qui concerne les fonctions cérébrales, que l'on doive ou que l'on puisse appeler *psychique*. L'expression, louée par M. Soury, plus par ce qu'elle dit que par ce qu'elle veut dire, dépasse absolument les données de l'observation et de l'expérience, comme celles de la théorie, légitimement construite, et capable de faire concevoir le mécanisme des faits observés.

verbale. C'est que vraisemblablement, les « centres spécialisés » du langage ne sont pas reliés directement par des faisceaux de projection aux centre d'exécution bulbo médullaires. Qu'il s'agisse de l'articulation, de l'audition ou de la vision des mots, les centres respectifs de ces fonctions F_3, T_2, P_1, devront, pour manifester leurs fonctions, emprunter le concours des centres moteurs et sensoriels auxquels ils sont associés par leurs faisceaux d'association. Ces centres, que Pitres appelle des organes *d'élaboration psychique* et dont il met en lumière le caractère très élevé de spécialisation fonctionnelle, ne sont-ils pas les mêmes que ceux que Flechsig, Beevor et Horsley ont opposés aux centres de projections? Ce sont bien des centres *d'association*. Et de fait Flechsig n'a pas oublié de noter expressément que les centres du langage semblent tous siéger sur des territoires limitrophes de ces centres corticaux de sensibilité et d'association. »

Les mots soulignés dans les citations précédentes ne le sont pas dans le texte de M. Soury. Je n'ai pas l'intention, à propos de ces mots, de prendre à partie M. Pitres dont les études personnelles s'identifient d'une façon si remarquable avec celles de M. Fleschig. Il emploie le mot *psychique* dans un sens qu'on lui a souvent attribué. C'est contre cette acception commune à beaucoup d'auteurs, qu'il est nécessaire d'élever des objections sérieuses. Ce mot ne sert ici qu'à distinguer des choses réellement distinctes ; il prête malheureusement par d'autres côtés à de regrettables confusions. Comme le matérialisme de M. Soury repose sur un certain nombre de confusions de ce genre, il importe beaucoup de ne les point laisser s'établir.

Ce que M. Pitres appelle des faits *phychiques*, je l'ai rangé il y a très longtemps parmi les faits purement *cérébraux*. Tels sont tous les faits de souvenirs (sentis comme tels par le moi quand ils sont *réveillés*) que j'ai attribués à un ordre spécial de sensibilité, j'ai nommé cette sensibilité, sensibilité *cérébrale*, par opposition à la sensibilité dite externe et mieux nommée *périphérique*. Exemple : si j'écris ces quatre mots : *God save the Queen* je rappelle au lecteur la mélodie de Hendel ou de Lully qui souvent les accompagne, à la condition qu'il sache cette mélodie plus ou moins bien *par cœur*, comme on dit. Si j'écris de même ces mots *la fontaine des Innocents*, je suscite ou ressuscite dans son souvenir, s'il a vu ce monument, l'impression *corticale* qui lui est restée de cette vision. Cela se dit souvent entendre et voir *mentalement*, comme si on pouvait autrement que mentalement voir ou entendre ou en général *sentir !*

Ce n'est pas ici le lieu de défendre l'importance de cette distinction que tous les physiologistes n'ont pas encore adoptée. Je me permettrai de faire remarquer simplement que la ψυχή ou le *mens*, quels qu'ils soient, sont présents lorsque le moi éprouve des sensations d'ordre périphérique, aussi bien que lorsqu'il perçoit ou conçoit des images cérébrales communément dites souvenirs sensoriels. Cela suffit pour montrer le danger d'embrouiller par l'usage de termes inexacts les questions les plus claires et les plus simples.

Je ne puis m'empêcher de constater des confusions pareilles — confusions de mots et d'idées — dans l'esprit de M. Jules Soury, quand il s'exprime de la manière suivante :

« L'écorce du cerveau n'étant un organe de représentation, et partant *le siège de l'intelligence*, que parce qu'elle est *un organe d'association* suivant la grande idée de Meynert, devenue aujourd'hui le patrimoine des études d'anatomie et de physiologie du système nerveux central, tout essai de démonstration des connexions cérébrales est en même temps une *tentative* d'explication des fonctions de l'intelligence. »

Le cerveau — autrement dit l'ensemble des masses cérébrales, en certaines de ses parties déterminées ou déterminables — est « un organe de représentation » je l'accorde. Il n'est pas pour cela *le siège de l'intelligence*, dans le sens que M. Soury donne à cette expression. Il a beau attribuer cette *grande* idée à M. Meynert et la revendiquer comme un patrimoine acquis. Il s'agit de savoir de quelle manière le cerveau est un organe de représentation, ce que M. Soury conçoit en métaphysicien peu circonspect, lorsque c'est en *physicien* qu'il le faudrait concevoir.

L'écorce grise cérébrale contient en effet, chez chaque individu, une sorte de *représentation* du monde extérieur, toujours, il est vrai, profondément modifiée et d'ailleurs différente chez chacun, puisqu'elle se compose d'un ensemble des souvenirs de sa vie sensorielle plus ou moins bien conservé, plus ou moins transformé, notamment par les réactions intérieures *incessantes* de *l'être*.

Un seul mode mécanique ou physique est supposable pour représenter cette fonction du souvenir. Il faut que chaque cellule soit un appareil enregistreur élémentaire, où toutes les actions venant du monde extérieur par les surfaces sensorielles et par les nombreux filets nerveux qui les rattachent aux centres, vont inscrire leurs rythmes propres, car toutes ces actions sont *rythmiques*.

Donc les représentations de ce monde extérieur, représentations qu'il faut considérer tout d'abord à l'état latent, sont de pures *inscriptions rythmiques*. Elles sont absolument analogues, sauf les dispositifs spéciaux que je ne prétends pas déterminer, à l'inscription qui se fait du rythme-parole sur le cylindre récepteur ou sur le disque du phonographe.

Ceci est plus qu'une hypothèse, mieux qu'une théorie, puisque c'est l'expression d'une possibilité *unique*, déduite des nécessités même de la fonction et des données les plus précises de notre physique moderne ; et l'incertitude ne peut exister, quant à cette question, que sur les dispositifs spéciaux (comportant de nombreux possibles) dont on ne saurait, dans l'état actuel de la science, déterminer les corrélations ni les formes (1).

Je continue ma transcription, sans en rien retrancher, du texte de M. Soury : « C'est dans cet esprit que, au cours d'un travail sur le *Faisceau sensitif* et sur *la localisation cérébrale de la sensibilité générale*, nous avons écrit au sujet des territoires de l'écorce où se terminent les faisceaux nerveux qui ont leur origine dans les organes périphériques de la sensibilité générale : « Mais les arborisations terminales et les collatérales des prolongements cylindraxiles des cellules des autres territoires de l'écorce contractent sûrement des rapports de contiguïté, et partant, fonctionnels avec les éléments nerveux des lobes fronto-pariétaux, où rayonnent les fibres du faisceau sensitif. »

« La doctrine moderne de l'hétérogénéité fonctionnelle de l'écorce cérébrale, n'a pas de plus sûr fondement que la démonstration de l'hétérogénéité correspondante de structure et de texture du manteau des hémisphères. Si la physiologie expérimentale et l'observation clinique ont pu quelquefois affecter de ne relever que d'elles-mêmes, et ont dédaigné l'anatomie, ces velléités d'indépendance se sont bientôt dissipées comme une courte ivresse (2). »

(1) Il n'est cependant pas impossible de faire, dès maintenant, des conjectures sur ce fonctionnement de la cellule cérébrale gardienne de souvenirs sensoriels. On a cru remarquer, en certaines expériences, des phénomènes d'expansion ou de retrait de ces cellules au moment des excitations. De tels mouvements *en rapport avec la fixité du conducteur* attaché à la paroi enveloppante de la cellule, suffiraient presque pour faire concevoir une inscription rythmique fragmentaire, l'appareil recevant l'inscription rythmique constituant une image complète d'un ordre quelconque étant formé, non pas par une seule cellule, mais par un grand nombre de cellules ce qui expliquerait le cas si fréquent, on peut même dire constant, de l'oubli *partiel*.

(2) Cela est très bien dit. Mais serait-il plus sage de prétendre étudier la

Je n'ai absolument rien à reprendre à tout ce passage. Je ne puis davantage me reprocher de m'être passé, en 1874 et les années précédentes, de cette belle anatomie qui n'était pas encore faite, pour établir mes inductions d'alors — demeurées aujourd'hui encore intactes, notamment sur *l'hétérogénéité fonctionnelle de l'écorce cérébrale* que j'admettais — d'après des faits très précis de clinique et d'anatomie pathologique déjà suffisamment nombreux à cette époque — comme on l'admet aujourd'hui.

J'avais même très exactement déterminé, par la recherche des *possibilités* organiques, déterminées elles-mêmes par les *nécessités* des fonctions, les conditions générales de la distribution des localisations fonctionnelles dans l'encéphale. J'étais, en cette question, en opposition formelle avec Bouillaud qui n'avait d'autre tendance qu'à distribuer des *organes* ou des *pouvoirs* de coordination à la surface des lobes cérébraux, à peu près comme l'école phrénologique avait départi ses prétendues facultés. Je montrais les enchevêtrements nécessaires aux fonctions complexes dépendant de divers centres et l'existence indispensable de moyens de connexion entre ces centres spéciaux divers.

Je m'écartais encore davantage des idées de Flourens, lequel attribuait confusément à toute la surface et même à toute la masse cérébrale, d'après des expériences mal dirigées ou dirigées par une idée préconçue injustifiable, une seule fonction comprenant et unifiant en elle toutes les facultés des psychologues, et qu'il nommait l'*intelligence*.

Aujourd'hui, mes idées de 1874 (et des six années précédentes) se trouvent confirmées d'une manière éclatante par cette anatomie nouvelle du cerveau que nous présente M. Jules Soury, et je ne me trouve obligé d'en rien retrancher, parce que mes inductions d'alors avaient été formées avec la prudence méthodique désirable, n'allant pas au delà des faits observés, et ne violant en rien les nécessités générales, les lois du possible, qu'il ne faut perdre de vue dans aucune question, notamment lorsqu'on se mêle de proposer des hypothèses ou de constituer des théories.

psychologie physiologique en écartant les faits d'ordre purement *psychologique*, c'est-à-dire ceux que nous ne pouvons étudier que par l'observation intérieure de notre être, en quelque sorte objectivé, ou par l'étude expérimentale soit des animaux — pour une certaine part — soit des hommes fonctionnant dans la complexité et dans la plénitude de leur activité normale.

Mais alors, pas plus qu'à présent, je ne dédaignais rien de ce qui peut éclairer les plus grandes et les plus difficiles questions que puisse aborder l'esprit humain. M. Soury ajoute : « Si la considération de l'élément anatomique ne saurait rien nous apprendre sur ce qu'est en soi une sensation, une image, un concept, il demeure constant que *toute représentation ou idée implique non seulement l'existence d'un substratum anatomique, mais varie avec l'état de ce substratum, avec la qualité et la quantité des éléments qui le constituent, à n'importe quel moment de la durée de ce substratum, dans sa période d'évolution comme dans ses phases d'involution.* »

Ces paroles expriment bien l'essentiel d'un ordre de faits observés, et je ne prétends leur opposer aucune objection.

« Si une fonction n'est que l'activité d'un organe ou d'un groupe d'organes — [?] — il est incompréhensible qu'on prétende étudier l'un sans connaître l'autre, surtout quand l'organe est connu ou peut être connu. »

Une fonction, l'activité d'un organe !

Ici nous devons redoubler d'attention, car sous le curieux de bonne science, va percer le philosophe matérialiste que je regrette de trouver en M. Soury.

A-t-il bien réfléchi en écrivant cette phrase d'ailleurs banale : « *une fonction n'est que l'activité d'un organe ?* »

Là est le nœud, je ne dirai pas *de la question* mais de bien des questions du plus puissant intérêt. Donc, il est de grande importance de bien déterminer le sens de chacun des mots de cette phrase, et d'en bien déterminer également les rapports réciproques.

Cela semble au premier abord clair, exact, incontestable. Il est impossible de n'y pas voir une vérité au moins partielle, une définition correspondant à quelque chose de réel :

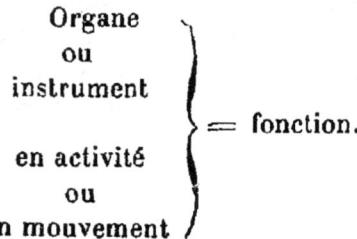

La fonction d'une roue est de rouler ; mais attachée à l'essieu d'une voiture portant à l'autre bout la roue jumelle, la fonction se complique un peu. Elle roule quand on veut, ou bien elle s'arrête. Dans ce dernier cas elle ne fait plus fonction de roue, mais de simple support ; à la rigueur c'est un autre mode d'activité. Si je veux définir la fonction d'un marteau ou d'une tenaille, j'aurai un peu plus de peine. Il faudrait dire dans ce cas *les fonctions*.

Si je veux définir ainsi la fonction de la main, je m'y perds, car les fonctions de la main sont sans nombre.

C'est qu'ici, il ne s'agit plus de la main, impossible à considérer seule et isolée du reste ; et le reste c'est le corps entier de l'homme y compris son cerveau, y compris son moi conscient et volontaire, lequel réside en son cerveau ou *en un lieu* de son cerveau.

Il est facile de le voir, en cette difficulté que nous rencontrons dès les premiers pas, la grande question supposée résolue par la définition naïve proposée demeure tout entière, et celui qui s'est reposé sur cette définition nous a montré simplement qu'il avait mal placé sa confiance.

Certes ! Je sais bien d'où vient l'erreur ; mais il serait trop long de la poursuivre en toutes ses phases évolutives, car il y a aussi une évolution des erreurs. Cependant, il n'est pas de mot plus souvent employé soit dans les sciences, soit dans le langage commun, que celui de *fonction*. Il ne devrait pas être très difficile d'en déterminer le sens. Celui que lui donne M. Soury est évidemment trop restreint, il l'a emprunté à une langue médicale déjà ancienne et n'ayant pas la précision scientifique désirable. Les médecins, en l'employant, l'ont fait en vue principalement d'un organe pris pour type : le cœur (1), dont on croyait, par l'étude attentive de son dispositif mécanique, avoir exactement déterminé la fonction.

Dans l'acception politique et sociale de ce mot, il devient impossible de trouver l'organe distinct correspondant à telle ou telle particularité fonctionnelle. Et, dans ce cas, il n'est point comme on le pourrait supposer, pris métaphoriquement. Il désigne directement, comme dans tous les autres trop nombreux pour être énumérés ici, quelque chose de bien déterminé et sur quoi personne ne se trompe.

Quel est ce quelque chose ?

---

(1) Et encore n'avait-on pas interprété exactement le rôle fonctionnel de cet *organe* supposé le facteur de la circulation, dont il est surtout le régulateur, en rapport principalement avec la nécessité d'assurer l'abord régulièrement rythmique du sang dans les réseaux capillaires des masses encéphaliques.

Tout *rapport* est dit une fonction.

Si on ajoute à cette idée de rapport celle d'activité, pour comprendre dans une acception particulière du mot, à la fois les fonctions des machines et celles des organes de la vie, on peut définir la fonction : un ensemble de mouvements *coordonnés*.

Pour expliquer mieux cette pensée ou cette définition on peut la traduire de la manière suivante : *un ensemble continu de rapports mobiles ou d'eurythmies dans le temps et d'eumorphies dans l'espace*. Pour qu'il y ait fonction réelle (et non pas seulement abstraite) et fonction de mouvement, la masse ou matière pure et la force ou énergie sont nécessaires. Il y faut considérer le temps et l'espace. Et ce n'est pas tout ; il faut s'enquérir de l'origine de la fonction où une finalité (adaptation de *moyens* à un *but*) apparaît *toujours*.

Nous voilà très loin de la définition de M. Jules Soury, d'où le matérialisme se déduirait facilement, parcequ'elle a été faite ou choisie pour le contenir. Telles sont les pétitions de principe sur lesquelles on prétend établir la plupart des conceptions métaphysiques encore en faveur de notre temps.

Une même fonction peut s'exercer au moyen de dispositifs mécaniques très différents les uns des autres.

Un même instrument peut servir à des fonctions différentes. Il n'y a donc pas entre l'organe et la fonction la corrélation étroite que pense apercevoir M. Jules Soury. Le fond de sa pensée est ceci : Toutes les fonctions de la vie et notamment la conscience, la sensation, la volonté, la pensée sont de nature mécanique, purement mécanique.

En cette affirmation, ici un peu voilée mais, on le verra, plus explicitement formulée ailleurs, M. Jules Soury a des prédécesseurs en grand nombre et illustres, dont plusieurs, Descartes, par exemple, qui prétendaient tout réduire dans l'univers à des explications mécaniques, ne pensaient pas cependant à démontrer ainsi la vérité de l'hypothèse matérialiste. Et cependant si cette prétention de Descartes et de tant d'autres savants depuis son époque jusqu'à la nôtre était justifiée, le matérialisme serait irrévocablement démontré du même coup.

Mais cette prétention ne se justifie ni expérimentalement ni théoriquement ; et la démonstration du matérialisme n'est faite en aucune manière. Il n'y a même pas un dogme métaphysique et ontologique plus loin d'être démontré ou justifié que cette vieille hypothèse épicurique.

Je rappellerai les raisons que j'en ai données, les résumant ici en ce qu'elles ont d'essentiel et de définitif.

I° La vie ne résulte jamais des combinaisons de ce qui n'est pas vivant.

Je ne demande pas qu'un chimiste me fasse avec tous les réactifs qu'il voudra un écureuil vivant avec de la chair à pâté ; mais personne n'a vu naître le moindre micro-organisme d'un mélange quelconque de matière chimiquement structurée, même des matières dites faussement *organiques*, sous prétexte qu'elles sont tirées des organismes vivants ou produites par ces organismes.

II° On n'a jamais construit un mécanisme, on n'a jamais pu concevoir un dispositif mécanique, pour si complexe qu'on l'eut imaginé, pouvant manifester les fonctions de conscience et de volonté, pouvant produire des eurythmies nouvelles, des eumorphies imprévues comme en produisent les êtres (ou les âmes individuelles) dont c'est la fonction caractéristique.

On pourrait, par contre, — en employant toutes les ressources de la mécanique scientifique moderne — construire un appareil représentant exactement et complètement les fonctions de l'encéphale de l'homme, en tant que cet encéphale soit considéré comme purement organique. Je me chargerais de tracer le projet, au moins partiel ou fragmentaire, d'un tel appareil représentant non pas à peu près, mais identiquement tout ce qui est connu de ces fonctions.

Les dispositifs élémentaires différeraient sans doute beaucoup de ceux de nos groupes d'appareils cérébraux. Les fonctions n'en seraient pas moins les mêmes.

Par exemple les cellules cérébrales, qui sont individuellement vivantes, seraient représentées par des appareils enregistreurs de métal ou de tout autre substance inerte, où s'opéreraient des inscriptions rythmiques comparables à celles qui se font en ces cellules à l'aide d'un dispositif encore inconnu.

Mais à un tel instrument, rien ne pourrait donner la conscience ni la volonté, et il ne manifesterait jamais que les eurythmies, les eumorphies ou mouvements coordonnés qu'on aurait préalablement fait s'inscrire sur ces appareils enregistreurs.

Les matérialistes qui ont médité sur cette question — ils sont rares — tendent à prétendre que cette impossibilité de produire ainsi des coordinations nouvelles, des eurythmies, des eumorphies, des pensées, tient à ce que l'industrie humaine est impuissante à construire des appareils d'une complexité pareille à celle de ceux qui composent un encéphale d'homme ou seulement de chimpanzé.

Je leur réponds que même avec cette complexité théoriquement accordée, ils ne parviendront jamais à concevoir ou à imaginer non seulement une conscience ni une volonté mais même quelque chose qu'on puisse prendre pour une volonté ou une conscience.

III° Les êtres individuels (intelligences, ou *âmes*, comme on voudra les appeler) sont des causes essentielles, des sources de coordinations, ou d'associations idéales. Cette qualité que j'appellerai *divine* n'appartient ni à la *masse* ni à la *force* (dite énergie) ni à la matière structurée non vivante, ni à aucune combinaison mécanique. On n'a pu s'imaginer le contraire que par une méconnaissance têtue de ce qu'est en général un mécanisme quelconque.

IV° La vie et la sensation ne se manifestent jamais que par des êtres vivants, structurés, différenciés du milieu extérieur, organisés. Le protoplasma qu'on a pris pour de la matière *vivante*, n'est qu'un mélange ou une combinaison de matières albuminoïdes, où la vie ne se manifeste que par les êtres organisés très petits, mais visibles au microscope, appelés par M. A. Béchamp *microzymas*. Séparées de ces microzymas, les plus ténus des êtres terrestres, ces matières ne diffèrent que par leurs propriétés physiques et chimiques spéciales des autres corps anorganiques; et c'est par une vue très contestable de certains esprits qu'on les range encore à part en chimie à cause simplement des difficultés assez grandes il est vrai, mais nullement insurmontables comme on l'avait d'abord pensé, de les obtenir par synthèse.

Ces raisons sont péremptoires. Je n'entreprendrai pas de les développer, ni de les discuter ici, l'ayant déjà fait ailleurs (1). Il suffit de les mentionner et de les rappeler. Derrière chacune d'elle, d'immenses travaux d'observation et d'expérience viennent en foule corroborer leur témoignage.

« Malheureusement, dit encore M. Soury, le nombre est grand encore des psychologues qui croient pouvoir se passer des données de l'anatomie dans l'interprétation des fonctions du système nerveux central. Ces fonctions ils les considèrent comme des manières d'entités distinctes des organes, à la façon des spirites ou des sauvages... »

(1) Voir le Chapitre IV.

Il importe ici de ne point laisser s'introduire de malentendu passionné. Je n'ai pas à défendre ces gens pareils à des spirites ou à des sauvages qui font de l'intelligence, de la conscience et de la volonté des *entités*. Ce sont bien des fonctions, et ces fonctions sont pour moi celles de la seule entité que j'admette dans la question, et que je nomme le moi ou l'âme, et non pas, comme le croit M. Soury, des manifestations de l'*activité* des organes, des effets d'un appareil organique en mouvement. En cela ma conception diffère radicalement de celle de ce philosophe ; et je dirai même qu'il m'est assez difficile de m'imaginer ce qu'il peut penser sous ces mots *activité des organes*. Cette activité n'est sans doute pas pour lui autre chose que l'énergie unique et universelle (que j'aimerais mieux nommer la force). Il resterait à expliquer pourquoi cette cause générale du mouvement dans l'univers, mais du mouvement *inconscient* — suivant tout ce que la science peut nous en apprendre, — en passant par un certain dispositif organique, deviendrait consciente et intelligente. Je laisse pour le moment la question de la volonté, afin de ne pas compliquer la discussion.

A l'appui de son opinion M. Soury appellera tout à l'heure à son secours ses amis les monistes, subordonnant une question où ne devaient entrer en lice que les données des sciences expérimentales et mathématiques, à une doctrine toute métaphysique et qui n'a pour base que les imaginations et les paralogismes des philosophes de profession.

Je l'ai déjà rappelé : Dès mes premiers travaux (1857) je me suis attaché après Bouillaud, mais l'un des très rares après lui (s'il y en a quelques autres que moi — de 1857 à 1883 —) à distinguer d'une part les facultés générales de l'homme, inséparables les unes des autres puisqu'elles sont des fonctions corrélatives, et d'autre part les facultés spéciales, ou organiques cérébrales, expérimentalement localisables et topographiquement distinctes. Je n'ai pas cessé, depuis, de faire et de perfectionner cette distinction qui a démoli définitivement les psychologies générales en faveur encore à cette époque, notamment celle de l'école éclectique. Je n'ai donc jamais eu la sauvagerie ou le spiritisme d'en faire des entités.

M. Soury en fait des fonctions, mais des fonctions de rien ou de l'énergie, ou de la matière structurée en organes et mise en mouvement.

Il devrait au moins nous faire toucher du doigt la simple possibilité d'une telle interprétation des faits.

Il ne suffit pas d'évoquer à côté du trop célèbre Allan Kardec et du premier papou venu, les docteurs scolasitiques parlant d'*humanité* et de *pierréité*. « La remarque, dit M. Soury, entre parenthèse, est de Spinoza » ! Elle n'en est pas moins frivole ; et on s'étonne de voir un écrivain qui se donne pour soucieux d'exactitude scientifique, en appeler à l'*autorité* de Spinoza, lequel ne fut pas précisément ce que nous appelons aujourd'hui un savant. Qu'a fait ce métaphysicien effréné, sinon accumuler des sophismes pour arriver à cette pure absurdité : une unité inconcevable sans lieu et sans dimensions où se confondent le temps éternel et l'espace infini et toutes choses pêle-mêle, où Jean, parti pour faire le tour du globe, est de retour chez lui au moment même de son départ. Ce panthésisme aujourd'hui monismifié, d'ailleurs renouvelé des Grecs comme le jeu de l'oie — celui-ci au fond plus instructif — fait encore, je le sais bien ! l'admiration de plusieurs groupes de raisonneurs que le contradictoire dans l'abstrait plonge dans une admiration vaguement perverse.

Eh ! Certes, les scolastiques n'étaient pas beaucoup plus mal pensants que bien d'autres. J'avoue quelque estime pour certains : (Abailard, Occam). Si on les lisait davantage on trouverait parmi les mauvais langages de leur temps bien des choses qui de nos jours se font passer pour nouvelles. Quoi qu'il en soit, n'est-il pas un peu puéril de nous servir de nouveau les plaisanteries avec lesquelles nos maîtres s'illusionnant eux-mêmes ont illusionné notre jeunesse ? La question des universaux n'est pas du tout à supprimer, et chaque fois qu'on médite sur les doctrines des philosophes, elle vient se présenter à nous ; et il la faut bien résoudre pour notre propre compte. Ils ne l'ont pas résolue ceux qui se demandent encore avec Kant si l'espace et le temps sont des *intuitions* ou des *concepts*, et leurs idées sont beaucoup moins claires sur ce point que celles d'Abailard (1).

L'humanité, la colonnéité, la chevaléité, la cylindréité, la panthéréité, la triangléité et tant d'autres sont plus justifiables qu'il ne paraît, et sur quelques-unes des *éités* proposées dont on rit avant que d'y penser, il ne faudrait pas se tromper juste-

---

(1) J'en dirai autant de M. Jules Soury disant dans son livre sur « les fonctions du cerveau » — Paris 1892 — que la *Volonté* est « une abstraction. » Sans doute le *mot* volonté est une abstraction comme les mots, innervation, nutrition, circulation ; mais tous ces mots représentent et classent des faits réels, des fonctions qui sont réelles en chaque cas particulier.

ment comme se trompaient souvent les scolastiques. Je ne puis traiter ici ces questions très vastes et où l'idée de l'archétype — non peut-être exactement telle que Platon la concevait — pourrait jouer un rôle intéressant (1).

« Que de physiologistes et de cliniciens eux-mêmes, ajoute M. Soury, parlent encore cette langue, et combien de philosophes, après eux, croyant avoir été à bonne école, perpétuent ces erreurs en les vulgarisant dans les livres et dans les cours ! Je voudrais croire, mais je n'ose l'espérer, qu'un ouvrage tel

(1) La solution de cette question, — solution dont l'absence embarrasse tant le discours chez la plupart des philosophes — je l'ai complètement et rigoureusement donnée dans les *Fonctions supér. du syst. nerv.* etc. Liv. VII, Ch. Ier Art. IV, p. 425 à 435. Voir surtout la note de la p. 434.

Je ne voudrais pas qu'on se méprit sur le fond de ma pensée au sujet de la revendication un peu brève de cette phrase. Les nominaux avaient raison contre les réalistes, ceux-ci n'ayant jamais bien su dégager la part de concevabilité dans les opinions de Platon sur la réalité suprême des *idées*. Il y avait là deux questions très différentes et que tous avaient le tort de projeter sur un même plan. Les idées générales, ou concepts, ne sont, en définitive, que des noms, des signes, comme en algèbre, servant à désigner des ensembles de rapports sensoriels en un certain accord avec les réalités extérieures ou avec les opérations de l'être conscient, impossibles à concevoir en leur effectuation sinon en mode neuro-mécanique. Il est certain *également* que *dans l'ordre des créations observables, une conception idéale des formes nouvelles a dû avoir lieu quelque part avant leur apparition ou au moment de cette apparition*. Les naturalistes n'ont pas encore porté directement leur attention sur les faits propres à montrer cette corrélation. Ils s'en sont même détournés *par méthode*, pour faire de leur mieux les classifications qu'ils ont appelées *naturelles*. En cela, peut-être, ont-ils prudemment agi, en cherchant l'ordre nécessaire et, dans tous les cas, un commencement d'ordre à réaliser dans notre esprit relativement à des faits aussi complexes que ceux qu'ils étaient appelés à étudier.

Pour bien faire saisir mon sentiment à cet égard j'évoquerais, dans l'imagination, ou plutôt dans la mémoire du lecteur, des formes de proboscidiens, de papillons, de hibous, de chevaux, de singes. Il est indémontrable et même il est évidemment faux que ces formes résultent *logiquement* ou mécaniquement de celles qu'on dit (à juste raison, je le crois) les avoir précédées.

Dans les formes des animaux inférieurs, organiques ou ornementales et callistiques, on voit comme la « prédiction » de celles que nous présentent souvent, avec d'autres attributions fonctionnelles, les êtres doués d'une plus complexe unification, et qui nous semblent apparus postérieurement sur notre planète.

Mais nous ne possédons pas ou presque pas de données sur une telle chronologie. Quelques papillons présentent d'une façon stupéfiante sur les diaprures de leurs ailes, l'image de la tête du hibou. Devons-nous voir là une préparation de la forme future de cet oiseau, ou bien, lors même que l'insecte aurait précédé l'oiseau de plusieurs myriades de siècles, une reque celui de Brissaud, véritable monument élevé à la science de l'anatomie du cerveau de l'homme, contribuera à ouvrir une ère nouvelle dans la manière dont les psychologues étudient les phénomènes de l'innervation cérébrale. »

Je ne puis qu'applaudir à la très bonne tendance de ces dernières paroles. Dans les pages précédentes, je viens de citer presque en entier le premier paragraphe de l'article de M. Jules Soury, à cause des utiles renseignements qu'il contient ; je ne saurais faire de même pour le reste. Cependant, je n'en veux pas laisser passer la moindre affirmation essentielle sans la discuter, sans la contrôler, soit par les données des sciences mathématiques et mécaniques, soit par celles des sciences expérimentales, notamment par ce que mon expérimentation physiologique et mes observations cliniques, ou celles des autres, ont pu me faire apercevoir.

production postérieure de cette forme, reproduction qui aurait pu se faire par transmission rythmique, comme j'en ai prouvé la possibilité pour toutes les formes possibles !

Ces faits, dont l'interprétation restera longtemps difficile, sont à sérieusement méditer.

Les eurythmies et les eumorphies créées par l'homme sont idéalement conçues *avant* d'être *matériellement* réalisées. Pourquoi en serait-il autrement pour les eurythmies et les eumorphies de la nature ?

CHAPITRE VIII

Le protoplasma et les fonctions psychiques. — Le monisme. — La faculté de sentir est inséparable des *consciences* de tout degré. Elle est la conscience élémentaire. Multiplicité dans l'unité. — Qu'est-ce que l'*esprit* en général ? — Il n'y a pas *deux* « substances » opposées : matière et esprit. — Le monisme et le matérialisme. — Il se manifeste de nos jours deux Monismes distincts et un Nihilisme s'en est dégagé. — Qu'est-ce qu'une sensibilité « en puissance » ? — Les « archées » et la « force plastique. » — Où commence la conscience ? — Les deux fonctions générales, constantes, caractéristiques, polaires, conjuguées et sphériques de l'âme : conscience et volonté. — Evanouissement définitif de l'ancien « principe vital » des vitalistes. — Actions réflexes expliquées. — L'instinct et l'habitude. — *Formes* de l'énergie ou *rythmes* de l'éther. Fonctions de la matière structurée. — L'âme « puissance de coordination. » — Les faits physiologiques, pathologiques ou expérimentaux relatifs aux questions traitées, leur signification théorique. — Le dédoublement de l'être, toujours *fonctionnel* ou *apparent*, jamais ontologique. — Rectification d'une opinion anciennement proposée. — La définition de l'*homme :* « intelligence servie par des organes » est-elle vraie aussi pour les animaux des bas degrés de la série ? — Corrélation organique, ses formes variées de progression chez tous les êtres vivants.

II

Le deuxième paragraphe de l'article de M. Jules Soury a pour titre : LE PROTOPLASMA ET LES FONCTIONS PSYCHIQUES.

J'ai dit plus haut un mot assez décisif sur ce protoplasma et je ne pourrai éviter d'y revenir.

M. Jules Soury commence par chanter parallèlement la gloire du monisme « *Cette doctrine, dit-il, exclusive du matérialisme et du spiritualisme et qui a définitivement vaincu l'antique dualisme.* »

Dans cette seconde partie de son travail il emploie, on s'en aperçoit dès ses premières lignes, une certaine *dialectique*, ce feutrage d'idées, de rapports, de mots, d'assertions non prouvées, de principes scientifiques mal appliqués, de concret et d'abstrait, qu'on rencontre souvent chez les philosophes professionnels et au plus haut degré chez les Allemands (surtout chez ceux de la *grande école*).

Les savants proprement dits (tels les physiciens et les chimistes) ne connaissent pas cet art néfaste de tisser de tels draps où la vermine des parologismes se trouve si bien chez elle, où l'hypothèse en l'air qu'il ne faut pas confondre avec l'hypothèse scientifique, laquelle dans les sciences générales comme dans les autres doit reposer sur un faisceau d'inductions, prend des formes de raisonnements et l'assertion gratuite se donne les allures de l'induction expérimentale. Ils se trompent parfois sans doute ; mais ils se trompent clairement quand cela leur arrive. Ils disent nettement ceci ou cela.

Pour les philosophes auxquels je fais allusion, ce n'est presque jamais ni ceci ni cela qu'ils disent mais quelque chose de flottant entre les deux.

Je suis fâché de trouver en M. Jules Soury, qui parle presque toujours cependant un très bon langage, l'expression, çà et là, de telles habitudes d'esprit. Il promettait d'exposer des résultats scientifiques, les récentes découvertes de psycho-physiologie. En de trop nombreuses phrases il s'écarte beaucoup sinon de son sujet, tout au moins de la rigueur nécessaire à de telles questions. Et pourquoi commence-t-il ce deuxième paragraphe par des énoncés hardis de métaphysique ou d'ontologie ?

Je ne conteste pas à M. Soury le droit d'être métaphysicien car il y a un métaphysicien en tout être qui pense — j'aurais préféré trouver sa métaphysique en ses conclusions, avec des tentatives de démonstration, et solidement rattachée (si cela eût été possible) aux faits, aux inductions générales, aux théories scientifiques, exposés d'abord.

Mais ce que je ne lui permettrai pas... sans protester, c'est de renier pour lui toute métaphysique et d'appliquer exclusivement ce nom aux doctrines que sa critique n'accepte pas (1).

M. Soury, se montrant très incliné vers le monisme, paraît donc exclure de son entendement le *matérialisme* et le *spiritualisme*.

(1) Ne dit-il pas en son *Bréviaire de l'histoire du matérialisme* — Paris, 1881 — que « l'homme est, par excellence, l'animal métaphysicien ? — Si je relève cette contradiction *littéraire*, ce n'est pas pour lui attribuer une importance qu'elle n'a véritablement pas. Les mots ne sont que des mots ; cependant il faut se garder de leurs coutumières trahisons.

Quelques lignes plus bas il dit : « *Pour expliquer l'origine de la vie et de ses propriétés psychiques, on a dû étendre aux derniers éléments de la matière, considérée comme la substance, comme l'être unique et universel, les propriétés supérieures que manifestent les êtres composés précisément de ces mêmes éléments.* »

Le voilà redevenu matérialiste comme ceux du dernier siècle et comme les anciens ; car il n'y a jamais eu d'autre matérialisme que celui qui est exposé en ces lignes. Son monisme n'exclut donc pas le matérialisme ! Il s'identifie, au contraire, avec lui. Et en effet qu'est-ce que ce monisme actuel, si ce n'est un essai de conciliation au moins apparente ou verbale de l'idéalisme de Berkeley confondu avec le panthéisme de Spinoza d'une part, et d'autre part la doctrine également *moniste* (ou pouvant passer pour telle) de d'Holbach et de Lamettrie ?

Mais il ne m'est pas possible de porter de simples jugements d'ensemble sur ce commencement du deuxième paragraphe de l'exposé de M. Soury. Il faut prendre à part chacune des diverses assertions qui s'y trouvent énoncées, sans cela le dialecticien nous échapperait.

Première assertion : « La question de l'origine et de la nature des phénomènes psychiques est au fond réductible à celle de l'origine et de la nature de la vie. »

Acceptons cette simplification, cette réduction en une seule question de ce qui autrefois en aurait formé deux très distinctes mais interprétons ces mots « *au fond.* »

Ou ils ne sont là que signe de ponctuation, ou ils signifient que tous les êtres vivants, y compris les végétaux, y compris les plastidules ou microzymes les plus simples et les plus petits des êtres vivants que nous connaissions, sont doués à des degrés variables de la faculté de sentir et de réagir, ne fût-ce, pour les végétaux et les organismes élémentaires, tels que les éléments individuels et figurés de notre organisme, globules sanguins, cellules, microzymes de toute espèce, etc., etc., qu'en des proportions extrêmement faibles et *pour ainsi dire* voisines de l'inconscience.

L'analogie seule peut nous porter à admettre, jusqu'à plus ample informé, cette vue de l'esprit, mais rien ne nous autorise à l'étendre aux corpuscules solides non-organisés agités du mouvement Brownien (1) — lequel reste à expliquer — à ces

---

(1) Ce mouvement n'est d'ailleurs confondu par personne avec le mouvement spontané des plus petits êtres vivants, si ce n'est avec celui des

corpuscules dont la composition chimique peut être très complexe mais où il nous est impossible de découvrir aucun des caractères attribués par tous les savants à la vie, tels que l'assimilation et le rejet — de corps chimiquement définis — constituant la fonction la plus réduite de *nutrition*.

Là, en effet, le fil si frêle de l'analogie ne saurait plus outre nous conduire, et nous ne procéderions plus *scientifiquement*. Continuons :

« C'est le grand mérite de la philosophie moniste des deux derniers siècles et du nôtre d'avoir cherché à supprimer l'opposition traditionnelle du corps et de l'âme, de la matière et de l'esprit (1) pour les considérer comme les deux aspects d'un seul

microzymes qui, d'après certaines expériences, pourraient l'occasionner, ce qui au point de vue de la physique supprimerait la difficulté.

(1) Si je combats le monisme matérialiste de M. Soury, et tous les monismes et tous les matérialismes, ce n'est pas pour défendre cette « opposition » mais pour établir la métaphysique scientifique ou expérimentale, dont je cherche à déterminer les principes. Il n'y a pas d'opposition entre le corps et l'âme, l'un n'est pas le *contraire* de l'autre, un tel mauvais langage a fait son temps. Rien n'est plus distinct d'un *organisme* que l'âme souveraine, individuelle, personnelle, dont cet organisme est l'instrument pendant la vie terrestre. De même, opposer l'*esprit* à la *matière* comme on l'a fait si longtemps, c'est opposer simplement et peu exactement deux concepts, deux idées générales. Or, il ne s'agit pas de cela en métaphysique scientifique, l'idée générale de matière ne doit pas être confondue avec la matière *réelle* nommée *masse* en physique et en mécanique, ni avec la *force* (ou énergie), et l'*esprit en général* représente bien moins encore une réalité substantielle. Il ne s'agit pas de l'esprit en général, mais de tel ou tel esprit ou *moi* constaté en tout organisme vivant par les signes caractéristiques qui sont propres à ce genre d'entités.

Toutes ces questions ont été parfaitement mal posées, et par suite celle des rapports de l'âme (qui ne doit se définir que par ses fonctions au même titre que la force et la masse) avec le monde extérieur, ou, si l'on veut, avec les transactions de la masse et de la force sous les conditions générales de temps et d'espace. Il n'y a donc pas à se demander comment il est possible que l'âme *immatérielle* soit en rapport avec la matière, dont la nature lui serait *opposée*. Il y a simplement à se demander de quelle nature sont les rapports des êtres, ou âmes, ou consciences, avec le monde extérieur. Ces rapports sont un fait constant dans la nature ; il serait donc puéril de contester leur possibilité. En quoi consistent-ils réellement ? Voici : notre âme n'est *en rapport direct* ni avec l'entité force, ni avec l'entité masse, ni par conséquent avec les *corps*, composés de l'une et de l'autre, dans une certaine structure. Elle n'est donc pas en rapport avec cette *unique substance* appelée matière par les matérialistes et que les spiritualistes admettent aussi sans la déclarer *unique*. Elle ne reçoit ou ne connaît directement que des fonctions, c'est-à-dire des rapports (formes ou rythmes). Elle ne les reçoit qu'en mode et même fait, comme l'apparence subjective et objective d'un même phénomène, comme les modes d'une seule et même substance, qui ne nous paraissent autres que parce que nous les connaissons différemment. »

Voilà bien le fameux monisme qui actuellement a séduit tant de philosophes.

C'est un « système » dit-on souvent. Le mot de système représente une sorte de charpente dont les pièces seraient bien ajustées et tiendraient parfaitement ensemble. Je ne puis consentir à désigner ainsi une simple conjecture qui ne s'appuie sur rien de scientifique, rien de solide, rien de réel.

Encore, dans sa rédaction, M. Jules Soury fait-il entrer l'idée *d'une substance*, ce dont il faut lui savoir gré, car d'autres (H. Taine, par exemple) vont jusqu'à supprimer cette notion métaphysique indispensable, de façon que l'endroit subjectif et l'envers objectif sont pour eux l'endroit et l'envers de rien ou de cette chose, insaisissable en ce sens, qu'ils nomment *phénomène*. Ce mot figure assez malencontreusement dans la formule de M. Soury, mais il y a aussi le mot *fait*, suivant moi beaucoup meilleur et plus conforme d'ailleurs à sa pensée.

Il y a donc plusieurs monismes, trois au moins dans un seul : le nihiliste, le matérialiste et l'idéaliste. Le premier — plutôt un quasi-monisme — nie la substance, le deuxième n'admet que la matière, le troisième n'admet comme substance que l'esprit. Les trois s'équivalent quant à leurs conséquences médiates ou prochaines. Ils tendent tous à nier la réalité substantielle de notre moi et sont tous également dépourvus de toute véritable démonstration. Le monisme idéaliste diffère un peu des deux autres, en ce qu'il permet à l'imagination du philosophe qui l'a adopté de s'égarer dans les conceptions religieuses les plus diverses ; et cela ne me semble pas un avantage. Certains théologiens, logiciens médiocres, pourraient s'en accommoder. Il n'en est pas plus légitime aux yeux de la science exacte.

Mais ne soyons point trop difficiles, n'exigeons pas que ce

---

rythmique, donc *nullement matériel ;* et c'est uniquement par induction *métaphysique* qu'elle se fait l'idée ou la croyance d'une substance matière et de sa propre substance. Il reste à se demander ce qu'il peut y avoir de réalité et d'apparence dans cette conception idéale de tous les êtres hautement conscients ; mais la question des rapports de l'être et du milieu ambiant se trouve pleinement résolue quant au présent point de vue, sans évocation de nouvelles difficultés, ni obscurités ou mystères d'aucune sorte.

pseudo-système (entre tant de pseudo-systèmes) corresponde aux notions clairement scientifiques possédées dès aujourd'hui. Demandons-lui simplement de *savoir ce qu'il dit*. Il ne pourra même pas nous satisfaire en cette modeste revendication. Hélas ! Il ne sait ce qu'il dit ! — Tel nombre de vibrations de l'éther (fait objectif) correspond à la perception en nous de la couleur bleue (fait subjectif) et *ce rapport est constant*. Voilà tout ce que nous savons sur ce double fait. La nature de ce rapport nous échappe absolument, et à ce point que nulle théorie n'en peut être faite ni même essayée tant les conditions du problème sont de toutes parts indéterminées. Oserons-nous conclure à l'identité de deux choses qui nous paraissent si dissemblables ? Au nom de quelle logique, de quelle méthode scientifique ou mathématique le ferions nous ? De la part de ceux qui ont passé outre et qui se disent monistes, il est impossible de découvrir autre chose qu'un parti-pris métaphysique insoutenable, et contraire à toutes les lois de la science et de la raison.

« Toutefois, dit M. Soury, c'est moins le monisme de Spinoza que le monisme atomistique de Leibniz qui domine aujourd'hui chez les *naturalistes*. »

Le monisme atomistique de Leibniz ! N'insistons pas. Mais voici une autre assertion des plus graves :

« Si l'agrégat est sensible, c'est que la sensibilité était en puissance dans les parties qui le constituent. »

L'affirmation d'un tel rapport inaperçu et que nulle analogie invoquée ne fait probable est vraiment audacieuse. Elle n'est fondée absolument sur rien. Elle est en opposition absolue avec toutes les données de la science expérimentale que nous possédons relativement au sujet en question.

Où et quand M. Soury et les autres monistes (matérialistes ou non) ont-ils vu des sensibilités élémentaires se réunir pour former une sensibilité totale ? Chez les êtres supérieurs (j'entends l'hommes et les animaux à organismes complexes), la sensibilité de l'âme souveraine est absolument indépendante des sensibilités rudimentaires appartenant en propre aux micro-organismes et même aux départements relativement complexes, — appareils avec leurs conducteurs nerveux et leurs ganglions spéciaux — qui concourent à les former. Sans cette conception expérimentale que la plupart des physiologistes sont aujourd'hui contraints de se former, il est impossible de rien concevoir aux faits les plus généraux de la vie. Ce mot d'agrégats est aussi très peu scientifique si on prétend s'en servir pour désigner des êtres différenciés de leur milieu par une membrane close et pourvus d'un organisme intérieur plus ou moins visible, mais sans lequel leurs réactions sur ce même milieu ne seraient pas concevables.

Il est clair que M. Soury a en vue le protoplasma : mélange ou combinaison de matières albuminoïdes, qu'il suppose doué de propriétés vitales jusqu'à la sensibilité, donc jusqu'à un premier degré de conscience. Cette erreur pour être encore partagée par un certain nombre de savants, n'en a pas moins été radicalement détruite. On comprend que les matérialistes s'y accrochent avec opiniâtreté. Des séries d'expériences conduites avec toute la rigueur que la science a le droit et le devoir d'éxiger, ont montré que la vie n'a jamais été constatée en dehors de corpuscules organisés, et *solides* en leur texture bien que contenant une proportion d'eau relativement considérable, ces corpuscules véritablement vivants, qu'on les appelle microzymes (petits ferments) d'après M. A. Béchamp qui le premier a déterminé leur nature et leurs fonctions, soit qu'on les nomme avec d'autres biologistes blastidules (petits germes) ou plastidules (petites formations?) sont les êtres vivants les plus petits que nous connaissions, les plus petits qui existent sur notre planète. Au delà, comme petitesse, mille expériences le prouvent, il n'y a rien de *vivant*. Ces êtres modifient par le fait de leur nutrition les matières albuminoïdes ou autres où ils vivent, au dedans ou au dehors des cellules proprement dites, ils répandent dans ces matières des produits (qui ne sont eux-mêmes que des matières albuminoïdes ou autres modifiées). Ces produits dans le cas des ferments proprement dits, par exemple, sont capables eux-mêmes d'opérer des fermentations spécifiques ce qui les fait nommer ferments solubles, mais leur action n'est plus en cela que purement chimique ou physico-chimique ; et dès lors proportionnelle à la quantité, au poids de ces matières mises en cause, en des milieux appropriés.

Donc, expérimentalement, là où il n'y a pas d'être structuré il n'y a ni sensibilité, ni conscience (même la plus rudimentaire) ni aucune des fonctions de la vie.

Sur quoi donc prétendez-vous appuyer des propositions telles que celle-ci, où, il faut le remarquer, l'affirmation ne va pas sans quelque scrupule: « On INCLINE *donc à admettre* que toute matière *serait* au moins en puissance, capable de sentir, et que dans certaines conditions, cette sensibilité latente passe à l'acte. » Et plus loin : « Ni *forces plastiques* ni *archées* (1) ne sont *donc* nécessaires pour animer le vaste mécanisme de l'Univers. »

Si M. Soury trouve ce *donc* légitime, c'est qu'il n'est pas très difficile en matière de logique.

J'ai remarqué tout-à-l'heure le ton dubitatif des formules dont M. Soury fait précéder cette proposition dernière où ce doute prudent ne se manifeste plus.

(1) Ce mot de force — mal *ou* non défini — a été longtemps et est encore l'occasion de confusions très fâcheuses non seulement en littérature où on l'applique avec des sens les plus divers, mais encore dans les sciences. En mécanique rationnelle même, on commet une grave erreur que j'ai retrouvée reproduite presque dans les mêmes termes chez plusieurs des auteurs qui ont traité de cette science. Dans les prolégomènes de leurs ouvrages, la force est définie *cause du mouvement* (du déplacement des corps, ou de leurs changements de rapports de situation dans l'espace) mais dans les propositions formant le corps de ces traités, il n'est plus question de cette force-entité si ce n'est sous les noms de *force-vive* et d'*énergie* cinétique $Mv^2:2$ et les mots *une force* ou *des forces* n'expriment qu'un rapport de la quantité de mouvement en fonction du temps, c'est à-dire non plus une entité, mais un simple rapport. Les physiciens, de leur côté, ont été conduits à considérer en beaucoup de cas la force essentielle, l'unique *force* qui existe, et ont pris l'habitude de l'appeler *énergie*.

Dès 1874, j'avais très nettement distingué cette unité de la force, et j'avais totalement séparé d'elle les *causes* créatrices de rythmes et de formes ou de coordinations des mouvements intentionnels, sous le nom de *Puissances*. Car ce nom de *puissances* dans le sens de *souverainetés* convient parfaitement à ces *entités individuelles*. On pourrait les appeler *archées* à l'imitation de Van Helmont. Cependant elles sont bien plus nombreuses — dans l'organisme humain, par exemple, — que ne le supposait Van Helmont, puisqu'il y en a autant que de microzymes, et ces microzymes répandus dans toutes nos glandes, dans tous nos organes, dans tous les liquides de cet organisme, sont en nombre véritablement immense ; et ils sont si petits que le cube d'un millimètre de côté ou le volume à peu près d'une tête d'épingle en contient de 15 à 17 milliards.

Les âmes de l'homme et de toutes les *individualités* animales ou végétales sont des puissances ou des souverainetés et *ne sont pas des forces !* J'ai, en divers écrits, traité cette question sur laquelle je ne puis m'étendre ici. Etant données ces vues expérimentales et différencielles, l'expression de *force plastique* devient tout-à-fait inutile puisque cet assemblage disparate de deux mots ne témoigne que du vague des idées de ceux qui les ont ainsi accouplés.

Il faut le remarquer aussi, cette conception des archées de Van Helmont, n'est pas aussi méprisable que semblent le dire beaucoup d'auteurs qui ne la connaissent que par ouï dire et qui ne la mentionnent que pour la rejeter sans discussion. On a beau jeu à dédaigner certaines idées exprimées en un langage démodé et quelque peu mythologique, au nom de notre langue scientifique moderne, assurément plus précise et meilleure en général. La doctrine de Van Helmont s'était cependant construite, en partie d'après

Il est vrai qu'il ne tarde pas à reparaître et sous une forme inattendue. Pour faire accepter sa conception *simpliste*, ce monisme matérialiste qui tout au moins lui plaît infiniment, et qu'il semble trouver scientifique, notre philosophe fait appel assez imprudemment à l'autorité de Glisson et de Leibniz. Il cite encore, comme ayant trouvé quelque vraisemblance à cette conception, ou à ces « *imaginations* », « qui ne sont pas dit-il des rêveries de philosophes platoniciens ou panthéistes, » des savants tels que Tyndall, W. Thomson (aujourd'hui Lord Kelvin) Nœgeli, Zœllner, Haecke, Preyer Forel, Luciani, que sais-je !

Mais alors pourquoi n'admet-il pas plus que moi, si l'autorité des noms a sur lui tant d'empire, la *réalité* de l'intéressante Kate King et de ses ailes, puisqu'elle nous est affirmée par le grand physicien Crookes et par quelques-uns de ses amis, avec épreuves photographiques à l'appui ?

Si vous avez de bonnes raisons, donnez-les ; et n'essayez pas de nous imposer votre opinion sur cela qu'elle est professée par des personnages plus ou moins illustres, sinon vous ressemblerez trop aux savants des siècles lointains.

---

des idées très anciennes, en partie aussi dans son esprit en présence des faits réels, profondément, génialement observés, et je la tiens pour hautement physiologique.

Réfléchissons sur le fait suivant : « M. Féré dans le cours de ses études tératogéniques, a été frappé de voir le cœur continuer à battre chez des embryons très jeunes, très monstrueux et réduits parfois à un kyste ou à un amas de granulations. Chez ces embryons monstrueux, le cœur bat souvent plus vite qu'à l'état normal.

Chez des embryons plus âgés, il a vu le cœur persister à battre longtemps après la mort de l'embryon indiquée par l'opacité complète des tissus. Si on produit artificiellement la mort par coagulation des tissus, au moyen d'une température élevée, on voit le cœur battre longtemps après la coagulation complète du corps de l'embryon. » (*Presse médicale*, 19 janvier 1895).

N'est-ce pas la preuve que les mouvements du cœur partent d'un centre particulier qui en gouverne le rythme simple ? N'y a-t-il pas là impression sentie et réaction motrice ? C'est-à-dire une conscience rudimentaire analogue à celle d'animaux distincts inférieurs. Et cela ne peut-il pas être justement nommé une archée (ou puissance individuelle)? Ce n'est pas tout. Les nerfs pneumo-gastriques par leur fonction inhibitrice et régulatrice des mouvements cardiaques décèlent un centre du même ordre situé vers la base du cerveau et tout-à-fait indépendant de l'âme souveraine, c'est-à-dire une autre archée. La neuro-physiologie nous présente un très grand nombre de faits analogues où une action individuelle se montre tout à fait séparée de la conscience supérieure, dans les appareils auxiliaires des sens, dans le fonctionnement des glandes, etc. ?

Les bonnes raisons, les faits d'observations et d'expérience, probants dans la question tout aussi bien que les bonnes théories (intelligibles tout au moins) manquent beaucoup dans le travail de M. Jules Soury et dans les autres ouvrages où son matérialisme s'expose. Les *raisons* quelconques même y sont rares.

Il nous parle comme de choses démontrées des *ancêtres des plantes et des animaux vertébrés ou invertébrés*, comme s'il en avait dans les mains les incontestables arbres généalogiques.

Il fait ainsi allusion à l'*idée* évolutionniste, encore si mal déterminée en elle-même, nullement traduite en théorie, ni même en hypothèse mécaniquement concevable, et qui, lors même qu'elle posséderait tout ce qui lui fait défaut, ne démontrerait absolument rien quant au monisme matérialiste.

Puis, il fait cette remarque : « la nature des propriétés psychiques *considérées dans leur essence*, comme celle des autres propriétés de la vie » appartient à un ordre de considérations « dépassant le domaine de l'observation et de l'expérience, et ne saurait être objet de science. »

Il est incontestable que nous ne pénétrons par aucun moyen l'essence ni de nous-mêmes ni de rien, et que la science n'a d'autres fonctions que de concevoir, en présence des faits, des rapports généraux, que d'étudier des fonctions, de les classer et si c'est possible de les coordonner, ou plutôt de les concevoir en leur coordination naturelle. La métaphysique elle-même n'a pas autre chose à faire, en ses domaines, et ne diffère des autres sciences que par la généralité plus grande des rapports ou des fonctions dont elle s'occupe. Nos philosophes de toutes sectes se sont trop souvent écartés de ce programme ; aussi nous ont-ils bâti de très mauvaises métaphysiques dont le monisme matérialiste nous offre un remarquable et spécial exemple.

Je voudrais ne pas suivre M. Soury dans l'étude qu'il entreprend des faits et des *théories* relatifs aux degrés de sensibilité ou de conscience qu'on peut attribuer aux organismes élémentaires et relativement simples. Les faits qu'il rappelle ne présentent rien de bien neuf ni de bien intéressant : et quant aux opinions qu'il se plaît à citer, sur des points secondaires et qui ne résolvent rien, il n'y a aucune nécessité de les discuter.

Le protoplasma conçu comme un agrégat moléculaire amorphe doué de vie et de sensation, revient souvent dans ses phrases sans les éclairer d'une bien vive lumière ; « l'étude des phénomènes de tropisme positif ou négatif, de suspension ou d'arrêt des mouvements, de contractions faibles ou fortes, partielles ou totales du *protoplasma amiboïde*, sous l'effet de stimulations efficaces, constitue, nous affirme-t-il, un des plus solides fondements de la Psychologie physiologique. »

Voilà de ces choses dont on ne se doute point en dehors de l'école de M. Soury.

Les petites masses de matières albuminoïdes dont il est question ne vivent que par les microzymes qu'elles contiennent en grand nombre, et les propriétés vitales qu'elles manifestent sont uniquement celles de ces microzymes, savoir des mouvements spontanés, individuels ou par groupes, et des actions chimiques en rapport avec les actes physiologiques de nutrition de ces mêmes êtres élémentaires. C'est peu pour asseoir la Psychologie physiologique.

N'y a-t-il rien de *phychique* (c'est le mot de M. Soury) dans ces faits? S'il y a sensation, il y a conscience ; car je tiens les deux fonctions pour inséparables ; donc il y a *fait psychique*. Ceci m'amène à définir le plus simple de tous les faits (ou actes) qu'on puisse désigner ainsi : *aller d'un point à un autre, de fait ou d'intention, sans même que ce trajet* RÉEL *ou* VOULU *soit conçu ou exécuté de façon à tracer une vraie ligne droite.* Sans nul doute, les végétaux présentent des mouvements pouvant être ainsi interprétés. Je ne dis pas certains végétaux, mais tous les végétaux.

Il est sans doute important de consulter directement la nature et d'établir avec netteté le point précis où commence la vie et la sensation. L'observation attentive et l'expérience soigneusement faite peuvent seules nous éclairer là-dessus. Or, jamais on n'a constaté la moindre manifestation de vie ou de sensation dans de la matière à l'état de pur agrégat moléculaire ; et d'une telle matière exempte d'êtres déjà formés, on n'a jamais vu naître de tels êtres, différenciés du milieu par une membrane close, et à plus forte raison présentant une organisation plus élevée. Mettez dans un vase de verre, de l'albumine, de la gélatine, tous les bouillons que vous voudrez, où rien de vivant ne préexiste, ou soumettez-les à la température capable de tuer ces êtres (environ pour la plupart 120°) sans altérer la structure moléculaire très complexe de ces corps, ajoutez tous les corps chimiques, mais chimiquement préparés (par double décomposition, par exemple) tous les gaz possibles également exempts de microzymes, ou des possibles germes de l'air, scellez le vase à la lampe d'émailleur, laissez agir le temps, faites intervenir la chaleur, la lumière, l'électricité sous diverses formes, vous n'obtiendrez jamais rien de vivant, et votre mélange demeurera éternellement ou si vous voulez indéfiniment, quant à sa constitution moléculaire, ce que vous l'aurez fait tout d'abord (1).

Si dans de pareils milieux, vous introduisez des microzymes, empruntés à quelques organismes ou à la craie naturelle (carbonate de chaux fossile) vous les verrez y vivre, modifiant ces milieux et vous les verrez même, en certaines circonstances bien déterminées, évoluer en vibrioniens.

Le vivant ne vient que du vivant. L'être capable de sensation et de réaction ne vient que d'autres êtres également capables de sensation et de réaction. La distinction entre le règne organique et le règne amorganique est donc certaine, précise, expérimentalement démontrée, absolue.

Pour ce qui regarde l'*âme* (cette entité profondément inconnue en elle-même, comme d'ailleurs toutes les autres entités, mais déterminable par ses fonctions) il faudrait nous garder de laisser s'introduire dans nos idées des confusions nullement existantes dans les choses, je veux dire dans les faits expérimentaux. Aussi ne laisserai-je point passer les réflexions suivantes de M. Jules Soury, à propos d'opinions émises par plusieurs biologistes :

« Dire que les êtres amiboïdes, parce qu'ils ont des sensations, « possèdent une âme » c'est-à-dire les propriétés de l'innervation

---

(1) Au contraire si on prend des corps chimiques singuliers très hautement complexes et structurés comme il s'en produit dans nos tissus vivants et dans les tissus de tous les êtres organisés, soit pendant la vie, soit après la mort, si on soumet ces ptomaïnes très toxiques à des actions dynamo-rythmiques relativement intenses, et suffisamment prolongées, on voit disparaître quelques-unes de leurs propriétés, leur toxicité par exemple, sans que nul changement de leur composition quantitative ou qualitative se soit produit. Ce qui a été changé, c'est probablement quelque chose de leur *structure* sous l'influence du rythme adventice, en vertu d'une loi très générale que je m'efforce de bien dégager, (transmutation réciproque du rythme et de la forme) souvent rappelée dans les divers chapitres de ce livre. Des expériences actuellement poursuivies par M. d'Arsonval ont donné déjà de très intéressants résultats. Les venins eux-mêmes ont été modifiés par le passage de courants distribués en rythmes convenablement maniés. On peut dès maintenant considérer comme probable et pour une époque prochaine que des modifications fonctionnelles seront ainsi imprimées, par les mêmes moyens ou par des moyens analogues, aux microzymes, évolués ou non, et à d'autres êtres vivants plus complexes du même ordre ; et qu'on pourra sans les détruire, abolir chez plusieurs, peut-être chez tous, la redoutable action pathogène. M. A. Béchamp n'a-t-il pas déjà produit chez quelques-uns de telles modifications de fonctions en les soumettant à de simples changements de milieux !

supérieure qui, chez les mammifères servent à définir cet antique concept, n'est-ce point abandonner le terrain solide de la science expérimentale pour s'embarquer sur l'Océan sans rivages de la métaphysique ? »

On a pu voir que M. Soury s'aventure assez volontiers sur cet océan qu'il déclare ici « sans rivage ». Cette absence de rivage ne l'a pas empêché de s'embarquer sur cette mer ténébreuse où il a découvert ou redécouvert ce *monisme* qu'il traite avec tant de respect. A l'exemple d'un poète oublié, je ne comparerai pas ce monisme à une île « escarpée et sans bords » ni surtout déserte, notre philosophe a dû s'y trouver en très nombreuse compagnie. Mais de grâce, qu'il ne médise point de la métaphysique ou qu'il s'abstienne d'en faire !

L'*antique concept* de l'âme a été de tout temps très mal défini. Les philosophes et les théologiens en ont eu l'intuition assez vague et n'en ont guère cherché les déterminations réelles. Je ne vois pas pourquoi nous les imiterions en ce peu de précision du langage et des idées.

Je voudrais ici résumer ma pensée sur ce point en termes brefs, et si précis, et si clairs que nul malentendu ne puisse plus jamais obscurcir le débat.

Cette inconnue que j'appelle l'*âme* et que tous les philosophes désignent quand ils disent *le moi*, révèle sa spécifique existence par deux fonctions : la *conscience* et la *volonté*.

Il est bien certain que ces deux mots doivent être pris au sens le plus ample et le plus profond. Je comprends — je confonds même — sous chacun d'eux plusieurs de ces *facultés* dont M. Soury s'irrite tant, se plaignant qu'on les ait prises pour des *entités*. Ces facultés en effet ont été énumérées très diversement d'ailleurs par des philosophes plus grammairiens que physiologistes, et même, disons-le, ne soupçonnant pas la nécessité de faire intervenir la physiologie dans la question.

Ces fonctions, je les sépare de toutes celles des appareils cérébraux sur lesquelles j'ai fait des études naguère plus explicitement rappelées mais que je ne puis indiquer ici qu'en bloc.

Je qualifierai les deux fonctions que j'attribue en propre à l'âme de *polaires* et de *sphériques*. Et je dirai dans ce sens : *La conscience et la volonté sont les deux fonctions générales, constantes, caractéristiques, polaires et sphériques de l'âme.*

Ces deux derniers mots exigent une explication.

Je les dis *polaires* parce que, bien que distinctes l'une de l'autre, elles sont inséparables, si ce n'est par pure abstraction verbale, et parce qu'en ce qui les caractérise individuellement elles paraissent opposées.

Je les dis *sphériques* parce que, toutes deux s'exercent dans ce que j'appellerai, faute peut-être d'une meilleure expression, l'espace idéal, ou dans une sphère idéale, l'une, la conscience, pouvant être symboliquement représentée dans cette sphère par un mouvement concentrique, l'autre, la volonté, par un mouvement rayonnant.

Car je nomme *conscience*, avant tout, le pouvoir de l'âme d'éprouver en même temps plusieurs, un grand nombre de sensations, et *volonté* le pouvoir de diriger des ensembles plus ou moins complexes de mouvements et de coordonner ces mouvements divers relativement simples. Il n'y a là qu'une seule entité, l'âme souveraine absolue en sa sphère idéale et qui est à la fois tout entière conscience et volonté.

Mais je distingue les deux fonctions en ce que l'une ou l'autre peuvent prédominer tour à tour en des proportions indéfiniment variées dans les divers *actes* que j'attribue à cette entité *âme*.

Pour établir ces rapports de psychologie générale, mon seul moyen consiste en l'observation de mon propre moi, et le sentiment universel d'analogie me fait penser que tout se passe essentiellement de même chez les autres êtres, savoir notamment les hommes, les animaux, les végétaux même et les êtres élémentaires des organismes, jusqu'au microzymes inclusivement. Il est bien certain que je ne retrouverai cette double fonction de l'âme chez les êtres d'organisation primitive et simple que très simplifiée, très réduite. Mais chez eux, peut-elle être différente de nature de ce qu'elle est dans les rangs les plus élevés des êtres organisés ?

Donc il me suffit de constater si peu que ce soit de sensation et de réaction, du mouvement spontané, chez les êtres simplement différenciés de leurs milieux, et présentant le double mouvement d'absorption et de rejet constituant la fonction de nutrition, pour que j'affirme qu'ils ont une âme, mais dans le sens précis — je crois — que je viens de déterminer.

Grâce à cette analogie, il m'est possible d'admettre, comme semblait le proposer M. Jules Soury dans un passage déjà cité que « *la question de l'origine et de la nature des phénomènes psychiques est* [je supprime les mots *au fond*] *réductible à celle de l'origine et de la nature de la vie* ».

La psychologie générale, appliquée en ces questions à la physiologie, éclaire celle-ci de lumières inattendues. Cette double faculté des âmes (des âmes de tous les rangs) conscience et volonté, qui prend, pour les âmes des êtres élémentaires et relativement simples, les noms de sensation et réaction, et qui permet de rejeter définitivement le terme bâtard et obscurément métaphysique d'irritabilité, explique parfaitement un nombre immense des faits de la vie longtemps attribués à des propriétés de tissus, ou à des propriétés vitales peu concevables, et qui n'étaient que des abstractions illégitimement ou trop immédiatement réalisées, des excitabilités, contractilités et autres qui ont longtemps figuré et joué même de grands rôles dans les traités classiques, d'où elles n'ont pas encore disparu.

Cette conception éminemment expérimentale des êtres composant tous les organismes, depuis la cellule avec ou sans noyaux, depuis le microzyme à peine perceptible jusqu'aux animaux supérieurs et de grande dimension, et jusqu'à l'homme, de ces êtres ayant leur vie propre et indépendante, leur sensibilité propre et leurs réactions individuelles comparables aux nôtres, toutes proportions gardées du très complexe au très simple, et *au plus simple possible et concevable*, pour ce qui regarde les derniers éléments, microzymes ou plastidules, cette conception claire, précise et invinciblement analogique détruit pour toujours le fameux *principe vital* de l'ancienne école de Montpellier, abstraction admissible en présence de faits réels très bien observés, mais ayant la prétention d'expliquer ces faits en devenant le nom d'un pouvoir spécial et occulte gouvernant les fonctions essentielles dans les organismes vivants (1).

Et combien de mystères, réels ou faux, dévoilés ou écartés, qui empêchaient de voir et de comprendre les vraies corréla-

(1) Cette doctrine du Principe vital tombe devant la constatation des individualités hystologiques dont se compose l'organisme, mais la question reste entière des origines de cet organisme comprenant en lui ces individualités. Les évolutionnistes actuels, se contentant de très peu, pensent l'avoir résolue. Ils en sont loin, ne sachant ni le pourquoi ni le comment, non seulement des grands faits d'évolution. apparition successive de formes vivantes nouvelles sur la planète, mais encore des mêmes faits de transformations d'espèces ou simplement de productions de variétés dans une même espèce. Pour ce qui regarde ces derniers cas, je crois être bientôt à même de présenter une théorie générale mécanique pouvant en rendre compte. Cette théorie sera fondée sur le fait universel, montré notamment par le phonographe et le téléplaste, de la transmutation du rythme en forme et réciproquement de la forme en rythme ce qui permet de considérer le mécanisme des *influences* ou actions dynamorythmiques de toute espèce, et les *combinaisons de rythmes* toujours concevables.

tions de la vie, par cette conception des éléments vivants, ayant chacun son âme propre et des fonctions organiques spéciales, selon leur espèce et selon les milieux divers où la vie de chacun d'eux est possible et se développe !

Ainsi s'expliquent ces faits compris sous la dénomination vaguement métaphorique d'actions réflexes.

Ainsi s'explique la nutrition des parties constituantes des tissus et des organes.

Ainsi s'expliquent les *sécrétions* qui ne sont constituées que par les produits élaborés par les microzymes et résultant des conditions de leur nutrition, ces sécrétions qu'on attribuait à des propriétés physiques, toujours occultes, des membranes glandulaires, lesquelles propriétés en réalité expérimentales se réduisent uniquement à l'*osmose* (endosmose et exosmose). Quelle que soit la structure spéciale des membranes considérées ; et cela est surabondamment démontré.

De cette façon, la part étant réservée de l'âme souveraine, et en dehors des manifestations vitales des êtres élémentaires composant l'organisme, il n'y a plus à étudier dans cet organisme que des fonctions purement physiques et mécaniques, ou chimiques, ne différant en rien des rapports transactionnels des corps en général ni, comme nature, des réactions qui se produisent entre les corps anorganiques.

N'ai-je pas déjà répondu par ce qui précède, à M. Soury disant : « A quoi bon appliquer ce vocable archaïques (âme) aux processus d'excitabilité ou de sensibilité non seulement du protoplasma des êtres amiboïdes (1), mais aux plastidules (2) mo-

---

(1) Aucun protoplasma n'est sensible ni *vivant* par lui-même. De même, le sang, le lait, la salive ne sont vivants que par les microzymes qu'ils contiennent ; et il faudrait distinguer les êtres dits amiboïdes véritables, des grumeaux albuminoïdes pris pour tels où on ne constate d'ailleurs aucun mouvement de nutrition.

(2) C'est un nom donné aux microzymes, êtres distincts séparés de leurs milieux par une membrane close. On peut les séparer des matières albuminoïdes où ils vivent et les sécher. En cet état ils se présentent sous forme de poudre blanche ou grisâtre très fine et ne donnent au toucher aucune impression d'humidité bien qu'ils contiennent environ 75 % d'eau constituant leurs tissus. Leurs dimensions relativement aux molécules physiques sont immenses, pour si petits qu'ils soient. On ne les peut appeler *molécules vivantes* que par un trope tout littéraire.

La composition chimique du corps de ces petits êtres, sauf de légères différences peut-être, est identique à celle de l'organisme considéré dans sa totalité. On y retrouve notamment toujours les seize ou dix-sept corps simples composant les tissus de cet organisme. D'une espèce à l'autre les différences physico-chimiques ou de constitution sont peu considérables,

lécules vivantes dont ce protoplasma serait élémentairement constitué ? »

« Tout psychologue distingue un mouvement volontaire, c'est-à-dire précédé d'une représentation, d'un mouvement réflexe et automatique. L'apparence de la finalité intelligente de ces derniers n'en impose plus à un esprit réfléchi. »

Fort bien ! on a raison de fixer ces distinctions ; mais gardons-nous de nous laisser tromper par d'autres distinctions plus que douteuses.

Je ne prétends pas qu'un microzyme (ou plastidule si on préfère ce nom) soit dans le sens physiologique, et suivant le commun langage, un être *intelligent*, ni que son *âme* se trouve jamais en présence de représentations du monde extérieur. Pour que telles représentations soient possibles, il faut sinon un cerveau, tout au moins un ganglion assez gros et assez complexe qui en fasse au moins rudimentairement les fonctions.

Mais si j'attribue à cette inconnue, considérée comme réelle, et que j'appelle *une âme*, chez les animaux supérieurs et chez l'homme, la conscience (comprenant essentiellement et inséparablement la sensation) et la volonté (tout aussi inséparable de la réaction) extérieurement saisissable dans ses effets, puis-je ne pas attribuer la sensation élémentaire et relativement simple des êtres les moins complexes et leur réaction toujours immédiate, à une âme non pas semblable à celle de l'homme mais analogue, et nettement *de la nature des âmes* ?

Il n'y a pas de sensation sans conscience. Il n'y a pas de conscience sans sensation. Il n'y a pas de conscience sans volonté ou du moins sans réaction motrice (1), qui n'est que la volonté dans ce qu'elle a de plus élémentaire, mais qui n'en saurait différer comme nature.

Les considérations qui précèdent me dispensent de suivre, pas à pas, M. Soury dans la discussion qu'il poursuit et où il semble chercher à déterminer à quel moment et à quelles conditions on pourrait admettre chez les êtres vivants quelque chose de correspondant à ce que certains psychologues ont défini sous le nom d'âme. Cela n'a qu'un intérêt bien secondaire,

les dissemblances fonctionnelles le sont au contraire beaucoup. Je me propose d'en montrer plus tard les raisons.

(1) Ici une réserve est à faire ou plutôt une distinction : cette *réaction motrice* précède le mouvement appréciable extérieur et ne se confond pas avec ce mouvement comme toute une école le soutient.

tant au point de vue de la doctrine professée par M. Soury qu'à celui des idées que je lui oppose. Devant la définition de l'âme telle que je viens de la donner, les distinctions de cette nature perdent toute la valeur même de simple critique qu'on leur pourrait attribuer. Je me propose cependant de ne négliger aucun des faits rappelés dans le cours de la discussion.

M. Soury essaie d'expliquer par un *automatisme* mal déterminé et par des transmissions d'habitudes ancestrales, d'après d'ingénieuses conjectures de Darwin, les mouvements instinctifs des animaux, surtout de ceux qui occupent les rangs inférieurs des séries zoologiques. En ces questions il mêle quelques notions expérimentales exactes à des vues non justifiées, et je n'ai pas ici à en faire le départ, car tout cela n'a que des rapports assez lointains avec les doctrines générales (ou métaphysiques) que je me suis proposé de discuter.

Çà et là les mêmes affirmations doublées d'affirmations pareilles recueillies chez divers auteurs se renouvellent, sans perdre leur caractère d'absolue gratuité :

« Avec les actions du milieu cosmique, avec les effets de l'usage des parties et de l'adaptation, la science est capable de rendre raison des phénomènes psychologiques, comme des phénomènes morphologiques, et la vie et la pensée font enfin partie de la conception mécanique de l'Univers. »

C'est là précisément ce qui est en question, ce que je conteste et ce que je nie.

Avec ce que vous énumérez et que vous ne connaissez d'ailleurs que partiellement, avec beaucoup d'autres conditions que vous omettez, déjà connues ou pouvant l'être, votre science est absolument incapable de rendre raison du moindre fait de conscience, de la plus élémentaire des sensations. Toute sensation psychologiquement observée par celui qui l'éprouve est un fait parfaitement irréductible, rebelle à toute analyse, dont les conditions intérieures, dans tous les cas, nous échappent absolument. Au point de vue de l'observation physiologique ou physique, nous savons que telle sensation auditive correspond à un nombre donné de vibrations, qu'il y a là comme on dit un rapport *de cause à effet*, mais ce rapport constaté, nous ne le percevons pas comme rapport, nous ne savons pas pourquoi trois nombres différents de vibrations font naître en nous les trois sensations successives Do, ré, mi, ou Do, mi, sol, ni de celle de l'accord dit parfait des trois notes Do, mi, sol entendues simultanément. Il en est de même des sensations de couleurs.

Il en est de même à plus forte raison de tant d'autres genres de sensations dont nous ignorons les conditions rythmiques extérieures, tout en étant analogiquement persuadés que ces conditions n'en existent pas moins dans les choses et dans notre organisme nerveux.

La science ne peut pas comprendre davantage comment le plus simple des organismes a pu apparaître dans notre monde à l'époque supposée où il n'y avait encore que des corps anorganiques, moléculairement constitués, cristallisés ou amorphes. Nous savons que la matière *amorphe*, par constitution physique ou par dissolution, peut seule entrer dans la structure d'un organisme ; mais rien, rien au monde ne nous indique la possibilité du passage de cette matière amorphe molle ou colloïde, ou liquide, à l'état organisé, à l'état de forme organique, et tous les faits d'expérience montrent ce passage comme impossible dans les conditions expérimentales, les causes spéciales de cette protoplastie en étant absentes et n'étant pas à notre disposition.

Alors, que voulez-vous dire, et que prétendez-vous expliquer ? Vous considérez comme possible « de relier la Psychologie aux sciences physico-chimiques. » Il s'agit de savoir *comment* ces sciences peuvent être, comme je l'ai toujours pensé, reliées les unes aux autres, sans oublier la Physiologie dont le domaine s'étend de l'une à l'autre et empiète en quelque sorte sur les deux. Vous dites : « Les fonctions du système nerveux où les propriétés psychiques du protoplasma ont subi la plus haute spécialisation... » (et vous vous appuyez là sur une science qui n'existe pas)... « ne sont comme la chaleur et l'électricité qu'*une forme de l'énergie*. Voilà des fonctions qui sont une forme de l'énergie ! C'est ne rien dire pour vouloir dire beaucoup trop. Tout ce qui est fonction visible (dans l'ensemble observable de la nature des choses) est nécessairement mouvement, donc *forme* de l'énergie. Il n'y a donc là aucun moyen de différenciation. Mais vous expliquez votre pensée. « Bref, dites-vous, les phénomènes psychiques possèdent un équivalent chimique, thermique, mécanique. » Ici votre langage est encore plus défectueux. Vous l'empruntez sans aucune critique aux physiciens de notre époque, lesquels ne l'ont pas encore débarrassé des obscurités (plus réelles qu'apparentes) et des non-sens qui encombrent encore la science dans ce genre de questions. Encore n'ont-ils jamais parlé de *l'équivalent mécanique d'un phénomène !* (1)

(1) Dans l'un des derniers chapitres de son livre sur « les fonctions du

Ce n'est pas le principe de la conservation de l'énergie que je conteste, lequel trouve ses applications et *trouvera* ses vérifications dans les mouvements fonctionnels cérébraux comme partout ailleurs. Je conteste l'application fausse, illusoire et fantastique que vous essayez d'en faire quand vous vous imaginez que, dans ces mouvements fonctionnels, il ne s'agit que d'énergie et de masse, lesquelles ne sauraient être anéanties plus l'une que l'autre. Il s'agit de deux autres conditions également présentes partout, mais beaucoup plus importantes quant aux faits intellectuels en question. Ces conditions on les nomme à chaque instant sans se douter de leurs corrélations universelles véritables, c'est la *forme* et le *rythme*.

La force (ou énergie) et la masse sont des entités réelles.

La forme et le rythme ne sont rien de semblable.

Il y a *toute la force d'un univers* (je le suppose *limité* provisoirement et simplement pour la clarté de ce que je vais dire).

Il y a aussi la masse d'un tel univers.

Ce sont des quantités déterminés, finies, fixes, — incapables d'aucun accroissement, ni d'aucune diminution par elles mêmes — irréductibles l'une dans l'autre, concrètes, que rien ne peut

---

cerveau » — 2me éd. Paris, 1892 — excellent livre un peu gâté, selon moi, par la métaphysique de son auteur, M. Jules Soury s'exalte sur des expériences tendant à prouver qu'à chaque impression sensorielle, à chaque émotion éprouvée par un animal correspondent des variations de température du cerveau. Il croit saisir là un équivalent de *la pensée* en *travail dynamique !* Il est difficile actuellement de juger la valeur de ces expériences, mais tout physiologiste (c'est-à-dire physicien et chimiste) doit être *a priori* convaincu du fait qu'elles veulent prouver, savoir, que toute action cérébrale, étant dynamique et chimique à la fois, doit s'accompagner de pareilles variations thermiques, extrêmement faibles dans l'espèce. Mais la question est de savoir si ces actions cérébrales sont *la pensée* elle-même, ou simplement des manifestations organo-dynamiques de cette suprême fonction. La pensée (qu'il faut bien aussi étudier psychologiquement) n'a que deux modes généraux, elle est *rythmique* ou *morphique*, et le rythme ni la forme ne sont passibles de mesures quantitatives, ils n'ont absolument rien de dynamique ni de matériel, bien que ne pouvant exister sans matière ni sans force. Donc ils ne se révèleront jamais en ce qui les constitue essentiellement, en ce qui les fait *la pensée*, par des variations de température. Et rien n'est plus chimérique et vain que la recherche d'une pareille corrélation, étant données ces distinctions nécessaires que je m'efforce sans cesse de faire nettes et précises dans mes formules, comme je les aperçois dans les transactions naturelles des êtres et des choses. Ces conceptions étant encore assez étrangères aux communes manières de penser des philosophes et des savants, je dois y insister quelque peu dans les pages suivantes de la présente étude.

anéantir. Quand je parle du rythme et de la forme, je ne parle que par abstraction.

Il n'y a rien dans la réalité qui se nomme *La forme*, rien qui se nomme *Le rythme*.

Il y a telle forme réalisée ou tel rythme réalisé.

Tout ce qui se réalise en mode mesurable dans l'espace est forme, tout ce qui se réalise en mode mesurable dans le temps est rythme. Ces réalisations exigent absolument la présence et pour ainsi dire la coopération de la masse et de l'énergie (1).

Tout le monde scientifique aujourd'hui prononce ces mots *formes de l'énergie* et on ne pense guère qu'à l'idée (encore trop confuse) que ce mot énergie (ou celui de force) éveille coutumièrement en nous, mais pour ce qui regarde le mot FORME, c'est bien différent ; et on le traite sans lui accorder un instant d'attention ni un milligramme d'importance.

La radiation actinique, la lumière et la chaleur sont bien ce qu'on nomme aujourd'hui des *formes* de l'énergie (2).

Si l'on y prend garde, on en conviendra, ce mot a été choisi par métaphore. Pour mettre dans le langage la précision requise en bonne science, pour que les rapports des mots soient conformes aux rapports d'idées et de choses, il faut dire : Les radiations actinique, lumineuse et calorique sont des *rythmes*.

Et je ne dis pas *des rythmes de l'énergie* mais *des rythmes de l'éther*, nécessitant, pour une intensité donnée, dans un temps donné, une quantité ou proportion constante d'énergie.

C'est en cela que consiste un équivalent mécanique.

Or, les phénomènes de la vie et de la pensée sont tous, en ce qu'ils ont de spécial, des phénomènes rythmiques et morphiques ; et il n'y a entre les faits de ce genre et l'énergie au-

---

(1) J'ai en plusieurs ouvrages et en plusieurs endroits de celui-ci, déjà, expliqué ces choses. Chaque fois que je suis obligé de les rappeler et cela est assez fréquent, je n'hésite pas à faire de nouveaux efforts pour exprimer ma pensée par la parole écrite, espérant toujours la rendre mieux concevable, et faire ainsi pénétrer dans les esprits ces rapports d'ordre très général constituant les premières et solides bases d'une métaphysique vraiment *scientifique*. J'ajouterai que ces *bases* de la métaphysique sont d'une immense importance en physiologie et comme le complément indispensable de la physique générale.

(2) Je laisse de côté à dessein la *gravitation* et l'*électricité* et les rayons x récemment découverts par le D^r Rœntgen, pour ne pas évoquer d'autres questions très ardues de physique expérimentale et théorique. Ces questions ne me fourniraient pas d'exemples meilleurs que ceux dont je me sers ici.

cune équivalence possible non seulement à mesurer ou à constater mais encore à concevoir.

Notre organisme représente une certaine masse, capable de varier en certaines limites. Pour que ses fonctions s'exercent normalement il faut que cette masse varie peu en un temps donné. Un léger excès ou un pareil défaut sont aisément pathologiques. Il en est de même pour l'énergie. Tout est disposé pour qu'elle demeure à peu près constante, je veux dire ne variant qu'entre des limites déterminées et assez étroites. Il est à peine besoin de rappeler que cette masse et cette énergie empruntées aux milieux se renouvellent sans cesse, et que les lois d'équivalence s'appliquent au corps de l'homme comme aux machines d'invention humaine.

Au point de vue expérimental, il est regrettable peut-être que nous ne puissions pas vérifier cette loi de constance de l'énergie pour la production d'un effet donné dans le système nerveux ; mais avons-nous tant besoin de faire cette vérification difficile, peut-être impossible ? Ne devons-nous pas être persuadés que cette *loi* se retrouve là comme ailleurs ? Ce qu'il faut voir surtout, c'est que, dans les faits de la conscience et de la pensée, la question dynamique n'a aucune importance spécifique. Peu importe la quantité d'énergie électrique (très variable) dépensée pour nous transmettre un télégramme. Le télégramme seul importe. De même dans les fonctions *cérébrales*, la qualité, le nombre, la valeur des phénomènes rythmiques constituant la condition extérieure de la sensation, les *rythmes inscrits* constituant la pensée latente gardée par les cellules de l'écorce grise, ont seuls une importance spécifique. Et cela n'équivaut à rien de dynamique et ne relève en rien de nos moyens de mesurer les quantités.

Une action réflexe provoquée ou arrêtée à l'occasion d'une sensation est un trouble physiologique dû à l'excès de dynamique nécessaire qui s'est employée comme elle l'a pu, ou comme les appareils, conjugués, de l'organisme, solidaires dans une certaine mesure, indépendants en tant que spécifiquement fonctionnels, le lui ont permis.

Les opinions de MM. W. Preyer, Summer (de Wursbourg), Max Vorworn, Steiner et autres ne font rien à l'affaire, et ces savants, d'après ce qu'en cite M. Soury, me semblent n'avoir absolument rien découvert sur la question.

J'écrivais ceci en 1866 (1) :

(1) Les décoordinations organiques, études de pathologie générale. Paris 1866.

« La matière a pour véritable fonction de recevoir et de conserver les formes, de leur donner une permanence relative, une durée. Nous ne pouvons imaginer des formes séparées des conditions matérielles qui les font distinguer, discerner, concevoir, et celles que crée notre puissance de coordination supérieure ne pourraient se manifester sans la matière cérébrale. Au sein de cette matière, en effet, l'action des forces diverses qui s'y distribuent nous permet de saisir la représentation sensorielle des formes qui s'y reproduisent et de celles qui s'y créent. »

Les années suivantes, au lieu de ce mot *forme*, j'ai employé le mot rythme lorsqu'il s'agit de la sensation actuelle (périphérique ou cérébrale). Quant aux *formes* gardées par les cellules de l'encéphale, elles sont bien des formes, mais d'une *espèce* particulière. C'est les définir suffisamment que de les appeler inscriptions rythmiques ou rythmes inscrits, représentant l'ensemble de tous nos souvenirs latents venus du monde extérieur ou créés par la spontanéité de notre moi ou de notre âme, celle-ci, définie elle-même par cette expression « puissance de coordination supérieure (1). »

M. Jules Soury cite encore à l'appui de son opinion sur l'inconscience des êtres à organisme sommaire, un certain nombre d'expériences faites à l'étranger. Pas une de ces expériences n'est nouvelle. Toutes ont été faites en France des centaines de fois et dès la première moitié de ce siècle, et la plupart ne font que rappeler des faits connus depuis la plus haute antiquité. Aucune ne prouve plus que l'histoire rapportée dans mon livre des fonctions supérieures de la petite vipère à laquelle j'écrasai d'abord, puis je coupai la tête, et qui, sans tête, ne fut plus, pendant les quelques heures qu'elle vécut, une vipère au sens psychologique, mais un animal assez comparable à l'amphioxus. En cet état, elle ne manifestait que de la sensation par des mou-

---

(1) Quant à la corrélation des « *forces physiques* » avec les actions névropathiques correspondant à nos divers ordres, genres et espèces de sensations, j'en ai exposé la conception complète dans le livre Ier de mon traité des fonctions supérieures du système nerveux, et je crois être le premier qui s'en soit avisé. Je n'en ai point tiré alors, plus que maintenant, — et bien au contraire, — les conséquences que M. Soury prétend en déduire, et qu'il veut faire servir à sa thèse matérialiste ou moniste.

Comme pièce justificative de ma revendication, je transcrirai seulement ici le sommaire du chapitre Ier du Premier Livre : *La sensation*.

« La sensation considérée dans ses conditions dynamiques est une modalité de la force générale. Transformation du mouvement extérieur en mouvement organique sensoriel, et de ce dernier en action musculaire, etc.

vements de réaction encore très vifs, comme tous les êtres à conscience rudimentaire.

Elle n'avait plus en elle (sans nul doute) la représentation d'un monde extérieur où elle pût elle-même se discerner du reste. Si c'est cela qu'on s'acharne à vouloir appeler conscience, et ce qu'il faut appeler *conscience réfléchie* ou *objectivée*, il est trop évident qu'elle n'en avait point. Pour moi, je lui suppose des sensations, non plus les sensations perçues par la ci-devant personnelle vipère, en ce moment absente, mais par les êtres conscients constituant ce reste d'organisme. Et ces *sensations* sous l'influence desquelles et sans le concours de sa volonté se faisaient, lorsqu'elle était entière, tant de mouvements « réflexes » elle ne les a jamais éprouvées. Elle n'éprouvait alors, en tant qu'âme souveraine, que des sensations à elle, et non celles de ses éléments inférieurs, lesquels ne formaient nullement une unité collective mais une simple collectivité organique. Contre cette vue de mon esprit, en présence du fait expérimental et de tous les autres faits analogues, y compris ceux que rapporte M. Jules Soury, il n'est pas possible d'élever la moindre objection valable, et elle suffit à expliquer, avec la plus grande clarté, tous les cas d'expériences et tous les faits pathologiques analogues que la clinique nous montre chaque jour.

La crainte de faire trop long le présent travail ne doit pas me faire négliger le moindre des quelques faits généraux d'où M. Jules Soury pense tirer des raisons en faveur de sa doctrine. Ces faits, sont en eux-mêmes incontestés et incontestables. Il n'en est pas de même des formes argumentales dans lesquelles ils sont présentés et qui tendent à les défigurer ; les voici (1).

I. « Chez les Protistes aucun organe des sens ne *prédomine* encore et ne *concentre comme en un foyer* les *autres* modes de sensibilité. »

Traduction : les Protistes n'ont point de sens spéciaux. — L'essai de théorie contenu dans cette rédaction ne s'appuie sur aucune probabilité expérimentale — je veux dire : si des êtres de cet ordre semblent se plaire, par exemple, dans la lumière plus que dans l'obscurité, et même dans telle lumière de l'une des zones colorées du spectre, rien ne prouve qu'ils sentent cette lumière comme telle.

II. « Chez les animaux supérieurs ainsi que chez les amibes,

(1) Ramenés à leur signification expérimentale pure par de brèves critiques, par des traductions, et par la mise en italiques de certains mots dogmatiquement parasites.

on peut, au moyen des vivisections, diviser l'*agrégat psychique* en une partie consciente et une autre inconsciente. »

Traduction : Chez les animaux inférieurs ceux-ci étant divisés en tronçons, ces tronçons sont tous également sensibles et réacteurs ; chez les animaux supérieurs, dont le névraxe est divisé, la même chose a lieu sans nul doute ; mais la conscience réfléchie caractérisant ces êtres ne se manifeste que dans la partie où elle se manifestait avant la séparation du reste, dans la tête ou dans ce qui en tient lieu, et cela n'a pas besoin d'explication.

III. « De la partie supérieure de l'*agrégat psychique* (1) on peut, à volonté, éliminer une ou plusieurs *formes d'activité supérieures* ; vision, audition, olfaction, etc., en extirpant tel ou tel territoire délimité de l'écorce cérébrale. »

IV. « Le mammifère décérébré n'a plus qu'une manière de vie psychique réduite à celle d'un amphioxus. L'idiotie et la démence, chez l'homme, produisent des *automates vivants* de même sorte. »...

Ceci serait exact et bien dit sans cette expression très malheureuse d'*automates vivants* que M. Soury prend au sens usuel.

On arrive, enfin, à comprendre le but de cette discussion de la part de notre philosophe moniste, il le montre à la fin de son deuxième paragraphe dans la phrase suivante :

« Ces faits... prouvent... que contrairement aux idées reçues sur la nature de l'« âme, » l'unité des fonctions psychiques n'existe jamais ni à aucun degré, car l'*apparition successive* au cours de l'évolution des organes et des appareils de centralisation, de coordination (2) et de localisation, de plus en plus différenciés, n'a pu et ne pourra jamais réaliser qu'un semblant d'unité. »

Ces faits ne prouvent rien de pareil et on ne peut les interpré-

---

(1) La méthode générale du matérialisme et de toutes les fausses métaphysiques consiste à supposer toujours ce qui est en question par des alliances de mots qu'on ne justifie pas et de l'imposer en le mêlant à toutes ses formules. C'est l'audace incessante du cercle vicieux.

(2) L'assemblage de ces mots *organes de coordination* ne correspond à rien de réel. Il ne peut y avoir et on ne peut concevoir d'aucune manière ni représenter par aucune figure, ni admettre par aucune analogie, des *organes* ou des *instruments* de coordination.

Bouilland est le premier qui ait employé ces mots « organes de coordination » dans ses premiers travaux. Plus tard il y renonça, et les remplaça par ceux de *principes* ou *pouvoirs de coordination* lesquels, toujours qualifiés par lui de « merveilleux » et d'« admirables » ne représentaient guère mieux dans son esprit, une réalité concevable des choses.

ter ainsi qu'en ne les regardant pas, obsédé par un parti pris métaphysique antérieur à l'observation et cruellement invétéré.

M. Soury, craignant peut-être de n'avoir pas convaincu son lecteur ; ajoute encore, (d'après M. P. Janet) quelques mots rappelant les faits de dédoublement observés chez les hystériques et chez d'autres malades. Il considère ce dédoublement comme absolu et réalisant la division d'un être en deux consciences complètement distinctes.

Je réponds que jamais un observateur, un savant, médecin ou naturaliste n'a présenté un fait prouvant seulement la possibilité du dédoublement d'une âme. L'âme, *une*, et toujours caractérisée par sa double fonction générale, conscience et volonté (sensation et réaction) dans un cas pathologique ou expérimental peut cesser de se manifester ; mais dans les cas où elle se manifeste, elle se montre toujours *une* et avec les caractères généraux que je lui ai donnés.

Il en est ainsi dans la veille et dans le rêve, et dans l'hallucination et dans toutes les formes du délire et de la folie. C'est pour cela que ces formes pathologiques sont précieuses à étudier et doivent être observées et analysées avec la plus minutieuse attention. Dans leurs variétés multiples, elles permettent de bien distinguer, de ces fonctions générales et inséparables, polaires, sphériques et synergiques de l'âme, les fonctions organiques ou instrumentales du cerveau, celles-ci parfaitement distinctes les unes des autres, comme leurs organes, bien que reliées entre elles par des connexions nécessaires (1).

C'est en cela que la physiologie et même la pathologie, y compris l'anatomie pathologique, sont indispensables pour déterminer le champ propre à la psychologie vraiment scientifique et pour démontrer aux anciens psychologues ou à ceux qui les continuent, qu'ils se sont gravement trompés en leurs essais de détermination de ce qu'ils ont appelé les « facultés de l'âme. » Et cela, je l'ai bien démontré pour ma part dès 1857 (2).

Dans les faits de dédoublement pathologique, — j'ai lu beaucoup de ceux qui ont été publiés, et j'en ai observé moi-même un assez grand nombre — il ne s'en trouve pas un seul qui, étudié

(1) Ces connexions n'ont pas besoin d'être constituées par des continuités histologiques ; les contiguités simples qui paraissent bien constatées par la nouvelle anatomie, y suffisent amplement.

(2) Thèse inaugurale, sur les fonctions des lobules antérieurs du cerveau, etc.

de près, montre le dédoublement *réel* ou *ontologique* d'une âme. Tous présentent l'image frappante d'un dédoublement *fonctionnel* et *cérébral*, tous peuvent s'expliquer par des troubles physiques des masses encéphaliques : centres, cellules, conducteurs nerveux, et peuvent êtres représentés par des schèmes topographiques et mécaniques. Celui ou celle qui dit *moi* désigne toujours *la même chose* ou plutôt la même personne, lors même qu'il ou qu'elle a oublié son nom et s'en est donné un autre, c'est toujours l'âme souveraine, qui est ainsi désignée, toujours identique au milieu des plus grands, des plus tempétueux désordres dynamiques des appareils nerveux constituant le monde cérébral.

Ce dédoublement pathologique, s'explique parfaitement au point de vue du mécanisme qui le constitue, par le continuel dédoublement normal appelé par les psychologues la réflexion. Il s'explique, par les faits normaux de *délibération*, de discussion avec *soi-même*, un soi-même en quelque sorte, idéalement objectivé, il s'explique encore et aussi bien par la faculté que nous avons tous de nous supposer un autre, et de composer ainsi des romans et des contes où nous nous donnons un rôle à notre gré très différent de celui que nous jouons dans la vie réelle. Dans les divers états morbides dont il vient d'être question, le mode seul de ce fonctionnement est changé et non pas sa nature. Ce dédoublement ne dépasse jamais et n'atteint que très rarement la netteté si communément réalisable chez un acteur, représentant tour à tour deux personnages fictifs se donnant alternativement la réplique, engageant entre eux une discussion ou un dialogue quelconque. Toute la différence entre ce fait banal et le fait pathologique réside en ceci, que la volonté du sujet malade et comme on dit vulgairement et très exactement *détraqué* ne conduit pas la scène ; et pareille condition se retrouve dans le rêve le plus ordinaire, cet état accidentel de l'être qui peut être dit à demi pathologique.

Prenons pour exemple l'un des cas où le dédoublement fonctionnel est le plus évident, celui où la personne *troublée de cerveau*, mène alternativement comme deux vies de relation distinctes. Il faut noter d'abord, comme l'ont fait les auteurs des observations, que l'une de ces vies est « la vraie » c'est-à-dire qu'elle se rattache amplement aux souvenirs datant de l'époque antérieure aux accidents cérébraux. La seconde vie, ou la vie seconde, alternant avec celle qu'on nomme la vraie, s'y rattache aussi, ce qu'il ne faut pas négliger, mais avec grande prédominance d'oubli. Elle s'est faite, en des régions cellulaires déterminées, de souvenirs récents où apparaissent spécialement des conceptions délirantes analogues à toutes les autres caractérisant les troubles cérébraux. Pour faire la théorie du fait, il suffit de supposer entre le centre où réside la conscience et un grand nombre des cellules où sont gardés les souvenirs de la vie normale, un obstacle *intermittant* quelconque empêchant pour un temps, toute transmission dynamo-rythmique. Une intermittence de ce genre n'a rien de singulier et la pathologie en montre des exemples de toute sorte. S'il vous faut un signe en quelque manière *extérieur* de l'identité de la personne, faites-la écrire dans ses deux états, et comparez les écritures. Elles pourront différer en quelque chose, mais vous y retrouverez identiques tous les caractères graphologiques importants et qu'on peut appeler *personnels* (1).

Je sais bien que le malade le plus souvent s'y trompe lui-même, et qu'il se croit *deux* ; mais est-ce à lui de juger la question, et devons-nous lui accorder une autorité et une compétence capable d'entraîner la conviction de l'observateur ?

Quand un patient de cette espèce, sentant les effets indéniables de ce dédoublement fonctionnel de son cerveau, parle de lui-même comme d'une personne qui lui serait étrangère, et se nomme à la troisième personne disant : Je sens que Pierre va mourir ! Sa conscience une et permanente, bien que troublée, se révèle dans le mot *je* ou dans un verbe quelconque où ce *je* est représenté, son illusion consiste à croire que ce Pierre, auquel il rapporte des souvenirs cérébraux dont beaucoup lui échappent n'est pas lui ; et, à ce moment, grâce aux circonstances pathologiques, il distingue précisément, avec la plus grande netteté, sa personne indissoluble et réelle de ces inscriptions rythmiques cellulaires (souvenirs latents) qui ne sont pas lui, qui ne l'ont jamais été, et qui ne peuvent constituer aucune personnalité en dehors de lui, distinction impossible à faire dans l'état fonction-

---

(1) En certains cas, cela n'est pas possible, la *personne seconde* ne sachant pas écrire et ne l'apprenant qu'à la manière des enfants, c'est-à-dire en constituant dans une région du cerveau disponible pour cette personne seconde un nouveau centre de mouvements coordonnés graphiques. J'ai observé un cas pareil. On en peut conclure, avec une grande probabilité, que les centres de coordination de ce genre ne sont nullement prédéterminés dans le germe, mais qu'ils se forment pendant le développement des êtres et à des époques variables de ce développant par l'*exercice* et ce qu'on nomme l'*habitude*.

nel normal de la vie, si ce n'est par nous physiologistes et psychologues et par la mise en rapport de beaucoup de faits et d'idées.

Ces questions déjà classées après des observations scientifiquement, c'est-à-dire rigoureusement faites et relevées, il faut bien le reconnaître, ne sont pas faciles. Il y faut de l'art et de la méditation. Il faut, surtout en les abordant, savoir se dégager de tout préjugé d'éducation et d'école, avoir renversé en son temple intérieur les *idola specus, fori et theatri*. On ne doit pas s'étonner non plus que les vrais rapports des choses ne nous apparaissent pas du premier coup.

Lorsque j'écrivais mon livre des *Fonctions supérieures* (de 1857 à 1865) où je me suis attaché à cette si intéressante question du dédoublement, mes conclusions sur ce sujet furent bien moins nettes que je ne les formulerais aujourd'hui et que je ne les ai formulées déjà en divers écrits, je n'admettais pas précisément qu'une âme peut se *dédoubler*. — Cette opinion — que je comprends parfaitement de la part de M. Jules Soury, puisqu'il ne s'agit pas pour lui d'une âme réelle, mais de quelque chose de cérébralement fonctionnel d'où dépend l'apparence d'une « âme. » — Cette opinion ne pouvait être la mienne, puisque dans le même ouvrage, j'essayais de dégager de toutes les fonctions des centres encéphaliques et des facultés spéciales de l'être complexe vivant, *la puissance de coordination supérieure*, laquelle diffère seulement de l'âme selon les théologiens par certaines délimitations plus précises que les leurs. Cependant je me demandais presque si dans le cerveau d'un homme, ne pourraient pas coexister plusieurs âmes d'un ordre assez élevé pour expliquer, par la séparation de l'une d'elles des autres, ces faits de dédoublement dont je n'avais pu encore achever la théorie. Depuis, un examen plus attentif des faits, des recherches poussées plus loin sur les *possibles* de la mécanique cérébrale, m'ont fait complètement abandonner cette conjecture. J'ai donné plus haut quelques-unes des raisons qui m'ont décidé, autant que les limites du présent travail pouvaient me le permettre.

Cette question se rattache directement à celle des mutilations expérimentales des animaux, où on semble faire des dédoublements ontologiques pareils à ceux dont les cas pathologiques présentent l'apparence. Les deux questions, à vrai dire, n'en font qu'une ; et à l'époque relativement lointaine dont je parle, je n'avais pas plus résolu définitivement celle-ci que celle-là. Pour achever de traiter cette dernière partie de la question, je considérerai deux cas généraux seulement et cela suffira pour que l'expression de ma pensée soit entière.

Une section de la moelle épinière est pratiquée au milieu de la région dorsale par exemple, chez un mammifère vivant.

L'animal est-il ainsi divisé en deux animaux ? On peut le dire. Sa conscience a-t-elle été divisée en deux consciences ? Nullement. Sa conscience souveraine est demeurée intacte (je la nomme ainsi pour indiquer, autant que possible, à quelle hauteur prodigieuse je la place au-dessus des consciences élémentaires organiques).

Dans le segment inférieur, une autre conscience souveraine (même d'un degré très inférieur) s'est-elle produite ? Evidemment, non. Ce segment inférieur ne manifestera jamais que les réactions des consciences élémentaires de divers ordres, réactions métaphoriquement appelées *actions réflexes* par les physiologistes qui ne se sont pas risqués à les voir ou à les supposer. Jamais ces consciences élémentaires ne s'associent pour former, par composition, par une synthèse ontologique impossible, et dont aucun fait ne montre l'exemple, une conscience nouvelle supérieure à ses composantes et capable de les diriger.

Considérons le fait de l'autruche décapitée, par amusement, aux temps antiques, pendant qu'elle courait dans l'arène, et dont le tronc continuait sa course ; il constitue une véritable expérience biologique, précieuse malgré sa grossièreté. On peut le rapprocher du cas observé sur les champs de bataille du cheval dont un boulet emporte la tête et dont le galop ne s'arrête pas, de celui de ma vipère décapitée, et presque de la poule privée par Bouillaud de ses lobes cérébraux, enfin de mille autres du même genre.

Tous ces faits prouvent, jusqu'à la dernière évidence que « le principe de la vie » du corps entier, ne réside pas dans la tête, et que *l'âme* n'est point du tout ce qui anime *le corps*.

Les causes qui empêchent une longue survie dans ces cas divers sont d'ordre secondaire et accidentel ; ce qui le prouve, c'est la possibilité de vie et même de développement de fœtus humains anencéphales et même acéphales, pendant les neuf mois de la vie intra-utérine.

Le second cas général à faire intervenir est celui de toute une division zoologique, celle qui comprend les animaux de formes si diverses où rien ne saurait faire découvrir une âme directrice ou souveraine. Ce ne sont pas là des êtres, mais des apparences d'êtres, et, en réalité, des collectivités associées, des réunions d'êtres élémentaires, affectant une figure générale, parfois symétrique, le plus souvent bien déterminée. Les végétaux semblent constitués de la même manière. De là vient la possibilité de couper en plusieurs tronçons ces formes vivantes, sans que l'un de ces tronçons cesse de vivre, et voilà pourquoi chacun des tronçons ne tarde pas (si les conditions de milieu sont favorables) à se compléter et à reproduire la forme spéciale et totale de l'apparence d'être, de la *communauté* ainsi divisée.

Les naturalistes n'ont guère voulu voir — empêchés par leurs préjugés anti-théologiques, provisoirement nécessaires peut-être — ce caractère zoologique différenciel d'une si grande importance : la présence ou l'absence dans un organisme d'une âme directrice et souveraine.

Il apparaît chez les mollusques et chez les annelés mais avec des particularités différentes chez les différents genres ou espèces. L'importance de cette âme directrice, chez les annelés par exemple, dépourvus des sens supérieurs et spéciaux, commence à peine à se montrer. Il y a bien là une direction suprême, parfois anatomiquement marquée par un ganglion un peu plus gros que les autres au niveau du premier article ou de l'anneau fermé antérieur ; mais on ne pourrait, littérairement ni scientifiquement, lui donner le nom de *souveraineté*.

Même pour des animaux assez élevés de ces classes, la fameuse et très incomplète définition de l'homme « une intelligence servie par des organes » ne saurait s'appliquer. L'intelligence (1), là, n'est pas, ou se réduit à des sensations élémentaires peu distinctes, et à des réactions dont les effets s'appliquent à la recherche et à la préhension des aliments ou à des actes de défense contre les dangers ambiants. Loin que les êtres fragmentaires représentés par chaque anneau ou plus précisément par chaque ganglion du chapelet abdominal soient au service de l'*âme* résidant dans les ganglions antérieurs, celle-ci, a pour destination, *presque* unique, de servir et de garder les autres.

Nous étions tout à l'heure en communauté égalitaire ; voici se dessiner faiblement d'abord une première ébauche de hiérarchie. Et encore, peut-on croire à quelque illusion à cet égard, et supposer que la seule situation de l'être prédominant a déterminé cette prédominance, de façon à ce qu'il puisse être séparé des autres, être remplacé par celui qui le suit immédiatement sans grand dommage définitif, pour tous ceux qui lui demeurent anatomiquement reliés.

(1) Surtout au sens complexe donné à ce mot par les psychologues.

Chez les animaux d'un ordre plus élevé, à plus forte raison chez l'homme, les choses sont bien différentes, sans que les analogies fonctionnelles cessent jamais de s'y affirmer.

L'âme de la tête y sert toujours à la conservation et à la nutrition des *personnes* organiques élémentaires et subordonnées des autres parties, en assurant les conditions de cette nutrition, mais il devient clair aussi qu'elle commande à ces dernières, et que ces dernières et les organes qu'elles composent la servent à leur tour, et sont en quelque manière subordonnnées à sa destinée supérieure.

La nature réalise en ces êtres une sorte de royauté, de monarchie. Cette monarchie, nous le verrons bientôt, n'est jamais absolue (1).

Chez les insectes ou animaux pourvus sinon d'un cerveau — tout au moins d'un ganglion en faisant fonction partielle, et pourvus aussi de sens spéciaux déjà très parfaits, nous trouvons des formes de synthèses organiques intermédiaires. Ces synthèses ne doivent pas être cherchées dans les individus seulement, mais dans les communautés, où des fonctions diverses se distribuent parmi des groupes d'individus morphiquement différents. Exemple : les abeilles. Ces faits montrent clairement que ce n'est pas dans l'être individuel seul, non plus, qu'il faut chercher l'origine des espèces ; mais ce n'est pas ici le lieu de poursuivre la solution des questions nombreuses et intéressantes se rattachant à celle-ci.

Encore une remarque d'ensemble pour compléter le dessin général des corrélations ci-avant présentées. Si nous considérons un organisme supérieur, celui de l'homme, par exemple, nous trouvons en lui réunies des conditions que nous n'avions trouvées que séparées dans les synthèses inférieures. Un tel organisme, en effet, présente, pour ce qui regarde certains ordres d'éléments, la communauté constituant le seul mode d'association des êtres inférieurs. Il présente aussi l'association des départements organiques avec fonctions distinctes de chaque groupe, enfin une

---

(1) La royauté ou monarchie dont je parle est bien différente de ce qu'on nomme ainsi en politique et en histoire humaine, surtout si on la considère chez les animaux d'un ordre élevé. Dans ce dernier cas, en effet, l'âme souveraine d'un organisme est infiniment supérieure à toutes les autres qui lui sont subordonnées ; tandis que le chef politique et militaire d'un peuple peut être et même est — presque fatalement — ontologiquement inférieur à beaucoup des êtres reconnaissant, quel que soit son titre, la suprématie — convenue ou acceptée — de sa *fonction*.

souveraineté d'ordre très supérieur dont ces premières déterminations de synthèses sont et demeurent indépendantes, et qui n'exerce son empire que sur des groupes spéciaux d'éléments et d'organes, ceux dits de la vie de relation.

Dans une telle hiérarchie partielle de particularités organiques, la solidarité et la subordination des parties n'est pas égalitaire ni confuse, elle varie du tout au tout en ses formes et en ses manifestations suivant les groupes de fonctions et d'organes qu'on étudie.

J'ai volontairement omis, dans l'exposé de ces vues générales, beaucoup de faits intermédiaires, dont l'examen ne saurait être négligé au point de vue d'une étude complète, me limitant à ce qu'il est indispensable d'apercevoir, au point de vue des questions formant le fond de la discussion que je poursuis, et à ce qui suffit pour relier entre eux les faits brièvement rappelés qu'il s'agit de faire parler conformément aux corrélations véritables des choses.

J'en ai dit assez pour montrer comment il faut considérer en physiologie les organes et les fonctions et combien les faits cités par M. Jules Soury sont loin non seulement de démontrer, mais encore de faire prendre pour probable, à quelque titre que ce soit, la vieille conjecture matérialiste, cette conjecture faisant dépendre la vie et la pensée exclusivement de la mise en mouvement d'un mécanisme, et attribuant la réalisation nécessaire de ce mécanisme dans ses plus simples et dans ses plus complexes cas particuliers, exclusivement à des transactions d'ailleurs incompréhensibles — en tant qu'eurythmiques et eumorphiques — de la matière pure (ou masse) et de la force (ou énergie).

CHAPITRE IX

Les fonctions intellectuelles et les *neurones*. — Rapports de contiguïté et de continuité des éléments nerveux. — Neurones cérébraux et neurones périphériques. — Le neurocyme et la névropallie. — Les ondes qui sommeillent. — Inscriptions rythmiques et ondes dynamo-rythmiques — Transactions dynamiques dans les structures du névraxe et des ganglions. — Actions « dynamogéniques. » — Différentiation dynamique et physiologique de la sensation normale et de la douleur. — La psychophysiologie. — Le monisme ou l'anhypostatisme ou nihilisme n'expliquent rien, et sont même en tant qu'énoncés tout à fait *inconcevables*. — Les faits ne parlent que sous forme d'inductions et de théories. — La vraie fonction dynamo-rythmique du neurone. — Nouvel indice de l'existence d'un centre psychique spécial. — Quelques points indispensables de mécanique cérébrale. — Théorie des fonctions de la cellule cérébrale ou du neurone. — Ordre des inscriptions rythmiques dans les appareils cérébraux. — Impossibilité de l'association de neurocymes ou d'ondes rythmiques. — Le mot d'association, ne correspond nullement aux faits corrélatifs réels, cérébraux et psychiques. — Les faits de cet ordre n'ayant été considérés qu'au point de vue dynamique par les physiologistes d'une certaine école, n'ont pas été aperçus et encore moins expliqués dans leurs réelles corrélations. — Très haute spécificité du fait général de coordination ou de création intellectuelle. — Le processus de la pensée. — Dans une phase de ce processus tout « déterminisme » disparaît — Les quatre questions essentiellement et radicalement insolubles. — Signes caractéristiques d'une conscience. — Impossibilité de consciences résultantes par association. — Ce qui *est* ou *peut être* totalement connu. — L'attention et la fonction musculaire ou locomotrice. — Que vaut la « loi d'airain » du *déterminisme universel* ? — Le nombre et la mesure en présence du beau. — Corrélations précises entre la Psychologie et la Physiologie, entre les autres sciences spéciales et les sciences philosophiques. — Le rôle de la métaphysique dans cet ensemble. — Le matérialisme, moniste ou non, est une métaphysique insoutenable et en formelle contradiction avec les données les mieux démontrées des sciences actuelles.

Au début du troisième paragraphe de son article (1), M. Jules Soury insiste derechef sur l'importance des nouvelles découvertes

(1) *La Théorie des neurones et les fonctions de l'intelligence.*

anatomiques obtenues par l'usage plus étendu et varié des colorants, dont on imprègne les éléments histologiques, permettant de voir et d'étudier certains détails qui échapperaient à l'observation microscopique sans cet artifice. Les seules réserves à faire porteraient, non sur cette importance en général — incontestable — mais sur la façon dont M. Soury et quelques autres la comprennent. Suivant M. Soury «... la fin de l'ère des anastomoses, la théorie des neurones ont inauguré une conception nouvelle de la nature et des rapports de ces éléments nerveux dont les fonctions, en dernière analyse sont, chez les vertébrés supérieurs, celles de l'intelligence. » La solennité de cette déclaration est peut-être un peu hâtive, et l'affirmation incidente qui la termine exigerait une démonstration.

On ne voit pas bien, au premier abord, quels changements peut apporter à nos conceptions physiologiques le fait que les rapports de certains éléments nerveux avec certains centres, sont de simple contact, au lieu d'être de continuité de tissus (anostomoses) comme on le croyait. Mes idées sur ces fonctions, assez vieilles déjà, et tirées par induction immédiate des observations cliniques et anatomo-pathologiques relatives à divers troubles cérébraux, n'en sont nullement modifiées. Elles y trouvent même de précieuses confirmations.

Par exemple : ce que j'appelais les *centres corticaux de coordinations spéciales* reliés entre eux par d'autres *centres* ou *pôles*, lesquels me furent révélés par la conception des nécessités fonctionnelles, et comme pouvant seuls rendre raison des faits physiologiques et pathologiques observés, me semblent avoir trouvé dans les nouvelles recherches, les conditions organiques de structure que je leur pressentais. Mais on ne saurait se contenter d'une telle constatation, et il faut pousser un peu plus loin la théorie fonctionnelle. Je donnerai bientôt, dans ce présent travail, un bref résumé de mes inductions sur ce sujet.

Tout d'abord, quant à ce qui regarde les travaux de M. Auguste Forel (de Zurich) l'auteur de la théorie des neurones, je laisse la parole à M. J. Soury.

« Forel a souvent répété qu'une anatomie du cerveau sans histologie est un non-sens... »

« Avec His, et en même temps, il a inauguré la théorie des neurones, Kölliker et Max Schultze avaient déclaré, on le sait, à maintes reprises, qu'on ne pouvait démontrer l'existence d'anastomoses dans le système nerveux central. Mais tous les anatomistes croyaient que ce mode de connexion *devait* exister et que le système nerveux se composait de deux éléments : des fibres et des cellules nerveuses (1). His administra la preuve que chez l'embryon, les fibres motrices proviennent des grandes cellules des cornes antérieures ; les fibres sensitives, des cellules des ganglions spinaux intervertébraux. La fibre nerveuse n'est donc qu'un prolongement de la cellule, non un élément indépendant. »

« S'appuyant sur les résultats anciens de la méthode d'atrophie de son maître Gudden, et sur les faits nouveaux d'histologie dus à la méthode de Golgi, qui prouvent que les prolongements protoplasmiques des cellules nerveuses se terminent librement, Forel ne put se persuader de l'existence d'un réseau anastomotique, admis par Golgi, formé des plus fines arborisations des prolongements nerveux des cellules ganglionnaires. D'abord, il n'avait rien pu constater de pareil sur les préparations exécutées d'après la méthode de Golgi ; ensuite, le fait était en désaccord avec les expériences de Gudden sur l'atrophie des nerfs sensibles. Forel rejeta donc l'hypothèse des anastomoses : il soutint que toutes les fibres du système nerveux n'étaient que des prolongements des cellules nerveuses se terminant librement par de libres arborisations (1887). »

« His avec qui Forel avait parlé de ces faits, exprima l'opinion que les ganglions spinaux des vertébrés devaient être les homologues de ces ganglions sensitifs périphériques des invertébrés. »

Ceci n'est qu'une conjecture, mais il n'y a nulle raison de la considérer comme improbable.

« Au cours de l'évolution phylogénique, *ces ganglions ont reculé dans l'intérieur vers les centres nerveux du névraxe* et le prolongement périphérique des cellules de ces ganglions a finalement formé le nerf sensitif. »

Pour M. Soury, la conjecture en s'affirmant de nouveau de-

---

(1) Il y a quelque exagération dans cette assertion si généralisée. Je n'ai jamais cru, pour ma part, à ces anastomoses imaginaires vaguement considérés comme *probables* par certains auteurs. Il suffit de faire quelques préparations de névrologie pour se rendre compte que les pseudo-anastomoses des nerfs périphériques n'ont aucun rapport morphologique ou fonctionnel avec les vraies anastomoses vasculaires. Ce sont de simples accolements de filets conducteurs, ou de simples disjonctions d'un faisceau commun. Il n'y avait guère lieu d'admettre, dans le cerveau, des anastomoses nerveuses lorsque la périphérie n'en présente nulle part.

vient vite une certitude, et la promenade ganglionnaire nous serait décrite pour un peu. « N'insistons pas davantage » dit-il avec raison. »

Il insiste pourtant quelques lignes plus loin :

« Issu *phylogénétiquement* des cellules épithéliales différenciées *ontogéniquement* du feuillet germinatif extérieur de l'embryon, *le système nerveux n'est que la postérité de ces cellules*, dont il doit, par conséquent, posséder les propriétés générales, en outre des propriétés spéciales acquises au cours de l'évolution organique par l'effet de la division du travail physiologique. Ces dernières propriétés consistent surtout, selon Forel, dans la transmission du stimulus sous forme d'ondes qu'il propose d'appeler neurocymes (ondes nerveuses) sans préjudice de la nature physico-chimique, encore inconnue de ces mouvements moléculaires (1). »

Ce mot de *neurocyme* ne constitue pas plus une théorie que celui de *névropallie* dont je me servais en 1874, l'ayant emprunté à Piorry qui ne l'employait que pour désigner certains états neuro-pathologiques comme, par exemple, ce qui produit le tremblement des alcooliques. Mais sans espérer déterminer exactement et difinitivement « la nature physico-chimique » de ces mouvements, j'en donnais alors et j'en ai donné depuis au moins un commencement de théorie, je résumerai ici en peu de mots mes idées sur ce sujet :

Tout ce qu'on nommait et qu'on nomme encore les forces physiques correspond — je dois encore une fois le rappeler — à autant de rythmes différents — et en général tout *mouvement* est un rythme ou un élément de rythme — mais les rythmes de la nature appelés chaleur, lumière, son musical et plusieurs autres, sont des rythmes réguliers, des *eurythmies*.

L'action de ces forces, et par suite toute action se produisant sur la périphérie (ou sur une partie quelconque) du système nerveux est donc une transmission rythmique ou eurythmique.

Ce qui se passe dans le téléphone montre bien ce qu'est une transmission de cette nature. Il n'est pas nécessaire de faire à ce

---

(1) Je ne prétends nullement contester ici les théories phylogénétiques. Je n'ai que de l'admiration pour les savants qui, si ingénieusement, les construisent. Leurs erreurs fréquentes et inévitables, que l'avenir rectifiera, ne diminuent en rien cette admiration. *Tantæ molis erat !*... Affirmons toutefois que l'hypothèse métaphysique dite *matérialisme* n'y trouve absolument aucun appui, en dépit de la terreur que telles hautes études inspirent aux *demi-croyants* littéraires.

propos une complète analyse des faits, l'analogie s'y offre, totale et d'immédiate évidence. En ces faits, ce qui regarde le rythme ou les *qualités* rythmiques est beaucoup plus important à considérer, quant aux vraies fonctions — les hautes fonctions essentielles — du système nerveux, que ce qui regarde les *quantités* dynamiques. Chaque neurone (dirais-je) est organisé pour donner son rythme propre, pourvu qu'il reçoive du milieu ambiant, un rythme approprié à sa *structure* spéciale sous la condition de quantités dynamiques, *variables* sans doute, mais variables dans une mesure assez étroite. Si la quantité d'énergie en cause dans le fait, est trop faible, il ne se produira rien, le rythme ne se transmettra pas, si elle varie en croissant *un peu*, la sensation résultat final des transmissions à considérer deviendra proportionnellement plus intense ; mais si elle dépasse une certaine mesure, cette intensité spécifique ne croîtra plus.

Que devient cet excès d'énergie non dépensée à produire dans un neurone donné, son rythme spécifique ?

Il est déjà possible, dans l'état actuel des sciences, de répondre à cette question, et d'en faire des théories satisfaisantes.

Si l'excès dynamique dans un temps donné ne dépasse pas une certaine mesure, il détermine, dans les filets moteurs les plus directement en rapport avec le neurone en question, le rythme propre de ces filets moteurs ; et cette action peut se transmettre semble-t-il, très loin. Il n'en résulte pas précisément des mouvements musculaires immédiatement visibles. Un certain nombre de fibres musculaires, et toutes celles de la vie des relations extérieures peut-être, n'en sont pas moins affectées. Il en résulte une augmentation, pour un temps, de la force musculaire — mesurée au dynamomètre — du patient sur lequel se fait l'expérience.

M. Charles Henry a fait des recherches, nullement dans le but de prouver ce que j'avance ici, mais qui s'y appliquent parfaitement : Il a montré comment certaines couleurs, perçues dans des conditions déterminées, sont plus *dynamogéniques* que d'autres. Les plus dynamogéniques sont celles qui étant vives ou claires sont en même temps agréables et qu'on pourrait appeler en un certain sens *normales*. Il a prouvé, de plus, que certaines associations de sensations sont aussi dans ce sens plus dynamogéniques que d'autres (1).

(1) Ce mot *dynamogénique* (ce qui produit ou engendre de la force) marque bien la confusion d'idées qui existe encore de notre temps dans l'esprit de tous les savants quant à la notion de *force*. Il s'agit ici des

On peut conclure de ces faits expérimentaux que la sensation et surtout la sensation agréable et variée, est un des meilleurs *toniques* du système musculaire.

Il serait peu scientifique de confondre de tels effets de la dynamique sensorielle, avec les manifestations si remarquablement complexes de la *volonté*.

Lorsque la quantité d'énergie en excès (eurythmique ou non) qui affecte un neurone est trop grande, il se produit — les physiologistes et les cliniciens ont assez souvent l'occasion de le constater — de la *douleur*. La douleur naît sous l'empire d'un trouble rythmique. Elle change de nom si elle affecte les neurones auditifs ou visuels — On la nomme alors étourdissement et éblouissement. Elle dure tant que l'excès de force-vive n'est pas employée, non plus à augmenter momentanément la puissance des muscles, mais en mouvements désordonnés allant même jusqu'à la convulsion. Il faut qu'elle se dissipe en un travail mécanique facile à constater en beaucoup de cas.

Je reviendrai sur ces points très intéressants à beaucoup d'égards, et très utiles à considérer relativement aux doctrines métaphysiques et ontologiques défendues par M. Jules Soury. Laissons-lui de nouveau la parole :

« A l'hypothèse des réseaux nerveux du système nerveux central a succédé la démonstration d'une sorte de feutrage résultant des rapports réciproques de contiguïté des innombrables ramifications, d'une longueur et d'une finesse extrêmes, des cellules nerveuses : ces ramifications, Forel les compare, comme l'avait fait M. Meynert bien avant ces découvertes, à des *bras de polype*.... » « La cellule nerveuse avec ses prolongements et ses ramifications des deux extrémités est un neurone (Waldeyer). Le système nerveux tout entier, central et périphérique, n'est qu'un complexe immense de systèmes de neurones. On distingue : 1° les neurones centripètes, sensitifs ou sensoriels ; ils transmettent les excitations des sens au système nerveux central ; 2° les neurones centrifuges, moteurs ; ils propagent aux muscles l'onde nerveuse partie du système nerveux central. Le neurone moteur a sa cellule d'origine dans le système nerveux central ; ses arborisations terminales s'appliquent » « comme des serres » sur les fibres musculaires et déterminent leur activité contractile ou motrice. Ces deux sortes de neurones périphériques sont toutefois subordonnés aux prodigieux complexes

forces au sens des mécaniciens, et non de la force ou énergie qui n'*engendre* rien et que rien n'*engendre*.

du système de neurones associés constituant le cerveau. La complexité extraordinaire de cet organe dépend beaucoup moins du nombre des cellules que de la multitude et de la finesse presque infinies des ramifications des neurones. »

« Entre le cerveau et les neurones périphériques, la moelle épinière, la moelle allongée, le cervelet, le thalamus opticus, etc., représentent des complexes de neurones intermédiaires, et, après Steiner et Edinger, Forel remarque que ces derniers sont en grande partie plus anciens que le cerveau des hémisphères, et que par conséquent, ils doivent posséder, chez les vertébrés inférieurs des fonctions beaucoup plus importantes que chez l'homme. Steiner, on le sait, a défini le cerveau un centre nerveux parvenu d'homogène qu'il était aux autres métamères, à une sorte d'hégémonie motrice et sensorielle s'exerçant sur les autres segments du névraxe ; il a démontré expérimentalement que, chez les poissons cartilagineux, ce n'est pas le cerveau antérieur, mais le cerveau moyen, beaucoup plus développé, qui commande. »

« Tous ces faits (1) nous sont devenus familiers. Mais voici des remarques singulièrement pénétrantes du précurseur de la théorie des neurones. La principale source, dit-il, des erreurs en Psychologie vient de l'usage d'un nombre de mots qui ont été forgés à une époque où on ne savait encore rien de l'Anatomie et de la physiologie du cerveau humain. La Psychologie classique et l'ancienne Physiologie, se croyant d'ailleurs aux antipodes, parlent pourtant également de sensations, de perceptions, de représentations, de sentiments, de volonté, etc... Pour Forel, qui repousse la distinction traditionnelle des phénomènes en somatiques et psychiques, et qui déclare défuntes et « enterrées » les facultés de l'âme, *la Psychologie et la Philosophie cérébrales ne sont naturellement que deux études d'un même* OBJET *considéré sous deux aspects* ; les deux disciplines se confondent dans une synthèse ; la Psycho-Physiologie. »

J'ai surabondamment montré que ces deux sciences ne se confondent nullement, qu'elles empiètent *naturellement* l'une sur l'autre, qu'elles sont indispensables l'une à l'autre, mais que certaines de leur parties sont nettement distinctes. Quant à l'*opi-*

---

(1) Ce ne sont pas là des faits seulement, mais des faits accompagnés d'interprétations. Dans ces cas les interprétations même justes dans l'ensemble peuvent être fautives en quelques points, insuffisantes ou discutables, lors même que les faits eux-mêmes ne le seraient pas.

nion de M. Forel, elle ne règle pas plus la question que celle de M. Soury ; et cette question est très complexe. Ce monisme considéré comme hypothèse devrait être rejeté, tout d'abord parce qu'il n'est pas intelligible, parce qu'il est impossible, si on croit le figurer par des mots, de l'imaginer autrement. Ce n'est pas expliquer soit par le mécanisme des fonctions cérébrales, soit par elles-mêmes, les deux fonctions fondamentales de l'âme que j'ai appelées *conscience* et *volonté* que de les dire identiques à ces fonctions cérébrales, lorsqu'on ne découvre, entre les unes et les autres, pas le moindre rapport géométrique ou mécanique, ni dynamo-rythmique, ni autre. Il importe peu qu'à une époque on ait fait de mauvaise psychologie, et que les psychologues et plus explicitement ceux de l'école éclectique, aient eu le tort grave de croire pouvoir se passer de l'Anatomie et de la Physiologie.

Dès 1857, (après Bouillaud et le complètant) j'ai soigneusement établi une distinction capitale dans cet ordre d'idées, dont les psychologues de toutes les écoles antérieures n'avaient pas conçu même le soupçon (1).

Ce monisme doit être rejeté encore parce que si on l'admet *en supposant le problème résolu* comme on fait en géométrie, on s'aperçoit qu'il n'explique rien, qu'il ne peut servir à rien expliquer, et qu'il se borne à voiler et à méconnaître ce qu'il n'explique pas.

(1) « Si les facultés générales de l'intelligence ne peuvent être localisées, on ne peut contester que les divers groupes d'idées (ou de sensations-souvenirs) que nous avons puissent l'être ; c'est ce qui ressort de l'interprétation la plus naturelle des faits » etc. *Thèse inaug. sur les fonctions des lobules antérieurs du cerveau etc., Paris,* 1857. p. 36 et 37.

« N'arrive-t-il pas souvent que vous vous transportiez d'un lieu dans un autre, que vous accomplissiez un acte habituel quelconque sans que votre attention ait été distraite un seul moment d'un sujet de réflexion qui vous absorbait complètement en apparence ? Cependant, il faut bien qu'une intelligence ait conduit vos pas, ait dirigé votre action ; et pour s'en rendre compte, il est bien naturel de supposer qu'un organe, dans votre cerveau, est chargé de régler, de diriger, de coordonner tous les mouvements nécessaires à l'acte que vous exécutez, sans que votre conscience, votre *moi* semble y prendre part. Pour apprendre à faire une chose, on a besoin du concours de toutes les facultés générales de l'intelligence ; mais l'habitude a peut-être pour effet de créer des *pôles de mouvements coordonnés* dans la substance cérébrale, et de faire que le moi puisse confier un travail qui ne pouvait se faire primitivement sans le secours de toutes les facultés générales, à une portion déterminée du cerveau qui n'a besoin pour entrer en action que d'une seule et très légère impulsion de la volonté. » Même ouvr. p. 26 et 27..

Lorsqu'une conjecture, une hypothèse ou une théorie sont reconnues passibles de ces deux telles nullités, il n'y a pas grand intérêt à en pousser plus loin l'analyse.

Notre philosophe ajoute :

« La théorie des localisations cérébrales, les expériences sur le système nerveux des animaux, l'étude clinique et anatomo-pathologique des lésions en foyer de l'écorce, celle des maladies mentales et nerveuses, l'anthropologie criminelle et ses rapports avec la psychiatrie, la théorie de la suggestion, celle du sommeil et des rêves, l'étude de l'intelligence normale ou pathologique des enfants, des aveugles-nés, des sourds-muets, etc. Voilà qui peut surtout nous apprendre comment l'écorce cérébrale fonctionne, quels troubles partiels ou généraux soit de nature centrale, soit de cause centripète ou centrifuge peuvent l'affecter. »

Ici M. Soury est dans la meilleure direction de la science expérimentale. Sa nomenclature est même assez complète ; et c'est ainsi qu'ont travaillé tous ceux qui ont trouvé quelque chose en physiologie psychologique. Mais suffit-il pour obtenir des résultats relatés en cet ordre de connaissances, d'accumuler des faits et de les juxtaposer au hasard ? Certainement non ! Il faut coordonner ces faits (après les avoir classés et mis en séries) et si on veut les comprendre, il faut savoir les faire parler. Cela se dit autrement : construire des théories.

Nos fautes en ces édifications théoriques peuvent tout aussi bien nous conduire à l'erreur que le manque d'observation ou que les observations mal faites. Ce sont des points de méthode sur lesquels parmi tous les savants (physiologistes, psychologues, métaphysiciens et autres) il serait temps de se mettre d'accord.

Je ne demande pas à une *théorie* d'être strictement vraie ; car la vérité *absolue* nous échappe souvent en tels modes d'investigation ; je lui demande d'être d'accord avec elle-même et avec l'ensemble de ce qui est actuellement sû, autrement dit, de me représenter un clair possible d'une fonction. Beaucoup de théories ou prétendues telles ont souvent cours dans la science, ou pour mieux dire en des groupes d'esprits plus ou moins scientifiques, lesquelles ne présentent pas même ce caractère. Elles contiennent des impossibilités évidentes, ou bien on n'y trouve nullement les explications nécessaires du mécanisme des choses. Elles sont condamnables d'emblée. Tout d'abord fuir l'absurde et le non-sens, et les affirmations ne s'appuyant sur rien. Il serait puéril de proposer pour juger ces conceptions vicieusement verbales, des observations ou des expériences de contrôle. Elles n'existent que par les mots qui les énoncent. Il suffit de les réduire à leur plus simple expression pour les anéantir.

Il est assez rare qu'un essai de théorie tenté par un savant soit absurde de tout point. On peut dire que cela n'arrive presque jamais. Par contre, il est fréquent de voir que parmi un ensemble de rapports parfaitement perçus et conçus, et qui auraient pu être nettement exprimé par des paroles, se glissent des mots néfastes correspondant à des préoccupations antérieures du théoricien, et qui viennent masquer soit des rapports complémentaires ainsi par lui négligés, soit des lacunes graves, dans l'ensemble des faits considérés, qu'il ne se préoccupe plus dès lors de combler. Et c'est de ces mots parasites que viennent presque toujours les absurdités doctrinales. C'est ainsi que l'erreur nous dupe d'abord avant de duper ceux qui nous écouteront ou qui nous liront.

Aussi vais-je faire une critique analytique très attentive — car les questions en cause en valent la peine — du mélange de théories contestables et de rapports exactement relevés que M. Jules Soury nous présente à la fin de son travail d'après M. Auguste Forel.

« Quel est le siège des sensations? Dans le cerveau, répond Forel, *au point d'arrivée de l'onde nerveuse née de l'excitation périphérique* ».

M. Forel répond là comme à peu près tout le monde. Mais, il s'agit de savoir si c'est là une simple conjecture ou une certitude, et si c'est une simple conjecture, de déterminer ce qu'elle signifie et ce qu'elle vaut. Je m'adresse ici plutôt à *l'esprit* qu'à la *lettre* de l'énoncé ; car la question est plus complexe qu'elle ne le paraît d'abord. Si le mouvement névropallique (comme je le nommais en 1874) ou l'action dynamo-rythmique (comme je l'ai nommé plus tard) ou « l'onde nerveuse » ou le *neurocyme* ce qui est tout un, est l'unique condition extérieure du fait psychique appelé sensation, il faut admettre que cette sensation a lieu dans toute l'étendue du « neurone » puisque le rythme dynamique règne, au moment où elle se produit dans toute cette étendue, c'est-à-dire depuis le point où l'extrémité nerveuse subit l'action extérieure, jusqu'à la cellule qui est à son autre extrémité, soit dans le cerveau, soit dans la moelle, soit dans les ganglions viscéraux. Eliminons d'abord ces deux derniers cas généraux. Car, là, indépendamment de ce qui peut être transmis aux centres supérieurs, et même dans des « neurones » fonctionnellement associés, il se produit des sensations *locales* suivies de réactions, tout-à-fait en dehors des impressions senties par l'être et plus précisément par ce que j'appelle l'âme *souveraine* de l'organisme en question.

Ces sensations, qui jouent dans notre organisme un rôle si important, tous les physiologistes l'ont remarqué, ne sont nullement senties par nous. Ce qui a fait employer à quelques uns cette expression contradictoire de « sensations non senties ». Si nous ne les sentons pas, il ne s'ensuit pas que nul être ne les sente. Elles sont senties par quelques-uns — très déterminés — des êtres dont l'ensemble compose notre organisme total, lesquels êtres en tant que possédant une *sensibilité* et, selon nos définitions, une *conscience* à part de la nôtre, nous sont à cet égard aussi étrangers que les autres animaux vivant dans les mêmes milieux naturels que nous.

D'un autre côté, il est bien entendu (comme en 1874 et après d'autres je n'ai pas négligé de le noter) que ce n'est pas précisément du rythme extérieur ou cosmique *seulement* que dépend la nature de telle ou telle de nos sensations, mais bien plutôt de la façon dont l'action dynamique extérieure déjà rythmée (la lumière et les diverses couleurs, le calorique et ses variétés analogues, etc.,) se modifie en un rythme nouveau, peut-être plus complexe, mais, en tous cas, différent qui naît dans le neurone lui-même. C'est ainsi, pour ne prendre qu'un seul exemple, qu'une excitation mécanique (accidentelle ou expérimentale) du nerf optique produira des sensations de lumière et y compris même les couleurs diverses du spectre, en l'absence des ondulations éthérées extérieures dont la fonction habituelle par rapport à nous, est de les provoquer.

Donc, ce rythme spécifique propre au neurone et d'où dépend immédiatement la perception et la qualité de telle ou telle de nos sensations, est encore plus important à considérer au point de vue de la Psychologie physiologique que les rythmes dynamiques extérieurs dont la Physique s'occupe plus spécialement.

Ceci étant dit, et pour essayer de faire concorder, au moins en quelques points, mes conjectures avec celles de M. Forel acceptées par M. Soury, je dirai : On peut soutenir que le rythme transmis à la cellule par son conducteur nerveux périphérique n'est pas encore celui qui déterminera la sensation ; il faut que dans la cellule même il se modifie encore, et y prenne un caractère nouveau dû à un dispositif spécial à cette cellule ou à certaines particularités de structure qui lui soient propres.

En d'autres termes : le rythme transmis au conducteur nerveux diffère peu du rythme éthéré — en cela je fais abstraction pour le moment des quantités dynamiques et des masses en cause, comme n'ayant dans la question qu'une importance secondaire — mais le rythme formé dans la cellule en vertu de l'une des plus importantes fonctions qu'on puisse lui attribuer, pourrait en différer notablement tout en continuant à représenter les rapports précis des choses extérieures.

Exemple : Telle nuance spectrale de la couleur rouge perçue par notre conscience correspond à une durée de vibration éthérée de $\frac{1}{440}$ me de trillionième de seconde. Telle nuance de la couleur bleue à une durée de vibration de $\frac{1}{620}$ me de trillionième de seconde, n'est-il pas facile de concevoir, le rapport demeurant le même, que le nombre de vibrations par seconde se trouve dans la cellule immensément multiplié ! Il est bon je crois dans nos conjectures de ne pas nous borner à considérer des dimensions comparables à celles que nous avons l'habitude d'apprécier et de mesurer. Les théories les mieux établies de la physique et de la chimie nous donnent à cet égard de très suggestives leçons (1).

Et entre temps, pourquoi nous arrêter si vite en ces mêmes conjectures, pourquoi ne pas les développer dans le sens des

---

(1) Cette fonction, simplement ici *soupçonnée* de la cellule cérébrale, prend une probabilité plus grande si on considère les rapports suivants.

La vibration éthérée lumineuse se produit par une eurythmie dont l'élément (vibration) a une durée variable selon la couleur perçue entre $\frac{1}{387}$ et $\frac{1}{742}$ de trillionième de seconde.

Mais les sons se produisent en nous à l'occasion de vibrations en notre air atmosphérique pondérable dont la durée varie, selon la hauteur du son perçu, entre $\frac{1}{8}$ ou $\frac{1}{16}$ et $\frac{1}{36,500}$ de seconde. L'écart entre l'un et l'autre groupe de nombres est immense.

Or, tandis que la lumière est reçue presque directement par la rétine, et la chaleur sans intermédiaires complexes, par les papilles de nos téguments internes et externes, le son affecte notre ouïe en passant par un appareil compliqué même au point de vue neurologique, et qui semble fait pour en modifier puissamment les conditions rythmiques, afin de les adapter à des nécessités inhérentes aux neurones auditifs. Il est inutile de pousser plus loin cet aperçu dans une question incidente et sans corrélation importante avec les sujets traités et discutés en ce travail.

possibles mathématiques et mécaniques aussi amplement que la claire conception de ces possibles peut nous le permettre ? Eliminons-en soigneusement l'absurde ; évitons d'y introduire des non-sens. Nous verrons bien si plus tard nous pourrons en faire de véritables hypothèses scientifiques et les élever même à la dignité de théories. Si nous ne pouvons y parvenir, nous ne tarderons pas à nous en apercevoir et le mal n'aura pas été bien grand.

Une condition suffirait pour qu'il en fût comme je l'ai conjecturé de cette fonction hypothétique de la cellule cérébrale, c'est qu'il y eut en elle un milieu éthéré d'une subtilité spéciale, très différente de celle de notre éther cosmique et immensément plus grande.

Ce milieu éthéré serait une espèce d'atome, analogue à tous les autres atomes de l'univers que par hypothèse et par exclusion j'ai été conduit à considérer comme de telles masses d'un éther spécial.

Nous ne devons pas nous étonner de voir l'anatomie nouvelle découvrir l'absence de continuité supposée, et constater, à la place, des rapports de contiguïté entre les éléments nerveux encéphaliques. Le simple contact suffit à toutes les transmissions rythmiques. Un vase d'airain ou de verre posé sur une table dans une salle de concert, chante les symphonies avec tous les instruments de l'orchestre. A qui ne concevrait pas bien cette banale corrélation, il suffirait de montrer la plaque vibrante du téléphone. Or, *c'est surtout de transmissions rythmiques qu'il s'agit, si l'on considère les fonctions des éléments nerveux de l'encéphale.*

Ce que je viens de dire a dû faire soupçonner au lecteur une idée préconçue non encore assez nettement exprimée.

Cette idée préconçue correspond à des nécessités fonctionnelles dont je puis maintenant parler : On ne peut concevoir le fonctionnement de l'être dans son unité (*apparente* pour les matérialistes, mais tout au moins apparente) sans admettre la convergence, vers un *neurone* central et principal, de toutes les actions rythmiques de tout genre se produisant dans tous les autres neurones composant l'encéphale. Ce n'est pas au point de vue ontologique, mais à celui de la physiologie proprement dite que je traite ici la question.

Sans cette conception, il est impossible de faire la théorie du moindre fait cérébral.

Ce rapport médiat ou immédiat d'un seul neurone avec tous les centres sensoriels ou moteurs est-il concevable et possible ?

Il l'est parfaitement.

Depuis Descartes qui avait placé le centre psychique dans la glande pinéale, ce qu'on lui a durement reproché, et dont l'échec en cette recherche est assez excusable — tous les anatomistes, tous les physiologistes se sont en quelque sorte donnés le mot pour supprimer cette question, et les théologiens, par une peur inconsciente de la vérité qui les prend à propos de plusieurs autres questions scientifiques, ne les ont même pas encouragés à la poursuivre.

Est-ce une raison pour ne pas la reprendre !

J'ai quelques motifs de penser — et cela ne fait rien aux thèses que je soutiens en ces pages — que ce neurone central considéré par moi comme siège de l'âme souveraine, — et à propos duquel MM. Forel, Soury et d'autres, monistes matérialistes ou non, pourront faire les essais de théories qu'ils voudront ou pourront, — chez l'homme et chez les animaux supérieurs, se trouve en un point assez peu éloigné de l'extrémité antérieure des couches dites optiques et des corps calleux. Je me dispenserai de donner ici ces motifs me réservant de les développer peut-être plus tard. Je parlerai seulement de la possibilité physique d'une telle concentration ou si l'on veut de l'abord vers ce neurone central de tous les rythmes spéciaux élaborés par divers ordres de cellules encéphaliques.

Rien ne s'oppose, en effet, à ce qu'on admette comme qualité spécifique du conducteur nerveux de ce neurone, la possibilité de transmettre sans que jamais ils se confondent, les rythmes les plus divers, surtout si l'on admet comme probable cette élaboration des rythmes venus du dehors, devenus ainsi moins hétérogènes, moins différents de grandeurs d'ondes, par chacun des autres neurones. En effet chacun des neurones en rapport direct avec les actions physiques du dehors doit avoir — de toute évidence — les qualités de structures nécessaires pour recevoir et pour transmettre tels rythmes exclusivement à tels autres. Cela explique la spécificité de tous les départements de la sensation dite périphérique ou externe. Le nerf acoustique est insensible à la lumière et le nerf optique au son. Telle est la spécificité fonctionnelle de ces faisceaux de neurones. Mais ces rythmes modifiés, subtilisés si l'on veut par les cellules cérébrales peuvent devenir ainsi transmissibles non plus aux filets conducteurs qui ont apporté l'action rythmique extérieure, mais à d'autres filets de communication, rattachant une cellule à plusieurs autres, ou par simple contact à des cellules voisines, soit, à la rigueur, indépendantes, soit reliées entre elles dans tous les modes possibles et notamment dans ceux que l'anatomie nouvelle a dit-on constatés.

Traitons maintenant la question au point de vue ontologique. Qu'est-ce que la cellule cérébrale, qu'est-ce que cette cellule centrale où je suppose que l'âme réside ? Que sont aussi les cellules cérébrales dont les filets conducteurs n'aboutissent point aux surfaces sensorielles et ne dépassent pas les limites de ce qu'on nomme en grosse anatomie les masses ancéphaliques ?

J'ai pris ci-devant pour exemple une cellule des centres visuels primaires. Cette cellule comme toutes les autres de l'organisme est un *être vivant*, doué d'une vie indépendante, individuelle. Sa nutrition (absorption et rejet) lui est propre. Comme toutes les cellules, elle reçoit des impressions sensorielles et elle opère des réactions. Il faut tenir compte des microzymes qu'elle contient qui sont aussi des êtres vivants distincts, les moins complexes que nous connaissions, les moins complexes d'organisation qui existent sur la terre. Ces microzymes peuvent jouer un rôle très important en tant que récepteurs et transmetteurs de rythmes, comme cela est actuellement hors de doute pour tous les êtres de cet ordre jusqu'à ce jour étudiés (1).

Donc notre cellule avec ses microzymes reçoit des impressions du milieu ambiant et, dans le cas particulier pris pour exemple, ces impressions sont produites par la radiation rythmodynamique que les physiciens nomment *lumière*. Ces impressions sont-elles des impressions *lumineuses* au sens psychologique du mot ou de cette interprétation des faits? Nullement ; et je me trouve quant à cette opinion — au point de vue purement biologique — tout à fait d'accord avec M. Soury. Tout porte à croire que parmi les êtres d'organisation rudimentaire ; il n'en est point qui perçoivent la lumière en mode lumineux, tous la perçoivent sous forme de sensation organique diffuse, agréable en une certaine mesure, pénible si la proportion d'énergie en cause dépasse une certaine limite, l'intensité de la réaction se montrant en proportion surtout de l'*énergie en excès*.

Est-il nécessaire de rappeler ici par combien de précautions, et même par combien d'appareils accessoires, la cellule actuelle-

(1) La grande longévité des microzymes, leur aptitude — démontrée — à recevoir, à contracter des modifications fonctionnelles, c'est-à-dire rythmiques, et à les garder longtemps expliqueraient très bien l'ensemble des faits de mémoire et de récordation, soit chez l'homme, soit chez des animaux terrestres qui vivent plus longtemps que lui.

ment considérée par nous est mise à l'abri autant qu'il est possible de l'excès douloureux de dynamisme qui pourrait non seulement la faire souffrir mais, troubler profondément jusqu'à les abolir définitivement ses spéciales fonctions (1)?

A l'état de fonctionnement régulier, que devient cette énergie constamment apportée à la cellule et inévitablement quelquefois avec excès? J'ai présenté et résolu ci-avant au moins hypothétiquement cette difficulté. Cette énergie est employée pour une très faible part et en une stricte mesure au rythme modifié qu'elle doit transmettre plus loin ou plus haut, pour une part plus considérable, aux réactions nécessaires de sa vie propre ; quant à la troisième comprenant l'excès possible, on peut en concevoir la résolution soit en chaleur diffuse se confondant avec la chaleur diffuse du milieu organique et ne pouvant produire dans les cas normaux aucun effet spécifique appréciable, soit au loin en action tonique observable latente principalement dans les fibres musculaires de la vie de relation.

Pour ce qui regarde les cellules où s'inscrivent les souvenirs, on n'en comprendrait nullement la fonction si on ne les rapprochait pas du cylindre des appareils enregistreurs, où des rythmes divers s'inscrivent en tours de spire. Il faut que dans la structure de ce genre de cellules, existe un dispositif *analogue* à de tels appareils, et que ce dispositif se retrouve même dans les cellules de la sensation périphérique. Seulement dans ces dernières, l'inscription rythmique dure peu, et dès qu'elle s'est effacée, ne reparait jamais (en vertu de conditions appropriées) tandis que dans les autres, en vertu de conditions différentes, elle se conserve longtemps, et peut donner lieu à la résurrection du rythme qui les a produites, dès qu'une action dynamique nouvelle vient à les traverser (2). Je ne crois pas que dans l'état actuel des sciences on puisse faire autrement la théorie de la mémoire et de la récordation, fonctions toutes mécaniques et cérébrales.

(1) Comme cela s'observe malgré ces précautions de *Natura naturans*, en beaucoup de cas pathologiques.

(2) Cette différence fonctionnelle entre le neurone sensoriel périphérique et le neurone des centres plus profonds de l'encéphale, s'expliquerait aisément par de légères différences physico-chimiques de leurs *cylinder axis*, et trouverait une analogie assez frappante dans le fait comparatif des propriétés du fer doux et de l'acier trempé, le premier ne gardant pas et le second gardant, en sa texture intime, et comme un souvenir persistant, l'aimantation communiquée par un courant électro-dynamique.

Sommes-nous là en présence de simples conjectures et même d'une simple théorie ? Il serait excessif de le prétendre ; car nous avons tenu compte de tous les faits connus d'observation et d'expérience relatifs au sujet, et nous avons appliqué directement les lois de l'analogie et de l'induction à la recherche des possibles mécaniques et mathématiques d'un fait particulier. C'est donc à une sorte d'*induction* que nous arrivons, ou d'interprétation directe et scientifique des faits, dont la valeur ne saurait être infirmée que par l'opposition de faits nouveaux et imprévus, ou par une nouvelle et meilleures conception de possibilités fonctionnelles.

Une autre particularité de ces cellules de l'écorce grise du cerveau, c'est qu'elles ne reçoivent pas l'excitation directe du milieu extérieur, ni les rythmes des radiations et des autres conditions dynamiques de ce milieu ; elles la reçoivent des cellules primaires attribuées à la sensation périphérique. Donc ici la modification rythmique (inconnue en son mode) n'est pas douteuse *en fait*.

Si nous ajoutons aux considérations précédentes que, plus ou moins médiatement, ces divers ordres de cellules peuvent être reliées au neurone central, et lui communiquer les divers rythmes inscrits soit de sensations, soit de direction des mouvements antérieurement coordonnés, il nous sera facile de comprendre comment tout peut et doit aboutir à la cellule centrale. Encore n'est-il pas nécessaire de lui supposer un filet conducteur spécial, car les communications rythmiques pourraient lui être faites par des cellules environnantes et par simple contact. Ce dispositif central n'est pas à déterminer pour le moment et ne saurait l'être par conjecture. On peut le supposer réalisé de plusieurs manières différentes selon les nécessités fonctionnelles concevables, et il ne faut pas désespérer de le voir déterminer un jour par l'observation anatomique directe.

*
* *

Nous avons dans l'exposition qui précède, nécessairement incomplète et trop brève, construit en ses grandes lignes une théorie du fonctionnement organique général du cerveau.

Nous avons insisté sur l'importance toute spécifique des rythmes et montré la dynamique proprement dite comme ne jouant qu'un rôle en quelque sorte accessoire et comme effacé dans les fonctions cérébrales. En effet, dans la force ou énergie, on ne saurait rien trouver qui détermine quoique ce soit, si ce n'est de purs déplacements, de vagues pressions, ou bien, grâce encore à certains dispositifs organiques, des formes simples de mouvement incapables de fournir aucune explication. Nous avons soulevé un coin du voile qui recouvre encore les faits mécaniques cérébraux, et fait ainsi pressentir ce que pourra être la science enveloppant et coordonnant ces faits ne fût-ce qu'en mode théorique.

N'est-ce pas dans ce tel esprit de recherches théoriques que M. Forel s'exprime comme il suit par la plume de M. Jules Soury : « Là (au point d'arrivée de l'onde) et de proche en proche, jusqu'aux derniers confins de l'organe, cette onde nerveuse, réveille d'autres ondes nerveuses innombrables, ou neurocymes associés, dont les vibrations, plus ou moins affaiblies, sommeillaient en quelque sorte dans les neurones de l'écorce. » Cet « en quelque sorte » n'est pas de trop à cette place, car ce qui le précède ne peut être pris qu'au sens métaphorique ou symbolique, je dirais presque mythologique. Une onde qui sommeille est une onde qui n'existe pas ou n'existe plus. Elle n'est littéralement rien. Comment de telles ondes pourraient-elles s'associer ? Tout cela ne correspond à rien de connu ni de concevable en mécanique ou en physique. Dans la cellule *endormie* qu'un rythme antérieur (ensemble coordonné d'ondes) a pu affecter, et de laquelle le même rythme pourra sortir plus tard comme se réveillant, il ne peut y avoir qu'une inscription rythmique, laquelle n'est plus une onde ni un rythme mais une *forme* d'espèce particulière. On ne saurait comprendre d'aucune autre façon la réapparition d'un rythme périmé lorsqu'un nouveau courant dynamique vient opérer la transmutation de cette forme dite inscription rythmique ou rythme inscrit, en rythme actuel, effectif et réellement dès lors composé d'ondes.

« Pour variées que soient les associations elle n'en sont pas moins ordonnées entre elles ».

Elles sont « ordonnées » sans doute ; mais comment le sont-elles ? Ou plutôt essayons de dégager l'idée qui se cache plus qu'elle ne s'exprime en ces formules. Ce qui est naturellement ordonné ce sont les souvenirs, et, au point de vue des fonctions cérébrales, les ensembles de rythmes incrits formant les représentations latentes des images antérieurement senties par la conscience. Elles gardent simplement et naturellement l'ordre dans lequel elles se sont formées une première fois. Il en est de même des mouvements coordonnés (eumorphiques et eurythmiques) qui se sont inscrits de la même façon, et qui constituent dans le cerveau les conditions organo-rythmiques des habitudes prises, en d'autres termes des « facultés spéciales » de l'être.

Sans ces conditions il serait impossible de concevoir l'association des « neurocymes ».

Mais dans cet ensemble de fonctions, que je suis bien obligé de considérer dans leurs rapports les plus généraux (1) j'ai à peine fait pressentir l'action de l'être conscient et volontaire sur son cerveau, tout aussi évidente et aussi importante à étudier que les actions rythmiques du milieu extérieur.

Cette fonction est le sceau même de la vie supérieure. Il y faut comprendre la conscience réfléchie, par laquelle l'être s'objective à lui-même, si différente — en ce qu'elle est beaucoup plus complexe — de la conscience élémentaire, celle-ci consistant simplement dans le pouvoir — si singulièrement *unique* et par cela même *merveilleux* pour l'observateur — de sentir *plusieurs* sensations irréductibles à la fois. Or cette fonction si haute et si caractéristique de coordination volontaire est parfaitement méconnue et niée par les matérialistes plus ou moins explicitement monistes.

On aperçoit dans tous leurs discours le parti-pris de ne pas voir les faits psychiques si importants (et les seuls véritablement psychiques) qui s'y rapportent. Mais ces faits — ceux de la pensée ou en d'autres termes, de la création d'eurythmies ou d'eumorphies — s'imposent quand même aux esprits les plus obstinés à ne pas les regarder. Ils apparaissent en des phrases incidentes de leurs écrits, avec la préoccupation de les expliquer par des corrélations organiques et dynamiques. Mais comme de pareilles corrélations de quelque façon qu'on les imagine ne peuvent pas servir à de telles explications, parce que les faits en question n'en relèvent nullement, on les remplace ordinairement par un mot destiné à donner l'illusion d'une théorie qu'on n'a même pas essayé de construire.

Le mot choisi pour cette fonction par M. Jules Soury est « *association* ». La pensée serait pour lui une association de neurocymes et rien de plus. Comment des *ondes* peuvent-elles s'associer? On ne nous le dit pas, et on n'en sait rien. On fait comme si cela était tout simple et intelligible au premier.

---

(1) Le sujet comporterait en effet un grand nombre de monographies toutes intéressantes, et où il se présenterait sous des faces multiples d'où on pourrait dégager des possibilités de mieux en mieux déterminées.

énoncé. C'est pourtant bien par cela qu'il faudrait commencer la théorie, si cette théorie était possible.

La physique nous montre partout des ondes de différente nature coexistant sur le même support, dans le même milieu, le long du même conducteur, dans le même rayon de soleil, elle nous montre aussi des ondes de même nature *interférant* en certaines conditions, mais nulle part ne se rencontrent des ondes qui s'associent, pas même des ondes qu'on puisse correctement dire *associées*.

Dans le bon langage vulgaire, dont il serait prudent de tenir compte, le mot *associé* ne se dit que des êtres conscients et volontaires et même intelligents, qui en nombre déterminé, se sont concertés pour réaliser ensemble un acte ou des actes préconçus et voulus par chacun d'eux. Des neurocymes ou des ondes sont-ils ou sont-elles des êtres individuels pouvant se comprendre les uns les autres par des signes, agir dans un but commun ? un *troupeau* de moutons, ni une *bande* de loups ne sont même pas dits des *associations*. Si on applique ce mot à des choses ou à des mouvements, c'est toujours par figure, il est alors pris au sens passif. On dit ainsi de certaines choses et de certains mouvements qu'*on* les a associés pour obtenir tel résultat ; « associés » est là pour réunis, assemblés, et il est bien entendu que toujours *quelqu'un* a opéré cette réunion, cet assemblage ou cette association.

On parle de même des « actions communes » ou des apparences grossières de telles actions qui ne sont nullement des associations. Les milliards de grêlons se sont-ils associés pour détruire une récolte, ou les flots de la mer pour jeter un navire sur un rocher ?

Parmi les animaux, les fourmis et les abeilles offrent bien une sorte d'association ; mais ce n'est là qu'une apparence. Les individus composants ne sont pour rien dans leur groupement organique, ce groupement leur est imposé comme leur forme en des prédéterminations dynamo-rythmiques manifestées par l'irrésistible instinct. Un mouvement coordonné ne peut être créé, ou la coordination de divers mouvements ne peut être opérée, que par une unité consciente dont la volonté se laisse conduire par les nécessités extérieures, et par une constante variation d'actions et d'inhibitions élémentaires en vue de la fin préconçue toujours présente à la conscience de l'être en question. Pour que plusieurs êtres s'associent il faut qu'ils soient tous capables de pensée et de tels actes de coordination.

« L'onde d'éveil » (le mot est de Forel, dit M. Soury) modifie en partie toute la chaîne des neurocymes associés ; celle-ci réagit à son tour sur d'autres séries, soit en arrêtant soit en propageant à distance les ondes nerveuses. Les ondes qui, dans l'écorce, atteignent une certaines vitesse et s'élèvent à une certaine hauteur s'écoulent en quelque sorte dans la grande voie centrifuge des faisceaux pyramidaux : ce sont les impulsions volontaires des psychologues qui, en atteignant les organes bulbomédullaires, excitent les cellules d'origine des nerfs moteurs et determinent les mouvements. »

Dans cet essai, j'oserai dire un peu enfantin, de théorie, M. Forel, on le voit, ne considère que le côté dynamique de la question. Son mot de « neurocyme » pourrait faire croire qu'il a pensé à la spécificité rythmique des courants intra-cérébraux. Il n'en tient aucun compte. Il ne s'occupe que de la dynamique pure sous le nom trompeur *d'onde* ou de *neurocyme*. Il conçoit cette dynamique pure, ces proportions d'énergie entrant dans le cerveau par les organes des sens externes, réveillant çà et là des ondes endormies, qui en réveillent d'autres à leur tour, puis s'écoulant par la partie rachidienne du névraxe sous forme de mouvements *volontaires !*

Cette physiologie du cerveau, en présence des réalités que nous pouvons observer pour une part et concevoir par hypothèse pour une autre part, fait penser à l'*anatomie* des poupées dont les yeux remuent par l'action transmise à un fil de fer bifurqué, comparée à l'anatomie de l'être vivant. Sans doute nous constatons à l'entrée et à la sortie dans ce qui concourt à produire la sensation, puis dans ce qui se manifeste comme mouvement volontaire, de l'énergie ou force-vive en proportion même mesurable. Non seulement le cerveau, qui ne reçoit que des proportions très faibles de force, mais tout l'organisme a constamment besoin de s'assimiler et de rejeter de la force, les transactions dynamiques qui s'y passent dépassant même de beaucoup ce qu'on pourrait se figurer. Mais la masse de nos organes est moins importante à considérer que les formes constituant leur structure intime.

De même, dans cette entrée et dans cette sortie, c'est bien moins le côté dynamique que le côté rythmique ou morphique qui est à considérer. A l'entrée nous observons des rythmes très divers, sons, lumière et couleurs, chaleur, etc. A la sortie nous observons des mouvements *coordonnés*, qui sont à la fois formes et rythmes ; et là encore la dynamique est presque à négliger au regard de la coordination. Cette dernière coordination d'où vient-elle ? C'est à cette question qu'il fallait répondre. Vous ne vous la posez seulement pas.

Après avoir écouté un concert durant plusieurs heures, visité une galerie de tableaux, ou travaillé longtemps de suite à quelque œuvre intellectuelle, éprouvons-nous le besoin de dépenser de la force en fendant du bois ou en soulevant des poids lourds ? Pas le moins du monde. (1) Ce qui est entré de force en notre encéphale, dans ces diverses circonstances, a été dépensé immédiatement, au fur et à mesure que chaque cellule était affectée. Sous quelles formes ? Sous des formes diverses peut-être, mais probablement, pour une certaine part tout au moins, sous celle de calorique diffus. Pour les cellules des centres de conception sensorielle périphérique, le phénomène consiste en cela seulement ; et la fonction sensorielle accomplie, la cellule rentre dans le repos, ce qui lui permet d'être affectée de nouveau par une nouvelle action dynamorythmique. Il n'en est pas de même de la cellule corticale à laquelle la cellule périphérique a transmis l'action dynamo-rythmique dont elle était affectée. En cette cellule corticale, l'empreinte du rythme se forme et demeure ou peut demeurer, cet organisme-organe subit une modification durable de sa forme intime, mais la quantité dynamique très faible, et déterminée par la précédente transmission, nécessaire à la produire, après l'avoir produite, peut bien se dissiper sur place en mode de chaleur, élevant de très peu la température du milieu cérébral. D'un autre côté, la force dépensée en certains mouvements volontaires, vient-elle, peut-elle venir du cerveau ? Tout le monde conviendra que dans le cerveau s'opère seulement le déclenchement mettant en œuvre les *forces* de l'organisme concourant à un acte quelconque. Or ce déclenchement doit être *coordonné* sinon le mouvement ne le serait point. Cette coordination de déclenchements peut s'expliquer par une inscription rythmique du même mouvement opéré une première et beaucoup d'autres fois ; mais il a fallu qu'il fut coordonné la première fois, c'est-à-dire inventé composé, créé. Par qui ou par quoi ?

Je laisse de côté un passage où M. Jules Soury cherche à expliquer par la *théorie* (?) de M. Forel certains troubles pathologiques, cette étrange application d'une si insuffisante doctrine ne tenant pas au fond du sujet.

---

(1) A cette question, certaines personnes répondront par l'affirmative pour ce qui les regarde personnellement. Tant est grande la complexité des faits biologiques !

Nous voici enfin au point essentiel de la question, celui où le matérialisme *moniste* (jamais il n'y en eut d'autres) doit triompher ou succomber.

« Outre la nature des synthèses d'association, » C'est cette nature des *synthèses d'association* qu'il faudrait déterminer. M. Jules Soury ne le juge pas nécessaire.

«... la durée, la *forme*, l'intensité du mouvement des ondes nerveuses des neurones de l'écorce interviennent dans le processus de la pensée (*Deukprocess.*) » Car c'est bien des opérations de la pensée qu'il s'agit. »

S'il s'agit là de la *pensée* et de ses opérations, c'est vraiment extrêmement peu. La *forme* des ondes nerveuses, c'est-à-dire le *rythme spécifique de chacune des espèces d'ondes* pouvant se produire dans les neurones de l'écorce *est* bien *en rapport avec la sensation spéciale* (souvenir tactile auditif, visuel, ou autre de la même classe) *qui lui correspond nécessairement*. L'idée d'un tel rapport considéré comme réel et nécessaire s'impose empiriquement à l'esprit. Elle résulte d'inductions multiples et de corrélations analogiques dont je n'ai pas à faire ici plus ample mention puisque le débat ne porte nullement sur ce point ; mais *la nature de ce rapport* — en dehors du fait de causalité constante constaté ici — *ne nous est ni connue ni même accessible* par aucun côté. Nous admettons là un « déterminisme » sans cependant le saisir, et les cas pareils que la science nous présente sont à mettre soigneusement à part, car ils sont bien différents de ceux où nous pouvons voir, constater, l'enchaînement comme on dit couramment « des effets et des causes » les chiffrant ou les mesurant au besoin ; il sont bien différents même de ceux où nous pouvons en quelque manière saisir dans l'*invisible* de pareils enchaînements imaginés sous forme de théorie. Telle est la fonction supérieure et unificatrice de la science, en présence des faits qu'on peut scientifiquement étudier.

Ici, rien de pareil ! Nous savons que tant ou tant de vibrations par seconde représentent, au moins comme élément indispensable du fait, l'apparition de tel son ou de telle couleur dans une conscience, mais le *comment* du fait nous échappe complètement, et nous ne pouvons pas même nous le représenter par une conjecture scientifique quelconque.

*
* *

C'est là une des questions véritablement *insolubles par nature* **de la psychologie métaphysique ou ontologique.** Ces questions ne sont pas aussi nombreuses que plusieurs l'enseignent et le supposent ; elles se réduisent même à un *très petit nombre*. J'en ai trouvé quatre principales jusqu'à présent. Il faut pour arriver à ce nombre restreint, prendre soin d'éliminer du groupe celles qui ont paru insolubles par la façon dont on les avait posées, et que les philosophes n'ont pu encore résoudre pour cette raison. En physique même, on trouverait des exemples de questions parfaitement résolues aujourd'hui et qui n'auraient jamais pu l'être sous la forme où elles s'étaient d'abord présentées à l'esprit des savants, faute pour eux d'apercevoir des corrélations évidentes entre des choses connues. Il faut aussi séparer du même groupe les innombrables questions de fait que la critique ramène au démontré ou non démontré, au probable ou improbable, etc., l'infinité de questions qui ne sont insolubles que par l'impossibilité physique de les aborder. Cela constitue simplement l'insolubilité théoriquement ou pratiquement relative. Il faut entendre par là tous les cas où des conjectures intelligibles et analogiques peuvent être conçues, et fournir, des faits observés qui s'y rapportent, une explication hypothétique.

Voici les quatre questions radicalement insolubles par suite de l'impossibilité absolue de construire, pour s'expliquer les faits constatés, non seulement des *théories*, mais même des conjectures *scientifiques*.

I. Action de la FORCE (ou *énergie*) sur la MASSE et transmission de cette force.

Cette question comprend celle de la connaissance *en soi* de la masse et de la force.

II. Rapport entre le rythme objectivement étudié et la sensation *nécessairement* déterminée dans l'âme par ce rythme.

Cette question et les deux suivantes comprennent celle de la connaissance *en soi* des *puissances*.

III. CRÉATION en général, et cas particulier de la *création des rythmes et des formes* dans la sphère de la CONSCIENCE (expression fonctionnelle, sphérique et synesthétique de l'âme.)

IV. Action souveraine de la VOLONTÉ (expression fonctionnelle sphérique et synergique) d'une puissance telle que l'âme sur la FORCE, et par celle-ci sur la matière structurée organique.

*
* *

Si je considère de tels rythmes soit actuellement existants comme tels, soit inscrits en formes, et prenant ainsi une permanence au moins relative ou temporaire, grâce aux fonctions appropriées d'une matière structurée convenable, puis-je concevoir qu'une conscience va naître de leur association ?

Quant à la question qui nous occupe, nous ne sommes plus en présence d'une impossibilité, — de celles qu'on nomme souvent *matérielles* — de la résoudre.

Nous ne sommes pas davantage en présense d'une question insoluble. Il s'agit simplement de savoir si les mots *association de rythmes* a un sens que notre esprit puisse concevoir (sans nous occuper encore de la pensée) puis si une association pareille se manifeste quelque part en donnant naissance à une *conscience* (1).

Cherchons un exemple propre à représenter symboliquement et même essentiellement *tous les cas possibles*, nous le trouverons dans une exécution symphonique par un orchestre. N'est-ce pas au plus haut degré une association de rythmes. Analysons le fait ; mais simplifions tout de suite la question : une association de rythmes n'est *qu'un rythme*, différant de complexité de ses composants mais non de nature, de même qu'une association de formes n'est qu'une forme.

Une forme ou un rythme ne sont donc ni des sommes ni des produits.

Des formes complexes peuvent toujours être considérées comme des associations de formes plus simples qui en sont comme les éléments. Il en est de même des rythmes mais le mot *association* est pris en ce cas au sens passif. *On* les fait. Elles ne se font pas. Les parties diverses de la symphonie ont été associées par le *compositeur* ; elles ne se sont pas associées d'elles-mêmes.

On dit, il est vrai, dans un certain langage très justifiable, que la première partie d'une mélodie (et tous les arts présentent des corrélations analogues) *appelle* la seconde partie. Il semblerait que l'on parle d'un être qui en attend, qui en désire un autre pour se joindre à lui. Ce ne sont là que pures métaphores où personne ne se trompe, et dont l'étude psychologique nous mènerait trop loin et hors de notre sujet. M. Jules Soury ni aucun autre philosophe ne songeront à s'élever contre cette consta-

---

(1) Si j'éclaire et si je surchauffe en même temps un diamant ou quelque autre corps transparent, je n'associe point l'onde calorique à l'onde lumineuse, je les fais coexister dans un même milieu.

Il n'y a ni ondes ni forces s'associant dans le monde physique, parceque les forces et les ondes sont inconscientes.

tation, ni à prétendre que les deux parties d'une œuvre d'art considérée, se cherchent, se répondent et s'associent, comme pourraient seules le faire deux personne vivantes et conscientes.

Ils ne prétendront pas d'avantage qu'une association volontaire va s'opérer dans le verre d'eau placé dans la salle où se donne le concert, l'eau et son contenant vibrant à l'unisson des voix et des instruments, l'un et l'autre physiquement affectés de même par tous les timbres de ces instruments et de ces voix, et où la lumière se joue, sans parler de la chaleur et des autres agents physiques en cause dans le milieu, et lors même qu'on ajouterait à cette eau toutes les matières albuminoïdes connues, celles mêmes des fameux protoplasmas dépouillés ou non de leur microzymes.

Les consciences sont nombreuses, en cause, dans le fait étudié : celle du compositeur (conscience et volonté créatrice) d'un Gluck, d'un Bach, d'un Béhtoven, d'un Berlioz, d'un Wagner ; conscience totale (en l'espèce et, en certaines modes, personnelle) du chef d'orchestre ; consciences moins nécessairement parfaites, quant à l'ensemble du rythme en question, des instrumentistes gouvernés souverainement par ...

Ces consciences se trouvent *associées* pour produire un rythme (une haute eurythmie) nous trouverons partout des exemples de ce fait en d'infinies variétés, mais où trouvera-t-on des rythmes associés par eux-mêmes concourant à produire une conscience ? Pas même dans l'imagination de M. Soury et du physiologiste de Lausanne car cela peut se dire avec des mots, mais ne s'imagine pas.

Eh ! Que peuvent faire de pauvres « neurones » disposés (disons par « la Nature » pour ne rien aventurer) dans l'ordre le plus favorable à leurs fonctions, dans notre boîte cranienne ?

Je leur accorde une conscience rudimentaire que M. Soury est bien près de leur refuser (1).

Mais comment leur association pourra-t-elle produire une conscience du genre de la nôtre, ou plus simplement de celle de la plus humble fourmi ; plutôt que dans tous les autres cas observables ou imaginables ? Ces êtres-organes — je veux dire les cellules cérébrales, et plus spécialement celles de l'écorce

---

(1) Il la leur refuse tout à fait ; mais il ne s'agit pas ici de la *stricte lettre ;* peut-être leur accorde-t-il comme à d'autres protozoaires, parmi lesquels ils occupent un rang distingué, la sensation et la réaction ; et cela suffit pour moi à caractériser une conscience, ou ce que je nomme ainsi. Ne faisons pas de disputes de mots.

grise, où les neurones, si vous les considérez avec leurs appendices conducteurs d'actions dynamo-rythmiques, — ces êtres-organes font leur métier consistant à recevoir des rythmes, à les enregistrer très inconsciemment ou pour mieux dire à en garder la représentation morphique et à les transmettre quand une action dynamique même non-spécifique vient les affecter. Peut-on leur demander rien de plus ? Admettons, comme je l'ai supposé plus haut, que par un dispositif organique, c'est-à-dire tout physique et mécanique, ils servent encore à modifier le rythme reçu. Ce ne sera jamais qu'un rythme, que ni l'expérience, ni l'observation, ni l'hypothèse, ni la raison, ni rien, pas même la *fantaisie* ne nous montreront produisant ou pouvant produire (avec tous les peut-être) quelque chose qu'on pourrait appeler une conscience.

Cette constatation paraîtra peut-être fâcheuse à des philosophes d'une école très opposée à celle que M. Soury préconise et qu'il fortifie moins encore de son autorité de savant que de son talent d'écrivain et de professeur.

Il ne déplairait peut-être pas à ces métaphysiens s'autorisant d'un passage très remarqué de Platon et pouvant se dire hautement spiritualistes, ou à leur choix former une nouvelle famille idéaliste ou une espèce dans la famille — comme on voudra — d'admettre qu'une *chose immatérielle* (l'âme) puisse être le résultat du concours de diverses choses également imatérielles (les rythmes) car, quoi d'aussi peu matériel que le rythme si ce n'est la forme ? J'ai assez insisté ailleurs sur cette évidence immédiate, bien que méconnue, par beaucoup d'esprits *distraits*.

Sur ce point, ma doctrine ne saurait les satisfaire. Ces choses immatérielles ou non-matérielles, formes et rythmes, (1) sont faits par les âmes, et nous ne pouvons concevoir les âmes comme faites par quelque chose ou quelqu'un. Elles sont des principes éternels, des essences réelles, des entités permanentes de la nature. Je mutiplie ici à dessein les expressions pour éviter s'il se peut toute méprise. Je ne les connais pas en elles-mêmes ces âmes. Je ne les connais que par leurs signes fonctionnels conscience et volonté. Ces manifestations de l'âme étudiées en dehors et en dedans, ne résultent de rien que l'âme elle-même

---

(1) Je parle ici des formes et des rythmes coordonnés, mieux nommés eumorphies et eurythmies, les autres ne sont que l'expression de cette condition générale des choses que je nomme *par abstraction*, le hasard.

en dépit des abondants sophismes ou paralogismes ou erreurs de vues d'un grand nombre de philosophes.

Tandis que les rythmes et les formes (et par conséquent les ondes ou neurocymes) je les connais parfaitement et je les connais en eux-mêmes. Nous ne connaissons rien que par des rapports, diront certains — très bien ! aussi, les rythmes et les formes, en ce qu'ils ont d'essentiel, en ce qu'on peut les nommer ainsi, ne sont que des rapports, ou pour mieux dire des corrélations, des ensembles de rapports coordonnés. Je connais donc très bien et je sais en quoi consiste leur immatérialité Je n'en saurais dire autant de l'âme ou des âmes. Je les constate des *unités* non simples mais indivisibles. Je les constate des *puissances* ou des *causes créatrices*. Leur mode d'action m'échappe, mais il est fonctionnellement différent des transactions de la force et de la matière étudiées par la physique moderne. La conscience ni la volonté ne sont des forces, et les sensations n'ont avec la masse aucune analogie (1).

(1) Je discutais dernièrement ces questions avec un jeune savant, non précisément matérialiste, mais imbu de ce scepticisme, soit-disant positiviste, peu différent au fond du matérialisme — l'influence de Herbert Spencer, de Renan et de Taine après Auguste Comte, en a fait beaucoup de pareils. — Il me disait :

— D. Mais enfin votre *âme* que vous définissez exactement, je le reconnais, par ses fonctions, nous n'avons aucun moyen de la constater directement ; elle échappe à toute mesure, il est donc tout à fait impossible de savoir si elle est une entité comme vous le soutenez ou tout autre chose.

— R. Connaissez-vous autrement que par leurs fonctions la masse et l'énergie dont vous admettez l'existence réelle ?

— D. Le cas est bien différent. La masse et la force, en outre qu'elles sont des réalités, sont aussi des quantités mesurables.

Voici à peu près ce que je lui répondis : Il est certain que le poids et la mesure trop négligés par les savants des temps passés, appliqués aux faits scientifiques avec une exactitude dépassant tout ce qu'on aurait osé espérer, ont donné entre les mains des savants modernes, mécaniciens pratiques, physiciens, chimistes, astronomes, etc., les plus magnifiques résultats. Il ne faudrait cependant pas s'exagérer leur importance, ni surtout leur accorder une valeur exclusive et compter les appréciations qualitatives pour rien. Lorsqu'il s'agit de construire de ces théories — sans lesquelles les sciences physiques ne sauraient se développer, et ne mériteraient même pas le nom de sciences, — il ne s'agit point là seulement de peser, de mesurer et de compter.

Dans tout ce qui est appelé *un fait*, nous retrouvons le rythme, la forme, le mouvement coordonné ; et ces choses ne se pèsent ni ne se mesurent. Ici une distinction est à faire en ce que j'ai compris sous les noms de rythmes et de formes. Les rythmes simples considérés non comme *abstraits*, mais en tant que *réalisés*, peuvent se mesurer et s'ana-

*
* *

Nous en étions restés aux *processus* de la pensée selon M. Jules Soury : « L'activité » de ces « processus » disait-il, ou est deve-

lyser géométriquement et mécaniquement. Il en est de même des formes géométriques relativement simples. Mais si nous considérons, par exemple, les hautes eurythmies artistiques de création humaine et les eumorphies de l'art, nous les trouvons constituées, en leur essence, par des *corrélations* très complexes, où nulle mesure numérale n'est applicable. Théoriquement, et même pratiquement on peut les représenter par des nombres, représentant approximativement des longueurs de coordonnées, mais ces nombres, en séries successives, mis en présence de notre conscience sensorielle, ne sauraient nous donner, par eux-mêmes, aucune idée de ces eurythmies ou de ces eumorphies.

Je ne prétends pas, — et en cela je n'adopte pas les idées de Platon, disant ou laissant à penser que l'âme est de la nature des *idées*, — je ne prétends pas déterminer quelle est la *nature* de l'âme. Elle ne pèse point, elle ne se mesure point, elle ne se voit pas au microscope. — Les physiciens n'ont pas encore pesé l'éther ; et les chimistes ne voient pas davantage les atomes et les molécules. — Je prétends seulement savoir *ce que l'âme n'est pas* ; je prétends qu'elle n'est point une modalité d'une autre chose qu'elle, et que ses fonctions ne sont nullement des résultats de formes organiques prédéterminées, même traversées de courants dynamiques.

Si l'âme était de la nature des idées, elle serait ou pourrait être parfaitement connue. Car il n'y a rien d'inconnu dans les idées *de tout ordre* : y compris les expressions complexes d'ensembles d'idées appelées *pensées* : elles sont rythmes, ou formes, ou mouvements coordonnés, et rien de plus, ou, autrement dit, des coordinations eurythmiques ou eumorphiques de sensations, ces dernières étant des faits de conscience absolument irréductibles, sans lesquelles aucun rythme, ni aucune forme ne pourraient exister en notre conscience.

L'âme est la source (inconnue en elle-même et inaccessible) de toute pensée, de toute idée et par conséquent de tout rythme et de toute forme constituant ses créations. C'est pourquoi je la nomme Puissance ou Souveraineté créatrice, ces mots définissant exactement ce que nous en pouvons savoir.

L'étude ontologique et métaphysique que j'en puis faire ne saurait aller plus loin. Mais par le détail des créations d'une âme nous pouvons, à quelques égards, étudier cette âme, et le champ de pareilles études est indéfini. Nous pouvons ainsi comparer les âmes entre elles, constater l'originalité individuelle de chacune d'elles, en trouver de relativement *grandes* et fécondes, et de relativement *petites* et stériles, sans chercher cependant en cela à vouloir — ce qui serait téméraire et peu utile — appliquer des mesures exactes comme on le fait pour tout ce qui se nomme *quantités*.

Nous ne ferions pas autrement pour des statues ou des symphonies pareillement comparées, qui n'ont, comme l'âme, d'autre unité que celle de leurs corrélations supérieures, mais l'analogie s'arrête là.

nue automatique (1) par le fait d'innombrables répétitions identiques ou presque identiques, ou est restée *plastique*. (M. Soury souligne le mot) CRÉATRICE (celui-ci c'est moi qui le souligne deux fois) capable, au moyen de combinaisons nouvelles d'instaurer de nouveaux enchaînements de neurocymes. » Je ne peux pas à propos de chacun des mots de cette phrase recommencer les critiques et les études précédentes, cependant il ne faut pas laisser sans réponse des affirmations pareilles, dépourvues de toute conception théorique aussi bien que de toute investigation expérimentale, et où les idées ne sont pas, à proprement parler, des idées (vraies ou fausses) mais des embryons tératologiques d'idées. Ce n'est pas « *l'activité* des processus de la pensée » qui devient *automatique*. Il s'agit de mouvements coordonnés une première fois, puis répétés un nombre immense (disons *suffisant*) d'autres fois. Pour faire une première coordination de mouvement (le moindre geste voulu observable et discernable) il faut une âme créatrice douée de la puissance « *plastique* » (2) (celle de créer des formes) et de la puissance rythmique (celle etc.) pour produire la moindre action coordonnée. Un mouvement de ce genre — celui d'enfiler une perle, de tracer une lettre ou tout autre de même valeur — accompli un certain nombre de fois, devient *automatique* ou *presque automatique* parce que son exécution, forme et rythme, s'est trouvée rythmiquement inscrite en un groupe de cellules, lesquelles font dès lors la réaction dynamique nécessaire à l'exécution effective sans avoir besoin de la recevoir de *plus-haut*, et n'y étant sollicitées que par une impulsion volontaire très faible et très vague de la conscience ou de la volonté souveraine. C'est l'histoire de ce qu'on appelle depuis le milieu de ce siècle les facultés spéciales de l'être vivant supé-

---

(1) M. Soury, on l'a remarqué, emploie ce mot *automatique* dans le sens vulgaire ou littéraire du *Joueur de flûte* ou du trop fameux canard de Vaucanson. Je ne lui en fais aucun reproche. C'est à notre langue elle-même qu'il faut s'en prendre, car elle nous fournit parfois (moins souvent — dit-on — que d'autres idiomes) des mots malaisés à mettre en rapport avec les conceptions scientifiques qu'on veut leur faire exprimer.

(2) Je n'emploie jamais volontiers ce mot. Il en vaudrait un autre cependant, s'il n'était de ceux dont on s'est le plus servi sans savoir au juste ce qu'il doit signifier. Il est des mots néfastes, avec lesquels il ne faut pas frayer. Ces mots ont le don (miraculeux à sa manière) d'obscurcir les questions, de les brouiller ou de les fausser. Ils ont acquis cette triste qualité en des circonstances de leur destinée, ou, si l'on veut, de leur histoire qui ne sauraient être ici analysées. Il faudrait les éviter toujours ; mais est-ce possible ?

rieur ou ses facultés physiologiques. Le mot *faculté* n'est là nullement gênant et correspond exactement à *fonctions*.

Le mouvement coordonné d'*habitude* est *automatique* dans ce sens que les cellules formant le groupe nécessaire à l'inscription rythmique de son exécution ne savent pas ce qu'elles font ensemble (et ne l'ont jamais pu savoir) et que d'un autre côté, l'être — disons *l'âme* souveraine de l'organisme en question — n'est plus pour rien dans cette action dynamique commune partant de cellules, uniquement synergisées dès lors par la forme rythmique dont elles gardent tous les traits. J'ai étudié ces choses — je crois dans mon livre des *Fonctions supérieures* et en d'autres écrits — de façon à ne plus laisser aucune obscurité théorique dans la question.

Où est donc cette *activité des processus de la pensée* qui aurait sa source dans la mécanique cérébrale ? Car c'est le fond mal exprimé en cet endroit de la pensée de M. Soury.

Si ce processus, ou si « l'activité de ce processus » n'est pas « devenue automatique » « elle reste *plastique* et créatrice ». Voilà une activité qui devient inactive en devenant automatique ; mais comment une activité peut-elle même à ce prix *devenir* automatique ?

Cherchons à comprendre, d'après ce que M. Jules Soury a déjà dit au commencement de son article, où il a considéré cette *activité* comme un mode, une « forme » de force physique c'est-à-dire comme comparable à la lumière ou à la chaleur. Mais ce sont là simplement des mouvements ondulatoires (ou rythmiques) de l'éther, parfaitement spécifiés. — La condition constante et commune de ces mouvements est la force (ou énergie) et la condition variable et caduque est le rythme. De tels mouvements ne créent rien, ne coordonnent rien, ne peuvent rien instaurer « par des combinaisons nouvelles. » C'est toujours la même dynamique inconsciente, force ou énergie, se manifestant dans l'éther comme partout ailleurs, et ne s'anéantissant jamais, donnant lieu à l'apparition d'un rythme d'ondes ou de flots sous la condition de *quantité suffisante*, mais ce rythme ne peut être déterminé que par les propriétés ou conditions géométriques de structure du corps mis en tel mouvement vibratoire.

Les seules *activités* pouvant donner lieu à des combinaisons nouvelles, à des coordinations de mouvements, les seules activités créatrices (de rythmes et de formes) je les nomme des puissances, des souverainetés ou des âmes, et non des forces. Car rien de ce qu'on nomme force dans les sciences ne correspond à cela, si ce n'est l'expression heureusement vieillie et presque abandonnées de forces plastiques, inventée uniquement pour masquer un non savoir très souvent avoué sur un certain nombre de questions.

Prétendre que « les forces physiques » dont le système nerveux reçoit l'action par tous les organes des sens sont *créatrices* ou *plastiques*, serait avancer une proposition que toutes les sciences où la dynamologie est en cause viendraient démentir.

Prétendre que les actions rythmiques en pénétrant les filets nerveux jusqu'aux cellules cérébrales (ou, si l'on veut, les neurones) changent de nature par cela seul que leurs rythmes doivent s'y modifier, serait présenter au lieu d'une conjecture discutable, une série de mots ne pouvant faire naître dans l'esprit aucune idée de corrélations mécaniques réalisables même en imagination.

Prétendre que ces actions peuvent à certains moments devenir conscientes, plastiques, volontaires, créatrices, acquérir une foule de qualités occultes capables de tout expliquer, serait faire de la physique hyperphysique et de la métaphysique déplorablement mythologique.

Les matérialistes monistes ne mettent jamais leur esprit en présence de ces difficultés. Ils glissent çà et là dans leurs phrases de ces mots de confusion dont ils n'essaient point de déterminer le sens, et passent outre, comme s'ils n'avaient rappelé que des choses simples, précises et parfaitement admises et courantes dans la science. Alors ils triomphent (en dedans et en dehors) forts de leur conviction dogmatique, sans se plus préoccuper de rien démontrer.

« Dans cette dernière catégorie de phénomènes, dit M. Jules Soury, (*l'instauration* par *l'activité des processus*, au moyen de *combinaisons nouvelles*, de *nouveaux enchaînements de neurocymes*) dernière catégorie qui comprend les opérations les plus élevées de la raison, les sentiments éthiques et esthétiques... » Et M. Soury croit avoir établi là une théorie ! (1).

Les théories ainsi troussées, bâclées et pour mieux dire en fin de compte, *absentes*, ne sont pas celles que l'on aime pour elles-mêmes et que l'on met un long temps à perfectionner, à épurer, à faire concorder avec les conditions mécaniques mathématiques déjà connues, avec tous les faits recueillis par les bons observa-

---

(1) J'ai transcrit entièrement et littéralement ce qui dans l'article de M. Soury a trait à cette *théorie*.

teurs qu'on vérifie au besoin. Ce sont des manières de faux témoins qu'on fait apparaître devant une opinion publique, incompétente et distraite, et on les invite doucement à déposer en termes brefs, mais obscurs, en faveur de tel ou tel parti-pris.

« ... Un sentiment d'effort plus ou moins considérable, continue M. Soury, *l'attention* (1), se décèle toujours par des symptômes subjectifs et objectifs. Dans la première (catégorie) celle des activités purement automatiques, reproductions héréditaires des neurocymes, une excitation suffit souvent pour provoquer le déroulement de toute la chaîne : c'est l'instinct (2). Cet automatisme peut être créé dans l'espèce par l'hérédité, chez l'individu par l'habitude. Ces actes, souvent très compliqués, par exemple les instincts des fourmis... n'exigent pour se réaliser que très peu d'éléments nerveux (3), car encore que le cerveau des fourmis soit relativement très gros, il est, en fait extrêmement petit. Au contraire, les *activités plastiques du cerveau* ont besoin pour se déployer, de masses considérables de substance nerveuse. »

Attention ! Est-ce que nous devons attribuer à des conditions de *masse* ces activités plastiques ? La Mettrie ou d'Holbach au-

---

(1) Toute une école contemporaine s'acharne à confondre *l'attention* fait psychique, cas fonctionnel particulier de la volonté, avec le processus physiologique qui en est le signe extérieur (ou objectif) et la conséquence visible. Cette école s'efforce pareillement de ne pas distinguer la *force* de la *volonté*. J'ai assez souvent discuté ces erreurs pour n'y pas trop longuement insister ici. Ma volonté est capable de disposer trois *points* (ce qu'on nomme ainsi en typographie) de façon à leur faire figurer un triangle équilatéral ; et cela aucune *force* ne le peut faire.

(2) L'instinct, comme tous les faits d'hérédité, s'explique *par la persistance d'inscriptions rythmiques, capables*, aussi bien que toutes les autres formes des êtres, *de se transmettre par génération*. C'est par de telles transmissions que les espèces peuvent se modifier, et non par des neurocymes, des ondes qui dormiraient dans le germe, ce qui ne peut se représenter à notre esprit par aucune image, un neurocyme endormi (onde nerveuse abolie) ne pouvant plus être un neurocyme ni le redevenir par lui-même, puisqu'il n'a plus ni action, ni existence. Ces vues sont de celles qui m'ont conduit à faire la théorie générale de la génération.

(3) *Théoriquement*, une inscription rythmique extrêmement complexe et *longue* peut n'exiger qu'un très petit espace. Elle peut être tracée en hélice autour d'un corps conique ou sphéroïdal dont la grandeur peut être aussi réduite qu'on le voudra. *En fait*, il n'en est pas de même, et les conditions de la vie sur la terre nécessitent, pour chaque être réalisé et vivant, des dimensions à variations très limitées. Il n'en est pas moins vrai qu'en effet, il faut très peu de matière nerveuse pour concevoir ces fonctions, où M. Soury aperçoit ici un rapport juste malgré le vague scientifique de son langage et l'incohérence de ses essais de théorie

raient pu le faire peut-être ; mais je ne crois pas que ce soit là la pensée de M. J. Soury ! Mais comme l'absence de toute théorie intelligible se fait sentir en de telles formules !

« *L'activité plastique de l'Intelligence* des corneilles,... » Très bien ! Il n'est plus question de *l'activité physique du cerveau*, et peut-être... mais continuons : « comparée à celle de la poule, peut expliquer, abstraction faite de la taille, le volume relatif du cerveau de ces deux oiseaux. »

Il est certain qu'il y a un rapport plus ou moins difficile à préciser, mais peu importe, entre ce volume et le degré de hauteur intellectuelle ; mais lequel des deux commande l'autre ? Vous ne le dites pas clairement et même vos expressions dans le même alinéa sont contradictoires. Oh ! je ne veux pas vous faire là-dessus la moindre querelle de grammairien : je voudrais seulement saisir le fond de votre pensée assez difficile à bien discerner.

« Forel ajoute expressément que les propriétés plastiques des neurocymes sont héréditaires, mais seulement à titre de dispositions, qu'elles soient ou non développées par l'individu qui en a hérité. «« Ce sont des faits, cela, s'écrie Forel, et non des théories ! »»

Les faits dont vous parlez sont connus depuis longtemps : et les simples mots *neurocymes*, *neurones* ne les éclairent pas. Quant aux théories, qu'il faudrait édifier pour apercevoir les rapports des réalités dans les possibles absolus de la géométrie et de la mécanique, il est évident que vous n'en avez qu'une aperception très lointaine. « Voilà bien, s'écrie à son tour M. Soury, la partie *vraiment scientifique* de cette haute PROFESSION DE DOCTRINE ». « Profession de doctrine ! » voilà qui jette une vive lumière sur le fonctionnement cérébral, non de la poule, ni de la corneille, ni de la fourmi, mais de M. Jules Soury. Là le philosophe... j'ai presque dit le sectaire, se révèle tout entier : il s'agissait surtout d'une *haute profession de doctrine !*

Il importe peu que MM. Soury et Forel soient d'accord ou non sur le point où commence la conscience parmi les manifestations de la vie, que M. Soury bannisse le mot « âme » de la *Psychologie* moderne. Par exemple je ne puis permettre au monisme de revendiquer pour la *vie* la même éternité que pour la force et la matière. Le monisme parle en cette revendication une langue parfaitement détestable aussi bien que ceux — j'ai oublié leurs noms — qui ont prétendu que ces trois choses étaient « dans l'univers » des quantités constantes. Ce mot la *vie* est une abstraction. Il n'y a pas *la vie* il y a des êtres vivants. Leur nombre peut varier d'un moment à l'autre, d'un siècle a l'autre, sans qu'il soit possible de constater cette variation si elle existe, ni de conclure par conséquent qu'elle n'existe pas. Derrière les mots masse et force au contraire il y a deux *entités* que toute expérience montre comme inanéantissables, et leur quantité ne varie pas, en effet, je ne dirai pas *dans l'univers infini*, ce qui n'aurait aucun sens, mais dans un milieu arbitrairement fini et clos soit de fait, soit par la pensée.

« Ce ne sont pas les neurones, c'est l'*association* des neurones qui seule réalise les conditions d'apparition d'une conscience ». M. Soury souligne encore là ce mot *association* sans s'apercevoir de l'abîme noir qu'il recouvre dans son esprit.

✓ Cette conscience qu'il n'accorde qu'aux animaux supérieurs existe seulement *en puissance* dans le protoplasma, matière albuminoïde, et chez les êtres primitifs.

« En somme, s'écrie notre philosophe, Descartes avait raison : Tous les êtres vivants ne sont que des automates : son erreur a été de tirer l'homme de la foule innombrable de ses frères inférieurs... »

« Et « la sensation », la « conscience », l' « intelligence » et « la vie », ne sauraient se soustraire à la loi d'airain du déterminisme universel. »

Cette prétendue loi d'airain qu'on veut ainsi nous imposer pontificalement, je l'ai dit et prouvé plusieurs fois, n'est ni d'airain, ni d'aucun métal, elle n'est que de paroles en l'air. Elle est la formule aberrante de certains esprits qui ne comprennent pas ce que c'est qu'un mécanisme en général. Donc qui ne savent pas du tout ce que sont essentiellement une montre, une locomotive, un moulin à vent, un tourne-broche, un télégraphe autographique, qui n'entendent rien aux fonctions nécessaires des choses (nécessité ou fatalité), qui n'ont jamais médité algébriquement sur les termes de leur formule, sans quoi ils en auraient découvert l'absurdité intrinsèque et extrinsèque, qui ne se sont jamais donné la peine de suivre par l'esprit, et surtout avec des constructions et des figures, des séries de déterminations, lesquelles ne peuvent être infinies dans les deux sens, et dont certains genres seulement le sont dans un sens, mais en théorie abstraite seulement ; car dans la réalité si on prend un système de corps dont les mouvements se commandent les uns les autres, on ne va pas loin sans obtenir l'immobilité des organes et la dispersion de la quantité d'énergie donnée au début.

Ces gens ont eu le tort, de plus, de ne jamais regarder ni la nature au dehors, ni leur être propre au dedans, ou de regarder tout cela avec le parti-pris de n'y rien voir. « Si les processus de l'intelligence... échappent au nombre et à la mesure, ils ne sont pas objets de science... il n'y a point de Psychologie » dit M. Soury, « il y a au contraire une Psychologie si l'activité de l'intelligence, comme celles de toutes les autres fonctions des êtres organisés se ramène avec la physique et la chimie à la mécanique. »

Ceci est affaire de définition du mot science, et ne fait rien aux réalités, qui sont ce qu'elles sont, et non ce que nous les voudrions. Cette prétention de tout réduire à la mécanique remonte à Descartes. Le grand philosophe a bien pu n'avoir pas eu le temps d'examiner à fond cette question comme plusieurs autres, où il s'est notoirement trompé, ouvrant la porte à l'idéalisme de Berckeley, au panthéisme de Spinoza, à la vision en Dieu de Mallebranche, à l'idéalisme sensoriel de Condillac, à ceux très peu différents au fond des philosophes allemands, à tous les monismes.

Tant de choses relèvent de la mécanique que l'on pensait n'avoir aucun rapport avec elle, qu'on s'explique de la part de Descartes, une erreur résultant d'une induction incomplète. S'il eut été plus artiste qu'il ne l'était, il se serait demandé si le beau peut être considéré comme le résultat d'un travail mécanique. Alors peut-être eut-il hésité à formuler des propositions comme celles que je viens de rappeler. La foi robuste qu'il professe ne laisse pour M. Jules Soury — j'en ai peur — aucun prétexte à de pareilles hésitations.

La Morale est-elle une science? On pourrait soutenir qu'elle n'est qu'un art, et ainsi de la Psychologie. Celle-ci est à coup sûr un art, par un certain côté de son application aux faits humains. On la compte parmi les sciences philosophiques. Faut-il changer pour celles-ci la langue que nous parlons, et les dire autre chose que des sciences?

Nous employons le mot *science* là ou les grecs mettaient la désinence λογία ; et je crois que nous continuerons. Et puis, il n'est pas seulement question de nombre et de mesure en physique et en chimie, bien qu'ils y jouent un rôle immense ; et ces sciences ont aussi leur métaphysique. Si je cherche à définir une science : l'étude ou la connaissance d'un ordre déterminé de faits reliés par des théories concordantes, ma définition conviendra peut-être à la Physique et à la Chimie considérées comme deux parties d'une même science, mais toute l'histoire naturelle, toute la Biologie devront être à peine considérées comme des sciences, car elles manquent encore de théories qui leur soient propres et surtout de théories concordantes (1).

L'article de M. Soury était fait pour célébrer la gloire de la psychologie physiologique ; et à part quelques découvertes intéressantes d'anatomie cérébrale, il ne relève dans les travaux récents rien de nouveau à nous faire admirer.

Pour ma part, je crois que la Psychologie tout court doit être appelée une science, puisque je parviens (à mon sens) à comprendre les faits d'observation intérieure en des théories concordantes. Mais elle mérite ce nom seulement depuis que ceux qui s'en sont occupés n'ont pas séparé l'étude des faits qui en sont comme la matière première, les faits de la vie intellectuelle et morale, des faits anatomiques et biologiques dont les rapports avec les premiers sont d'une évidence incontestable. Et je me réjouis d'être l'un des premiers ayant tenu sérieusement compte de tels rapports. Sans ce secours les anciens psychologues me font l'effet des géographes et des cosmographes du temps de la guerre de Troie. Il y a donc suivant moi une Psychologie sans épithète qui doit être physiologique, physico-chimique, mécanique et mathématique *autant que cela est possible*. Quant à celle qui a prétendu et qui prétend encore se passer de ces sciences basiques, elle n'est véritablement pas à

---

(1) Que sais-je ! avons-nous le droit de considérer comme *concordantes* les théories, si incomplètes encore sur tant de points, essayées en physique et en chimie ? On est encore assez loin de *concevoir* ce que c'est qu'un *atome*, de clairement s'imaginer quelle est la nature et la constitution de *l'éther*. On ignore même — bien qu'on n'avoue pas toujours cette ignorance — les vraies conditions constitutives des *gaz*, car la « théorie cinétique » qu'on en a proposée ne vaut guère ; et que dire de celles plus complexes des *liquides* et des *solides* ! En réalité, notre Physique générale est encore en voie de formation ; et quelques-unes de ses parties pourraient seules avec les mathématiques se nommer *sciences*, si on acceptait la définition que je viens de proposer ou de rappeler de ce mot. Dans un sens plus large, je ne vois pas pourquoi on refuserait ce même nom de sciences à l'Ethnographie, à l'Apiculture, à la Théologie, à la Pédagogie et au Blason.

Pour quelques-unes de ces groupes de connaissances, cela pourrait paraître excessif à quelques diverses personnes.

Je puis donc corriger ma formule en cette nouvelle expression : *Une science est l'étude d'un ordre bien déterminé de faits reliés entre eux par quelques précises concordances de théories.*

compter car on ne lui doit presque aucune notion précise et incontestable (1).

Pouvons-nous espérer, selon le désir de M. Soury, que « les phénomènes d'innervation seront représentés par quelques formules d'ordre cosmologique... » ? Qui vivra verra !

La théorie des ondulations de l'éther (en pleine Physique) tout en ayant été jusqu'ici d'une immense utilité, et que M. Soury donne pour bien plus avancée que celle « des mouvements cellulaires, » est encore bien incomplète, puisqu'elle ne rend aucunement raison du phénomène couleur, et que même elle ne distingue pas le calorique de la lumière. Ajoutons qu'il est plus que difficile, d'après ses données, de concevoir au juste quel est le dispositif des ondes transversales quant à la surface générale de l'onde de radiation.

Dès 1874, j'avais tiré de la mise en rapport de la physiologie éclairée par les faits pathologiques, un certain nombre d'inductions précieuses de science générale, j'avais corrigé plusieurs des erreurs des psychologues ; et depuis cette époque rien n'est venu infirmer ni mes inductions ni mes théories. Quelques-unes trouvent, au contraire, aujourd'hui, une confirmation éclatante dans les faits anatomiques rapportés par M. Soury. Mais un groupe de savants, dont plusieurs sont illustres, s'imagine aujourd'hui fonder une psychologie physiologique, en usant *exclusivement* des moyens propres à la Physiologie et à la Physique. Ils s'apercevront bientôt que c'est exclusivement de la physiologie normale ou pathologique qu'ils font, et pas du tout de la psychologie. Ils étendront ainsi les moyens de déterminer le champ de celle-ci, comme je l'ai fait très consciemment, mais l'une des deux *sciences* ne se confondra jamais avec l'autre, toutes deux ayant, comme je l'ai déjà dit, leur domaine propre et seulement une zone commune de rapports.

On s'apercevra aussi bientôt que pour faire de bonne psychologie générale, il faut être bon métaphysicien.

La métaphysique exacte est aussi indispensable au progrès

---

(1) « Entre toutes les études, celle des faits et des lois de la pensée ne pouvait accomplir son évolution régulière avant que la physiologie lui eut fourni des documents assez précis, assez nombreux, assez bien classés. Si elle a longtemps paru stérile, c'est que les progrès de la physiologie elle-même ne pouvaient s'effectuer qu'après ceux des sciences qui lui servent en quelque sorte d'assises. » Les Fonc. sup. etc., 1874. Préface, p. 10, datée du 8 novembre, 1865.

de la physique et de la chimie, qui n'en ont jamais été complètement dépourvues ; et les erreurs, encore très gênantes, dont s'émaillent encore les livres où sont traitées certaines de leurs parties, viennent surtout des mauvaises métaphysiques, dont le type le plus achevé, je crois l'avoir amplement démontré, est l'anti-scientifique matérialisme moniste que M. Jules Soury paraît adorer

> « Avec la dé-vo-ti-on
> D'un prêtre pour son idole. »

APPENDICE

EN TROIS NOTES COMPLÉMENTAIRES

PREMIÈRE NOTE COMPLÉMENTAIRE

Le Matérialisme *est-il et peut-il être dit un* Monisme.

En arrivant au terme de ce travail de critique philosophique et scientifique, un scrupule me vient. Doit-on admettre comme congru en lui-même un matérialisme *moniste*? La doctrine dite matérialisme est caractérisée par cette pensée maîtresse que la coordination peut se faire par suite de rencontres fortuites d'éléments indépendants les uns des autres, et sans l'intervention d'une cause spéciale ou de causes spéciales. Des arrangements mécaniques (eumorphiques et eurythmiques) s'étant ainsi opérés dans l'incoordonné, ils se compliquent en se combinant dans les même conditions où ils se sont produits; et, à un moment donné de cette évolution, fortuite au début, fatale ou nécessaire ensuite, la conscience et la volonté apparaissent comme résultats ultérieurs et supérieurs (épiphénomènes) de ces arrangements mécaniques.

Tous les philosophes qui admettent ce processus sont très justement dits *matérialistes*. Ceux qui n'en admettent pas la possibilité, ou qui ne se contentent pas de ce semblant d'explication de la nature des choses, ne fût-ce que par prudence scientifique s'éloignent plus ou moins du matérialisme.

Il le faut rappeler aussi, les anciens matérialistes se préoccupaient très peu de l'idée métaphysique de substance, bien que pour eux l'abstraction réalisée de *Matière* fût le principe de tout; ils auraient volontiers qualifié de substance chacun de leurs atomes. Le mot de substance, par son étymologie *savante*, est proche parent du mot mystère ; et les matérialistes de toutes les nuances aiment peu à s'arrêter sur cette notion de mystère, qui joue un si grand rôle dans les conceptions et dans le langage de certains philosophes et surtout des théologiens.

Pour les idéalistes, négateurs du monde extérieur et par conséquent de la matière, considérant le temps et l'espace comme dérivant de quelque chose, et nommant l'Être unique dont ils admettent l'existence Esprit, ou Dieu, ou grand Tout, ou Substance, ou Idée, ou Volonté, nulle difficulté n'apparaît à ce propos : Tels furent ou à peu près, dans l'antiquité, Zénon et l'école d'Elée, dans les temps modernes, Berkeley et Spinoza, et la suite vantée de leurs disciples allemands et autres, dans l'Inde, depuis le v° siècle avant notre ère, les bouddhistes, et avec eux la majorité des brahmanes philosophes ou théologiens, j'en oublie nécessairement; il en est encore de notre temps dont les noms sont souvent cités. Ces philosophes différant les uns des autres par des points secondaires, s'accordent à faire de cette idée de substance, considérée, avant tout, dans l'esprit de l'homme, la base même de leur métaphysique.

Assez récemment, depuis surtout que M. Edouard de Hartmann a exposé sa philosophie de l'Inconscient, plusieurs traditionnels disciples de ces écoles, se sont avisés d'une certaine difficulté à nier tout à fait le monde extérieur ou monde physique, ils ont pensé qu'il ne suffit pas de faire entrer de force l'objectif dans le subjectif, comme l'ont essayé après Berkeley, Kant, Fichte, Schelling, Hegel, et plusieurs autres, pour faire concevoir l'ensemble des choses dans une corrélation possible. Alors ils ont dit : l'unique substance, c'est la matière; et la matière, c'est l'Esprit ! Cet esprit n'est conscient de rien dans ce qu'on nomme les corps bruts, il n'en est pas moins le seul esprit dont les hautes qualités sont d'abord endormies, virtuelles, en puissance, comme on voudra, et se développeront plus tard sous certaines conditions, dont les signes sont à la portée de notre étude. Et de ces hautes qualités, la conscience — ont-ils dit, en vertu d'une psychologie des plus singulières, inventée pour le besoin de la cause — apparaîtra l'une des dernières, sinon la dernière de toutes. J'ai amplement étudié, analysé et discuté en des ouvrages que j'espère bientôt publier, cette opinion qui s'est crue *nouvelle*, je n'ai donc pas à le faire en ce moment. Je dois, cependant, le noter ici, les philosophes qui l'ont soutenue et adoptée ne se sont pas aperçus, ou n'ont pas voulu s'apercevoir qu'ils devenaient purement et simplement *matérialistes*.

Ils se sont appelés monistes, en vertu d'une habitude contractée dans un état antérieur de leur esprit, et en signe de respect pour une tradition philosophique dont ils étaient comme enveloppés.

Je ne crois pas que M. Jules Soury partage à cet égard leurs illusions. Il se dit *moniste* à son tour ; il va même jusqu'à renier, en apparence, le matérialisme du temps passé, pour leur faire plaisir, — je crois, — en vertu d'une politique doctrinale très naturelle consistant, en toute conjoncture, à ne pas repousser ceux qui, *motu proprio*, viennent à nous.

D'autres matérialistes — dont fût H. Taine — indéniablement matérialistes, suivant la définition que je viens de donner de leur opinion, rejettent cette idée de substance comme superflue, inutile, encombrante. Leur doctrine impossible à représenter par le moindre schéma, est de celles qui n'embrassent, dans les suites verbales qu'elles comportent, que de pures et immédiates contradictions. Ceux-là, d'ailleurs, ne se disent pas monistes, il faudrait les appeler les anhypostatistes, si l'on ne craignait de faire un nouveau mot pour les désigner, et de tomber, en quelque autre confusion grâce au sens obscur donné par les théologiens catholiques au mot grec *hypostase* exactement composé comme le latin *substance*.

Mais les matérialistes, soit de première levée, soit dérivés des *idéalistes* — encore un mot qu'il faudrait remplacer par un terme plus correct, plus vrai et plus clair — peuvent-ils légitimement se dire monistes ou prétendre qu'ils n'admettent qu'une seule substance ?

Il leur faudrait, pour cela, méconnaître la Physique générale actuelle et ses immédiates conséquences, il leur faudrait ne voir dans la *matière* qu'un *concept réalisé* à la manière des anciens, définir les corps : *ce qui pèse* ou *ce qui résiste*, ou *ce qui tombe sous les sens*, etc.

Or, dans ce que nous appelons (en physique) un corps, nous devons considérer 1° la masse, 2° la dynamique de composition force vive ou énergie potentielle), 3° la structure.

Il est clair que la structure ne saurait se nommer *une substance* ; c'est de la *forme*, capable de continuels changements, comme toute forme et tout rythme, et consistant en *arrangements* qui n'ont rien de substantiel, ni que personne puisse qualifier ainsi. Les péripatéticiens les englobaient sous le nom d'accident (ce qui est survenu, ce qui survient, ou ce qui peut survenir, *quod accidit*).

Mais la *force* et la *masse* sont toutes les deux, et au même titre, des substances, ou bien ce mot n'a jamais rien signifié.

Elles sont des choses appréciables par quantité, et que rien ne peut anéantir.

Nous ne les connaissons pas directement ; mais seulement en mode scientifique ou métaphysique.

Nous ne les connaissons ainsi que par leurs fonctions dans la nature, c'est-à-dire par des rapports, pour la force, le *mouvement* ou changement de situation dans l'espace, pour la masse, l'*inertie*, offrant une possibilité d'affrontement de deux actions opposées.

Il faut laisser, pour peu qu'on sache réfléchir scientifiquement, laisser de côté la vieille illusion (très naïvement matérialiste) que l'une de ces entités nous est mieux connue que l'autre ou est plus *saisissable* que l'autre.

Elles sont inséparables dans les choses ; notre esprit ne peut les considérer à part l'une de l'autre que par abstraction ; mais elles sont indépendamment *variables* comme quantités, donc différentes l'une de l'autre, et à quelques égards indépendantes l'une de l'autre, cela fait donc bien nettement deux substances.

De ces substances, vous ne ferez pas résulter l'espace et le temps, qui ne sont point des substances, et qui échappent à toute définition *réelle* ou *de choses* et que l'on peut appeler, par définition de mots, les deux *conditions* les plus générales de la réalité extérieure ou de ce qu'on nomme le monde physique par opposition au monde idéal. Que devient alors votre *monisme* si ce n'est une pure mythologie. Nul savant contemporain n'a essayé de faire rentrer la force ou énergie dans la masse inerte et passive. Quelques-uns, l'abbé Moigno après Boscovich et Faraday, par exemple, ont tenté, à l'inverse, d'expliquer la masse par des fonctions de la force. Il n'y ont pas réussi. Leur but (sans parler de la prétention de tout réduire à l'unité, qui a de tout temps sévi sur les esprits philosophiques) était de spiritualiser *un peu* cette masse brute et dépourvue de spontanéité, dont on ne saurait, cependant, se passer dans la construction des théories scientifiques. Ces savants seuls pourraient à la rigueur se dire *monistes* s'ils étaient matérialistes, ce qu'ils ne sont généralement pas.

Dans tous les cas, cette question de *métaphysique critique* ne peut être résolue que par la *Physique générale*, ce qui est à méditer, quant aux rapports possibles et même *nécessaires* de ces deux *sciences*.

DEUXIÈME NOTE COMPLÉMENTAIRE

Mode fonctionnel psychologique de la *conscience* et de la *volonté*.

« Pour faire une théorie de la pensée basée sur cette doctrine du dynamisme de la sensation... il est indispensable de se représenter d'abord l'encéphale comme un lieu *consacré* où les mouvements les plus variés sont possibles. — Les faits anatomiques justifient pleinement cette hypothèse — et de faire mouvoir dans cet encéphale, les idées considérées sinon comme des *corps* géométriques, au moins comme des formes ou des figurations mesurables, susceptibles de réduction, d'agrandissements, de déplacements et de transformations, ou comme des SUITES RYTHMIQUES représentées par des arrangements, des groupements divers de corpuscules matériels, d'éléments organiques. »
(Les fonct. sup. 1874 Liv. VI. — Théorie physiologique de la pensée chap. III, p. 372).

En ce passage et en quelques autres de mon livre des *Fonctions supérieures du système nerveux*, j'esquissais ou j'ébauchais, on le voit, la théorie générale du rythme et des inscriptions rythmiques. J'ai depuis vérifié cette théorie dans une multitude de faits, et j'ai pu en donner un exemple probant et spécifiquement frappant, dans le *téléplaste,* où apparaît, avec la plus grande clarté, la transmutation de la forme en rythme, du rythme en forme et l'inscription rythmique. Le télégraphe autographique et le phonographe peuvent servir pareillement, chacun à sa manière, à montrer l'évidence de ces faits généraux.

Ces faits généraux, désormais *connus,* fournissent comme la clé des transactions intra-cérébrales. Ils ont acquis une telle clarté de certitude que le mot de théorie ne leur convient même plus, si on cesse de l'appliquer aux conceptions totales et complètement possédées relativement à un certain nombre de corrélations des choses. Il est donc, au plus haut degré, légitime de les appliquer à la construction de théories mécaniques des faits cérébraux, correspondant à des faits de conscience ou faits psychologiques proprement dits, de façon à ce que ces théories présentent presque du premier coup une probabilité voisine de la certitude, j'entends surtout dans leurs grandes lignes, car des solutions hypothétiques multiples des mêmes problèmes peuvent ne pas toutes correspondre aux dispositifs réels.

On peut expliquer ainsi, avec la plus grande netteté, les faits de la mémoire et de la récordation.

On peut expliquer, en ce qu'il y a de mécanique, l'abstraction et la généralisation des idées, par des transmissions rythmiques qui, de proche en proche, passant d'un ordre de cellules à un autre vont se simplifiant, se réduisant, et ne gardent enfin que les traits les plus simples et les plus essentiels des images primitivement reçues et conçues. On peut expliquer les faits du rêve, de l'hallucination et de toutes les illusions sensorielles en général.

Mais on n'explique ni la conscience, même la plus rudimentaire et réduite à la perception des sensations psychologiquement irréductibles, ni la volonté réduite même au fait *caractéristique* le plus simple, ni à plus forte raison, la création de rythmes et de formes, d'eurythmies et d'eumorphies, manifestations d'une cause spéciale qui n'est ni la masse, ni l'énergie, ni aucune combinaison concevable ou imaginable de masse et d'énergie, et qu'il nous faut bien nommer *âme* — puisqu'il n'y a pas d'autre nom plus clair à lui donner — avec les religions et les théologies constituant encore les croyances de la majorité de l'humanité supérieure (1).

(1) Si l'on veut faire consister la *psychologie générale* dans l'énumération de ce qu'on a nommé en diverses écoles les facultés de l'*âme*, ou du *moi*, ou de l'*être*, et si l'on entreprend de discerner ces facultés, puis de les compter et de les classer, on retombera dans toutes les fautes, obscurités, confusions ou fantaisies des psychologues non physiologistes. On n'obtiendra pas plus, en procédant ainsi, un *ordre* scientifique ou définitif, que les philosophes alexandrins, proposant les diverses filiations hiérarchiques de leurs *éons*. La raison en est qu'on peut considérer de ces facultés, autant qu'il y a *d'actes coordonnés* discernables ou possibles, lesquels sont *sans nombre*. Or, c'est la *coordination* même de ces actes qui seule importe et qui est véritablement l'expression unique de la *puissance* d'une âme. Cette puissance de coordination, si on l'étudie en ses manifestations et en ses produits, se résout en deux modes polaires et opposés, la conscience et la volonté, la conscience comprenant tous les modes de la sensation (centrale des souvenirs, périphérique et affective), la volonté étudiée aussi en toutes ses modalités (attention, inhibition, action, etc.).

Ce sont là les seules facultés psychiques.

Ces deux facultés, si nous prétendons les étudier dans la sphère suprême où elles résident, échapperont complètement à notre investigation psychologique. Elles échapperont aussi à notre observation extérieure ou expérimentale. C'est seulement dans les actes coordonnés des êtres que notre analyse pourra les découvrir. Mais dans l'étude attentive de ces actes nous constaterons que nulle théorie n'en est possible si nous ne faisons pas intervenir et le dynamisme et la mécanique cérébrale, abordable jusqu'à ce

Je présente donc ici la nécessité de cet ordre de causes nommées les âmes, non pas au nom de ces croyances (que leur utilité sociale et politique, ni leur beauté ne prouvent pas conformes à la réalité des choses) mais au nom de ce que les sciences nous offrent de mieux démontré et de plus clairement incontestable.

Il reste à ce sujet un point à éclaircir. M. Jules Soury comme Taine et quelques autres, se refusent à voir l'*unité* de l'être (ou de l'âme). En cela, ils me semblent trompés par une apparence ou pour mieux dire, s'ils tombent dans une erreur, c'est pour en éviter une autre. Je n'admets point pour ma part cette *unité* accordée à l'âme par beaucoup de philosophes dans le sens de *simplicité absolue*. Rien au monde, ni même dans le concevable de l'esprit n'est rigoureusement *simple* ; il n'y a de simple dans la nature et dans l'entendement que le point mathématique qui n'est qu'une limite. Et ces philosophes me semblent littéralement parler des phrases incogitables, comme ceux qui placent résolûment des êtres ou des choses *hors de l'espace et hors du temps*. L'âme est *une* à la manière des eumorphies et des eurythmies qu'elle produit mais non *autrement* ; je veux dire en quelque mode *qui ne se concevrait pas*, et que pour ce motif nous n'avons pas logiquement le droit de supposer. Mais ce genre d'unité ou d'indissolubilité — l'autre étant écarté comme impossible — je le montrerai dans les faits les plus simples comme dans les plus complexes de conscience et de volonté.

Les faits les plus simples... non, — parmi les plus simples, — ceux qui sont déjà, comme je l'ai dit plus haut, *caractéristiques*.

Je ne prendrai donc pas, comme fait de conscience, une saveur, une odeur, une douleur, ces faits étant irréductibles ne me permettraient aucune analyse différentielle.

Je ne prendrai pas comme fait de volonté un déclenchement simple produisant un mouvement observable et qui *objectivement*

---

jour par la seule théorie. C'est ainsi que la psychologie vraiment scientifique ne peut se séparer de la Physiologie normale et pathologique, expérimentale et théorique, ni des autres sciences moins complexes sous lesquelles la Physiologie n'aurait jamais pu se constituer.

Les actes d'idéation, d'imagination, de raison, d'association supérieure des idées, de calcul, actes observables en nous, ou chez les êtres semblables ou analogues à nous, sont tous au même titre des manifestations de puissance créatrice, et ne diffèrent que par les objets qu'ils concernent. Aucun ne se pourrait concevoir sans l'indispensable instrument neurologique *vivant* de sa vie élémentaire, soumis, en cet ordre de fonctions, à l'âme souveraine d'un organisme constitué, âme que nous désignons sous la double appellation fonctionnelle de *conscience* et de *volonté*.

pourrait être attribué à *une force*. Exemple : une pulsion du doigt sur un corps solide. Comme fait de conscience, relativement très simple, je prends l'exemple de deux couleurs simultanément perçues : jaune doré d'une part, indigo-violet de l'autre. La conscience est dans le jaune doré — on ne peut dire qu'elle y soit *partiellement* ; elle est aussi dans l'indigo-violet elle est à la fois en l'une, en l'autre couleur, et en toutes les deux, c'est en cela que son *unité* consiste. Et cette unité lui appartient bien et non aux couleurs qui sont deux, ni à leurs limites, si elles sont juxtaposées. Comme fait de volonté pure, je prendrai le cas de l'image de deux taches noires, ou *points*, sur une surface blanche ou dans un espace blanc qui n'est pas illimité bien que ses limites soient diffuses ; le tout, en mode de sensation *corticale* (souvenirs visuels). Ces deux taches, je les fais, quand je veux, (en souvenir ou en imagination) se rapprocher l'un de l'autre et s'éloigner de même. Ma volonté se trouve donc agir à la fois sur les deux ; elle est tout entière en l'une et en l'autre, ainsi que la conscience dont je ne la puis séparer ; elle est en même temps dans les deux, et dirige leur mouvement dans un même but. En cela consiste l'unité de la volonté, laquelle se peut bien distinguer fonctionnellement de la conscience, mais non pas ontologiquement.

Ces deux « petits faits » de toutes les minutes, si on les considère avec un esprit scientifique, suffisamment renseigné et conscient, nous apparaitront comme infiniment plus étonnants et formidables que les plus terribles éruptions volcaniques, que l'effondrement des continents sous les flots de quelque déluge, que tous les faits relatifs aux mouvements des corps célestes. Ceux-ci nous les expliquons depuis α jusqu'à ω ceux là, sont inexplicables, par tout ce que nous pouvons savoir de la nature physique, même par tout ce que nous savons de mathématiques et de mécanique.

Par eux, nous comprendrons aisément qu'on ait bâti Thèbes d'Egypte, et Memphys, et Babylone, et Athènes avec ses merveilles et Rome avec ses grandeurs, et Paris avec ses multiples élégances ; mais eux-mêmes (et en eux-mêmes nous ne les comprenons pas) ils sont aussi profondément mystérieux que l'origine même des choses. Si l'on pouvait donner un sens clair, au mot miracle, je dirais qu'ils sont *le miracle*. J'entends ce qui demeure le miracle pour les plus exacts, les mieux documentés, les plus subtils, les moins naïvement crédules des savants.

TROISIÈME NOTE COMPLÉMENTAIRE

Conclusions de Psychologie et d'Ontologie générales.

On voit dans l'une des cours du Val-de-Grâce une assez belle statue du célèbre tribun médical Broussais. Le personnage est assis dans sa chaire universitaire, foulant d'un air assez furibond et d'un pied dédaigneux, un rouleau de papier, figuré bien entendu dans le même bronze, sur lequel on lit le mot ONTOLOGIE. Broussais, de son vivant, professait, dit-on, la doctrine — j'allais écrire la foi — matérialiste sans complication de *monisme*.

Ce monument sculptural et graphique constitue un symbole qui n'est pas à négliger. Sa valeur de réaction — malgré une autre inscription plus longue placée au bas de la figure, est rarement comprise par ceux qui, par hasard, le contemplent. — Elle mérite certainement quelque attention.

Broussais entendait par ontologie — mieux serait dire *ontologisme* — la manie fréquente, chez les hommes, et notamment chez beaucoup de philosophes, de réaliser et presque de personnifier des idées générales autrement dites des concepts, ou des abstractions. Je ne saurais le blâmer d'avoir tonné de toute son éloquence contre cet ontologisme, source évidente de beaucoup d'erreurs, soit en pathologie, soit en d'autres sciences.

L'époque où cet ontologisme régna le plus despotiquement sur l'esprit humain, fut celle des derniers siècles du paganisme occidental ou helléno-romain. Il ne fût pas une condition des choses, un rapport, un attribut, une circonstance générale, un effet alors inexplicable ou même déjà, explicable, un mystère de la nature ou de l'homme, et, à plus forte raison, une idée abstraite, dont on ne fît un être personnel et distinct supérieur à l'homme, une divinité. (1) Le monothéisme plus ou moins

---

(1) Et même en des temps très anciens, n'a-t-on pas fait un dieu du vent, simple mouvement de l'air, et même des vents, simples *directions* de ce mouvement. De façon que Borée, Zéphyre, Notos et les autres ne sont essentiellement distincts l'un de l'autre que par des orientations différentes.

bien amalgamé avec les tendances panthéistique de toute la philosophie grecque, changea un peu les choses à cet égard ; mais par habitude acquise, les philosophes après les poètes continuèrent, sinon à concevoir ou à inventer des dieux, du moins à admettre des entités pour expliquer ce qu'ils ne pouvaient expliquer autrement.

Par contre, certaines écoles modernes, conscientes de cette aberration firent une réaction poussée véritablement un peu loin, et jusqu'à ne voir dans l'univers et dans l'homme qu'un amas de *modalités de Rien*. C'est tomber de Charybde Ontologisme en Scylla Nihilisme. Et me voici forcé à mon tour de faire réaction contre ces écoles non par fantaisie ou affection sentimentale, ni par une peur exagérée de ces deux gouffres sans fond, mais pour ne point sortir des données précises, rigoureuses, expérimentales et mathématiques de la science.

Parmi les philosophes n'ayant pu échapper au parti-pris matérialiste ou aux sophismes du soi-disant idéalisme berkeleysien (et de ses variétés récentes), on en rencontre soutenant que les mots temps, espace, masse et force ne sont que « *des expressions de rapports.* » Au fond de cette *opinion*, on découvre aisément une compréhension assez vague de ce qu'il faut appeler un rapport. Ils oublient, ces philosophes, que pour constituer un rapport il faut *des termes comparés* pouvant toujours, par l'analyse des corrélations complexes, se réduire à *deux*, ou plutôt ces corrélations pouvant se réduire en rapports simples, chacun exigeant deux termes et deux termes seulement. Cette éternelle question ne peut se résoudre que par un soin extrême à bien déterminer la valeur des signes verbaux ou graphiques dont on fait usage ; et il faut demander cette détermination à la science des rapports par excellence et surtout des rapports abstraits, aux mathématiques.

Le malheur est que beaucoup d'intelligences, même *philosophiques*, très bien douées à d'autres égards, sont ou se pensent rebelles aux mathématiques. Bien que passablement renseignées sur la *lettre* (au moins en quelques parties) de ces sciences, elles y demeurent cependant *étrangères*, — comme cela, du reste, arrive souvent à des géomètres de profession et des plus instruits, au moins quant à l'*esprit*, quant à l'indispensable métaphysique de cette science fondamentale des corrélations abstraites, instrument essentiel de toutes les autres. Très grande est la difficulté de mettre un peu d'ordre en l'enchevêtrement chaotique des idées en cette question maîtresse.

Et comment faire, en présence de matérialistes et d'idéalistes habitués à un langage insuffisant et défectueux et n'en voulant pas comprendre d'autre ?

Ne serait-il pas, aussi, téméraire de prétendre donner, en très peu de mots, la solution d'une très réelle difficulté ?

Je vais cependant essayer de le faire ici par la juxtaposition des quelques notions générales et très évidentes, relatives à la question.

En mathématiques on ne se trompe guère sur le sens de ce mot rapport, sauf une certaine tendance (dans le langage) à le restreindre quelque peu.

La géométrie, dans ses procédés nécessaires, considère des figures concrètes, représentant des cas particuliers de séries toujours infinies de corrélations ; mais à ces figures *concrètes*, c'est-à-dire *réelles*, elle n'accorde aucune attention. Telle propriété découverte en l'une d'elles et acquise d'un seul coup, l'est en même temps pour une infinité de cas possibles matériellement ou graphiquement réalisables, c'est-à-dire dans le monde extérieur, réalisables aussi dans le monde idéal de tout être conscient. Cependant pour qu'il y ait *figure*, il faut une matière figurable, cette matière figurable dans l'espace *réel* n'est autre que la *matière* proprement dite (masse en une certaine structure et en certaines conditions dynamiques). Cette condition indifférente au géomètre est à considérer par le métaphysicien.

S'il s'agit de notre pur entendement (non séparé bien entendu de son instrument cérébral) la matière dont les figures sont faites est la sensation élémentaire et *irréductible au point de vue psychologique.*

Il y a donc dans tout ensemble de sensations réalisant une figure idéale quelque chose d'irréductible, la *sensation*, où on arrive par l'analyse psychique de toutes les images ou corrélations perçues ; et sous toutes ces représentations sensorielles, nous ne trouvons rien autre chose que la permanence du sujet conscient appelé notre *moi* ou notre *âme*. En qualifiant ce sujet de *substance* nous n'exprimons que notre ignorance de sa *nature*, c'est-à-dire l'impossibilité d'en concevoir l'origine ou la dérivation. Ceux qui prétendent s'en faire une théorie devraient examiner sérieusement si c'est une théorie (au sens scientifique et véritable) qu'ils font. Ceux qui nient l'existence de ce même sujet, disant presque : je pense, donc je ne suis pas, devraient prouver cette négation en termes clairs, précis et courts, ce qu'ils sont très en peine de faire.

Il y a dans tout fait nous présentant une figure dans le monde réel, quelque chose qui a d'abord paru irréductible, la *matière*, mais que la science a réduit en *masse*, *force* et structure. La masse et la force en dernière analyse demeurent irréductibles absolument ; et comme la science expérimentale et toutes ses théories nous les présentent comme ainsi impossibles à réduire à rien, nous sommes bien obligés de les considérer comme des *substances* ou comme des *entités*, des choses existant *en soi* et *par soi*, le nom générique à leur donner important relativement peu. Toutes les métaphysiques modernes sont fondées sur la méconnaissance de ces évidentes constatations. Je les ai combattues à cet égard en une suite d'études déjà faites et je les combattrai en quelques autres que je me propose d'écrire. Deux seulement de ces études ont été jusqu'à présent imprimées, l'une sur *la Métaphysique de Taine*, l'autre sur *l'Idéalisme transcendental de Kant* et sur ses *Quatre Antinomies de la Raison pure*.

Les idéalistes nient la réalité de la matière ; donc, implicitement celle de toute *masse* et de toute *force*, sous le prétexte de cette vérité que nous ne percevons que des sensations et des rapports. Pour eux, ce que les savants étudient sous le nom de monde physique, s'identifie avec le monde idéal (d'où leur nom) et n'a plus, dès lors, aucune existence propre.

Pour les matérialistes, la pensée résulte des transactions de la matière, ou, plus récemment, de la *masse* et de la *force*, sous les conditions universelles de *temps* et d'*espace*. Ceux d'entre eux qui considèrent ces termes comme simples expressions de rapports — il y en a — sont contradictoirement idéalistes sans le savoir.

Pour les spiritualistes (ou la plupart de ceux qui se sont ainsi nommés) l'*esprit* en général est une *entité* ou une *substance*, car ils sont pénétrés plus qu'ils ne pensent de spinosisme ou monisme panthéistique.

Les doctrines de tous ces métaphysiciens manquent également de bases scientifiques précises. Imitant Descartes dont ils relèvent tous (français, anglais ou allemands) ils prétendent d'abord ne rien savoir, et veulent chimériquement faire commencer la philosophie aux impressions d'un enfant qui vient de naître, au lieu de la faire commencer à l'ensemble du savoir possédé au moins par les hommes instruits, et de l'asseoir sur les données acquises dans toutes les sciences particulières, dans tous les arts et dans les faits communs de la vie des hommes quelque peu supérieurs ou hautement normaux.

Si nous considérons la mécanique rationnelle, telle qu'on l'enseigne de nos jours, c'est-à-dire manquant d'un premier chapitre ou d'une introduction qui serait nécessaire, nous y trouvons ceci que le temps, l'espace et la masse y sont représentés par des majuscules T, temps, L, espace linéaire, M, masse, c'est-à-dire des signes symboliques, de pure convention comme il convient de désigner des choses irréductibles et non des rapports. Les géomètres mécaniciens ont bien senti qu'ils étaient là en présence de réalités générales de la nature que nulle analyse ne peut atteindre. Cette évidence est demeurée voilée à plusieurs, pour ce qui touche à la *Force* ou *Energie*. Parce que trois de ces symboles littéraux suffisent à formuler leurs propositions, ils ont représenté cette « énergie » en fonctions des trois autres. Ils l'ont nommée $Mv^2 : 2$ ce symbole complexe n'en étant nullement l'*analyse*, mais la simple *désignation*.

Je me suis plusieurs fois efforcé, dans le présent ouvrage et en d'autres écrits, de faire cesser la confusion résultant de cette *convention*, utile ou nécessaire peut-être en mécanique, mais qu'il est de la plus grande importance de faire disparaître en l'expliquant, au point de vue de la métaphysique scientifique.

Nous ne connaissons *directement* que des corrélations, rapports ou fonctions. Et c'est uniquement par ces fonctions que nous découvrons l'existence d'un monde extérieur dont nous avons seulement la notion métaphysique, c'est par elles que nous prenons conscience réfléchie de notre être comme distinct de ce monde extérieur et des autres êtres analogues à nous. Mais je ne sais comment caractériser la prétendue *conception* d'un *univers* (y compris l'être conscient qui est chacun de nous, les hommes) qui ne se composerait que de *rapports* ou de fonctions ou de corrélations, chaque *terme* étant lui-même un *rapport* et ainsi de suite, à l'infini. Si le mot composé *non-sens* a jamais pu être bien appliqué, c'est certainement à des formules pareilles et sous lesquelles aucune *pensée*, aucune *idée*, *même confuse*, ne transparaît.

Parallèlement aux études critiques présentées, j'ai exposé ou rappelé un assez grand nombre de faits généraux et je les ai assez profondément analysés et discutés, pour pouvoir enfin résumer ici ma doctrine ontologique. Quelques pages y suffiront.

I.

Notre moi, ou notre âme, en présence de la nature, en présence des inscriptions rythmiques de notre encéphale, où cette nature est partiellement représentée, ne perçoit *directement* que des sensations, et parmi ces sensations, des *rapports* et des *fonctions* (ce qui est tout un). C'est là notamment ce qui constitue les représentations en nous du monde extérieur, compliquées dans les cellules corticales des résultats acquis de toute notre vie intellectuelle ou intra-cérébrale.

II

Si nous étudions avec soin et en nous servant autant qu'il est possible de tous les moyens de constatation et de mesure en usage dans les sciences, ces fonctions ou ces rapports, ces corrélations des choses, si nous avons soin, aussi, de dégager les plus générales et les plus importantes de ces corrélations, nous arrivons à découvrir deux *entités* générales ou universelles, deux seulement de cet ordre, la *masse* et la *force* (celle-ci dite ordinairement énergie). Ces entités ne nous sont connues que par leurs fonctions, et sont le plus souvent exprimées aussi par des signes de corrélations, ce qui tend à masquer leur véritable nature ; mais dès que nous apercevons que sous de telles corrélations, se trouvent des choses que rien ne saurait anéantir, ni dériver l'une de l'autre, l'idée claire d'entités, de choses existant par elles-mêmes, se forme très naturellement en nous (1).

La masse nous apparaît comme un ensemble de points d'inertie, ces points ne peuvent se donner le mouvement, ni arrêter

(1) Faut-il rappeler, je ne dis pas à des savants, mais simplement à des gens instruits et renseignés dans les sciences, qu'un kilogramme de masse et un kilogrammètre de force (dite énergie) sont des réalités aussi *réelles* l'une que l'autre, incommensurables l'une par l'autre, différentes l'une de l'autre, du même ordre (qu'on pourrait appeler l'ordre *matériel* en se conformant au vieux sens, un peu confus, de ce mot) et ne pouvant se mesurer l'une et l'autre que par des unités arbitraires et conventionnelles ? Faut-il leur rappeler qu'il n'en est pas de même de la vitesse, de la densité, de la température, expressions de simples rapports concernant ces réalités, mais ne désignant aucune réalité substantielle ? Ces distinctions de métaphysique ou d'ontologie scientifique sont indispensables pour comprendre quoique ce soit de la nature des choses, et de notre propre nature.

le mouvement dont ils sont animés, et permettent de concevoir comme *possible* la convergence de deux efforts opposés constituant un équilibre lorsqu'ils sont égaux, etc.

La force nous apparaît comme le *principe des changements de rapports de distance dans l'espace*, ou en un seul mot de ce que nous appelons *mouvement*. Elle est, en elle-même, aussi inaccessible à nos sens que la masse.

La masse et la force, sous la double condition universelle du temps et de l'espace, sont nécessaires à nous faire comprendre par des théories concordantes la multitude de faits que les sciences dites physiques étudient, mesurent et classent en bon ordre scientifique.

Pareillement nous arrivons à concevoir ainsi, et à faire entrer comme éléments nécessaires dans les théories, les rythmes (fonctions du temps) les formes (fonctions de l'espace), les mouvements qui sont formes et rythmes à la fois, ce n'est pas à dire que nous concevions ces formes, rythmes et mouvements dans leur origine première, mais seulement dans les conditions générales *actuelles* et observables de leur réalisation.

III

Les notions de force et de masse, mises en présence l'une de l'autre dans notre esprit, ne peuvent nous expliquer la production ou création d'aucune forme ni d'aucun rythme, ni par conséquent l'apparition d'aucun mouvement coordonné. Elles sont tout à fait insuffisantes — en dépit de ce qu'ont semblé croire quelques savants — pour établir une hypothèse cosmogonique, intelligible et concevable. Une première impulsion suffit, disent-ils. Une première impulsion (ce qui serait l'apparition ou la première mise en jeu de la force ou énergie) et qui d'ailleurs ne serait qu'une *transmission* de force pareille à celles que nous observons à chaque instant, ne suffit nullement. Il faut supposer un chaos fluidique primordial caractérisé soit par des *structures*, (formes) expliquant les rythmes universels : actinisme, lumière, chaleur, gravitation, et autres, soit par ces mêmes rythmes (quel qu'ils soient) déterminant des structures. Il faut, en outre supposer la masse comme représentée, tout au moins, par des atomes distincts, c'est-à-dire présentant déjà une forme ou des formes primordiales. Donc, il faut imaginer ce chaos primitif, (réel ou simplement théorique) comme, avant tout, doué d'une assez grande complexité d'arrangements rythmiques ou morphiques, ou à la fois morphiques et rythmiques. Notamment la gravitation ne se peut concevoir autrement. Or, comme l'eurythmie et l'eumorphie constituent le double sceau visible de toute fonction créatrice, un univers ne peut être conçu, comme commençant, que par une création primordiale, d'où peuvent, dès lors, résulter les condensations et les formations astrales et les mouvements régulièrement *nécessaires* des corps célestes, formations de sphères ou de sphéroïdes ou d'anneaux, rotations, translations etc. Donc la nécessité *constatée* dans l'univers (1), — c'est-à-dire ce qu'on nomme *les lois de la nature*, — résulte de la création, et non pas la création (apparition de formes et de rythmes) de la nécessité mécanique ou mathématique.

IV

A part les deux entités universelles et en quelque sorte *diffuses* (qu'on peut bien qualifier de *substances*) et que j'ai nommées force et masse, nous trouvons tout d'abord, dans l'ensemble des choses observables de notre monde, les âmes des êtres pouvant être rangés parmi ce qu'on peut appeler substances ou entitées (*ce qui est par soi-même et ne résulte de rien d'étranger à soi.*)

V.

Les rapports, corrélations, fonctions ou mouvements, par conséquent tout ce que les philosophes ont appelé phénomènes, tout ce qui correspond aux événements du monde y compris les événements cérébraux, sont des « choses » connues en *soi* dès que nous les apercevons, et *complètement connues, ou connaissables*. Nous les notons en notre esprit au moyen de mots et de formules ; nous les représentons par l'écriture et par des symboles divers, leur donnant ainsi une permanence idéale. Mais si nous les considérons en soi, nous apercevons que ces *choses ne sont pas* et qu'elles deviennent perpétuellement. Elles sont comme

---

(1) Je dis « constatée » et non la nécessité en général, que nous ne concevons qu'en mode abstrait. Celle-ci ne résulte de rien que d'elle-même, elle est éternelle et permanente et n'a été décrétée par aucune puissance, par aucun Dieu. Ses noms familiers sont, Arithmétique, Algèbre, Géométrie Mécanique, etc. Ce que nous en savons doit être littéralement appelé *l'absolu* de l'esprit ; et ce mot absolu prend là un sens sur lequel notre réflexion ne peut se méprendre.

nos sensations, défaillantes et renaissantes. Sans l'entité force, elles n'apparaîtraient jamais, sans l'entité matière ou masse, nous ne comprendrions pas davantage leur production effective. La matière structurée, à l'état solide ou demi solide, leur donne une permanence relative, sous la condition du maintien de sa structure. Ces choses s'anéantissent à chaque instant pour renaître ; elles ne sont donc pas des entités. Nous ne pouvons leur attribuer une permanence éternelle que dans les possibles aperçus par notre esprit, dans ces possibles qui les comprennent en eux. Elles font partie à ce titre de l'éternelle nécessité, dont nous n'aurons jamais qu'une connaissance partielle, constituant l'ensemble des absolus de l'esprit, représentés en leurs plus simples expressions par les sciences mécaniques et mathématiques. C'est ainsi que Platon les avait considérées sous le nom d'*idées*, les proclamant les seules suprêmes, éternelles et véritables réalités. On pourrait les dire des *réalités idéales* si nous n'avions besoin, nous conformant au langage vulgaire, de réserver ce mot *réalité* — ou réalité d'*ordre matériel* — pour désigner tout ce qui comprend et comporte l'union ou le concours des deux entités universelles et diffuses : la masse et la force.

VI

Parmi toutes les expressions générales faites pour désigner ou représenter des corrélations, ces mots de *masse* et de *force*, tout en étant aussi des signes de corrélations, seuls désignent *quelque chose de plus*, que nous apercevons par expérience et par réflexion — scientifiquement et métaphysiquement — dans ces corrélations même. Ce « quelque chose » est *inconnu* (et même impénétrable) et *permanent*. D'où la nécessité de le marquer afin d'en tenir compte toujours, pour nous expliquer les transactions somatiques et dynamiques de l'univers, par le mot d'*entité* ou celui de *substance*.

Or, lorsque nous étudions pyschologiquement ou subjectivement notre être, et par leurs manifestations extérieures les êtres analogues à nous, nous y trouvons une pareille continuité une pareille permanence tout aussi inconnue ou impénétrable. C'est là ce que nous appelons *un être* ou une âme, abstraction faite même de *son* organisme, de l'organisme qui est à son service et qui en est à quelques égards gourverné.

VII

Cette conception de l'âme apparaît très claire chez presque tous les peuples, surtout chez ceux où dominèrent les races supérieures, comme une des fleurs de la philosophie spontanée dont toutes les langues gardent la trace. Elle est plus obscure et parfois absente chez quelques peuplades moins bien douées. Les hébreux, qui se disaient le peuple de Dieu, n'en gardèrent pas la tradition d'Egypte, et ne la reçurent que plus tard et assez confusément de Babylone (1). Elle régna au contraire, dès les temps les plus reculés, chez les brahmanes et chez les druides d'occident. Elle apparaît précise dans les doctrines de Platon et de Socrate, d'Aristote et des néo-platoniciens d'Alexandrie. Les grandes religions qui ont compté nécessairement de bons métaphysiciens parmi leurs fondateurs, l'ont propagée et même imposée.

Je n'ai pas à faire ici la psychologie ni l'histoire de ses origines. Cependant, en notre occident chrétien et savant, la grande majorité des philosophes (de ceux surtout qu'on a fait célèbres) s'est évertuée — inconsciemment ou non — à la détruire depuis près de trois cents ans. Dans cette direction, deux grands courants se sont produits, le *matérialisme* et l'*idéalisme*, tendant à se réunir aujourd'hui sous le nom de *monisme* pour disparaître ensemble, il faut l'espérer, à tout jamais de l'entendement humain, auquel les doctrines représentées par ces courants parallèles n'ont rendu aucun réel service.

Pour les idéalistes, l'âme individuelle n'est qu'une modalité de la grande et unique Substance.

Pour les matérialistes, elle n'est qu'une unité apparente, un résultat de combinaisons dynamiques et organiques.

Pour ces deux genres de philosophes, par elle-même et en elle-même, elle n'est rien.

Les écoles dites spiritualistes, y compris l'école éclectique, ont admis une âme au moins immortelle, gardant en ce point la doctrine traditionnelle des religions, en faisant appel d'ailleurs au *sens-commun*, c'est-à-dire à l'opinion du vulgaire, qui ne

---

(1) Ou peut-être leur vint-elle par la secte des esséniens dont l'origine est attribuée aujourd'hui à l'influence des prédicateurs ou missionnaires bouddhistes. Elle n'était guère admise et professée, avant le temps de Jésus, que par les hommes affiliés à cette secte, et on le sait, n'était nullement imposée comme dogme de la loi juive.

fait que refléter les données simplifiées ou réduites de l'enseignement religieux. Ces écoles peuvent être négligées dans l'étude de cette question, car elles ont peu ajouté aux idées anciennes qu'elles ont défendues à la manière des avocats ou des tribuns, avec le souci de persuader plus que de démontrer.

Les divers philosophes ou philosophants rattachés aux négateurs de l'âme comme entité distincte, réclament à leurs contradicteurs des preuves de son existence. En ramassant en un faisceau plus serré les inductions, déjà présentées dans les pages précédentes de ce livre, je vais donner ces preuves (1).

VIII

Et d'abord en général — comment peut-on prouver l'existence d'une chose que nos sens ne perçoivent point, et qu'on ne peut soumettre à l'observation ni à l'expérience directes ?

Tels sont dans les sciences physiques, l'éther et les atomes et tous les ordres de molécules.

Il faut montrer cette chose supposée existante, dans ses produits ou dans ses effets, impossibles à attribuer à autre chose qu'elle, notamment aux deux seules entités force et masse antérieurement connues ou du moins discernées. Il faut montrer ses fonctions rigoureusement *spéciales*, ne pouvant rentrer dans aucun autre ordre de fonctions déjà étudiées et expliquées dans les sciences.

On aura ainsi démontré que cette chose existe et qu'elle est une *cause* spéciale au-delà de laquelle il sera impossible de remonter. Elle sera même, dans ce sens, une *cause première*, jusqu'à ce qu'on ait pu concevoir qu'elle a elle-même une cause évidente, ou probable.

Ayant fait cela, nous ne connaîtrons pas *en soi* la chose en question, mais son existence sera constatée, et pour nous en faire une idée de plus en plus juste nous n'aurons qu'à déterminer, rigoureusement ses effets ou ses produits, et à étudier de mieux en mieux — ce qui sera toujours possible — les modes plus ou moins variés de ses fonctions.

IX

Les effets spécifiques et les produits constants de l'inconnue cherchée se classent en deux ordres et en deux ordres seulement, selon qu'on les considère dans le temps ou dans l'espace, ce sont

---

(1) Il faut entendre, ici, par ce mot *preuves* les raisons de tenir pour vraies les hypothèses qui se forment comme d'elles-mêmes dans notre esprit en présence de certains ordres des faits.

les eurythmies et les eumorphies. L'eurythmie et l'eumorphie ensemble constituent le mouvement coordonné.

La fonction spéciale de l'âme est pareillement double. On peut en nommer les deux éléments abstraits : conscience et volonté.

Sous le chef conscience, il faut ranger tous les genres et espèces de sensibilités : périphérique, corticale ou ganglionnaire, etc., et la synthétisation des sensation diverses, et de toutes les corrélations rythmiques ou morphiques perçues. Sous le chef de volonté, il faut ranger tous les faits de la personne ou mieux de l'individualité en acte, attention, impulsion, inhibition, direction, coordination ou synthétisation d'actes.

X

Une fausse analogie se présente tout d'abord entre les faits de l'âme et ceux du monde physique. Elle consisterait à comparer la *sensation* ou la conscience à la *masse*, et la *volonté* à la *force*, sous prétexte que la volonté combine entre elles les données de la conscience ou les sensations, pour en faire des formes nouvelles et des rythmes nouveaux. L'âme (ou la volonté) ne combine pas des sensations, mais des rapports ; les sensations élémentaires et irréductibles ne pouvant être jamais que ce qu'elles sont, coexistant dans l'âme ou s'y succédant et ne se combinant pas en tant que sensations, sous l'influence de la volonté (1).

On ne peut davantage comparer la sensation (élément de conscience) à la force. Aucune sensation n'est en rapport immédiat avec la force, mais chacune est déterminée fatalement par un rythme spécial traduit en action névropallique.

Si la volonté avait pour caractère de combiner les rythmes (et

(1) Il est peut-être nécessaire ici de mieux préciser la question. Il est certain que l'âme ne saurait combiner uniquement des rapports abstraits ce qu'elle fait surtout avec des mots. Elle combine aussi des souvenirs sensoriels et ne saurait se passer de ces souvenirs pour les mettre en des rapports nouveaux. Je veux dire qu'elle ne combine pas entre elles ces sensations-souvenirs comme le chimiste combine des corps par synthèse et les change également par analyse. Sous le nom de sensations j'entends les faits de conscience psychologiquement irréductibles. Exemple : je puis me figurer sur un fond blanc, un cercle bleu et un cercle rouge, je pourrai faire apparaître de même à ma vision intérieure un cercle violet ; mais ce violet n'est point une combinaison faite par moi des deux autres couleurs. Ce que fait un peintre en mêlant des matières colorantes d'où résulte une combinaison rythmique dans le monde extérieur, nous donnant la sensation d'un ton résultant de ce mélange, ma volonté ne peut le faire sur mes sensations, ni périphériques, ni cérébro-corticales. C'est ce qui a fait dire la sensation et la conscience *passives* par plusieurs psychologues. Elles le sont en effet au moins *relativement* et en un certain sens.

cela est hors de doute), ce caractère l'éloignerait infiniment de tout ce qu'on peut appeler force, car la force, nécessaire pour réaliser tous les rythmes dans le monde extérieur, ne produit par elle-même aucun rythme, ni aucune forme. A cet égard il ne faudrait pas se méprendre dans l'interprétation de certains faits. Dans la trajectoire parabolique d'un corps en mouvement, en notre milieu terrestre, c'est bien un mouvement coordonné qui se produit ou morpho-rythmique, mais l'énergie initiale de ce mouvement qui en est la « cause » immédiate n'est pour rien dans cette eumorphie ni dans cette eurythmie, dépendant uniquement de l'eurythmie et de l'eumorphie primordiale appelée gravitation.

On a grand peine à chasser de son esprit cette erreur que la volonté est *une force*, à cause de la métaphore où elle s'affirme, métaphore consacrée, et apparaissant à chaque instant, dans le langage littéraire comme dans le langage commun, et aussi souvent (avec plus de gravité) dans le langage des savants et des philosophes. Plus spécialement les psychologues se laissent tromper par cette forme verbale très ancienne.

Le préjugé à cet égard est d'autant plus résistant qu'il s'appuie sur un raisonnement : La mécanique rationnelle nous apprend qu'une force ne peut être modifiée en quantité et en direction que par l'intervention d'une autre force. La volonté dans le moindre des faits où elle se manifeste, comme la détermination d'un courant dynamique produisant la contraction musculaire, agit comme une force ; donc elle ne peut être autre chose qu'une force.

Cela semble péremptoire !

En une telle question doit intervenir la science des rapports généraux, la philosophie psychologique, mettant en œuvre l'observation de l'être conscient par lui-même, et en même temps la métaphysique (expérimentale et scientifique) laquelle *est* ou *devrait être* la science des rapports *les plus généraux*.

Examinons d'abord (à ces nouveaux points de vue un peu plus étendus), l'axiome que je viens de citer et qu'on trouve formulé dans tous les traités de mécanique rationnelle. Il y est donné comme définition ou comme principe rigoureusement applicable aux propositions — théorèmes et problèmes — dont s'occupe la science en question laquelle se garde bien de s'occuper des faits psychologiques.

Au fond, ce n'est qu'une *induction*, très bien faite, il est vrai, au point de vue des faits du monde physique qu'elle embrasse, mais qui pourrait bien ne plus être exacte relativement à d'autres faits non encore considérés.

De plus, elle n'est pas même irréprochable dans sa *lettre*, même au sens abstrait et irréel où il faut la concevoir, au point de vue restreint de la science où elle joue un rôle si important.

Comme, en ce moment, mon but n'est pas spécialement de faire la critique de la mécanique rationnelle telle qu'elle est enseignée aujourd'hui, ce à quoi je me suis employé déjà plusieurs fois, je laisserai de côté les artifices de sa métaphysique en quelque sorte technique : les forces abstraites, les points matériels sans dimensions, etc., et je prendrai mes exemples en des faits de mécanique physique réelle, n'y mettant de termes abstraits que juste le nécessaire car, aussi bien, c'est des réalités que nous nous occupons ?

Un corps sphérique, doué d'élasticité, vient frapper obliquement une surface rigide, polie, pratiquement impénétrable; il rebondit et s'éloigne de cette surface, sa nouvelle direction faisant avec la normale, au point frappé, un angle de réflexion égal à l'angle d'incidence.

Supprimons par la pensée tous les éléments du fait réel sans rapport avec la question que nous agitons.

La *direction* des forces en cause a été changée.

Est-ce par une autre force intervenant? Nullement; c'est par un obstacle, un corps à surface unie, une *forme* résistante. Que des mécaniciens assimilent cela à ce qu'ils nomment une force, cela peut n'avoir dans les résultats de leurs opérations aucun immédiat inconvénient; mais nous avons le droit de distinguer, et même, au nom des distinctions aperçues ou faites, de rectifier l'aphorisme mécanique; et nous dirons : dans les conflits supposés de corps en mouvement une quantité d'énergie animant un corps ne peut être changée que soit par l'apport d'une nouvelle quantité d'énergie transmise, soit par la transmission à un autre corps d'une partie ou de la totalité de son énergie primitive.

Une direction (expression la plus simple d'une forme) est indépendante de la quantité d'énergie en cause, et ne peut être changée que par une autre direction.

Ainsi une action dynamique relativement arythmique affectant un corps réel structuré, s'y distribuera selon les conditions de sa structure et y fera naître des rythmes en rapport avec ces conditions. Il faut simplement, pour que ces rythmes se manifestent puissamment, que la proportion d'énergie ou de force soit suffisante.

Toute inscription rythmique manifeste son rythme à peu près ainsi et dans les mêmes conditions.

Voilà comment les choses se passent dans la réalité physique ou extérieure, où les directions de mouvements sont modifiées à chaque instant par les formes ou structures matériellement réalisées.

Il importe peu que l'on considère une surface résistante comme un concours de forces dans une certaine structure. Il importe également peu que l'on suppute les quantités d'énergie employés en frottements, écrasements, vibrations, etc.. dès qu'on n'a en vue que la possibilité réelle de certains effets.

Maintenant considérons psychologiquement la volonté que je prétends n'être pas une force, ni de *l'énergie cinétique*, potentielle, ni autre.

XI

L'âme, en son domaine propre, siègeant en un lieu central, non encore déterminé, des masses encéphaliques (1), exerce **tour à tour**, sous le nom de volonté, son action, sur tous les mouvements immensément variés et diversement rythmés qui se peuvent produire dans certaines cellules corticales et dans leurs fils conducteurs.

(1) La question de l'existence même d'un *centre général* de la conscience et de la volonté, ici supposé en un lieu de l'encéphale, est encore loin d'être résolue ; et c'est là une question de pure physiologie. Des objections très fortes peuvent être opposées à cette hypothèse ou à cette conjecture. Les faits connus jusqu'à ce jour de physiologie expérimentale, de clinique et d'anatomie pathologique pouvant se rapporter à la question ne lui semblent pas favorables. Il est vrai que tous ont été relevés sous l'empire des préjugés directement opposés à l'idée préconçue d'une telle nécessité.

Une pareille question ne saurait être traitée comme en passant dans un ouvrage de critique. Elle exige des études expérimentales directes. Elle exige aussi des théories très complètes relativement au mécanisme intime des faits cérébraux étudiés parallèlement avec les faits psychiques pouvant leur correspondre.

Je me suis donc gardé d'affirmer rien de précis sur ce point.

Il me suffit pour le moment de bien montrer les fonctions essentielles de l'âme en relevant d'aucune application mécanique fondée sur ce que nous connaissons ou sur ce que nous pourrions imaginer. Ces fonctions demeureraient inexplicables même étant donné le centre général physiologique indispensable (cela me paraît, du moins) à poursuivre les théories du fonctionnement cérébral. Elles seraient encore plus profondément mystérieuses si ce centre suprême *physiologique* n'existait *anatomiquement* pas.

On la peut comparer en ce genre de fonctions à un organiste qui en jouant sur un clavier de dimensions ordinaires, mettrait en jeu d'immenses orgues dont la soufflerie et tout le mécanisme seraient actionnés par la vapeur ou par l'électririté, le mouvement de chaque touche du clavier déterminant, par simple rupture ou transmission de courant, les déclenchements nécessaires et suffisants à l'exécution d'une symphonie (1).

L'âme fait cette fonction et bien d'autres encore ; et ceci n'est pas une théorie mais l'image symbolique et simplifiée d'un fait observable en nous à tout moment de la vie.

Mais l'âme n'est pas un organiste ; elle n'a point de mains pour exécuter, ni d'yeux pour lire sa musique, et la théorie resterait à faire pour l'âme de l'organiste comme pour les autres.

Elle est autre chose. Elle n'a point d'yeux ni de mains mais elle agit comme si elle était tout yeux et comme si ses mains avaient des doigts sans nombre capables d'agir dans toutes les directions.

Elle est dans son domaine propre maîtresse absolue du mouvement. Elle n'a pas besoin de créer ou d'anéantir de l'énergie, ce qui répugnerait au viel adage *de nihilo-nihil*...

Elle change des directions dynamiques en sens divers, en nombre indéterminé, pour coordonner des mouvements dans un but, suivant un type qu'elle se crée. La création seule de ce type de mouvement coordonné, comme d'une forme quelconque et d'un rythme quelconque, exige cette autocratique puissance.

Comment exerce-t-elle ce pouvoir sur diverses quantités d'énergie et, à la fois, en tant de directions différentes ? C'est une question qui paraît absolument insoluble. Eh ! savons-nous davantage *comment* l'inconsciente énergie de la nature, ou du monde physique, la force, fait changer de situation les corps structurés et les brise même dans les chocs de leurs rencontres ?

Cette action synergique et créatrice de l'âme ne se rencontre jamais dans le monde des transactions dynamiques (physiques ou chimiques), dans aucun des faits des corrélations astrales où seul règne le déterminisme mécanique autrement nommé fatalité ou nécessité.

Cette question exige qu'on s'y arrête un peu afin que la pensée se dégage de tout ce qui pourrait l'obscurcir.

On peut se représenter schématiquement ou tout au moins symboliquement, ce domaine personnel de l'âme, comme une

---

(1) Platon ne la comparait-il pas au *pilote* conduisant un navire ?

sphère entièrement possédée par elle. A la surface de cette sphère, aboutissent tous les rythmes élaborés dans les masses cérébrales, ayant pour origine les actions dynamo-rythmiques du monde antérieur et toutes celles transmises par les conducteurs cérébraux. Ils y aboutissent chacun selon son espèce en un point particulier. On peut également se représenter cette mise en rapport par un conducteur nerveux unique, où tous ces rythmes pourraient coïncider sans se confondre, de manière à former un ensemble rythmique de toutes les impressions diverses reçues par l'être en une même durée. De cette façon la transmission à la sphère domaniale de l'âme, se ferait par un seul point de contact, ce qui est mécaniquement possible. La sphère recevrait ainsi des successions d'actions névropalliques ou d'ondes nerveuses correspondant comme qualités, intensités et situations réciproques au déroulement dans le temps de toute la vie consciente. Ces rythmes, composant ce rythme *très* complexe — n'oublions pas qu'il n'y a point de rythme absolument simple — en passant de l'extérieur à l'intérieur de la sphère, se transforment en faits psychiques ou de conscience. Chaque spécificité rythmique élémentaire donne lieu à une sensation également spécifique et psychologiquement irréductible. Le fait sensoriel et le fait physique sont rigoureusement rattachés l'un à l'autre par une loi de causalité indubitable, bien que le *comment* en soit inconnu, et en paraisse absolument inconnaissable, la question étant indéterminable de toutes parts.

Par contre, il est possible de concevoir très nettement les corrélations sensorielles conservant ou reproduisant toutes les corrélations rythmiques reçues ; il est possible de concevoir comment il se forme, dans cette sphère de la conscience, des images virtuelles d'ensemble, et notamment par ces images les quatre représentations de l'espace, savoir :

1° L'espace visuel périphérique dont les images coïncident exactement pour de courtes distances avec les objets du monde extérieur.

2° L'espace tactile périphérique où se remarque la même coïncidence des images sensorielles tactiles et des objets, et aussi des images tactiles avec les images visuelles.

De ce double ensemble de conditions ainsi réalisées, complétant les élaborations rythmiques des cellules d'une partie du monde cérébral, résulte, pour l'être conscient, la possession sensorielle instinctive et immédiate du monde extérieur, des objets, de leurs grandeurs relatives et de leurs rapports de situation dans l'espace réel.

Ainsi se forment pareillement deux autres représentations de l'espace dont l'importance n'est pas moins grande :
3° L'espace visuel idéal, ou lieu des souvenirs visuels.
4° L'espace tactile idéal, ou lieu des souvenirs tactiles.

On peut concevoir pareillement comment des actions rythmiques, parties de la sphère de l'âme, peuvent aller modifier les inscriptions rythmiques des cellules corticales, et imprimer dans ces cellules les représentations rythmographiques de ses créations, notamment dans le mode que les psychologues ne sauraient méconnaître sous le nom d'imagination. Ces actions rythmiques centrifuges se font par une voie spéciale reliant la sphère psychique aux cellules corticales. *Un tel moyen direct de communication n'existe pas entre cette sphère et les cellules périphériques de la sensation externe*, car s'il existait, notre pensée et nos *rêves* (au sens dérivé du mot) prendraient les caractères de l'hallucination et du rêve proprement dit. Or, l'hallucination et le rêve ne se font que par une réaction toute physique et exceptionnelle ou pathologique des images corticales vers les cellules de la sensation périphérique, et sans l'intervention soit excitatrice, soit inhibitrice de notre volonté.

Il n'est pas impossible que l'anatomie confirme quelque jour cette théorie en montrant le dispositif correspondant aux fonctions indéniables que j'étudie en cette question de psychologie physiologique générale, comme elle vient de confirmer la théorie que j'avais déjà donnée en 1874 des centres et des pôles sensoriels, des centres et des pôles de mouvements coordonnés.

Le même mouvement centrifuge, allant aux pôles de mouvements rythmiques coordonnés, antérieurement inscrits dans ces pôles (régions limitées de l'écorce cérébrale reliées à plusieurs autres qui leur sont subordonnées) explique la direction par l'âme, du haut de sa sphère domaniale, de tous les mouvements coordonnés exécutés au moyen d'une partie ou de tout l'appareil musculaire de la vie de relation.

Si l'âme n'était que la matière structurée cérébrale, ou même si elle résultait d'un accord des âmes rudimentaires *associées* des cellules, il serait impossible de se représenter ces fonctions faciles à comprendre en la théorie ci-dessus exposée.

Il faudrait supposer qu'un groupe de cellules *corticales* — les autres ne pouvant être en cause — gardant les rythmes représentatifs des souvenirs visuels, devrait être affecté également et en même temps par des représentations locomotrices d'un autre groupe et réciproquement.

Cela serait contraire aux faits prouvant directement la spécificité fonctionnelle de chaque partie de l'écorce (son hétérogénéité) et, d'autre part, peu analogiquement conforme avec ce qu'il est facile de constater de la spécificité de toutes les parties distinctes du système nerveux périphérique.

Il faut donc en revenir à admettre cette sphère centrale domaine de l'âme, cellule ou neurone ou microzyme, ou partie centrale d'une cellule ou d'un microzyme, et d'une grandeur très petite et même théoriquement aussi petite qu'on le voudra supposer.

Il faut voir là, le fonctionnement spécial de l'âme sous le nom de conscience, synthétisant les sensations immensément diverses et commandant sous le nom de volonté à des impulsions immensément multiples et dans toutes les directions. Donc, souveraine et autocrate dans son domaine, combinant, coordonnant à son gré en formes nouvelles et en rythmes imprévus, tous les éléments sensoriels qui sont en elle et lui sont soumis, et portant au dehors d'elle son action rythmo-morphique vers les centres sensoriels de souvenirs, et vers ceux de mouvements soit déjà coordonnés (facultés spéciales), soit à coordonner, mouvements nouveaux, conçus et voulus à exécuter.

Nos théories cinétiques et organiques peuvent donc être poursuivies, sauf quelques erreurs de détail qui pourront toujours être corrigées — car les mêmes fonctions peuvent être exercées au moyen de dispositifs différents — mais elles le peuvent seulement jusqu'à la surface de la sphère hypothétique proposée.

Ce qui peut se passer dans cette sphère nous est connu plus ou moins exactement, nous l'étudions dans les recherches de psychologie proprement dite — science qui gagnera beaucoup à distinguer son terrain de celui de la physiologie cérébrale, sans perdre de vue les connexions naturelles qui les unissent, — mais nous ne le connaissons qu'au point de vue des résultats ou produits et des fonctions, et la nature de ces fonctions et de ces produits est telle, qu'il n'est nullement possible d'en imaginer les spéciales conditions ni de les rapprocher de rien de ce que nous présente la science en ses données physiologiques ou physico-chimiques.

Rien autre que l'âme ne nous offre ce fait extraordinaire : une source quasi-inépuisable de *rythmes* nouveaux et de *formes* nouvelles, rien autre ne nous présente des fonctions comparables à la *conscience* et à la *volonté*.

Comment cette âme agit-elle sur la force ou énergie, la déterminant en multiples directions sans rien lui faire perdre ni gagner ? Ce comment nous échappe comme tous les *comment* de ces fonctions si hautement spéciales de l'âme ; mais j'aime mieux lui attribuer ce pouvoir inexpliqué et sans doute inexplicable, que de lui attribuer, comme l'ont fait certains savants, celui de créer de *petites quantités* de force-vive, le principe *de nihilo nihil* me paraissant plus conforme à l'observation et à l'expérience en général et aux tendances naturelles de l'entendement humain.

XII

Je dis : la conscience et la volonté sont les fonctions sphériques et polaires de l'âme, d'où résultent les créations d'eurythmies et d'eumorphies ou de gestes voulus et coordonnés, et par suite les productions artistiques ou intellectuelles de tout genre, en un seul mot, la pensée.

J'entends par sphérique, pour la conscience, ceci qu'elle reçoit en elle *de toutes parts* des sensations en des corrélations morphiques et rythmiques les plus variées et à tout moment changeantes, non seulement successivement mais encore *simultanément*, pour la volonté ceci qu'elle rayonne *dans tous les sens* des intentions, et qu'elle les coordonne dans un espace qu'elle possède.

Je les dis toutes deux polaires, parce que leur double action ne saurait se séparer que par l'abstraction psychologique, bien que leur intensité relative change à tout moment.

Elles se peuvent symboliser ainsi :

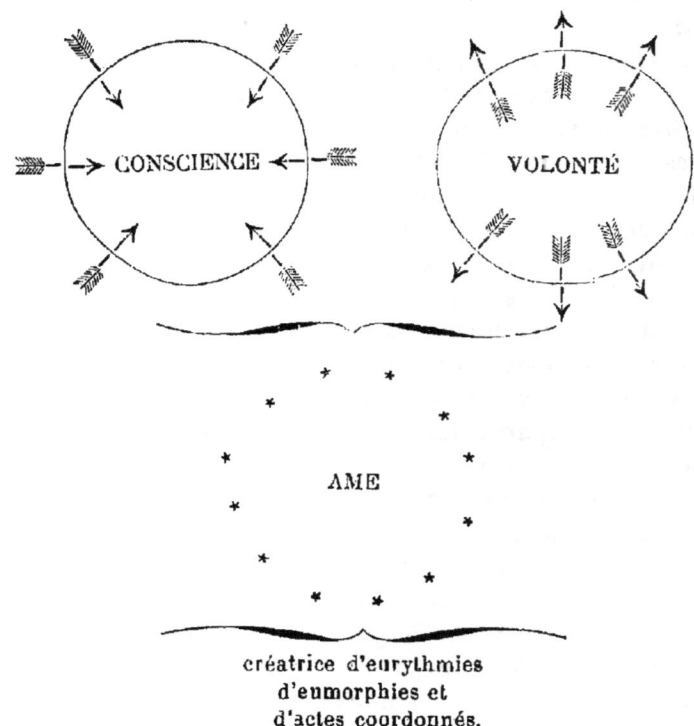

créatrice d'eurythmies
d'eumorphies et
d'actes coordonnés.

XIII

Pour compléter ce résumé ontologique où j'ai laissé nécessairement beaucoup à faire aux méditations du lecteur, quant aux détails de la discussion scientifique, il me reste à considérer, ce qu'à l'exemple des philosophes des temps scolastiques j'appellerai en bloc *Natura naturans*.

Considérons d'abord la création naturelle, telle que nous la voyons, de l'univers, de notre monde solaire et des organismes terrestres, inconsciente, relativement inerte, et où nous n'apercevons guère, sur le fond des formes primordiales et des rythmes primitifs que des évolutions antérieurement déterminées et les faits de nécessité et de hasard qui devaient en résulter, où la liberté et l'intelligence ne se montrent à l'état actuellement agissant, que dans les êtres organisés. Nous la trouverons bien différente de l'âme humaine telle que je viens d'en donner une esquisse trop abstraite, et où la création, le nouveau, l'imprévu des eurythmies et des eumorphies jaillissent constamment, et parfois nous étonnent même lorsqu'elles se produisent en nous.

La *Nature naturante*, en sa fonction créatrice dont nous admirons et dont nous étudions les résultats (qu'elle consiste en un seul être, ou en plusieurs, ou en une infinité d'êtres ou de puissances), nous apparait comme ayant (en une fois ou en plusieurs fois) dans le passé, produit la *nature naturée*.

Lorsqu'elle — *natura naturans* — a opéré cette création, elle a agi exactement, dans une sphère pour nous très vaste, comme agit sans cesse l'âme humaine dans sa sphère restreinte ; mais dans le cours des siècles où l'humanité a laissé, sur la terre des traces que nous puissions constater, elle ne semble plus agir du tout, et nous avoir laissés en présence de son œuvre admirable à beaucoup d'égards, imparfaite quant à nos désirs à beaucoup d'autres. Il est possible que la fonction, malgré les apparences, soit constante comme dans l'âme humaine. Il faudrait alors supposer que les créations de la Nature demandent, pour s'effectuer une durée immense, tandis que les nôtres nous paraissent souvent instantanées. Une critique exacte, sévère et exempte de préjugés, ne permet pas de garder l'illusion d'une Providence intervenant dans le cours des temps, menant les affaires des hommes et s'occupant même, actuellement et sans cesse, comme par spécial miracle, de chaque être en particulier.

XIV

Rien ne démontre — je ne dis pas seulement le *miracle*, défini comme une infraction aux lois de la nature, lesquelles ne sont que les lois éternelles du possible ou de la nécessité, et nous sont partiellement connues, car un tel miracle serait *la réalisation de l'absurde*, mais rien ne démontre même l'intervention de puissances supérieures ou autres si bizarrement nommées surnaturelles dans les événements de la vie individuelle ou collective des hommes (1).

(1) Par cette déclaration je me mets en opposition formelle non seulement avec toutes les religions dites révélées mais encore avec les prétendus faits expérimentaux invoqués par les sectes pullulantes des *spirites* et des *occultistes* où se rencontrent même quelques savants autorisés. Malgré ma bonne volonté et des tentatives assez nombreuses, il ne m'a pas été donné jusqu'à présent de voir un seul fait *probant* de ce genre.

XV

L'âme n'est point *ce qui crée* l'organisme. Aucun être ne crée lui-même son organisme.

L'âme n'est pas davantage *ce qui anime* le corps. Elle n'en gouverne même qu'une partie. Ces formules : l'âme anime le corps, l'âme crée son organisme, souvent admises, avec le signe affirmatif, comme banalement évidentes, sont démenties par les données de la science actuellement acquises et vues dans les corrélations les plus générales des observations, des expériences et des théories (1).

De ce que l'organisme d'un être, forme dérivée de celle de l'espèce ou de la race à laquelle il appartient, rythmographiquement contenu en son germe, n'est pas l'œuvre de cet être, il n'en faudrait pas conclure que cet organisme, en sa forme prédéterminée, ne sera pas modifié par les milieux où il se développera ou plutôt par la double action et réaction du milieu sur l'être et de l'être sur le milieu et par suite sur sa forme propre.

Il semble même presque démontré que plusieurs des caractères nouveaux, acquis par ce double jeu, soient transmissibles par hérédité dans une certaine mesure, de façon à constituer des races, des variétés et même des espèces nouvelles. D'où la nécessité de poursuivre les recherches de morphologie comparée et d'ontologie naturelle qui, certainement jetteront des clartés de plus en plus vives sur bien des questions à peine soupçonnées aujourd'hui ; mais il est à désirer, qu'on apporte à ces études l'esprit de précision et de prudence scientifique qui ne s'est pas toujours rencontré — et cela se comprend — chez les naturalistes qui s'en sont occupés jusqu'à présent. Il sera bon aussi, que ceux de l'avenir sachent se dégager de toute idée préconçue des-

---

Il n'y a peut-être *a priori* aucune radicale impossibilité à ce que des puissances autres que l'homme puissent communiquer avec nous et se mêler à notre vie terrestre ; mais c'est là une question de faits, et la démonstration n'en peut être obtenue que par l'expérience entourée de toutes les précautions et garanties réclamées par la science en ses normales investigations. S'il faut exprimer toute ma pensée sur ce sujet, je dirai que la nécessité, ni l'utilité, ni la beauté de tels *faits* ne m'apparaissent nullement par avance, et qu'il ne m'est pas donné, par conséquent, de me sentir très passionné pour ce genre de recherches.

(1) Il est également impossible de se représenter des organismes, même relativement simples, comme *créés* par le concours d'actions dynamorythmiques des milieux naturels.

potique, et se défier de cette manie d'unification à outrance dont tous les monismes sont l'expression la plus aiguë. Notre esprit aime ce qui est relativement simple et par là, plus facile à embrasser ; cette tendance lui fait méconnaître parfois la complexité réelle des choses, très importante à considérer, surtout dans les sciences biologiques où nous savons, par expérience, qu'on s'est souvent trompé, à ne vouloir tenir compte que d'une condition ou d'un ordre de faits, où il en fallait découvrir la synergie de plusieurs.

XVI

L'homme n'a donc à compter, dans le cours de sa vie, que sur la création naturelle (*natura naturata*) dont il ne peut user que sous des conditions strictes et souvent cruelles — conditions qu'il a le plus grand intérêt à connaître — sur son propre génie, sur son propre savoir, sa propre énergie, sur sa patience, sur sa vaillance, sur l'action qu'il peut exercer ainsi sur ses pareils et sur leur bonne volonté incertaine, sur la perfection de ses actions et de ses œuvres ; sur le travail fait par ses ancêtres ou par ses prédécesseurs dans le milieu planétaire où il vit. Mais il peut se constater éternel (comme il doit déclarer tels tous les êtres vivants notamment les animaux jusqu'aux microzymes et sans nul doute aussi les êtres supérieures à lui qui existent nécessairement quelque part) il peut se considérer individuellement comme un principe modifiable et perfectible, mais à jamais indestructible, de la nature, car on ne peut supposer une *entité* qui commencerait ou qui cesserait d'être, cela irait contre le « « *de nihilo nihil.* »

Sur les données de la science, on ne peut aller plus loin dans ces questions (1) si ce n'est par l'hypothèse. Mais l'hypothèse faite avec le plus grand soin, ne peut nous faire toucher ni voir les réalités de l'invisible, ni ses rapports véritables avec nous ; elle peut nous montrer seulement certains possibles de ce que

---

(1) Il y avait, cependant, à traiter aussi une question spéciale d'ontologie, et la plus ardue de toutes, il y avait à étudier ce que nous pouvons *savoir par induction* ou seulement supposer *par conjecture* de la Puissance supérieure ou des puissances supérieures, et de leurs rapports avec l'homme, en un mot des *fonctions divines*, possibles ou concevables, en général. Je l'ai fait dans un ouvrage en quelque sorte parallèle à celui-ci, et que je compte assez prochainement faire paraître.

nous cherchons. C'est à quoi je l'ai fait servir dans *Le Problème*, à la satisfaction de quelques savants.

XVII

Ce resumé ontologique se résume lui-même ainsi :

1° Deux entités diffuses, impersonnelles, inconscientes de la Nature : la *masse* et la *force* sous la double *condition* universelle et irréductible du *temps* et de l'*espace*.

2° Les âmes des êtres organisés. (Puissances, souverainetés, autonomies) de divers ordres.

3° Les puissances aussi réelles, mais impénétrées, représentées par les mots *Natura naturans*, qui ne se sont jamais mises en rapport direct avec nous, si ce n'est par la *Création*, que l'analogie nous porte à leur attribuer.

Et si cela ne nous semble pas disposé à notre gré, consolons-nous par cette foi que tout est le *mieux possible* du moment considéré, étant donnée l'immuable nécessité, dans la nature des choses, qu'il faut chercher le plus beau partout, et vivre et agir au plus près de notre idéal, — car *notre liberté n'est nullement en contradiction avec l'absolu nécessaire à jamais inviolable* — et que, *peut-être*, quelque jour, nous serons en rapports plus intimes, dans une vie ultérieure plus belle, avec des puissances qui, sans doute, dans tous les sens, valent beaucoup mieux que nous.

TABLE DES MATIÈRES

PROLÉGOMÈNES . . . .

CHAPITRE PREMIER

L'inconnaissable et l'homogène. — La Force ne tend qu'à produire incessamment le mouvement de masses à structures plus ou moins complexes, et n'a pas d'autres tendances. — L'hétérogène, en devenant plus hétérogène encore, ne manifeste rien qu'on puisse appeler *le progrès*. — L'homogénéité absolue de la matière ne s'observe nulle part, et, de plus, elle est rigoureusement inconcevable, et ne peut, dès lors, entrer légitimement en aucune hypothèse. — Constater et concevoir. — Nous constatons souvent des corrélations non directement saisissables par notre esprit, dans ce cas nous les admettons *pur démonstration*, et nous pouvons travailler sur les signes, expressions ou formules de ces corrélations, ce qui nous permet d'en découvrir de nouvelles indéfiniment. — Que faut-il entendre par le mot création et ses congénères ou dérivés. — Les deux entités universelles *Force* et *Masse*. — L'éther et la théorie moléculaire. — Quelques données de Physique générale, expérimentales ou théoriques nécessaires pour la compréhension rapide des discussions qui vont suivre. — La masse et la force nous apparaissent comme éternelles, mais non pas les eumorphies ni les eurythmies. — Les absolus de l'esprit. Tout ce qu'on nomme des fonctions ou des rapports dans un ordre déterminé de faits ou d'événements, nous est ou peut nous être *complètement* connu. 39

CHAPITRE II

Le sensoriel et le mental. — Sensation actuelle ou périphérique et souvenir. — La Force ou énergie est-elle un simple *rapport* ou une réelle *entité*? — Permanence de la Force et persistance du mouvement. — Il n'y a point de force « en vertu de laquelle un corps *occupe* l'espace ». — Existe-t-il des *forces* mentales? Les formes ni les rythmes ne sont des quantités. Prétendues transformations des forces physiques. — La force ne se transforme pas. — Nulle corrélation entre la *force* et la *pensée*. —

Saint-Amand (Cher). — Imprimerie DESTENAY, BUSSIÈRE frères.

CHAPITRE VIII

Le protoplasma et les fonctions psychiques. — Le monisme. — La faculté de sentir est inséparable des *consciences* de tout degré. Elle est la conscience élémentaire. Multiplicité dans l'unité. — Qu'est-ce que l'*esprit* en général ? — Il n'y a pas *deux* « substances » opposées : matière et esprit. — Le monisme et le matérialisme. — Il se manifeste de nos jours deux Monismes distincts et un Nihilisme s'en est dégagé. — Qu'est-ce qu'une sensibilité « en puissance » ? — Les « archées » et la « force plastique. » — Où commence la conscience ? — Les deux fonctions générales, constantes, caractéristiques, polaires, conjuguées et sphériques de l'âme : conscience et volonté. — Evanouissement définitif de l'ancien « principe vital » des vitalistes. — Actions réflexes expliquées. — L'instinct et l'habitude. — *Formes* de l'énergie ou *rythmes* de l'éther. Fonctions de la matière structurée. — L'âme « puissance de coordination. » — Les faits physiologiques, pathologiques ou expérimentaux relatifs aux questions traitées, leur signification théorique. — Le dédoublement de l'être, toujours *fonctionnel* ou *apparent*, jamais ontologique. — Rectification d'une opinion anciennement proposée. — La définition de l'*homme :* « intelligence servie par des organes » est-elle vraie aussi pour les animaux des bas degrés de la série ? — Corrélation organique, ses formes variées de progression chez tous les êtres vivants 212

CHAPITRE IX

Les fonctions intellectuelles et les *neurones*. — Rapports de contiguïté et de continuité des éléments nerveux. — Neurones cérébraux et neurones périphériques. — Le neurocyme et la névropallie. — Les ondes qui sommeillent. — Inscriptions rythmiques et ondes dynamo-rythmiques. — Transactions dynamiques dans les structures du névraxe et des ganglions. — Actions « dynamogéniques. » — Différentiation dynamique et physiologique de la sensation normale et de la douleur. — La psychophysiologie. — Le monisme et l'anhypostatisme ou nihilisme n'expliquent rien, et sont même en tant qu'énoncés tout à fait *inconcevables*. — Les faits ne parlent que sous forme d'inductions et de théories. — La vraie fonction dynamo-rythmique du neurone. — Nouvel indice de l'existence d'un centre psychique spécial. — Quelques points indispensables de mécanique cérébrale. — Théorie des fonctions de la cellule cérébrale ou du neurone. — Ordre des inscriptions rythmiques dans les appareils cérébraux. — Impossibilité de l'association de neurocymes ou d'ondes rythmiques. — Le mot d'association, ne correspond nullement aux faits corrélatifs réels, cérébraux et psychiques. — Les faits de cet ordre n'ayant été considérés qu'au point de vue dynamique par les physiologistes d'une certaine école, n'ont pas été aperçus et encore moins expliqués dans leurs réelles corrélations. — Très haute spécificité du fait général de coordination ou de création intellectuelle. — Le processus de la pensée. — Dans une phase de ce processus tout « déterminisme » disparaît. — Les quatre questions essentiellement et radicalement insolubles. — Signes caractéristiques d'une conscience. — Impossibilité de consciences résultantes par association. — Ce qui *est* ou *peut être* totalement connu. — L'attention et la fonction musculaire ou locomotrice. — Que vaut la « loi d'airain » du *déterminisme universel* ? — Le nombre et la mesure en présence du beau. — Corrélations précises entre la Psychologie et la Physiologie, entre les autres sciences spéciales et les sciences philosophiques. — Le rôle de la métaphysique dans cet ensemble. — Le matérialisme, moniste ou non, est une métaphysique insoutenable et en formelle contradiction avec les données les mieux démontrées des sciences actuelles . . . . , ... 245

APPENDICE

EN TROIS NOTES COMPLÉMENTAIRES

Première note complémentaire. — Le matérialisme *est-il et peut-il être dit* un monisme 284
Deuxième note complémentaire. — Mode fonctionnel psychologique de la *conscience* et de la *volonté* . . . . - 288
Troisième note complémentaire. — Conclusions de Psychologie et d'Ontologie générales . . . . , ... 292

Concentration n'est point coordination. — Les eumorphies et les eurythmies ne s'opèrent point par concentration. — La loi *d'évolution* et la loi *de l'évolution*. — Polymorphie croissante, progrès de l'intégration, ségrégation, etc. — Coordination sculpturale. — Conglomérats et eumorphies — La création, la nécessité et le hasard dans la formation évolutive des œuvres d'Art. — L'évolution d'un être est à la fois eumorphic et eurythmie. — Toute évolution exige comme condition la persistance de la force, mais n'y trouve pas son explication ni sa loi. Un état d'homogénéité absolue de la matière ne comporte aucune instabilité. — Une homogénéité *relative* est ce qu'il y a de plus stable, puisque l'instabilité croit avec l'hétérogénéité. — Caractère différenciel du matérialisme contemporain. — Ses prétentions, ses tendances, ses formes et ses noms divers, son désaccord absolu avec les données les mieux démontrées de la science 59

CHAPITRE III

La méthode scientifique ou les méthodes scientifiques. — Dans les sciences comme en philosophie l'*à priori* est aussi nécessaire que *l'à posteriori*. — Conjectures, hypothèses et théories. — Les infinitésimes. — Y a-t-il entre les faits du règne anorganique et ceux du règne organique une délimitation précise ? — Les mouvements spontanés et la nutrition. — Les microzymes. — La diffusion, la dialyse et l'osmose. — Les cellules artificielles. — Prédétermination des formes évolutives dans tout germe. — Sensation. — Abstraction. — Pensée. — Ensemble vibratoire. — La fonction spécifique de la cellule cérébrale. — Revendication. — La conscience peut-elle être considérée comme un résultat de fonctions mécaniques d'une complexité quelconque ? 87

CHAPITRE IV

L'atome. — Nécessité en théorie et détermination expérimentale des milieux gravitaires. — Le chaos atomique ou fluidique primitif. — Solidarité atomique ou moléculaire. — Indépendance relative et corrélation des choses. — Indépendance et solidarité dans les organismes vivants. — Il n'y a point de fonction dans le monde anorganique à laquelle on puisse donner, si ce n'est par métaphore, le nom de *solidarité*. — La vie est quelque chose de spécial dans l'ensemble des choses. — Influence possible de l'atavisme sur les opinions ou doctrines des philosophes et des savants. — Le déterminisme cérébral. — Déterminations de la volonté comparées aux concours d'actions dynamiques dans le monde physique. — Toute vibration est-elle consciente d'elle-même ? — Les matérialistes ignorent ou tout au moins oublient en quoi consiste essentiellement un *mécanisme*. — Aucune génération spontanée n'a jamais été constatée par l'expérience, et nulle hypothèse scientifique discutable n'en a montré la possibilité 111

APPENDICE AU CHAPITRE IV. 140

CHAPITRE V

La force-réalité, la force-propriété, la force-état, la force-abstraction. La nécessité dans les choses, et la logique dans l'esprit de l'homme. — Rôle véritable de la nécessité. — Opposition entre la fonction caractéristique des puissances individuelles, et les faits non-coordonnés compris et verbalement unifiés sous le nom de hasard. — Analyse d'un cas particulier banal, simple — et d'ailleurs simplifié — de mouvement. — Corrélations diverses entre l'étendue, la durée, la masse et la force. — Vitesse. — Accélération. — Force (au sens des mécaniciens). — Quantité de mouvement. — Énergie, anciennement dite force-vive (qui devrait être appelée *Force*, au sens le plus clair de ce mot, lorsqu'il s'agit de désigner une *entité* réelle du même ordre que la *masse* et formant avec elle un groupe n'admettant pas un troisième terme). — *Travail*, dont la mesure est la même que celle de l'énergie ou force-entité. — Y a-t-il une corrélation précise entre la *combinaison*, la *forme* et la *force* ? — La valeur d'un instrument (et celle d'un cerveau) est-elle dans un certain rapport avec son poids et son volume ? — Le gros public. — Le matérialisme populaire. — Vices de méthode et insuffisance d'induction chez les philosophes matérialistes. 147

CHAPITRE VI

L'ANCIEN ARGUMENT FONDAMENTAL DU MATÉRIALISME. 169

CHAPITRE VII

Neuro-anatomie. — Nouvelles déterminations sur la structure des centres cérébraux. — Centres de sensibilité et centres d'association prévus sous les noms de centres de sensations-souvenirs et pôles de mouvements coordonnés. — Les neurones. — Théorie physiologique de la vision normale. — Caractère différentiel et absolu de la conscience sensorielle. — Corrélation des centres sensoriels périphériques et mnémoniques. — Action très différente de l'être conscient et volontaire sur ces deux ordres de centres. — Théorie des inscriptions rythmiques, ou physique physiologique des divers genres et espèces de mémoire. — Revendications justifiées. — Classification générale des centres subordonnés de la vie dans le système névraxique et ganglionnaire. — Distinction entre les fonctions psychiques et les fonctions organiques cérébrales. — Le *siège* de l'intelligence n'est pas encore anatomiquement déterminé. — La cellule nerveuse, ou plus exactement le neurone, est un *être* individuel vivant, sensible et réacteur, c'est-à-dire rudimentairement conscient, et en même temps *organe* quant à la conscience souveraine. — L'hétérogénéité fonctionnelle et topographique de l'écorce cérébrale a été déjà démontrée vers le milieu de notre siècle. — Corrélations de la physique générale, de la psychologie, de la physiologie et de la métaphysique. — Détermination de l'idée de fonction en général et particulièrement en neuro-physiologie 183

www.ingramcontent.com/pod-product-compliance
Lightning Source LLC
Chambersburg PA
CBHW060402170426
43199CB00013B/1967